Seu Adolescente
Desafiador

B254s Barkley, Russell A.
     Seu adolescente desafiador : 10 passos para resolver conflitos e reconstruir seu relacionamento / Russell A. Barkley, Arthur L. Robin, Christine M. Benton ; tradução: Sandra Maria Mallmann da Rosa ; revisão técnica: Cristian Patrick Zeni. – 2. ed. – Porto Alegre : Artmed, 2016.
     356 p. ; 23 cm.

     ISBN 978-85-8271-245-0

     1. Psicologia - Adolescência. I. Robin, Arthur L. II. Benton, Christine M. III. Título.

                                               CDU 159.922.8

Catalogação na publicação: Poliana Sanchez de Araujo – CRB 10/2094

Seu Adolescente Desafiador

2ª EDIÇÃO

**10 passos
para resolver conflitos e
reconstruir seu relacionamento**

Russell A. Barkley
Arthur L. Robin
Christine M. Benton

Tradução
Sandra Maria Mallmann da Rosa

Revisão técnica
Cristian Patrick Zeni
Médico Psiquiatra/Psiquiatra da Infância e Adolescência.
Pós-doutor em Psiquiatria/UFRGS.
Assistant Professor, University of Texas Health Science at Houston.
Director, Child and Adolescent Mood Disorder
Program Houston, Texas, Estados Unidos.

Reimpressão 2018

2016

Obra originalmente publicada sob o título *Your Defiant Teen*, 2nd edition
ISBN 9781462511662
Copyright © 2014, The Guilford Press.
A Division of Guilford Publications, Inc.

Gerente editorial
Letícia Bispo de Lima

Colaboraram nesta edição:
Coordenadora editorial
Cláudia Bittencourt

Assistente editorial
Paola Araújo de Oliveira

Capa
Márcio Monticelli

Imagem da capa
©*thinkstockphotos.com / erikreis / Man on the Coach*

Preparação do original
Juçá Neves da Silva

Leitura final
Antonio Augusto da Roza

Editoração
Bookabout – Roberto Carlos Moreira Vieira

Reservados todos os direitos de publicação à
ARTMED EDITORA LTDA., uma empresa do GRUPO A EDUCAÇÃO S.A.
Av. Jerônimo de Ornelas, 670 – Santana
90040-340 – Porto Alegre, RS
Fone: (51) 3027-7000 Fax: (51) 3027-7070

SÃO PAULO
Av. Embaixador Macedo Soares, 10.735 – Pavilhão 5
Cond. Espace Center – Vila Anastácio
05095-035 – São Paulo, SP
Fone: (11) 3665-1100 – Fax: (11) 3667-1333

É proibida a duplicação ou reprodução deste volume, no todo ou em parte, sob quaisquer formas ou por quaisquer meios (eletrônico, mecânico, gravação, fotocópia, distribuição na Web e outros), sem permissão expressa da Editora.

SAC 0800 703-3444 – www.grupoa.com.br

IMPRESSO NO BRASIL
PRINTED IN BRAZIL
Impresso sob demanda na Meta Brasil a pedido de Grupo A Educação.

Autores

Russell A. Barkley, PhD, ABPP, ABCN. Professor clínico de psiquiatria e pediatria na Medical University of South Caroline, em Charleston. Autor de diversos *best-sellers* para profissionais e o público em geral, o Dr. Barkley trabalha com crianças, adolescentes e famílias há mais de 35 anos. Seu *site* é http://www.russellbarkley.org/.

Arthur L. Robin, PhD. Diretor de formação em psicologia no Children's Hospital of Michigan e professor de psiquiatria e neurociências comportamentais na Wayne State University. O Dr. Robin é psicólogo atuante com mais de 40 anos de experiência clínica.

Christine M. Benton. Escritora e editora de Chicago.

*Em memória de meu irmão gêmeo,
Ronald F. Barkley (1949-2006),
e de meu sobrinho Ethan Barkley (1983-2013),
cuja presença em minha vida faz muita falta
– R.A.B.*

*À minha esposa, Susan,
cujos amor e amizade me inspiram diariamente
– A.L.R.*

Agradecimentos

Gostaria de agradecer pelas contribuições substanciais de meus coautores, Art Robin e Chris Benton, sem a assistência dos quais este livro teria sido impossível. Também sou grato à "família" da Guilford Press por mais uma vez apoiar meus esforços de publicação, como tem feito nos últimos 33 anos. Um agradecimento especial a Nina Hnatov e Anna Brackett por acompanharem este livro com desvelo ao longo do processo de revisão e produção. Como sempre, sou grato à minha esposa, Pat, e a meus filhos, Steve e Ken, por seu apoio às minhas atividades profissionais.

– Russell A. Barkley, PhD

Gostaria de agradecer a muitas pessoas especiais, sem o apoio e a assistência das quais este livro não poderia ter sido escrito: meus coautores, Russ Barkley e Chris Benton, que fizeram de todo esse processo uma experiência gratificante e divertida; o dr. David Rosenberg, diretor do Departamento de Psiquiatria e Psicologia Infantis no Children's Hospital of Michigan e do Departamento de Psiquiatria e Neurociências Comportamentais na Wayne State University, cujo apoio me possibilitou dispor de tempo para escrever; nossos editores na Guilford Press; as muitas famílias com as quais trabalhei e com as quais estou constantemente aprendendo coisas novas acerca do comportamento desafiador; e minha esposa, Susan, que forneceu apoio e amor inesgotáveis.

– Arthur L. Robin, PhD

Meu muito obrigada a Russ Barkley e Art Robin por seu conhecimento ilimitado, visão, paciência e humor, bem como a todos na Guilford pelo apoio e dedicação à publicação, especialmente Bob Matloff, Seymour Weingarten, Kitty Moore, Marian Robinson, Anne Patota, Judith Grauman, Paul Gordon e Anna Brackett.

– Christine M. Benton

Sumário

Introdução 13

I
Você e seu adolescente desafiador

1. O que é desafio – e o que você deve fazer a respeito 23
2. Como se desenvolve o comportamento desafiador 41
3. O que a adolescência tem a ver com isso? 55
4. Esta é apenas a personalidade de seu adolescente? 73
5. Onde é que você entra? 85
6. Como achar uma saída 101

II
10 passos para uma relação melhor com seu adolescente – e um futuro melhor *para* seu adolescente

7. Preparando-se 117
8. Passo 1. Criando o hábito de realizar atividades positivas com seu adolescente 133
9. Passo 2. Uma nova maneira de manejar o comportamento 149
10. Passo 3. Contratos e sistemas de pontos: como os adolescentes podem ganhar privilégios 165
11. Passo 4. Fazendo a punição *realmente* se adequar ao delito ... 193
12. Passo 5. Enfrentando questões adicionais com recompensas e penalidades 209

13. Passo 6. Abordando o comportamento desafiador
na escola e os conflitos quanto ao dever de casa 227
14. Passo 7. Usando habilidades para a solução de problemas 241
15. Passo 8. Aprendendo e praticando habilidades
de comunicação 267
16. Passo 9. Lidando com crenças e expectativas irracionais 291
17. Passo 10. Mantendo a união 317

Apêndice A. Folhas de trabalho para solução de problemas 329
Apêndice B. Como encontrar um terapeuta 333
Recursos 337
Índice 343

Introdução

Blam.

Esse é o som do desafio adolescente.

Você pode estar ouvindo isso com frequência quando seu filho bate violentamente a porta depois de mais uma discussão. Ou talvez imagine isso todos os dias enquanto espera com medo que sua filha se convença que ficar apenas em um silêncio hostil em casa, inacessível, não aumenta mais a distância entre vocês. De qualquer forma, esse som é assustador. É muito difícil lidar com sua casa sendo transformada em um campo de batalha. Desesperar-se sobre o que pode acontecer a um filho que você já não consegue controlar pode mantê-lo acordado à noite e partir seu coração.

Este livro trata de como você pode se tornar novamente uma influência positiva no ambiente de seu adolescente em vez de apenas fazer parte do local em que ele bate a porta. Trata-se de como fazê-lo seguir as regras inegociáveis para viver em uma família civilizada – e como você pode aprender a negociar os demais problemas que tem com ele; de mudar aquelas crenças enraizadas que um tem em relação ao outro – "Ele está me provocando *de propósito!*"; "Você nunca me deixa fazer *nada* com meus amigos, como se eu tivesse *10 anos!*" – essas são batalhas sem vencedores. Trata-se, também, de desenvolver nos adolescentes habilidades que lhes possibilitarão atingir a idade adulta com sucesso e lhes servirão por toda a vida – e chegar ao ponto em que você pode ouvir "Então, como podemos consertar isto?" em vez de "Eu estou fora!".

Se escolheu este livro, você já sabe que, quando cada interação com o jovem irrompe em uma briga, alguma coisa está errada.

Você provavelmente já não se sente seguro com a ideia de que seu adolescente só está passando por uma fase de rebeldia. Se algum dos cenários seguintes se parece com o que está ocorrendo em sua família, é hora de tomar uma atitude para reverter uma tendência que, talvez, pareça irreversível.

Kevin tem 15 anos. Os vizinhos, preocupados com o que poderia estar acontecendo, contaram aos pais do jovem que ele chegava em casa na hora do almoço, alguns dias por semana, com a namorada e não voltava para a escola. Música alta, barulho e risadas que vinham do quarto do rapaz levavam a crer que Kevin e sua namorada estavam bebendo e fazendo sexo. Suas notas eram decentes e suas médias estavam além do esperado, portanto, seus pais tinham a esperança de que ele só estivesse passando por uma fase. Porém, quando encontraram latas de cerveja vazias e preservativos usados no lixo, perceberam que estavam minimizando seus temores e, por fim, confrontaram o filho. Uma discussão terrível desencadeou-se, durante a qual Kevin gritava ofensas aos pais.

A mãe de Lauren descreve a garota de 14 anos como "completamente mudada" desde o ensino fundamental, perguntando-se com melancolia o que houve com aquela menina doce. Agora, Lauren quase não fala com a mãe, exceto para fazer algum comentário sarcástico sobre o que ela está vestindo ou retrucar agressivamente quando, ao não conseguir persuadi-la, recebe uma ordem aos gritos. Recentemente, quando a mãe da jovem se levantou no meio da noite para ir ao banheiro, deu uma espiada na filha, como sempre costumava fazer – e acabou encontrando-a na internet, conversando com um homem estranho, de outro Estado. Quando mandou-a desligar imediatamente o computador, armou-se uma grande discussão, repleta de acusações e ofensas. O pai de Lauren acordou e acabou com a briga, retirando-lhe os privilégios do computador/*smartphone* por três meses.

Gina tem apenas 13 anos e está se saindo mal em três de suas cinco matérias do 9º ano. Quando sua mãe lhe pergunta se tem algum dever de casa, ela alega já tê-lo feito na escola e esquecido de trazer para casa. Não é verdade, disse sua professora; então, a mãe a castigou nos fins de semana, confinando-a a seu quarto, onde tinha de compensar as tarefas perdidas ou estudar para os testes. Gina pegou sorrateiramente o *smartphone* e enviou mensagens de texto aos amigos em vez de fazer o dever de casa; sua mãe retirou-lhe o telefone, com a jovem gritando e praguejando. Agora, Gina fica devaneando o fim de semana inteiro, fazendo muito pouco do trabalho escolar. Mãe e filha discutem diariamente sobre a escola e o dever de casa.

Mark, de 17 anos, mata aula, chega em casa bêbado nos fins de semana e não tenta disfarçar o cheiro de maconha que exala de seu quarto à noite. Quando os pais o confrontam acerca de todas essas violações de suas regras, ele em geral os xinga, ameaça agredi-los e sai de forma intempestiva, acusando-os de "abuso infantil". Suas faltas à aula estão começando a ameaçar as suas chances de obter um diploma do ensino médio. A mãe diz que não pode forçá-lo a ir à escola, levando-o até a instituição, porque ele simplesmente foge quando lhe diz para entrar no carro ou sai da escola depois que ela o deixa. O pai declara que não pode se envolver com isso de manhã, pois se atrasaria para o trabalho.

Esses jovens não estão apenas sofrendo as dores do crescimento, e seus pais não são "monstros controladores" com tendência ao exagero. Os pais de Mark sempre souberam que tinham um filho de personalidade forte. Quando, no 9º ano, o garoto começou a violar o toque de recolher e responder de forma desrespeitosa, seu pai lhe deu uma colher de chá para evitar "quebrar seu espírito" da forma como achava que seus próprios pais haviam feito com ele. Ao fazer uma retrospectiva dos últimos anos, o casal percebe que as infrações gradualmente aumentaram em frequência e gravidade, mas não tem ideia de quando surgiu esse garoto difícil que zomba deles e de suas regras. A mãe de Lauren diz que sua filha começou a se fechar e fazer o que bem entendia alguns meses atrás, quando iniciou o ensino médio. Os pais de Kevin tentaram tudo em que puderam pensar para ter controle de seu filho tão brilhante – cortando privilégios, estabelecendo um toque de recolher cedo e criando restrições –, mas ele encontrou formas de driblar as restrições, e, em boa parte do tempo, as exigências dos empregos dos pais os deixam exaustos demais para brigar. Gina tem transtorno de déficit de atenção/hiperatividade (TDAH), e seus pais a mantiveram sob controle usando castigos, sistemas de pontos e medicamentos desde seu diagnóstico, aos 9 anos. Porém, agora ela se recusa a tomar a medicação e, em boa parte do tempo, não parece se importar se perde a regalia de usar aparelhos eletrônicos ou se ganha pontos para uma festa de *pizza*. Durante os castigos, ela senta-se em silêncio e sorri com arrogância.

Os adolescentes podem se tornar desafiadores por inúmeras razões. Vale a pena explorar o que pode estar acontecendo caso seu filho tenha passado por uma transformação repentina e seu comportamento não tenha perdurado muito. No Capítulo 1, diremos como descobrir se existe um aspecto físico ou outro fator oculto em andamento. Porém, independentemente da causa, o programa neste livro pode ser a solução que você está procurando. Os psicólogos consideram que um adolescente precisa de ajuda quando existe uma ou mais destas três condições:

1. *O comportamento do jovem é muito pior do que o da maioria dos garotos da mesma idade.* Como é o adolescente em questão se comparado aos outros que você criou ou àqueles em sua família ou na vizinhança? O que relatam os outros pais, professores ou demais adultos em uma posição

de supervisão de seu filho? No Capítulo 1, forneceremos alguns questionários e inventários com os quais você poderá avaliar seu adolescente.

2. *O comportamento do jovem o impede de ele ou ela funcionar conforme o esperado.* Como Kevin, seu adolescente pode ser muito inteligente, mas, ainda assim, não conseguir manter boas notas, amizades positivas ou boas relações familiares. Talvez ele não pareça capaz de cuidar de si mesmo ou de seguir regras típicas sem que tenha uma supervisão adulta constante. Ou, pior ainda, talvez sua conduta esteja em risco de provocar sérias consequências, tais como ser expulso da escola ou ser preso por uso de álcool na menoridade.

3. *O comportamento do adolescente está causando muita angústia ou dano emocional.* A angústia é provavelmente tanto sua quanto do jovem. A questão aqui é que, se você e/ou seu adolescente desafiador estão sofrendo muita ansiedade, depressão ou infelicidade crônica em consequência do comportamento do jovem, alguma ação é necessária.

Esses três fatores podem se somar a um cenário como este: seu adolescente parece argumentar a respeito de tudo o que você diz, constantemente rompe as regras ou mente para contorná-las. Talvez, em geral, você se encontre acordado à noite, alternando entre estados de terror e fúria quanto ao fato de seu filho não voltar para casa na hora estabelecida – mais uma vez. Talvez esteja vendo as notas de sua filha caírem, mas não chegue a lugar algum ao questionar a alegação de não haver dever de casa – de novo. Talvez perceba que seu adolescente está infringindo as regras em casa e na escola e, agora, comece a se perguntar se ele está prestes a infringir a lei também. Ou talvez você só esteja cansado das batalhas diárias acerca do que ele está vestindo, como fala com você, as tarefas de casa que não realiza, a bagunça que faz e as companhias com quem está passando seu tempo. Seja o seu problema grande ou pequeno, constante ou temporário, este livro pode ajudá-lo. Ele pode auxiliá-lo se o desafio já estiver estabelecido ou se estiver apenas começando. Também pode ajudá-lo se você tiver um adolescente mais velho ou um pré-adolescente e quer saber como evitar problemas durante a adolescência.

O programa sobre o qual vai ler neste livro consiste em 10 passos que podem restaurar uma relação positiva entre você e seu adolescente, bem como reduzir significativamente o conflito que permeia sua vida familiar. Ele pode melhorar o desempenho acadêmico do jovem por meio da mudança da forma como são tratados o dever de casa e outros assuntos escolares. Não podemos prometer que vá acabar com todos os sinais de desafio em seu adolescente ou mesmo que vá funcionar para todos os jovens.

Contudo, se você persistir, poderá esperar que sua relação com seu filho avance em uma direção mais positiva de agora em diante.

Caso seu adolescente tenha sido desafiador quando criança e você tenha usado os oito passos descritos em *Sua criança desafiadora*,* parte deste programa lhe será familiar. Alguns dos princípios são os mesmos, desde a importância de prestar atenção positiva em seu filho ou sua filha até a utilidade dos sistemas de recompensas. Porém, naturalmente, também existem diferenças – afinal de contas, eles já não são mais crianças, não se pode esperar que respondam como uma, tampouco devem ser tratados desse modo. *Este programa não vai recuperar o tipo de controle que você pode ter tido quando o seu filho tinha 7 ou 8 anos.* Ele vai lhe ensinar a recuperar a autoridade apropriada para um adolescente, ao mesmo tempo que reconhece e respeita o crescimento e a maturidade que este está procurando e experimentando. Isso significa mais negociação e menos "imposição da lei". Significa acrescentar habilidades de comunicação e solução de problemas ao repertório usado em suas interações. O resultado ideal deste programa será que seu adolescente não seja mais um tirano que controla o ambiente em que sua família vive. Ao mesmo tempo, o jovem estará adquirindo habilidades valiosas para levar consigo até a idade adulta.

Sabemos que essa abordagem funciona para muitas famílias. Dois de nós (Dr. Barkley e Dr. Robin) somos psicólogos clínicos que dedicam suas carreiras aos cuidados clínicos de crianças e adolescentes com comportamento desafiador e TDAH. Também somos pesquisadores muito experientes. Já conduzimos inúmeros estudos sobre esses dois transtornos e testamos a eficácia de vários programas no tratamento dos problemas individuais e familiares que essas doenças podem representar. (Mais informações sobre o Dr. Barkley podem ser obtidas em seu *site*, russellbarkley.org.)

Um de nós (Dr. Barkley) especificamente ajudou a desenvolver os métodos discutidos aqui sobre o manejo do comportamento de crianças e adolescentes, incluindo ênfase nas habilidades de atenção positiva por parte dos pais; uso de privilégios, sistemas de pontos e outros sistemas de incentivo organizados para encorajar o comportamento pró-social apropriado; e incorporação de formas leves de disciplina para lidar com o comportamento desafiador. Esses programas de tratamento foram baseados nos desenvolvidos anteriormente por Constance Hanf, PhD, e aprendidos durante o treinamento com ela na Oregon Health Sciences University, em Portland. Esse trabalho foi combinado mais tarde com o programa do Dr. Robin sobre treinamento em solução de problemas e comunicação,

---

* *Your Defiant Child*, não publicado no Brasil.

a fim de estudar sua eficácia como um pacote de tratamento com dois fundos de subvenção federal que atendem jovens desafiadores e suas famílias nos Estados Unidos. Em conjunto, temos mais de 60 anos de experiência clínica e pesquisa dedicados aos problemas de famílias com crianças e adolescentes desafiadores. Todas as histórias que você encontrará neste livro também são fruto desses anos de experiência; elas são composições ficcionalizadas de problemas e soluções que vimos em ação repetidas vezes. Esperamos sinceramente que você e seu adolescente se beneficiem de tudo o que aprendemos.

Como usar este livro

Este livro está dividido em duas partes. A Parte I lhe ajuda a observar mais de perto o comportamento desafiador de seu adolescente – o que de fato está acontecendo e quais fatores contribuem para os conflitos que vocês estão experimentando. Essa compreensão isoladamente poderá ajudá-lo a implementar mudanças que reduzam o desafio, as quais poderão, no mínimo, aumentar sua empatia pelo jovem que se tornou uma pedra no sapato – e lhe darão esperança de que as coisas podem melhorar em casa.

O que você pode aprender sobre seu adolescente, sobre si mesmo e sobre os desafios que está enfrentando e causam conflito lhe servirá muito quando começar o programa na Parte II. Essa seção apresenta 10 passos que vão acabar o que, agora, pode parecer uma tarefa impossível: começar a retomada do controle sobre o comportamento do jovem – e de uma forma que permita a ele amadurecer e, gradualmente, adquirir a independência pela qual todos os adolescentes devem lutar.

Recomendamos enfaticamente que leia a Parte I antes de se lançar ao programa. O conhecimento que você obtém nessa etapa é o fundamento que irá aumentar suas chances de sucesso com o programa. Ela também lhe apresenta inúmeras famílias como a sua, o que irá lembrá-lo de que não está sozinho nessa luta – e que existem maneiras criativas de aplicar as lições que aprendemos em nosso trabalho.

Se decidir seguir o programa da Parte II, você deve planejar 3 a 4 meses para terminá-lo. Em nosso trabalho com os pais, em geral destinamos 1 a 2 semanas para cada passo, de modo que as lições e técnicas apresentadas estejam firmemente arraigadas antes que seja acrescentado o passo seguinte. Você pode conseguir avançar com mais rapidez, dependendo do quanto se sentiu confortável com o uso das novas habilidades e das mudanças no teor geral das interações em casa. Seja qual for o tempo que invista, lembre-se do que pode ganhar: você não está apenas obtendo um relacionamento melhor com seu adolescente, está moldando seu filho ou sua filha para se tornar um adulto que você possa mandar para o mundo com confiança e orgulho.

Se seguir o programa da Parte II e achar que não está obtendo resultados depois de quatro meses, enfatizamos a necessidade de procurar a ajuda de um psicólogo qualificado ou outro profissional da saúde mental treinado para usar essa abordagem. O livro, então, se transformará na leitura designada para acompanhar a intervenção familiar da qual você está participando. Frequentemente, um psicólogo familiarizado com essa abordagem poderá ajudá-lo a realizar mudanças que seriam difíceis de fazer sozinho, muito embora a abordagem geral seja a mesma.

Você e seu adolescente desafiador

O que é desafio – e o que você deve fazer a respeito

Mark, 17 anos (mencionado na Introdução), em geral só aparece em casa nos dias de semana na hora do jantar, quando muito. Assim, ao fazer uma rara aparição às 15h em uma sexta-feira, sua mãe, Sandy, o olhou com desconfiança quando ele entrou na cozinha, apontou para o relógio e perguntou sarcasticamente: "A que devo *esta* honra?".

Mark apenas desdenhou e abriu a geladeira.

Enquanto o observava apanhar a comida nas prateleiras, Sandy ficava cada vez mais irritada. Ela não queria começar uma briga. Aquela já havia sido uma longa semana. Mas não conseguiu ficar em silêncio.

"Mark, você realmente foi para a escola hoje? A última aula não termina às 15h?"

"Relaxa, mãe. Minha última aula foi cancelada. Além disso, desde quando *você* se importa? Você não me pergunta sobre a escola desde o Natal."

"Veja lá como fala, rapazinho", retrucou Sandy. "Se você faltar mais à escola, não vai conseguir se formar!"

"Ah, sim! Como se isso importasse!" Mark pegou ingredientes para sanduíche na geladeira e colocou sobre a mesa da cozinha, onde começou a preparar três sanduíches enormes.

"Para que você precisa de toda essa comida?", perguntou a mãe. "Você ganha dinheiro para o almoço todas as semanas."

"É, bem, gastei em cigarros", Mark disparou, e então se inclinou para trás na cadeira e lançou um olhar insolente para sua mãe. "Além disso, vou dar uma saída; vou levar isso comigo."

Sandy deu um giro na frente da pia. "Você não vai a lugar algum até que corte a grama, como lhe pedi sábado passado – e no sábado anterior e no outro antes desse."

"É sexta-feira e eu vou sair. Se quer tanto a grama cortada, faça *você*! Tudo o que você faz é ficar sentada aqui."

"Não fale assim comigo! E nem pense em sair daqui sem cortar a grama!"

"Ok, eu não vou pensar nisso", disse Mark de forma debochada. Então se levantou, voltou até a geladeira, pegou um pacote com seis latas de cerveja e saiu pela porta da frente tão rapidamente que nem ouviu Sandy gritando "Volte aqui, Mark! Não vá pensar que você pode aparecer sempre que der vontade! Todos têm que trabalhar aqui, você sabe!". O jovem estava pensando nos seus planos para o fim de semana e já havia se desligado de sua mãe.

Essa cena ou uma muito parecida já havia se repetido nessa casa dezenas de vezes durante o último ano. Quando Mark começou a agir como se as regras de seus pais fossem insignificantes – e suas ordens, opcionais –, seus pais não disseram coisa alguma, esperando que a fase passasse. Quando não passou, tentaram fazer ameaças e cortar privilégios. Mark apenas riu deles. Agora, vem e vai como bem entende e os trata cada vez com mais desdém. Periodicamente, explode em xingamentos e faz ameaças. Falando com franqueza, seus pais têm um pouco de medo dele.

Como definimos *desafio*

Olhe os detalhes dessa interação e você terá a sua frente todos os elementos com os quais definimos *desafio*:

1. *Falha em atender à ordem de um adulto em um tempo razoável.* Acredite ou não, um ou dois minutos são considerados um tempo razoável para obedecer à ordem de um adulto – essa é quase a mesma janela de tempo em que você esperaria que um adulto fizesse algo que lhe foi pedido, e é razoável esperar que um adolescente faça o mesmo. Sim, se o jovem já estiver ocupado com outro projeto, então um tempo mais longo para obedecer é razoável, mas, nesses casos, ele deve pelo menos reconhecer a ordem e demonstrar intenção de acatá-la em um ou dois minutos. Mark não apenas deixou de aparar a grama quando sua mãe pediu, mas ignorou completamente o pedido por três semanas!

2. *Falha em continuar executando a tarefa solicitada até que a tarefa esteja terminada.* Talvez isso pareça evidente. Porém, muitos adolescentes começam a fazer o que lhes foi mandado e, então, não vão adiante. Eles

fazem em teoria – realizam metade do trabalho e depois mudam para alguma coisa de seu interesse, ou o fazem de modo descuidado – ou, ainda, arrastam a tarefa por tanto tempo que ela não fica pronta quando você precisa. É óbvio que Mark nem mesmo começou. Está claro que, em algumas circunstâncias, a concordância com as instruções de um adulto não é esperada de imediato, mas, nesses casos, depende de você dizer explicitamente quando deverão começar.

3. *Falha em cumprir regras de conduta previamente estabelecidas.* Mark acumulou pontos neste item: seus pais esperam que ele frequente a escola; informe onde está; venha para casa quando esperado; fale com eles com respeito e ouça com atenção; e gaste o dinheiro que lhe dão conforme o pretendido, não em cigarros e cerveja. Ele os desafia em todos os níveis.

Embora usemos o termo *desafio* ao longo deste livro, é importante entender que nos referimos ao *não cumprimento* (passivamente não fazer ou não concluir o que é pedido ou esperado) e também a uma *resistência verbal ou física* mais ativa, como as discussões, os xingamentos, os desafios e as ameaças de Mark. Devem ter sido esses últimos que fizeram você chegar até este livro, embora Lauren, de 14 anos (mencionada na Introdução), tenha levado sua mãe a procurar ajuda ao quebrar todas as regras em silêncio e se afastar do convívio.

Por que você precisa saber mais acerca do comportamento desafiador de seu adolescente

Caso seu adolescente se pareça com Mark, Lauren ou os outros dois adolescentes descritos na Introdução, você já sabe o suficiente para justificar a implementação dos passos simples na Parte II. Contudo, talvez *não* saiba o suficiente para obter tudo o que poderia do programa. Primeiro, precisa saber se esse programa de autoajuda é de fato o que você precisa e se é mesmo *tudo* o que necessita.

O comportamento desafiador de seu adolescente é um comportamento ou um traço?

Se lhe pedíssemos para nos dizer o que significa "desafio", você rapidamente o definiria como resistência, oposição e desobediência – completa desconsideração por suas solicitações, exigências ou instruções dirigidas ao jovem. Você pode até comparar com o refrão de Grouxo Marx no filme *Os gênios da pelota*: "Seja o que for, eu sou contra!".

É claro que você pode encarar dessa forma somente nos dias bons, quando consegue atribuir algum humor à questão. Na maioria das vezes, o desafio de seu adolescente não é um assunto para dar risadas. Lidar com alguém que sempre parece querer resistir ou brigar e exibe desdém ou aversão constantes é desgastante e agressivo. Você quer "colocar este garoto na linha" e fazer suas vidas voltarem ao normal.

O problema é que suas vidas podem nunca voltar ao normal se você encarar o problema como algo que seu adolescente é, em vez de algo que ele *faz*. Como pode ver a partir de nossa definição de desafio, este é medido por atos específicos. No entanto, quando tais atos se somam ao que parece ser um sofrimento interminável para você, a postura desafiadora do jovem pode começar a parecer um traço de personalidade em vez de um comportamento. Os traços de personalidade geralmente não podem ser muito modificados, mas o comportamento pode. Se encarar seu adolescente como *sendo* desafiador, você fica de certa forma preso à condição, não é? É essa perspectiva que leva a acusações do tipo "Você *sempre*..." e "Por que você *nunca*...?". Isso os coloca em oposição e os mantém lá.

No entanto, se observar com atenção a forma como seu adolescente age, talvez veja que ele não é desafiador de modo tão "constante" quanto você possa achar; ele pode não ser desafiador em todos os lugares, com todas as pessoas, todo o tempo e exatamente da mesma maneira. Alguns garotos são tão desafiadores em casa que seus pais não conseguem acreditar que não ajam da mesma maneira na escola – mas eles não agem. Outros são muito mais desafiadores com certas pessoas do que com as demais ou quando se defrontam com determinadas demandas. O desafio é com frequência demonstrado em diferentes graus, mas tudo começa a funcionar em conjunto e se parece com uma grande rebelião para os pais que estão nessa expectativa. Quando se dá conta dessas nuances, você obtém informações acerca do que está dando errado e certo – e, consequentemente, percebe por onde atacar o problema primeiro e como capitalizar os aspectos positivos.

Lembre-se: o comportamento pode ser mudado. A observação mais atenta da postura desafiadora de seu adolescente irá revelar as brechas no comportamento, bem como o ajudará a ver o caminho pelo qual seguir e fazer a diferença.

É apenas um comportamento adolescente normal ou um problema mais sério?

Suas vidas também podem nunca voltar ao normal se você colocar ênfase no "passado". Examinar mais detalhadamente a história do comportamento desafiador de seu adolescente e usar uma lente de aumento no comportamento atual ajudará a ver o quanto pode ser fácil confundir a luta pela autonomia, que é normal no jovem, com uma rebelião fora de controle. Abordaremos melhor esse tema importante nos capítulos a seguir, mas, por enquanto, procure ter em mente que *existe* uma linha divisória. O que ocorre é que ela fica muito tênue no calor das discussões, e todos nós levamos um pouco de tempo para nos adaptar a essas novas criaturas que estão tão ávidas para se libertarem de sua supervisão e de seus cuidados. Se conseguir começar a ver a diferença entre asserções "normais" de crescente independência – a forma como as crianças em geral se comportam quando atingem a adolescência – e como o que chamamos de "desafio" se origina desse padrão, você não cometerá o erro de tentar "corrigir" um comportamento que está bem da forma como está (o que pode ser penoso).

Lembre-se do que você pretende obter

Quando sua paciência foi testada até o limite, a ponto de você já não se lembrar de como são os momentos de paz, é difícil não encarar o comportamento desafiador como uma via de sentido único. Seu adolescente o desafia (a causa), e o conflito irrompe (o efeito). Entretanto, examinando com mais atenção, você lembrará que o desafio não é apenas uma ação; ele é uma *reação* – à pessoa que está sendo desafiada ou a uma situação considerada intolerável. Tecnicamente, ele é uma *interação*. Seu adolescente não pode desafiar suas instruções se não for dada qualquer instrução ou infringir uma regra se regra alguma foi imposta previamente e você não reagir com raiva ou frustração a tudo o que ele faz. O desafio não ocorre em um vácuo ou quando uma pessoa está sozinha. "É preciso dois para dançar um tango", como dizem. Pode ser difícil acreditar nisso, considerando-se que os adolescentes expressam desafio por meio de sua ausência. Você manda seu filho de 15 anos lavar os pratos e depois pegar os livros, e, em vez disso, ele pega a rua – correndo. Você estabeleceu o horário de 22 horas para voltar para casa, e sua filha responde a seu decreto ficando na rua até a meia-noite. Estando presente ou não, cada ato de desafio do jovem é uma resposta a alguma coisa que você ou outra figura de autoridade disseram. O desafio transforma a interação em um conflito. Ele coloca você e seu adolescente em oposição; ele os afasta cada vez mais com o passar do tempo. Quando olhar mais atentamente para o comportamento desafiador, você verá o dano que ele está causando ao relacionamento pai-filho. Esperamos que essa compreensão o motive a manter o programa mesmo quando for difícil, porque você tem muito a ganhar. Além disso, esperamos que se lembre de que, se faz parte das interações em que ocorre o desafio, isso lhe dá muito poder para fazer a diferença. Mudanças relativamente simples em seu comportamento podem levar a grandes alterações no de seu adolescente.

Na Introdução, dissemos que, ao responder "Sim" a alguma das perguntas seguintes, você provavelmente precisa abordar o comportamento desafiador do jovem.

1. O comportamento desafiador de seu adolescente é muito pior do que o da maioria dos garotos da mesma idade?
2. Esse comportamento está dificultando que o jovem funcione conforme o esperado, ou existe o risco de provocar sérias consequências aos outros?
3. O comportamento desafiador está causando muita angústia ou dano emocional?

O restante deste capítulo o ajudará a examinar a natureza do comportamento desafiador de seu adolescente de forma que você saiba como responder a essas perguntas. Na página 35, você poderá inserir todas as informações que reuniu em uma Folha de Trabalho para Tomada de Decisão para ajudá-lo a determinar se precisa de auxílio e, em caso afirmativo, se a autoajuda poderá ser suficiente ou se será necessário acompanhamento profissional.

Como é o desafio de seu adolescente?

O desafio assume todos os tipos de formas nos adolescentes. Para ter uma visão geral do que está enfrentando, marque, na lista Comportamentos

Desafiadores a seguir, os comportamentos que você vem observando recentemente. Sinta-se à vontade para copiar a lista para uso posterior ou faça seu *download* em www.grupoa.com.br.

Note as quatro categorias de comportamento desafiador: Verbal (**V**), Físico (**F**), Agressivo (**A**) e Não Cumprimento Passivo (**NCP**). Quantos comportamentos em cada categoria você marcou? Tenha isso em mente ao avançar pelo restante do livro. Iremos sugerir diferentes técnicas para lidar com diferentes categorias. No Capítulo 15, você vai aprender a usar habilidades de comunicação para lidar com o desafio verbal. Nos Capítulos 10 a 20, vai aprender a usar contratos, sistemas de pontos e punições para manejar os desafios físicos e agressivos. No Capítulo 14, aprenderá a usar a solução de problemas para lidar com o desafio passivo, além de elementos dos outros tipos de desafio. Se você marcou algum dos cinco últimos sintomas na categoria Agressivo, não deixe de ler a seção "Você precisa de ajuda profissional?", mais adiante neste capítulo.

═══════════════ **Comportamentos desafiadores** ═══════════════

Verbais
- ☐ Berra
- ☐ Faz birra
- ☐ Reclama
- ☐ Grita
- ☐ Insulta
- ☐ Xinga
- ☐ Mente
- ☐ Discute
- ☐ Humilha/irrita
- ☐ Provoca
- ☐ Chora
- ☐ É petulante ou responde

Físicos
- ☐ Desafia
- ☐ Tem ataques de cólera
- ☐ Perturba as atividades dos outros
- ☐ Rouba
- ☐ Foge

Agressivos
- ☐ Resiste fisicamente a solicitações ou instruções
- ☐ Atira objetos
- ☐ Destrói propriedades intencionalmente
- ☐ Luta fisicamente com outros
- ☐ Carrega ou usa armas
- ☐ Invade casas ou estabelecimentos alheios
- ☐ É cruel com os outros
- ☐ É cruel com os animais
- ☐ Não sente culpa ou remorso ou parece não ter consciência

Não cumprimento passivo
- ☐ Ignora as solicitações
- ☐ Não realiza tarefas rotineiras
- ☐ Não faz o dever da escola
- ☐ Ignora tarefas de autocuidado

Outros: _____

De *Seu adolescente desafiador* (2ª ed.). Copyright 2014, The Guilford Press.

O comportamento desafiador de seu adolescente é muito pior do que o dos outros?

O comportamento desafiador de seu adolescente é muito pior do que o da maioria dos demais? Para responder a essa pergunta, precisamos de um padrão para outros jovens ao qual você possa comparar o seu. Primeiramente, circule a palavra que representa a frequência com que seu adolescente exibe os três comportamentos a seguir:

Não cumpre a ordem de um adulto em um tempo razoável.

| nunca | às vezes | frequentemente | muito frequentemente |

Não continua fazendo o que foi mandado até que a tarefa esteja concluída.

| nunca | às vezes | frequentemente | muito frequentemente |

Não segue as regras de conduta previamente estabelecidas.

| nunca | às vezes | frequentemente | muito frequentemente |

Em segundo lugar, preencha o Questionário de Comportamentos de Conflito para Pais, desenvolvido pelo Dr. Robin. Sinta-se à vontade para copiar o questionário ou faça seu *download* em www.grupoa.com.br para uso posterior. Guarde suas taxas de frequência marcadas na questão anterior e seus escores no Questionário de Comportamentos de Conflito para Pais para usá-los na Folha de Trabalho para Tomada de Decisão que aparece mais adiante neste capítulo.

O comportamento de seu adolescente está gerando prejuízos?

O comportamento desafiador de seu adolescente está dificultando que ele funcione conforme o esperado em casa, na escola ou na comunidade? Para ajudá-lo a responder a essa pergunta, listamos os principais contextos nos quais o comportamento desafiador pode ser um problema. Considere todos os comportamentos de oposição que você classificou como *às vezes*, *frequentemente* ou *muito frequentemente* na lista anterior. Levando-os em conta, circule as avaliações no Formulário de Avaliação dos Prejuízos, na página 33, que representam o quanto eles interferem na capacidade funcional de seu adolescente em cada atividade da vida. Sinta-se à vontade para copiar ou fazer o *download* do formulário em www.grupoa.com.br para uso posterior.

Mesmo que tenha circulado *frequentemente* ou *muito frequentemente* apenas uma vez, o comportamento desafiador de seu adolescente está interferindo de modo significativo em sua capacidade de funcionar em uma atividade importante na vida. Do mesmo modo que com suas taxas de frequência, tenha seus resultados à mão para que possa usá-los na Folha de Trabalho para Tomada de Decisão.

Questionário de comportamentos de conflito para pais

Esta é outra forma de medir o comportamento desafiador de seu adolescente. Se desejar, preencha este questionário e compare seus resultados aos dos formulários de avaliação do início do capítulo. Resultados essencialmente consistentes devem reforçar a decisão que você tomou acerca da atitude a adotar.

Este formulário também é uma forma excelente de ver se o comportamento problemático de seu adolescente ocorre mais com você, o outro genitor ou um cuidador (como um avô que desempenhe um papel parental). Conforme verá posteriormente neste livro, quando o comportamento do adolescente (ou percepções do comportamento) difere de forma significativa entre os pais, ou é percebido de forma diferente pelos dois, vocês podem ter de adotar medidas extras para combater uma estratégia de "dividir e conquistar" e permanecer na mesma sintonia quando trabalharem com o programa.

Se mais de um adulto desempenhar um papel parental significativo com o adolescente, todos eles devem preencher este formulário.

Eu sou _____ mãe _____ pai do jovem (marque um).

Pense nas duas últimas semanas em casa. As afirmações a seguir têm a ver com você e seu adolescente. Leia a afirmação e circule Verdadeiro ou Falso para cada uma. Responda sozinho, sem discutir com pessoa alguma.

Verdadeiro	Falso	1.	Meu adolescente é de fácil relacionamento.
Verdadeiro	Falso	2.	Meu adolescente se comporta bem em nossas discussões.
Verdadeiro	Falso	3.	Meu adolescente é receptivo a críticas.
Verdadeiro	Falso	4.	Na maior parte das vezes, meu adolescente gosta de conversar comigo.
Verdadeiro	Falso	5.	Nós quase nunca parecemos concordar.
Verdadeiro	Falso	6.	Meu adolescente geralmente ouve o que lhe digo.
Verdadeiro	Falso	7.	Pelo menos três vezes por semana nos irritamos um com o outro.
Verdadeiro	Falso	8.	Meu adolescente diz que não tenho consideração com seus sentimentos.
Verdadeiro	Falso	9.	Meu adolescente e eu entramos em acordo durante as discussões.

(Continua)

Questionário de comportamentos de conflito para pais *(continuação)*

Verdadeiro	Falso	10.	Meu adolescente frequentemente não faz o que peço.
Verdadeiro	Falso	11.	As conversas que temos são frustrantes.
Verdadeiro	Falso	12.	Meu adolescente frequentemente parece irritado comigo.
Verdadeiro	Falso	13.	Meu adolescente fica impaciente quando falo.
Verdadeiro	Falso	14.	Em geral, não acho que nos relacionamos muito bem.
Verdadeiro	Falso	15.	Meu adolescente quase nunca entende o meu lado em uma discussão.
Verdadeiro	Falso	16.	Meu adolescente e eu temos grandes discussões acerca de coisas pequenas.
Verdadeiro	Falso	17.	Meu adolescente é defensivo quando falo com ele.
Verdadeiro	Falso	18.	Meu adolescente acha que minhas opiniões não contam.
Verdadeiro	Falso	19.	Nós brigamos muito por causa de regras.
Verdadeiro	Falso	20.	Meu adolescente diz que me acha injusto.

Pontuação e interpretação de seus resultados

1. Adicione um ponto para cada um dos seguintes itens respondidos VERDADEIRO: 5, 7, 8, 10, 11, 12, 13, 14, 15, 16, 17, 18, 19, 20.
2. Adicione um ponto para cada um dos seguintes itens respondidos FALSO: 1, 2, 3, 4, 6, 9.
3. Some todos os pontos.

Existem duas maneiras de interpretar o Escore Total do Questionário de Comportamentos de Conflito para Pais:

1. Compare seu escore à média que obtivemos em nossa pesquisa com famílias em conflito e sem conflito. Veja de qual média seu escore está mais próximo:

   Mães: Escore médio para famílias em conflito = 12,4 (desvio-padrão = 5,0)
   Escore médio para famílias sem conflito excessivo = 2,4 (desvio-padrão = 2,8)
   Pais: Escore médio para famílias em conflito = 10,5 (desvio-padrão = 5,0)
   Escore médio para famílias sem conflito excessivo = 3,2 (desvio-padrão = 3,0)

2. Use os seguintes cortes para escores altos:

   Mães: Qualquer escore acima de 8 está definitivamente na faixa problemática (mais alto do que em 98% das famílias sem conflito excessivo). Qualquer escore de 6 a 8 está provavelmente na faixa problemática (mais alto do que em 84 a 93% dessas famílias).
   Pais: Qualquer escore acima de 10 está definitivamente na faixa problemática. Qualquer escore de 7 a 10 está provavelmente na faixa problemática.

De *Seu adolescente desafiador* (2ª ed.). Copyright 2014, The Guilford Press.

O que é desafio **33**

Formulário de avaliação dos prejuízos

Na vida doméstica com a família	raramente	às vezes	frequentemente	muito frequentemente
Em interações sociais com os pares	raramente	às vezes	frequentemente	muito frequentemente
Na escola	raramente	às vezes	frequentemente	muito frequentemente
Em atividades na comunidade	raramente	às vezes	frequentemente	muito frequentemente
Em esportes, clubes ou outras atividades	raramente	às vezes	frequentemente	muito frequentemente
Ao aprender a cuidar de si	raramente	às vezes	frequentemente	muito frequentemente
No jogo, no lazer ou em atividades recreativas	raramente	às vezes	frequentemente	muito frequentemente
Ao lidar com tarefas diárias ou outras responsabilidades	raramente	às vezes	frequentemente	muito frequentemente

De *Seu adolescente desafiador* (2ª ed.). Copyright 2014, The Guilford Press.

O comportamento de seu adolescente está causando muito desgaste emocional?

O desgaste emocional ocorre de muitas formas diferentes. Talvez o comportamento desafiador de seu adolescente esteja fazendo você e os outros em sua família se sentirem irritados, frustrados, incomodados, deprimidos e/ou sem esperança. Essa é uma experiência difícil de mensurar porque cada pessoa vivencia o desgaste emocional de modo diferente; portanto, suas pontuações no Formulário de Avaliação do Desgaste Emocional a seguir inevitavelmente serão inexatas, o que é bom. Apenas tente avaliar o grau geral de desgaste emocional que você e outros membros da família experimentam em um dia típico em decorrência do engajamento de seu adolescente nos comportamentos desafiadores relatados em nossas escalas de avaliação anteriores. Sinta-se à vontade para copiar ou fazer o *download* do formulário em www.grupoa.com.br para uso posterior.

Formulário de avaliação do desgaste emocional

1. Degaste emocional que eu experimento	nenhum	muito pouco	moderado	bastante	muito
2. Desgaste emocional que meu cônjuge experimenta	nenhum	muito pouco	moderado	bastante	muito
3. Desgaste emocional que meus outros filhos experimentam	nenhum	muito pouco	moderado	bastante	muito

De *Seu adolescente desafiador* (2ª ed.). Copyright 2014, The Guilford Press.

Se uma ou mais pessoas em sua família estiverem sofrendo pelo menos graus moderados de desgaste emocional devido ao comportamento opositor de seu adolescente, você precisa pensar seriamente em experimentar o programa descrito neste livro ou procurar um terapeuta.

Definindo um curso de ação

Agora você tem algumas medidas para ajudá-lo a ver a que ponto chegou o comportamento desafiador de seu adolescente. Use-as para preencher a Folha de Trabalho para Tomada de Decisão, na página 35, para ajudá-lo a descobrir o que fazer sobre o problema. Nossas recomendações são diretrizes gerais baseadas em nossa experiência clínica, não em dados de pesquisa. Sinta-se à vontade para copiar ou fazer o *download* do formulário em www.grupoa.com.br para uso posterior.

Você precisa de ajuda profissional?

A Folha de Trabalho para Tomada de Decisão dá uma ideia aproximada de sua necessidade de autoajuda ou de auxílio profissional. Se você tiver alguma dúvida, leia este livro e tente nossas sugestões primeiro; se elas não parecerem ajudar mesmo depois de um esforço significativo, encontre um profissional da saúde mental. Incluímos informações sobre como encontrar um profissional qualificado no Apêndice B, no fim deste livro.

Em linhas gerais, o comportamento desafiador de seu adolescente pode requerer ajuda profissional mesmo que não seja tão grave, mas venha ocorrendo por tanto tempo que você não consegue imaginar como desenredá-lo. Se for um desenvolvimento mais recente, mas estiver causando a seu filho ou a você problemas muito grandes (p. ex., recusa em ir para a escola, completo afastamento das atividades familiares ou horários

Folha de trabalho para tomada de decisão

1. Quantos dos três comportamentos na página 30 você avaliou como *frequentemente* ou *muito frequentemente*? _____
2. Qualquer dos pais pontuou o Questionário de Comportamentos de Conflito na faixa problemática? _____ Sim _____ Não
3. No Formulário de Avaliação dos Prejuízos (p. 33), você circulou *frequentemente* ou *muito frequentemente* para prejuízo em um ou mais contextos? _____ Sim _____ Não
4. Você avaliou pelo menos um dos três itens no Formulário de Avaliação do Desgaste Emocional (p. 34) como *moderado, bastante* ou *muito*? _____ Sim _____ Não

Aqui está como interpretar suas respostas a cada pergunta anterior:
Suas respostas foram assim?
    1. 2 ou 3   2. Sim (especialmente se ambos os pais)   3. Sim   4. Sim

Em caso afirmativo, considere utilizar este livro como autoajuda e consulte um profissional da saúde mental para auxiliá-lo a lidar com o comportamento desafiador de seu adolescente.

Suas respostas foram assim?
    1. 1 ou mais   2. Sim   3. Sim   4. Sim

Em caso afirmativo, este livro *pode* ser suficiente para ajudá-lo a lidar com o comportamento opositor de seu adolescente.

Suas respostas foram assim?
    1. 1 ou mais   2. Sim ou Não   3. Não   4. Não

Em caso afirmativo, este livro provavelmente será suficiente para ajudá-lo com o comportamento desafiador de seu adolescente.

Suas respostas foram assim?
    1. 0 a 1   2, 3 e 4. Não em nenhuma delas

Em caso afirmativo, você provavelmente achará este livro suficiente.

Suas respostas foram assim?
    1. 0   2, 3 e 4. Não em alguma delas ou em todas elas

Seu adolescente provavelmente está na faixa normal do comportamento desafiador. Você poderá achar úteis os conselhos deste livro, mas é provável que não precise de ajuda profissional.

De *Seu adolescente desafiador* (2ª ed.). Copyright 2014, The Guilford Press.

---

das refeições, tristeza ou depressão persistentes, súbita mudança na personalidade) que a escola e a vida familiar estão totalmente perturbadas, você também poderá precisar de intervenção profissional, pelo menos para colocá-lo no caminho certo.

Mas você também pode examinar um pouco mais detidamente os comportamentos específicos de seu adolescente: durante o último ano, ele começou lutas físicas ou usou uma arma, intimidou outros, demonstrou crueldade física (com animais ou pessoas) ou cometeu crimes como assalto ou roubo? Fugiu de casa e matou aula? Se respondeu sim a alguma dessas perguntas (correspondendo aproximadamente aos cinco últimos sintomas na categoria Agressivos na lista de Comportamentos Desafiadores, página 29), você está lidando com um problema que é mais do que consegue manejar sem ajuda especializada; procure um profissional para avaliação. Seu adolescente pode ter transtorno da conduta, discutido no Capítulo 4. Se você estiver com dúvidas acerca da gravidade dos problemas de seu filho, converse com outros que tiveram a oportunidade de observar e interagir com ele, como professores, treinadores, pais dos amigos.

Há mais coisas nessa história?

Não é incomum que pais que preenchem os formulários de avaliação deste capítulo percebam que as coisas podem não ser tão terríveis quanto pensavam. Dar um passo atrás e olhar objetivamente para o comportamento de seu adolescente poderá revelar que a filha que o está deixando louco não está sendo prejudicada por suas ações ou atitudes, significando que você precisa descobrir se está acontecendo alguma coisa que a faz se comportar de modo diferente. Ou, talvez, descubra que o filho causador de tanta tensão entre vocês não está realmente voltado para a vida de crime que se tornou seu pior medo. A filha de Marsha, Julie, iniciou em uma nova escola de ensino médio em decorrência da mudança de seus pais, que ocorrera seis meses antes, mas ninguém percebeu que ela não estava se adaptando bem até que começou a se expressar em casa. O "desafio" exibido pelo filho de Darrell, Jake, de 13 anos, era muito inócuo – como "propositalmente" deixar suas roupas por toda a casa ou ter de ser lembrado três vezes de colocar o lixo na rua ou levar o cachorro para passear. Porém, Darrell não consegue ver que as necessidades desenvolvimentais de seu filho, hoje, são diferentes do que eram apenas alguns meses atrás e espera que o menino aja como a criança aquiescente que era antes da puberdade.

Marsha pode obter alguma coisa que valha a pena com o programa deste livro, muito embora sua filha esteja principalmente reagindo a uma transição difícil em sua vida. No mínimo, aprender a prestar mais atenção positiva à filha – em vez de sempre focar em seu mau humor – pode lhe oferecer o apoio que serve como uma armadura para alguns jovens quando saem para um mundo duro. Ao mesmo tempo, dar-lhe incentivos para ser mais civilizada em suas interações com os membros da família e outros – bem como demonstrar-lhe respeito, envolvendo-se na solução do problema da maneira como dois adultos fariam – também poderia ajudar sua filha a desenvolver confiança para lidar com as mudanças em sua vida. Entretanto, Marsha poderia considerar se Julie está sofrendo de sintomas de depressão e conversar com seu médico ou com um profissional da saúde mental.

Darrell pode usar a Parte I deste livro para começar a examinar suas expectativas em relação a seu filho e adaptá-las às mudanças desenvolvimentais de Jake. As técnicas de manejo do comportamento no início de nosso programa ajudarão Darrell a manter suas respostas (e suas solicitações) ao filho em um nível razoável. Depois que tiver descoberto que pode impor efetivamente regras não negociáveis em casa, ele e Jake poderão aprender a se comunicar melhor e começar negociando regras que são negociáveis – um direito que todos os jovens em maturação devem ter, contanto que demonstrem conseguir dar conta da responsabilidade da liberdade adicional. Enquanto isso, o restante da Parte I ajudará Marsha e Darrell a descobrir em detalhes o que está acontecendo com o comportamento de seus adolescentes, para que saibam como fazer o melhor uso do programa na Parte II.

Você está pronto para entrar em ação?

Não há dúvidas sobre isto: a mudança é difícil, e uma mudança duradoura é ainda mais. Você pode não ter dúvidas de que deseja colher os benefícios de uma alteração no comportamento desafiador do seu adolescente, mas pode ser um desafio chegar lá, e é fácil ficar desanimado quando o caminho se revela ser tudo menos uma linha reta. O fato é que todos nós precisamos atravessar uma série de estágios para implantar alguma mudança significativa em nossas vidas. Sempre existe um período de tempo em que temos um problema, mas ainda não estamos prontos para encará-lo dessa forma. Você pode ter passado vários meses, ou até mesmo mais, em batalha com seu adolescente antes de chegar ao ponto em que percebeu que isso pode não ser uma fase e de quem fazer alguma coisa em relação ao conflito que tomou conta da sua família. É provavelmente nesse ponto que você escolheu este livro. Lê-lo é a sua maneira de se preparar para começar a fazer o que for necessário para realizar as mudanças de que você e seu adolescente precisam. Ler o resto da Parte I é um começo excelente e necessário. Porém, depois de mergulhar no programa, é importante compreender que você precisa dar o melhor de si para se manter firme nele. Como irá aprender no começo da Parte II, consistência é um dos princípios importantes por trás do sucesso na mudança comportamental. As suas chances de aguentar firme aumentarão se tiver em mente que às vezes é preciso dar um passo à frente e dois passos atrás – e você provavelmente também pegará muitos caminhos laterais. O caminho em direção a menos conflito entre você e o seu adolescente pode se parecer muito mais com um ziguezague do que com uma linha reta. Não fique desencorajado se tiver de avançar e recuar por algum tempo; apenas se mantenha no caminho.

Entrando em ação

- Observe o comportamento atual de seu adolescente, pense com cuidado sobre o comportamento dele no passado recente e depois preencha os formulários de avaliação que se encontram neste capítulo. Preste atenção ao que o Questionário de Comportamentos de Conflito para Pais lhe diz acerca de como o conflito com seu adolescente pode diferir entre os pais.
- Com base em suas respostas, decida se seu adolescente é verdadeiramente desafiador e se este livro pode ajudá-lo.
- Determine se você irá precisar de ajuda profissional além deste livro. Em caso afirmativo, encontre um clínico qualificado para fazer uma avaliação e um possível tratamento.
- Descubra onde você está nos "estágios de mudança":
  1. Você acha que o comportamento desafiador é um problema para você, seu adolescente e sua família? Em caso negativo, deixe este livro de lado por algum tempo, mas continue observando o comportamento de seu filho e as interações entre vocês. Se o problema não se resolver sozinho em mais algumas semanas, volte a este capítulo e preencha novamente os questionários. Se ele permaneceu o mesmo ou piorou, leia o resto do livro.
  2. Se você realmente acha que o comportamento desafiador é um problema que precisa abordar, termine de ler o livro antes de decidir executar o programa sozinho ou com ajuda profissional.
  3. Se estiver pronto para entrar em ação, preste muita atenção a sua leitura da Parte I; você está em pleno estágio da "preparação".
     Seu próximo estágio será a "ação" – desenvolver os 10 passos do programa. Depois que tiver aprendido todas as habilidades e técnicas, você estará na fase de "manutenção" – mantendo em prática o

que aprendeu. Algumas vezes, poderá se defrontar com uma "recaída", mas isso é perfeitamente normal – e reversível. Apenas retorne à Parte II e veja onde pode fazer uma reciclagem; a cada passo, iremos lhe oferecer uma abundância de dicas para solução de problemas, que poderão retirá-lo desses escorregões e auxiliá-lo a retomar o caminho.

Como se desenvolve o comportamento desafiador

Foi um dia difícil para Jenna, 14 anos, e sua mãe, Marla. Jenna esteve mal-humorada o dia inteiro, discutindo e desrespeitando sua mãe toda vez que esta fazia um pedido. Os nervos estão tensos e o pavio está curto. Agora são 21h, e, como sempre, Jenna ainda não começou a fazer seu dever de casa; em vez disso, perde tempo trocando mensagens com seus amigos.

"Jenna!", gritou Marla do alto das escadas. "Pare de mandar mensagens para seus amigos e comece a fazer seu dever de casa imediatamente!"

Ela ouviu a porta do quarto da filha se abrir. "Só um minuto!"

Esperou ansiosamente por um minuto e depois tentou outra vez. "*Jenna!*"

"Eu disse 'Só um minuto', mãe!"

Marla balançou a cabeça, respirou fundo e, então, fez mais uma tentativa: "Estou lhe pedindo para fazer isso a noite inteira! Está ficando tarde e você está perdendo tempo. São as *suas* notas, você sabe, e está rodando em matemática.".

Jenna espichou a cabeça para fora da porta do quarto, colocou a mão sobre o *smartphone* e gritou: "Eu *disse* que vou fazer em um minuto! Estou ocupada!".

Furiosa pelo tom grosseiro da jovem e lembrando de que a havia alertado sobre as contas telefônicas astronômicas, Marla subiu as escadas irritada e esmurrou a porta da filha.

"*O quê?*", gritou a filha.

"*O quê? O quê?* Você *sabe* o quê. Saia daí agora, mocinha!"

"Só um *minuto*", disse Jenna através da porta.

Agora furiosa, Marla voltou a bater na porta. Jenna a ignorou.

Por fim, com o sangue fervendo e se sentindo totalmente impotente, Marla berrou: "Nós vamos tratar disso mais tarde, Jenna. Você está em *grandes* apuros". Recuou e desceu as escadas, afundou em uma cadeira da cozinha com um copo de vinho e sentiu as lágrimas escorrendo de seus olhos. Então essa é a sensação de ser tiranizada por uma garota de 14 anos, ela pensou. Exausta e desanimada com esses confrontos diários e repetidos com a filha, recordou-se de quando Jenna tinha 10 anos e do orgulho que sentia por ter uma filha suficientemente crescida e ávida por ajudar nas tarefas da casa. O que aconteceu desde aquela época?

No andar de cima, Jenna estava dizendo a sua amiga: "Então, me conte o que aconteceu com Jason...".

Escore: Marla, 0; Jenna, 1 – ou talvez 100, se você contar todas as outras vezes nesta semana em que se desenrolou uma cena semelhante no lar dos Burton.

O comportamento desafiador se desenvolve com o tempo

O comportamento desafiador não se desenvolve da noite para o dia. Com mais frequência, ele floresce com o tempo, às vezes durante vários anos, a partir de um padrão de interações que, a princípio, parecia um problema comum para os pais. Talvez seu filho de 9 anos adorasse testar sua autoridade e "fazia" você lhe pedir três vezes para realizar as tarefas domésticas mais básicas, como juntar as roupas sujas que haviam sido atiradas por todo o quarto como se um tornado o tivesse atingido. Ou sua filha do 5º ano constantemente lhe "respondia" de forma que você descrevia para os amigos como "muito mais ríspida" do que seus outros filhos. Você acabava gritando muito sempre que tinha de lhe dizer para fazer alguma coisa, antecipando sua resistência previsível, por vezes até mesmo quando estava lhe pedindo alguma informação, como, por exemplo, se teria treino de futebol no dia seguinte ou se havia gostado do almoço daquele dia.

À medida que o tempo passou, suas interações com seu filho em crescimento pareciam se tornar cada vez mais desagradáveis, mesmo quando havia apenas um indício de que você queria dele alguma coisa que ele poderia não achar aceitável. Quando o jovem chegou à adolescência, você talvez já colecionasse milhares de interações hostis, e estava solidificado o repertório de comportamentos desafiadores e uma atitude em relação a você – e possivelmente a outros adultos – desrespeitosa, na melhor das hipóteses, beligerante para dizer o mínimo e abertamente desafiadora e confrontadora na pior das hipóteses.*

A maioria dos jovens desafiadores termina dessa maneira porque aprendeu que ganha alguma coisa com isso. Para seu adolescente, talvez tenha sido simplesmente a capacidade de tirar você do pé dele. Ou talvez ele soubesse que, se adiasse cumprir o solicitado, conseguiria ter mais alguns minutos para socializar. Às vezes, o benefício inicial é apenas obter sua atenção. Quando os pais são distraídos e sobrecarregados por outras demandas, e muitos de nós somos, é difícil prestar o tipo de atenção aos filhos que incentive o comportamento social positivo. Assim, seus filhos obtêm essa atenção com o comportamento negativo. Quando os pais recompensam o comportamento com atenção, naturalmente o filho voltará a usar essa estratégia – e cada vez mais. Se a criança sentir que a atenção dos pais está lhe escapando, a resposta óbvia é intensificar os esforços e avançar para um comportamento ainda mais negativo. Essa é uma forma pela qual os adolescentes se tornam cronicamente desafiadores.

Outra forma, e com maior probabilidade de aumentar o comportamento desafiador, é quando os pais acham a desobediência do filho intolerável e simplesmente cedem às suas demandas. Digamos que peça a seu filho para levar o lixo para fora. Ele o ignora. Então você grita para que o faça. Ele continua a ignorá-lo. Você o puxa, levantando-o do chão, onde está acomodado em frente a seu computador, e lhe ordena de novo que leve o lixo para fora. Ele grita com você, e a recíproca é verdadeira. Ele berra: "Você *nunca* me deixa em paz quando estou assistindo a um programa!" e corre para o quarto, batendo a porta. Então você mesmo leva o lixo para fora para que ao menos isso seja feito e talvez traga um pouco de paz para sua casa.

Como ocorreu com Jenna, seu filho conseguiu o que queria: adiar ou evitar inteiramente o trabalho que você lhe designou. Gritar com você e fugir proporcionaram o que ele queria. São extremamente altas as chances de que volte a tentar isso na próxima vez em que queira evitar cumprir uma ordem sua. Esse padrão pode ter lançado suas raízes alguns anos atrás. Agora seu filho é 30 centímetros mais alto do que você, tem cartei-

---

*A propósito, se o comportamento desafiador de seu adolescente de fato surgiu de forma repentina, consulte um médico para se assegurar de que não existe uma causa clínica e, talvez, um psicólogo para determinar se algum evento emocionalmente traumático de que você não tenha conhecimento, como *bullying* na escola, abuso sexual ou início de abuso de droga, precipitou uma mudança radical no comportamento.

ra de motorista e é mais provável que zombe com desdém do que sorria durante algum encontro. Depois de anos tentando todos os diferentes tipos de disciplina, junto com bajulação e recompensas, talvez você o tenha simplesmente deixado fazer o que quer – e ele faz. Ou talvez seus conflitos apenas continuem aumentando.

Certo dia, quando sua filha tinha 13 anos, após uma discussão tão alta que fez Tyler, de 5 anos, chorar e os gêmeos, de 7 anos, que estavam sentados perto, colocarem as mãos nos ouvidos, Marla parou de repente com horror quando percebeu que estava atacando sua filha com a mão erguida. Jenna havia lhe dito uma série de obscenidades inimagináveis. Talvez tenha sido o olhar súbito de Jenna de medo real que a tocou, mas ela parou antes de realmente bater na sua filha. Tanto a mãe quanto a filha irromperam em prantos, e Marla implorou pelo perdão da filha, jurando nunca mais levantar a mão para ela. Jenna foi para a cama – sem lavar os pratos, o que tinha sido o pomo da discórdia –, e as duas passaram a semana seguinte abatidas, se arrastando pela casa, de modo geral evitando ficar no mesmo aposento.*

Coerção é o nome do jogo

Chamamos esse tipo de padrão de comportamento de *coerção*. É o uso de palavras ou comportamento negativo, agressivo, hostil ou de outra forma ameaçador para conseguir que as pessoas façam o que você quer. Jenna escapou de fazer seu dever de casa instigando uma batalha de gritos. Marla conseguiu fazer Jenna parar de gritar obscenidades ameaçando bater-lhe. Ambas usaram emoções hostis, vozes alteradas, linguagem ofensiva ou abusiva e até mesmo força física para atingir seus objetivos. O problema, obviamente, é que o comportamento de Jenna foi reforçado: ele a livrou de lavar os pratos e fez sua mãe capitular de suas demandas. Ela tornará a usar a tática, conscientemente ou não. O comportamento de Marla encerrou a interação raivosa, mas apenas por ora – e a que custo?

Se estiver lendo este livro, é provável que tudo o que deseje é que seu adolescente comece a fazer o que você quer, pelo menos algumas ve-

---

* Se o nível de conflito entre você e seu adolescente atingiu essas proporções, aconselhamos enfaticamente que consulte um terapeuta. Violência nunca é aceitável, e, se você ou seu adolescente cumpriram as ameaças de danos físicos ou irromperam em violência física de alguma maneira, esse é um sinal de que você pode precisar de mais do que a autoajuda oferecida por este livro.

zes, quando for importante. Mas pode não ter ideia de como chegar lá. Você atingiu um estado em geral conhecido como *impotência aprendida*. Isso ocorre quando nenhum de seus comportamentos de enfrentamento parece funcionar e você está intelectualmente sem a menor ideia quanto ao que fazer a seguir e muito esgotado emocionalmente para até mesmo se importar em resolver o problema. O que aprendeu e que o faz sentir tão impotente é que cada interação com seu adolescente comprova mais uma vez que não pode forçá-lo a fazer o que precisa ser feito. Você aprendeu que não importa o que faça, as coisas parecem piorar. Apresentamos aqui uma maneira de olhar para o padrão de comportamento coercivo entre vocês dois que pode ajudá-lo a ver como cada interação contribui para o sentimento de impotência aprendida:

```
Solicitação    →    OK
                    ou
               →    Não
                    ↓
         Solicitação!    →    OK
                              ou
                         →    Não!!
                              ↓
                    Solicitação!!    →    OK
                                          ou
                                     →    Não!!!
                                          ↓
                              Forçar ou desistir
```

O número de vezes que você repete sua ordem e a intensidade com que tenta forçar seu adolescente a fazer o que foi pedido aumentaram ao longo do tempo, enquanto sua estratégia permaneceu inalterada – e assim ficou mais enfático o "Não!" de seu adolescente. Em muitos casos, o padrão se torna tão previsível que os passos intermediários – ou mesmo o primeiro – são omitidos por completo. Alguns pais acabam sendo agressivos e assertivos no minuto em que se aproximam do jovem. Eles estão preparados para a resistência e então recorrem à "ofensa defensiva". Seus adolescentes também costumam estar prontos e podem saltar para o comportamento mais extremo, mesmo quando o que está em jogo é apenas alguma coisa insignificante, como a realização do dever de casa, antes ou depois do jantar.

Quando chegaram a esse ponto, você pode se sentir apanhado em uma armadilha, porém existe uma saída. Para reverter esse ciclo de comportamento coercivo, é preciso parar de ceder, mas também parar de recorrer a raiva, ameaças vazias ou força. É óbvio que é mais fácil dizer do que fazer isso, mas é aí que entra o programa deste livro. Ele irá ajudá-lo a aumentar a concordância de seu adolescente, proporcionando algo mais a fazer diante do comportamento desafiador. Você irá *des*aprender a impotência passo a passo.

Os quatro fatores que contribuem para o comportamento desafiador

Tenha em mente que você chegou a esse estado de coisas por um caminho sinuoso que engana muitos de nós. A coerção torna-se a posição de recuo, e o desafio fica entrincheirado não porque você seja um mau pai ou seu adolescente seja um mau menino. Em vez disso, ele é um produto de quatro fatores interligados:

- As características do adolescente
- As características do(s) pai(s)
- Estresse
- Estilo parental

Características de seu adolescente

Certas características inatas, como personalidade e temperamento, podem compor o cenário para o comportamento desafiador em um adolescente. Alguns jovens são frustrados mais facilmente pelos eventos, têm raiva mais rápido e podem ser mais irritáveis, impulsivos e desatentos, bem como ter menos autocontrole do que outros; isso é parte da variação normal nos traços de personalidade humanos. Além destes encontram-se as características desenvolvimentais que acompanham a adolescência: a necessidade de se tornar mais independente, desenvolver uma identidade separada dos pais e se preparar para deixar o ninho. Alguma agitação comportamental é inevitável como consequência desses esforços. Além disso, alguns jovens enfrentam outros desafios inerentes, sejam eles deficiências físicas ou prejuízos psicológicos, como transtorno de déficit de atenção/hiperatividade (TDAH), transtorno bipolar, depressão e outros transtornos que afetam o pensamento, as emoções e o comportamento. Todos esses traços em um adolescente contribuirão de modo substancial para a probabilidade de ele se tornar desafiador. Por quê? Porque todos contêm problemas com a regulação das emoções. A raiva é uma emoção, assim como o medo ou a depressão, e alguns transtornos predispõem os adolescentes neurobiologicamente a ter muito menos habilidade em sua regulação do que o normal. Tais transtornos resultam na probabilidade aumentada de alguns adolescentes exibirem comportamento desafiador em comparação a outros. Outras formas de tratamento psicológico, incluindo medicamentos, podem ser necessárias para abordar uma predisposição neurobiológica a ser emocionalmente não controlado.

Suas características

Assim como seu adolescente, você também possui características de personalidade inatas e também pode estar lidando com limitações físicas que aumentam seu estresse ou alteram suas reações típicas aos desafios que os jovens em maturação apresentam. Digamos que sofra de uma dor constante por uma lesão nas costas ou venha lutando contra uma ansiedade crônica – você não vai ter tanta paciência ou energia para lidar com um adolescente impulsivo, temperamental ou desafiador quanto alguém sem essas pressões adicionais. Além disso, existe a questão de "adequação". Talvez você seja asseado e organizado ao extremo. Se tiver um adolescente que seja exatamente o oposto, estará iniciando cada dia com o palco montado para um confronto. Ademais, assim como o jovem, você também pode ser propenso a transtornos psicológicos como ansiedade, depressão e TDAH, qualquer um dos quais pode contribuir para seus conflitos com os outros pelas mesmas razões já descritas para tais transtornos na adolescência. E, ainda, quando tais transtornos estão presentes no genitor, outras formas de tratamento psicológico e medicamentos podem ser necessárias para ajudar os pais a regular suas emoções.

Você também pode ter certas crenças profundamente arraigadas acerca de seu adolescente, as quais colorem cada uma de suas reações ao comportamento dele. Pode acreditar que, se não aderir ao caminho traçado estritamente por você, sua filha vai acabar grávida, viciada em drogas e na cadeia. Também pode começar a acreditar que a única missão de seu adolescente é deixá-lo infeliz, que seu filho é "imprestável", ou sua filha, "irremediável". Se tiver essas crenças, terá muitas dificuldades para realizar em sua família o tipo de mudanças que começará a eliminar o comportamento desafiador. Os psicólogos chamam essas crenças exageradas de *distorções cognitivas*. Quando aderimos a elas, elas tendem a exagerar nossas respostas emocionais e nos desviar das ações construtivas.

Estresse

Existe estresse em tudo a nossa volta, e ele recai sobre todos. Se você recentemente experimentou uma perda significativa, como uma morte na família, ou se está lutando com problemas legais ou financeiros, conflito conjugal ou pressões no trabalho, isso também vai minar sua paciência e reduzir sua tolerância a um mau comportamento, mesmo que insignificante. O estresse pode deixá-lo mais rápido para punir, levando a um conflito crescente. Ou você pode reagir a ele se retraindo, ficando distraído, menos consistente na implantação das regras em casa. Esse pode ser um estado temporário que se corrige quando o estresse é resolvido, porém os adolescentes, a quem se permite "sair impunes" por um período de tempo, provavelmente vão relutar quando as regras voltarem a ser impostas. É possível que isso esteja fazendo seu adolescente ser desafiador neste momento.

Além disso, não esqueçamos que os jovens estão sob muito estresse também, e não apenas devido aos riscos óbvios da adolescência: pressões acadêmicas, disputas com autoridade na escola, ser vítima de *bullying* ou assédio, perder o emprego, problemas com namorado(a) ou simplesmente tentar se encaixar em um grupo de pares desejado. O assim chamado bom estresse – por exemplo, a excitação por ter sido convidada para uma festa, a antecipação das férias de verão, tirar a carteira de motorista – também causa impacto no comportamento. Pergunte a um professor como é manejar uma turma um pouco antes do feriado de Natal, seja uma do 5º ano ou da 3ª série do ensino médio.

Você já pode estar pensando sobre como esses fatores podem ter contribuído para o comportamento desafiador de seu adolescente. Porém, deve entender – independentemente de seu "perfil" pessoal – que, falando de um modo geral, esses três fatores não são fáceis de alterar de modo permanente. Personalidade e temperamento são bastante fixos. Doenças como TDAH e transtorno bipolar podem ser tratadas, mas, pelo menos até o momento, não podem ser curadas. Ninguém encontrou uma cura para o estresse ou uma forma de impedir que ele entre por completo em nossas vidas. Existe somente um fator sobre o qual temos um domínio razoável:

O estilo parental

Por "estilo parental" queremos dizer a maneira como você reage ao comportamento de seu adolescente. Mesmo neste exato momento você tem o poder de começar a considerar formas alternativas de reagir a ele. Pense nisto: você na verdade não precisa fazer a seu adolescente todos os pedidos que talvez esteja fazendo. A simples decisão de parar de pedir a seu filho ou sua filha para fazer certa tarefa, ir para a cama em uma determinada hora ou vestir certo tipo de roupas para a escola reduz, por um momento, o número de conflitos potenciais entre vocês. Se achar que essa é apenas outra forma de ceder, lembre que neste exato instante suas solicitações estão sendo negadas de qualquer maneira. Você pode entrar em uma batalha com seu filho sobre levar o lixo para a rua e acabar levando-o você mesmo ou pode simplesmente fazê-lo. Não para sempre, mas talvez só por hoje. No entanto, é preciso pensar, ter habilidade e praticar para reverter o desafio, assegurando que seu adolescente obedeça ou sofra uma consequência negativa por não obedecer, e é isso que trabalharemos no programa na Parte II. Neste momento, todavia, você pode não ter o que precisa para mudar a situação. Portanto, somente nos próximos dias, quando estiver a ponto de pedir que o jovem faça alguma coisa ou exigir que uma regra seja seguida ou que uma expectativa seja atendida, faça a si mesmo as seguintes perguntas: tenho energia para levar isso adiante? Tenho uma consequência planejada? Devo fazer uma solicitação menor de modo que possa lidar com a situação mais facilmente? Em caso negativo, é melhor não fazer a solicitação, se possível – pelo menos por enquanto.

O estilo parental é o alvo principal do programa na Parte II deste livro, não porque tudo o que concerne ao desafio seja culpa sua – mas porque é onde você tem mais controle. Mesmo que seu adolescente ainda seja uma criança em muitos aspectos e, portanto, você esperasse poder influenciá-lo para vir a ser um adulto feliz e saudável, nenhum de nós pode realmente mudar outra pessoa. O que podemos alterar é a forma como *nós* agimos – e, até certo ponto, a forma como *nós* pensamos e sentimos. Modificar seu estilo parental adquirindo as habilidades ensinadas na Parte II não eliminará completamente o efeito dos outros três fatores, mas atuará como um amortecedor para mitigar seu impacto – como uma peneira através da qual as características do adolescente, as características do genitor e o estresse devem ser filtrados antes de emergir o comportamento do jovem.

Caso seu adolescente tenha sido desobediente quando criança, especialmente se esse comportamento fazia parte de um padrão causado pelo TDAH, você já pode estar familiarizado com a forma como funciona essa mudança no estilo parental por meio de uma estratégia chamada *manejo do comportamento*.[*] Por intermédio desta, você é treinado para prever o com-

---
[*] Veja *Your Defiant Child* (2ª ed.), Russell A. Barkley e Christine M. Benton (New York: Guilford Press, 2013).

portamento problemático em uma criança, como uma desobediência ou um desafio, e estabelecer consequências para ele. Quando se prepara para o mau comportamento e também impõe consequências negativas consistentes, você tem um grande controle sobre a postura de seu filho. Tão importante quanto isso, o manejo do comportamento envolve prever os contextos do problema com seu adolescente e tentar mudá-los de alguma forma, antes do problema real, na esperança de evitá-lo inteiramente. Dar comandos ou fazer solicitações de uma maneira mais efetiva, mudando o momento dessas solicitações, dando um leve aviso "de alerta" alguns minutos antes de fazer a solicitação – de forma que o adolescente seja avisado antecipadamente de que uma solicitação está a caminho –, ou apenas dividindo a solicitação ou tarefa em passos mais simples, dados um por vez, são meios de manejo do comportamento.

Especificamente para adolescentes: além do manejo do comportamento

O manejo do comportamento forma uma grande parte da base do programa deste livro. Contudo, você irá encontrar aqui algumas estratégias e habilidades adicionais formuladas para lidar com adolescentes em particular – devido às realidades desenvolvimentais que afetam as famílias com adolescentes e a magnitude da mudança que já teve a chance de ocorrer ao longo dos anos desde a infância. Especificamente:

- *Habilidades para a solução de problemas e comunicação.* Você já sabe que não pode simplesmente impor as coisas aos adolescentes. Em reconhecimento à luta dos jovens pela independência, tem de encontrar novas formas de resolver os problemas de maneira colaborativa e encontrar formas mutuamente respeitosas de se comunicarem.

- *Reformular crenças inúteis.* Conforme já dissemos, crenças e expectativas falhas um em relação ao outro, bem como a dinâmica entre pais e adolescentes, são o estopim que pode deflagrar conflitos pais-adolescente ou o vento que pode atiçar as chamas do desafio que está brotando. À medida que seu filho amadurece, passa a ser mais importante do que nunca examinar e considerar a suplantação de crenças que possam estar contribuindo para o conflito entre vocês.

- *Compreender a estrutura de sua família.* Depois que seu filho atingiu a adolescência, o tempo já permitiu que inúmeros padrões se formassem no modo como sua família opera, alguns dos quais conduzem ao desafio e ao conflito pai-adolescente. O quão "próximos" espera que você e seu filho sejam? Em resposta a um nível de maturidade em mudança no seu adolescente, os níveis apropriados de monitoramento e orientação parental precisam mudar. Não reconhecer essa mudança certamente pode fazer um adolescente se rebelar. E quanto a você e ao outro genitor de seu filho (se houver)? Vocês estão unidos em seus esforços para guiá-lo, incluindo a disciplina, ou ele é um mestre em "dividir e conquistar"? Você governa com "mão de ferro" ou sabe quando negociar? Chamaria seu estilo parental de "permissivo" ou "indulgente"? Já se pegou abdicando de seu papel por pura frustração? Muitos pais de adolescentes altamente desafiadores caem nessa tentação.

Todas essas considerações demonstram o quanto o caminho até o comportamento desafiador pode ser tortuoso. Essa via não foi forjada somente por seu filho, mas esculpida por características inatas tanto dele quanto suas, estressores sobre os quais você pode ter pouco controle, mudanças psicológicas e físicas que acompanham a adolescência, bem como pelas várias relações que se formaram em sua família com o passar dos anos e pela forma como os pais lidam com tudo. É por isso que achamos mais adequado dizer que a *família*, e não o *adolescente individual*, possui um problema de desafio. Você vai encabeçar os esforços para reverter o comportamento desafiador que atualmente está governando sua casa, mas, ao fazer isso, estará levando em conta todos esses fatores que afetam sua família.

O comportamento desafiador como parte do desenvolvimento familiar

Marla não conseguia evitar encarar o comportamento desafiador de sua filha como se ele fosse algo que havia criado raízes na jovem e, agora, tinha vida própria. O comportamento desafiador frequentemente tem essa aparência quando visto de fora. Porém, trata-se, na verdade, de algo muito mais complicado. É certo que Jenna sempre foi um pouco exaltada, um tanto hipersensível. Teve os pais só para ela durante seis anos antes que os gêmeos nascessem, e, nos primeiros anos, a rivalidade com os irmãos tinha sido um pouco mais rude do que o previsto – mas Jenna tinha se adaptado, pelo menos até a chegada de Tyler três anos atrás. Então, Marla realmente precisou da ajuda da jovem, mas a filha estava envolvida com o próprio crescimento, e a mãe deixou sua obstinada filha mais velha por conta própria por muito tempo. As coisas ficaram bem, pelo menos até Jenna passar para o 8º ano, quando Marla de fato tentou exercer o controle, vendo a filha à deriva em sua vida social e, de repente, ficando muito nervosa quanto ao que ela pretendia.

Marla não tinha ideia de como havia perdido contato com Jenna ou por que sua filha parecia tão hostil com ela o tempo todo. Sabia que as jovens adolescentes podiam ser instáveis e ávidas por afirmar sua independência aos pais, mas o antagonismo constante de Jenna era muito mais extremo do que ela tinha visto nos filhos de sua irmã mais velha ou nos filhos mais velhos de suas amigas. Se isso continuasse assim, onde Jenna iria parar? O que aconteceria a elas como mãe e filha?

Quando Jenna tinha 8 ou 9 anos, tudo o que Marla conseguia fazer era evitar que seus dois filhos turbulentos de 2 anos destruíssem a casa – e um ao outro. Quando Jenna queria atenção, Marla com frequência tinha de adiar até a hora mais apropriada, o que às vezes era nunca. A menina passou por uma fase em que começou a ter ataques de birra, nos quais rivalizava com os dois irmãos mais moços. Para manter a paz, Marla ocasionalmente cedia ao que a filha estava exigindo, como muitos pais atormentados fazem. Então tentava compensá-la passando um tempo com ela depois que os meninos por fim estavam na cama, em cujo horário frequentemente estava exausta demais para demonstrar muito entusiasmo em jogar um jogo de tabuleiro com Jenna. O marido de Marla, Greg, percebeu que a esposa estava a ponto de explodir e interveio para assumir muitas outras tarefas domésticas, e a paz reinou na casa por alguns anos. Jenna tornou-se uma irmã afetiva que se sentia orgulhosa de algumas vezes ficar cuidando dos irmãos enquanto sua mãe corria até a loja de conveniências para comprar leite.

Então chegou o bebê Tyler, e o caos voltou. Marla decidiu que Jenna merecia ser tratada como a garota em amadurecimento que era e com frequência simplesmente deixava que tomasse suas decisões sozinha. Na época em que Tyler tinha 3 anos, e os gêmeos, 8, as coisas começaram outra vez a se acomodar, e Marla queria passar mais tempo com sua filha adolescente. Isso era o que ela vinha esperando ansiosamente há anos: a oportunidade de fazer compras juntas, a chance de conversar sobre os sonhos, os medos e as esperanças da jovem. Porém, toda vez que lhe perguntava se queria sair com ela para almoçar, cortar o cabelo ou ir à academia, Jenna dizia que tinha outra coisa para fazer. Ela estava sempre trocando mensagens de texto, e, quando sua mãe tentava demonstrar interesse por sua vida e perguntava com quem estava conversando, Jenna dizia: "Oh, você não conhece".

Quando a resposta evoluiu para "Não é de sua conta, mãe" e depois para "Fique fora de minha vida, mãe! Por que você está tão interessada *agora?*", Marla se preocupou. Quando a jovem começou a desrespeitar o horário de voltar para casa e teve certeza de que recendia a fumaça de cigarro alguns dias quando vinha da escola, começou a ser mais severa, exigindo saber quem eram os amigos da filha, determinando um horário mais cedo para que voltasse para casa e enchendo-a de perguntas sobre seu dever de casa e suas notas. Jenna reagiu com crescente desdém. Suas interações diárias evoluíram para combates cada vez mais barulhentos, e, na maior parte do tempo, Marla terminava derrotada, com a filha trancada no quarto e a mãe fazendo a tarefa que havia solicitado à adolescente.

Durante os últimos anos, Jenna aprendeu uma estratégia incrível para que a mãe saísse de seu pé. Tudo o que tinha de fazer para obter o que queria ou para evitar fazer o que sua mãe queria era ser cada vez mais dura e escandalosa. Em um determinado momento, sua mãe cedia – porque ficava paralisada pelo choque que sentia com o comportamento da filha, porque estava cansada demais para ter a mesma batalha "de novo", porque não "valia a pena", porque o trabalho precisava ser feito por alguém, etc. Se você perguntasse a Jenna por que estava fazendo o que fazia, ela diria "Eu não sei" ou "É culpa de minha mãe, da forma como me trata como uma criança". Mas ela de fato não sabe. Não criou um plano secreto para enlouquecer a mãe; ela não pensa conscientemente: *Bem, vamos ver, da última vez chamei mamãe de má; desta vez vou chamá-la de chata, e isso vai dar um ponto final.* Tudo o que ela sabe é que, se pressionar o suficiente, sua mãe cede. Já para Marla, nada do que tenta funciona para que sua filha obedeça. O que está acontecendo, na verdade, é que, ao ceder, Marla está inadvertidamente recompensando o próprio comportamento que ela quer interromper.

*Nós somos o maior joguete dos nossos adolescentes.**

Felizmente, não tem de ser assim. Nos próximos quatro capítulos, ajudaremos a examinar com mais atenção seu adolescente e você mesmo, de forma que consiga obter um quadro mais completo do que está em jogo no comportamento desafiador do jovem. Armado desse conhecimento, você estará preparado para começar a fazer a diferença. Mas, por enquanto, passe alguns dias apenas observando o padrão de comportamento coercivo que funciona em sua casa.

---

* Nossos agradecimentos a Howard Glasser, que disse, em *Transforming the Difficult Child* (Tucson, AZ: Nurtured Heart, 1999): "Nós somos com certeza o 'brinquedo' favorito de nosso filho."

Entrando em ação

- Diariamente, nos próximos dias, enquanto você continua a ler este livro, pare para observar suas interações com seu adolescente. Quando tiverem um conflito, anote em um pedaço de papel: por exemplo, "Brigamos sobre como Tina estava vestida para ir à escola" ou "Danny não fez coisa alguma de seu dever de casa esta noite".
- Quando você não estiver no calor da "batalha" – mas não muito depois para não ter esquecido os detalhes –, tente registrar uma descrição da interação usando o modelo na página 45: registre sua solicitação, a resposta de obediência ou desobediência de seu adolescente, como aconteceram as solicitações posteriores e como o conflito evoluiu entre vocês. Faça isso para tantos conflitos quanto consiga registrar, não deixando de anotar como a interação terminou.
- Ao final desse exercício (após alguns dias ou uma semana, independentemente de quanto tempo tenha passado), dê uma olhada nas interações registradas. O que elas têm em comum? O que têm de diferente? Você vê algum padrão? Esses padrões concordam com o que foi registrado nos questionários no Capítulo 1? Em caso negativo, o que você mudaria?
- Por enquanto, tente não atribuir motivos ou culpa a seu adolescente. Mas pense a respeito de seu papel: o que em cada encontro você fez ou não fez e que pode ter contribuído para a escalada do comportamento desafiador? Consegue pensar em alguma coisa que poderia ter feito diferente?

O que a adolescência tem a ver com isso?

Seu filho de 14 anos deixou a caixa de areia do gato suja por seis dias seguidos, apesar dos inúmeros lembretes de que essa é sua responsabilidade diária.
Ele está sendo desafiador?
Seu filho de 13 anos corre de casa nos fins de semana antes que você consiga lembrá-lo de que sábado de manhã ele cuida de sua irmã pequena enquanto você faz as compras da semana e que no domingo ele vai à igreja com a família.
Desafio?
Sua filha de 12 anos deixa um rastro de bagunça por onde quer que passe. Provoca seu irmão mais novo sem piedade, responde constantemente e, às vezes, até mesmo insulta você.
Esse comportamento é um desafio?
Sua filha de 15 anos voltou para casa fora do horário estabelecido três vezes nas duas últimas semanas.
Ela está desafiando você?

Caso seu primeiro impulso seja responder "Sim" a essas perguntas, pare e pense um pouco no porquê. Por que um menino que não cumpre sua tarefa em casa apesar de repetidas solicitações está claramente sendo desobediente? Por que um menino de 13 anos é maduro o suficiente para saber muito bem o que é esperado dele? Por que uma filha que cria um estrago em casa está demonstrando total desrespeito por todos os outros que vivem lá? Por que as violações de horários representam uma flagrante quebra das regras?

Todas essas são boas razões para chamar os comportamentos anteriores de desafio. O problema é que eles podem não contar toda a história. Como você responderia às perguntas se considerasse os detalhes seguintes?

Steven, o menino que parou de limpar a areia do gato, não consegue pensar em muita coisa além de meninas e se elas um dia irão prestar atenção nele. Muitos outros meninos de sua idade já se desenvolveram, e mesmo aqueles que costumavam ser seus amigos agora zombam dele por ser um "banana", que é a maneira como está começando a se ver. Ele começou a fazer musculação em uma tentativa de desenvolver massa muscular e parecer "mais sarado", mas isso é feito depois do treino de futebol e do dever de casa, e o deixa com tanta energia que navega na internet até a meia-noite, finalmente cai na cama, exausto, e depois tropeça por tudo confuso quando o despertador o acorda às 6h30. Quando a mãe o lembra da caixa de areia do gato depois da escola, ele sempre diz "Em um minuto!", e de fato está sendo sincero, mas então se distrai relembrando o "olhar" que uma menina lhe lançou ou como um garoto bateu nele no almoço, ou apenas divaga. Quando sua mãe o "cobra" repetidas vezes sobre a tarefa, acha que ela o está tratando "como um bebê" e deliberadamente a posterga.

Nick some de casa nas manhãs do fim de semana sem nem pensar em cuidar da irmã ou ir à igreja. Ele salta da cama e corre diretamente até o parque para fazer parte do primeiro tempo no basquete com os outros garotos do 9º ano. Está determinado a fazer parte do time de calouros no próximo ano e quer ter um grupo com quem conviver quando começar o ensino médio. Imagina que seus pais compreendam o quanto isso é importante para ele.

Macy, a garota de 12 anos com quem o convívio se tornou um teste, está passando pela puberdade. Seus pais eliminaram isso como uma possível causa de suas mudanças de comportamento porque sua irmã mais velha nunca agiu dessa maneira. Macy não tem ideia de como lidar com o que sente.

Lina chegou em casa atrasada alguns minutos em várias ocasiões, meia hora duas vezes e uma hora uma vez. Sua explicação foi que estava trabalhando em um projeto em grupo que vale 40% de sua nota de História para o semestre. Seus pais não conhecem a colega em cuja casa o grupo se reúne, e ela não atendeu ao telefone quando estava pelo menos 30 minutos atrasada, explicando depois que ele não toca no porão da casa da amiga. Seus pais nunca tiveram de lidar com essa questão antes, portanto, ficam ameaçando colocá-la de castigo "na próxima vez que isso acontecer".

É difícil definir um problema, ainda mais resolvê-lo, a menos que você compreenda o contexto em que está ocorrendo. No caso dos problemas comportamentais dos adolescentes, o contexto é sempre o desenvolvimento dessa etapa da vida. E isso significa mudança. É claro que você sabe que a adolescência traz mudanças, mas é fácil perder de vista as necessidades e os desejos em desenvolvimento que podem estar impulsionando o comportamento de seu adolescente quando você fica furioso. Além disso, os motivos subjacentes às ações dele podem não ser óbvios, em especial quando o próprio jovem não os compreende. O objetivo deste capítulo é ajudá-lo a examinar mais detidamente o contexto completo em que o comportamento de seu adolescente está ocorrendo – não só você pode desculpá-lo, lembrando que faz parte dessa fase, como também poderá formular a resposta mais efetiva a um comportamento inaceitável. Compreender e lembrar-se dos fatos do desenvolvimento adolescente pode ajudá-lo a:

1. *Ultrapassar o impasse de rotular o comportamento do jovem – e ele próprio.* Nós nunca aprenderíamos coisa alguma sem a capacidade do cérebro de classificar novas informações para, mais tarde, recuperá-las e usá-las. Infelizmente, essa capacidade nos leva na direção errada em alguns casos. Se o comportamento de desobediência ou desrespeito começou a se tornar um padrão, tudo o que puder ser classificado como "desafio" o será. Como Nick várias vezes escapou de cuidar da irmã e de ir à igreja, o que irrita seu pai, este agora presume que o menino esteja insolentemente fugindo de suas responsabilidades e corra o risco de perder sua religião e a moral que esta fundamenta. Uma vez que lhe fez inúmeros lembretes e lhe deu muitas chances de limpar a caixa do gato, a mãe de Steven presume que ele esteja sendo um bebê grande e abdicando dessa responsabilidade.

    A repetição em casos como esses pode desencadear instantaneamente a resposta "Oh, não, de novo não". Você então entra em alerta, já irritado, prevendo que essa interação seguirá o mesmo caminho de outras. Não causa surpresa que essa resposta automática possa produzir rapidamente a mesma ação irrefletida de antes – mesmo que ela não tenha resolvido o problema. A mãe de Steven continua gritando com ele para limpar a caixa de areia do gato, aumentando o volume e a frequência de suas demandas e não chegando a lugar algum; Steven se mantém firme. O pai de Nick procura conservar o controle acrescentando tarefas concebidas para mantê-lo em casa com sua família e interrompendo com "Sem desculpas!" quando o filho tenta explicar por que não estava em casa. Agora o jovem se ressente da falta de compreensão dos pais e perambula pela casa com um ar taciturno.

    Em um período de tempo incrivelmente curto, esse padrão se torna tão arraigado que todas as suas interações com seu adolescente são envoltas em uma atitude negativa e carregada de conflito. O cérebro é um aprendiz muito eficiente e um *des*aprendiz muito relutante. Porém, desaprender aquelas expectativas negativas em relação a seu adolescente é exatamente o que você terá de fazer caso espere uma mudança positiva. Afinal de contas, quão fácil seria trabalhar abertamente por mudanças se acreditar com firmeza que seu adolescente *nunca* vai parar de tentar frustrá-lo?

2. *Arregaçar as mangas para achar uma forma melhor de atacar o problema.* Adolescência não é uma desculpa para mau comportamento, mas na certa pode desencadear um comportamento desafiador ou alimentá-lo. Se soubesse o que estava se passando na mente do filho, a mãe de Steve poderia criar incentivos que seriam muito mais efetivos do que insistir nas reclamações. Se compreendessem os motivos do filho, os pais de Nick poderiam ser capazes de adaptar os horários de forma que as necessidades de todos fossem satisfeitas. Macy poderia ter recebido ajuda para seu desconforto emocional e físico, o que talvez facilitasse o cumprimento das regras acerca do respeito mútuo em casa.

Lina é um exemplo perfeito do quanto pode ser complexa a tarefa de lidar com o comportamento desafiador. Inicialmente, seus pais tentaram a abordagem "Da próxima vez vai haver consequências". Depois de mais alguns "da próxima vez", seu pai explodiu e a colocou de castigo por um mês, enquanto a mãe a defendia e murmurava: "Você não acha que isso é um pouco exagerado?". Após uma longa briga, todos foram para a cama exaustos e abatidos. No dia seguinte, a mãe e o pai mandaram Lina descer e lhe concederam anistia total. Por algumas semanas, saltaram de uma atitude de negligenciar as violações de horário para reações exageradas, para impor consequências razoáveis e depois voltaram atrás. Os pais de Lina estão destroçados. Não sabem o quanto devem levar a sério essas infrações. Precisam fazer muitas perguntas a si mesmos e a sua filha para encontrar uma solução a que possam se apegar. Eles podem começar imaginando para onde os fatos do desenvolvimento adolescente estão conduzindo o comportamento da jovem.

Os fatos inegáveis do desenvolvimento adolescente

O fato geral de que a mudança adolescente faz os jovens agirem de uma forma um pouco louca pode parecer um clichê que você enfiou no fundo de sua mente. Isso é óbvio demais para lançar alguma luz sobre seu problema. Reconhecer as necessidades desenvolvimentais de seu adolescente e responder de forma apropriada *pode* reduzir o comportamento desafiador e o conflito. Ignorar ou lutar contra essas necessidades, em contrapartida, pode encorajar o desafio. Ignorá-las é um perigo.

Fato 1: A tarefa desenvolvimental primária do seu adolescente é tornar-se independente de você. Essa necessidade é não só primária, mas também fundamental. Ela direciona quase tudo o que um adolescente em crescimento faz porque é nada menos do que um instinto de autopreservação. As crianças que não atingem a independência de seus pais não possuem muita chance de ser suficientemente adequadas para sobreviver como adultos.

Se você puder se lembrar de que esse esforço é uma *necessidade, até mesmo uma exigência para a sobrevivência a longo prazo*, poderá chegar à conclusão de que nem todo o ato aparente de desafio é uma tentativa irritá-lo. Nenhum adolescente deve ser tão ingênuo e facilmente influenciado a fazer tudo o que um adulto, mesmo um dos genitores, lhe diz para fazer. Embora sua vida ficasse muito mais fácil a curto prazo se o jovem fizesse isso, você sem dúvida poderia ver que a longo prazo seria desastroso. Seu adolescente não conseguiria sobreviver para se tornar uma pessoa independente e autodirecionada se fosse impensadamente obediente o tempo todo. Será que infringir as regras, testar seus limites ou reivindicar um privilégio que você não concede na idade desse adolescente poderia ser sua maneira de gritar que precisa começar a estabelecer sua independência? Não estamos dizendo que infringir regras ou outro comportamento desafiador deva ser aceitável. Isso é você quem decide. Contudo, precisa determinar o que é realmente importante e se isso deve permanecer assim no grande esquema das coisas.

- Seu adolescente foi inflexível quanto a aceitar sua influência em uma área particular da vida? Roupas? Penteado? Gosto musical? Essas podem ser tentativas muito óbvias de se separar dos pais. Você acha fácil lidar com essas coisas, lidar com os obstáculos ou algo intermediário?
- Seu adolescente está insistindo em mais privacidade, nos aspectos pessoal e social? Você pode encontrar portas fechadas, conversas telefônicas abafadas, amigos anônimos. O quanto pode permitir a seu filho uma vida privada sem encarar isso como um perigoso relaxamento das rédeas?
- Se pensar nos dias e nas semanas mais recentes, houve vezes em que você impensadamente forçou seu adolescente a fazer alguma coisa da

sua maneira só porque sempre foi feito assim ou apenas porque de fato acha que seu modo é o melhor? Com a clareza da retrospectiva, você agora consideraria essa uma questão grande e importante ou "coisa pequena"? Faria alguma coisa de forma diferente?

Talvez você pudesse dar um sorriso forçado e suportar um cabelo azul por algum tempo se isso significasse que sua adolescente irá obedecer o horário de voltar para casa de bom grado? Ou não consegue tolerar um cabelo azul, mas pode estender um pouco o horário de voltar para casa em reconhecimento ao fato de que ela acabou de fazer 16 anos? A questão é que, se você lembrar de que ela *precisa* afirmar certa medida de independência, poderá exercitar sua criatividade para encontrar formas de permitir que ela faça isso fora das áreas que você considera invioláveis.

O Capítulo 14 fornecerá a chance de examinar sistematicamente questões que causaram conflito entre você e seu adolescente, o que poderá ajudá-lo a descobrir onde quer fazer concessões ou negociar e onde quer se manter firme. Por enquanto, pode começar a examinar várias áreas de interações para ver se consegue localizar como a luta pela independência pode estar conduzindo ao comportamento desafiador. Nem sempre é fácil enxergar, especialmente quando um adolescente está tentando atender a essa necessidade de várias maneiras ao mesmo tempo.

Nick está tentando afirmar sua independência de sua família exercendo o que vê como seu direito de agir por conta de suas prioridades nas manhãs do fim de semana. Mas também está exercendo o direito autoconferido dos adolescentes de não se explicar. Ele diz a si mesmo que seus pais irão ou devem entender o que está fazendo e por quê. Pode muito bem ter medo de testar a reação deles. Dependerá da mãe e do pai identificar o que está acontecendo na mente de seu filho e, então, decidir o que é aceitável e como pôr fim ao que não é, sem frustrar indevidamente a necessidade fundamental do jovem de avançar para a independência.

Os pais de Lina sabem que estão lidando com uma questão que envolve a busca da independência. O problema é que não sabem como conceder à filha certa quantidade de autonomia sem lhe dar corda suficiente para que se enforque. Existem formas pelas quais poderiam satisfazer a necessidade de Lina pela crescente independência ao mesmo tempo em que protegem sua segurança? Eles podem ajudar a preservar o orgulho de sua filha enquanto exigem honestidade e consideração da parte dela? Terão de fazer isso se quiserem evitar alimentar o conflito que está se formando quanto a quem tem controle sobre essa garota de 15 anos. Certa quantidade de conflito é natural quando seu filho se afasta de você para se tornar independente. O fato de o conflito gerar um padrão de desafio depende de como você mantém a ideia de que o esforço é certo e necessário e da habilidade com que resolve os primeiros conflitos. O programa na Parte II oferece muita ajuda.

Fato 2: Quando se individualizam de seus pais, os adolescentes descobrem quem são e o que defendem – ou seja, *eles* definem sua identidade. Esse fato está intimamente interligado ao Fato 1. É normal que os adolescentes no processo de autodescoberta e definição de sua identidade rejeitem as ideias, as opiniões e os valores dos pais e defendam os de seus amigos. Seu adolescente não é uma página em branco na qual você vai escrever de modo a determinar todas as preferências, os objetivos, os desejos e a identidade global dele do jeito que deseja. Em vez disso, ele é um mosaico (geneticamente e em outros aspectos) – uma combinação única de traços, talentos, personalidade e interesses de sua família inteira, passados e presentes. Entretanto, mesmo sabendo disso, é fácil se sentir magoado quando Júnior não quer mais ser visto como uma cópia de seu pai. Quando ele tenta afirmar as próprias preferências, você supõe que ele está fazendo isso só para desafiá-lo? Sem dúvida, pode ser difícil acreditar que *alguém* realmente prefira ter cabelo azul em vez de castanho. E talvez Júnior não goste tanto assim para querer mantê-lo. Mas o fato de querer experimentar poderia simplesmente ser sua maneira de dizer que aquele é o seu cabelo, e não que ele ache que *seu* estilo pessoal seja terrível.

Fato 3: A busca por sua identidade torna os adolescentes frágeis internamente, porém eles não querem parecer fracos, sobretudo para seus pares, mas também para seus pais. Outra conexão com o Fato 1 e o Fato 2. Seu adolescente precisa se sentir independente e que é único, não apenas um apêndice seu e do resto da família. De repente pode parecer que tenha uma quantidade excessiva de orgulho, particularmente em relação a seu esforço pela independência e singularidade. Ele pode parecer pronto para lutar até a morte sobre questões como o direito de usar uma determinada camisa para ir à escola ou chegar 15 minutos mais tarde no sábado à noite, não porque o que veste hoje seja tão essencial ou porque mais 15 minutos façam diferença entre se divertir ou não no sábado. É uma questão de orgulho. Quando os adolescentes, em especial os mais jovens, acham que estão sendo tratados como crianças, o comportamento desafiador pode ser muito bem sua reação.

Obedecer, especialmente depois que um conflito se instalou, pode parecer um fracasso, e seu adolescente pode não estar disposto a sofrer a concomitante perda de prestígio. Tenha isso em mente quando perceber que uma discussão se tornou autoperpetuada, não mais uma questão central. Você consegue encontrar uma maneira de ele ceder com boa vontade, sem parecer fraco, estúpido ou infantil e sem sofrer humilhação?

Caso seu filho tenha um transtorno, como TDAH, ou alguma doença crônica comum, sua necessidade de parecer onipotente perante seus amigos pode levá-lo a rejeitar qualquer associação com esse transtorno, incluindo tratamento. Isso em si pode certamente criar uma dose adicional de conflito. Também pode significar que você encontrará alguma resistência à participação do adolescente no programa deste livro. Se esse for o caso, veja o Capítulo 7 para obter ajuda.

Fato 4: O conflito que ocorre quando seu filho se afasta de você e se volta para a independência é mais comum entre 12 e 14 anos de idade. Você pode esperar que seja de outra forma – que os conflitos maiores ocorram quando forem alcançados os "grandes" marcos: elegibilidade para uma carteira de motorista, trabalho após a escola, faculdade ou escola técnica e cada vez mais independência. É por isso que muitos de nós são pegos desprevenidos quando o menino ou a menina que ainda ontem era uma criancinha doce começa a testar os limites e tenta crescer "rápido demais". Você está resistindo em ver a maturação de seu adolescente porque ele ainda parece uma criança? Ou, em contraste, está esperando uma lógica madura excessiva e o bom senso de sua filha porque ela parece mais velha do que sua real idade? Não é apenas a voz de seu filho que periodicamente fica aguda e mais errática quando vacila entre a voz de uma criança e a de um jovem adulto; também é a sua proposta de independência.

Fato 5: O horizonte de tempo mental de seu adolescente é *muito* diferente do seu. À medida que as crianças amadurecem e vão se tornando adultas, uma faculdade mental invisível, porém incrivelmente importante, está emergindo e se expandindo: a capacidade de contemplar seu futuro – a sua previsão. Ela ajuda a pensar nisso como um horizonte de tempo em expansão ou uma janela, o período durante o qual eles estão contemplando seu futuro e, assim, tomando suas decisões acerca desse porvir. Essa capacidade varia consideravelmente da infância para a idade adulta e, mesmo depois, varia entre as diferentes pessoas. (Os economistas chamam de nossa preferência de época.) Ela também ajuda a saber que as pessoas não agem a fim de se preparar para o futuro até que um evento tenha entrado por sua janela pessoal ou tenha cruzado *seu* horizonte de tempo.

Os pré-escolares não possuem horizonte; vivem no agora e não contemplam o futuro. Assim, eles agem em resposta apenas ao agora, tornando-os inteiramente reativos e não proativos em seu comportamento. Eles são cegos para o tempo. O aqui e agora é tudo o que importa. Você pode falar sobre amanhã ou a próxima semana o quanto quiser, mas eles não sabem o que você quer dizer e não se importam.

No início do ensino fundamental, as crianças estão desenvolvendo uma noção de seu futuro. Elas começam a pensar e até mesmo a falar sobre o que aconteceu no passado recente e o que podem querer ou precisar fazer no futuro próximo, mesmo que este seja composto de meras 6 a 12 horas. Mas algumas de suas palavras e ações começarão a ser focadas nesse futuro próximo. É por isso que você fica sabendo do material de artes de que precisam para a escola no dia seguinte somente quando as coloca na cama na noite anterior. Apesar de sua brevidade, sua janela no tempo, ou horizonte de tempo, está se abrindo. Ao fim da infância, essa janela de tempo se expande para um dia ou dois. Elas começam a pensar e a fazer alguns planos na quinta-feira ou sexta-feira acerca do que podem querer realizar nos próximos dois dias. Na adolescência, esse horizonte de tempo se expande mais, para provavelmente três ou quatro dias. No final dessa fase até a idade adulta, isso se expandiu para uma ou duas semanas. E por volta dos 30 anos, um a três meses é o período de tempo típico durante o qual um adulto médio contempla e direciona as decisões e o comportamento. Os intervalos de tempo específicos aqui não são importantes; essenciais são o conceito e o fato de que a janela no tempo está se expandindo com a idade.

Igualmente importante, os jovens estão pensando, tomando decisões e agindo em direção ao horizonte de tempo *deles* – não do seu! Seu adolescente está pensando em um futuro muito mais próximo no tempo do que você. Ele está olhando à frente um dia ou dois e não se interessa nem um pouco por qualquer coisa mais distante do que esse período de tempo. Em contraste, você está antecipando várias semanas e até mesmo meses. Não é de estranhar que encontre conflito. Você acha que ele compartilha o seu horizonte de tempo, mas que apenas não se importa com isso. Naturalmente, acredita que seu adolescente deve estar contemplando o mesmo período de tempo no futuro que você, e, quando ele não faz isso, pode ficar incrivelmente frustrado. O fato inevitável é que os dois horizontes de tempo não estão nem mesmo perto um do outro. Assim, você está preocupado com as tarefas de leitura de verão, semanas antes de seu prazo final, enquanto isso está inteiramente fora do "radar" de seu adolescente, que é provavelmente apenas o próximo fim de semana. Se deixados por sua conta, a maioria dos jovens não começaria as tarefas de leitura de verão antes que faltassem apenas alguns dias para o prazo final do novo ano escolar.

Tendo em mente essa grande diferença na perspectiva de tempo, você poderá ver mais facilmente por que seu filho pode estar pensando, decidindo e agindo como o adolescente faz – e por que vocês dois terminam em conflito com tanta frequência. O único futuro que importa para os jovens é seu futuro de curto prazo, como eles percebem que seja. É como se tudo aquilo com o que se importam seja o que seus amigos estão fazendo ou quem postou o quê na sua rede social favorita, enquanto você está pensando em quais projetos eles têm para este mês e até mesmo para quais faculdades devem prestar vestibular no próximo ano. As prioridades de cada pessoa aqui são tremendamente diferentes. Vocês não apenas não estão na mesma página; vocês não estão no mesmo planeta em relação ao tempo.

Para trabalhar com adolescentes, que têm um horizonte de tempo radicalmente diferente do seu, você precisa dividir esse futuro de mais longo prazo em partes (pequenos passos), de modo que se encaixem no horizonte de tempo *deles*, e não torturá-los ou importuná-los para que este se adapte ao seu. Isso não pode nem irá acontecer. Seu adolescente está sempre muito mais míope para o futuro do que você. Para conseguir que os adolescentes cooperem, é preciso pensar da mesma forma que eles. Você precisa ajudá-los a estruturar esse futuro de curto prazo para atingirem um objetivo menor (subobjetivo) a fim de que seja dado um pequeno passo na direção do futuro de mais longo prazo e do objetivo maior com o qual você está tão preocupado.

Se você tem um adolescente mais velho que está causando mais conflito do que durante o início da adolescência, é provável que um dos dois fatores esteja em ação:

1. Como ocorreu com Mark, o garoto de 17 anos apresentado no início deste livro, o comportamento desafiador começou no início da adolescência ou talvez até antes, mas não foi tratado. Agora, a questão cresceu até proporções que claramente justificam uma ajuda profissional. (Veja o Apêndice B, no fim deste livro, para orientações sobre como obter a assistência de um terapeuta.)

Ou

2. Seu adolescente está amadurecendo mais lentamente do que a média ou está enfrentando outros problemas que estão contribuindo para o comportamento desafiador. Veja o quadro a seguir.

> **Caso seu adolescente tenha TDAH ou TOD...**
>
> Os adolescentes que têm TDAH estão passando pelas mesmas mudanças drásticas no corpo e na mente que os demais. No entanto, suas mentes estão atrás de seus corpos no desenvolvimento em certos aspectos, particularmente em relação a autocontrole e julgamentos sobre o futuro e as consequências de suas ações. Eles possuem os mesmos desejos de independência, associação e sexualidade que seus pares, porém podem ser menos maduros, menos capazes de prever as consequências tardias de suas propostas ou ações, mais impulsivos e desorganizados e menos prontos para a independência. Isso significa que podem causar mais conflitos, não entre os 12 e 14 anos, como as outras crianças, mas quando estiverem alguns anos mais velhos. Sua falta de maturidade cria um dilema para os pais e deve estar em mente ao lidar com seus problemas. O mesmo pode ser verdadeiro para um adolescente diagnosticado com transtorno de oposição desafiante (TOD) ou que pelo menos apresentou sinais de comportamento desafiador por um período significativo de meses a anos.

Fato 6: Os adolescentes em geral criam mais dificuldades para suas mães do que para seus pais durante esse processo. Não é que as mães estejam fazendo alguma coisa errada, intencionalmente ou de outra forma; isso é produto das diferenças básicas na natureza humana entre homens e mulheres. Considere o tamanho físico e a força muscular. Em média, os pais são maiores, mais altos, mais fortes e têm vozes mais graves, o que é interpretado como mais autoritário. Os adolescentes reconhecem naturalmente qual genitor tem maior probabilidade de lhes causar sofrimento e a diferença no nível do dano que podem lhes infligir se tentarem colocar em teste as regras ou instruções desse genitor. Em geral, os pais também falam menos, são menos pacientes e mais rápidos em punir do que as mães, que têm maior probabilidade de conversar, raciocinar, chegar a um consenso, negociar ou apenas interpelar verbalmente do que impor uma consequência real – um fato que a maioria dos filhos reconhece desde uma idade muito precoce. Isso também pode fazer que os limites das mães sejam testados com mais frequência que os dos pais porque os adolescentes sabem que podem ter sucesso, pelo menos em parte, ao testar as fronteiras ou exercer a coerção social. É especialmente provável que esse teste dos limites ocorra entre os filhos homens e as mães, e em particular quando os pais estiverem ausentes de casa por alguns dias em viagens de negócios. Lembre-se de que os homens têm maior probabilidade do que as mulheres de estabelecer as relações sociais como hierarquias de assertividade do poder e até mesmo de força física. Assim, quando o pai

– o macho alfa, por assim dizer – está ausente, o seu filho tem maior probabilidade do que sua filha de tentar avançar para essa posição de "cão de guarda". Entretanto, essa não é a história completa. As filhas também podem testar as mães nessa idade. As meninas, como muitas mulheres, estabelecem relações sociais e hierarquias menos como uma função da assertividade do poder e mais como um processo de construção de consenso e influências sociais-reputacionais. Portanto, é mais provável que as discordâncias entre mães e filhas tenham a ver com tais imagens e relações sociais, bem como com disputas reputacionais. A conclusão é que você precisa reconhecer que os meninos e as meninas estão testando as relações sociais para determinar seu lugar atual na família e no meio social mais amplo. Durante alguns períodos, eles fazem isso com uma frequência quase que diária. Compreender isso poderá contribuir significativamente para ajudá-lo a enfrentar tais desafios com paciência.

Esse diferencial de poder entre mães e pais pode causar problemas em vários níveis. Se você for a mãe de um adolescente desafiador, poderá achar que é inteiramente culpada pelo problema caso seu filho seja mais cooperativo com o pai. Essa perspectiva gera culpa e autoacusação que podem enfraquecer sua autoconfiança e drenar as energias de que precisa para atacar o problema. Você pode acabar desmoralizada e exausta. Se existem dois genitores na casa, é possível que ambos não encontrem formas de dar à mãe um tempo adicional, para que relaxe e se reagrupe? Pais exaustos estão mal preparados para aprender novas habilidades como as que se encontram na Parte II.

Se for o pai de um adolescente desafiador, você terá de resistir à tentação de concordar com a visão de seu filho de que a mãe merece a culpa. Leia o resto deste livro e verá que é improvável que esse seja o caso. Seu adolescente pode, de fato, estar se aproveitando da melhor relação que tem com você para experimentar a estratégia de "dividir e conquistar" a fim de obter o que quer quando sua mãe lhe nega isso. Se você estiver consciente dessa possibilidade, poderá dar alguns passos extras para formar um *front* unido, minimizar a chance de conflito entre os pais e se manter firme em sua reação a qualquer desafio de seu adolescente.

Fato 7: Os amigos começam a desempenhar um papel maior na vida do adolescente, algumas vezes suplantando os pais. Assim como pode começar a depender mais das opiniões e dos valores dos pares do que dos seus, seu adolescente vai querer passar o maior tempo possível com os amigos e o menor tempo possível com você. Desenvolver a capacidade de relacionamentos mais próximos com os pares e a intimidade com estes é uma tarefa desenvolvimental essencial da adolescência. Os jovens precisam se preparar para as parcerias íntimas, a colaboração no ambiente de trabalho e as alianças na comunidade que definem a idade adulta. Eles começam praticando com seus amigos adolescentes. Mais uma vez, você é capaz de deixar de lado sentimentos de mágoa pela rejeição e permitir que seu filho ou sua filha se desenvolvam nesse mundo social mais amplo de relações com os outros, especialmente aqueles da própria idade do adolescente, enquanto o jovem persegue essa importante tarefa? Esse é outro ato de equilíbrio difícil – de fato, um dos mais difíceis. Talvez você consiga aguentar que seu filho saia correndo para estar com os amigos assim que o dia na escola está encerrado ou quando o fim de semana começa. Porém, quando se trata de estar com alguém que exibe valores e um estilo que parecem diametralmente opostos aos seus, e você acha que seu adolescente age de modo irreconhecível quando está com esse amigo e começa a considerar tal garoto uma "má influência", é muito fácil erguer barreiras que seu adolescente considere injustas – e que podem de fato *ser* injustas. E então se acende a chama do conflito.

Fazendo mudanças

Os adolescentes não são crianças. Essa parece ser uma afirmação óbvia, mas o fato é que, quando as crianças estão vivendo em sua casa desde o começo, é difícil ver o quanto estão mudando agora que se encontram nessa nova etapa, especialmente porque cada um experimenta tais mudanças de forma um pouco diferente, em ritmo e cadência diferentes.

A questão é que não podemos nos apoiar em nossas conclusões ou simplesmente deixar as coisas acontecerem quando o comportamento desafiador surge ou aumenta na adolescência. Precisamos entender como as alterações desenvolvimentais podem estar envolvidas e tomar uma decisão consciente de fazer mudanças. Podemos precisar relaxar nosso controle em algumas áreas e aumentá-lo em outras. Talvez tenhamos de falar mais com nossos adolescentes – mas, ao mesmo tempo, esperar que eles falem menos conosco. Precisamos deixá-los seguros e manter a harmonia em casa sem invalidar sua necessidade biológica de começar a estabelecer uma identidade separada da de seus pais. Precisamos compreender nossos próprios sentimentos confusos acerca do crescimento de nossos filhos. E precisamos *negociar* mais do que *ditar* os termos e as condições em torno de seu comportamento, como fazemos com crianças menores. A penalidade por não atentar a essas mudanças pode muito bem não ser apenas uma explosão ocasional, mas um padrão crescente de comportamento desafiador e o aumento do conflito em uma época em que nossos filhos precisam de nós mais do que nunca – e de uma forma totalmente inédita.

O que podemos concluir dos fatos acerca do desenvolvimento adolescente? A seguir listamos algumas diretrizes simples, as quais se tornarão mais fáceis de aplicar depois que você ler o resto deste livro:

- *Desenvolva expectativas razoáveis.* Seu adolescente está em um estado de fluxo de mudança, menos maduro do que você espera em um momento, mais maduro no momento seguinte.

- *Escolha suas batalhas com sabedoria.* Um controle excessivo sempre será sentido pelo jovem como uma negação de sua necessidade de se tornar independente e encontrará resistência, frequentemente conduzindo à beligerância quando negociações de paz eram mais do que possíveis.

- *Deixe-os pensar que o que você quer que eles façam foi ideia deles.* Quando você dá aos adolescentes razões claras para suas regras, eles vão entender de tal forma que acharão que chegaram às mesmas conclusões. Naturalmente, isso não será infalível, mas eles têm muito maior probabilidade de fazer o que você deseja se puderem ter a ideia por conta própria.

- *Dê escolhas ou opções, não ultimatos.* Permitir que os adolescentes escolham em um menu, mesmo que limitado, de escolhas comportamentais acarreta maior probabilidade de conseguir sua cooperação do que simplesmente ditar os termos e restringi-los a uma linha de ação. Seja referente a roupas, amigos, hora de voltar para casa, mesada, música ou o que for, oferecer variações razoáveis de opções aceitáveis em vez de estipular uma solução restrita, unilateral e em seus termos limitará muito a oposição.

- *Recompense-os por serem bons.* Esse é um princípio sólido para a educação de crianças de qualquer idade, mas, agora, é mais importante do que nunca, porque o conflito *irá* ocorrer, e você precisa reforçar o fato de que percebe quando fazem o que aprova e aprecia.

- *Comece a pensar em termos de solução de problemas.* Se está lendo este livro, você obviamente já sabe que aquilo que vem fazendo para tentar alcançar o cumprimento de suas regras e obter a obediência de seu adolescente não está funcionando. Isso pode ocorrer porque você está tentando táticas concebidas para seus filhos menores, ou pode ser porque está tão frequentemente em conflito com seu adolescente que nenhum dos dois está de fato muito aberto à cooperação. De qualquer forma, a estratégia que funcionará melhor é aquela em que os adultos se baseiam efetivamente: solução de problemas. Vocês chegam a um acordo sobre os assuntos em questão, pensam em soluções possíveis e depois decidem quais irão experimentar e o que você fará se elas não funcionarem. Esse é um processo que incute respeito mútuo e remove as farpas emocionais dos encontros polêmicos. Além disso, é um procedimento que você pode adaptar à medida que o jovem progride em direção à idade adulta.

O negociável e o inegociável

A beleza da solução de problemas é que isso não significa que você tenha de declarar seu adolescente como um adulto com privilégios iguais aos seus. Ela é uma forma de reconhecer que está fazendo uma mudança em que deixa de ser o único piloto da vida de seu filho para ser mais um guia e mentor. Você pode e deve ainda estabelecer algumas regras e ser capaz de fazê-las serem cumpridas. Só que também precisa haver alguns itens negociáveis. O desafio é descobrir quais aspectos são negociáveis e quais não são. O entendimento claro da diferença é um ponto de partida para minimizar o desafio e o conflito.

Considere como não negociáveis as regras básicas para viver em um lar civilizado – as coisas baseadas em valores sem as quais você não tem uma família funcional. Em geral, trata-se de uma lista curta – não mais de seis a dez itens –, e são coisas que você está disposto a lutar para que sejam mantidas. Os exemplos costumam incluir "Sem drogas ou álcool", "Sem violência", "Trate as pessoas com respeito e decência" e "Respeite a privacidade". Todo o resto é negociável. Frequentemente, é útil encarar as questões negociáveis e inegociáveis como pares. A regra básica para a vida familiar pode ser inegociável, mas as condições que envolvem a implantação da regra costumam ser negociáveis.

Examinemos novamente dois dos adolescentes apresentados no início deste capítulo, tendo em mente a ideia dos pares. O fato de Nick ter de frequentar a igreja era inegociável; se ele frequentaria todas as semanas era negociável. A família negociou um acordo de que semana sim, semana não, o jovem cuidaria da irmã no sábado em retribuição à permissão de sair com seus amigos no domingo em vez de ir à igreja. O fato de Nick ter de contribuir para a família fazendo tarefas caseiras era inegociável; a escolha das tarefas e quando fazê-las era negociável. Ele e seus pais combinaram que o jovem ajudaria a limpar a casa e cortaria a grama em troca de uma mesada.

No caso de Lina, seus pais queriam mostrar que confiavam na filha. Eles sabiam que um pouco de confiança mútua os ajudaria a mantê-la segura, o que era sua prioridade. Poder permitir-lhe certa distância de seus pais também aumentaria sua confiança neles. Disseram a Lina que estar em casa na hora marcada ou telefonar em 15 minutos se fosse se atrasar era inegociável. O mesmo valia para que pudessem ter acesso a ela por telefone; portanto, insistiram para que ela lhes desse um número do telefone fixo da casa onde estaria sempre que estivesse com os amigos. Isso também lhes garantia saber onde ela estava. Negociáveis eram as coisas em que costumavam insistir: que eles falassem com os pais de seus amigos para se assegurar de que um adulto estaria presente quando os adolescentes estivessem lá; que conhecessem seus amigos antes de permitir que saísse à noite com eles; que ela fizesse contato com os pais no meio da noite. Eles reservaram-se o direito de insistir nessas condições em casos individuais em que parecesse indicado, mas prometeram ouvir a razão e não exigi-las todas as vezes em que Lina fosse para a casa de um amigo à noite.

Os pais de Lina acharam relativamente fácil identificar os itens negociáveis e inegociáveis. Muito mais difícil para eles foi combinar as consequências por quebrar as regras inegociáveis e depois levá-las adiante. Iremos detalhar como eles conseguiram fazer isso nos Capítulos 9 a 12. O que é importante compreender por enquanto é que vocês, como pais, devem ser aqueles que decidem o que é negociável e o que não é. Ninguém mais pode lhes dizer onde traçar essa linha. Alguns pais poderiam ter insistido em regras mais rígidas para Lina, e outros poderiam ter ficado confortáveis com regras mais flexíveis. Alguns consideram o cabelo azul e roupas *punk* uma forma fácil de deixar que seus adolescentes encontrem a própria identidade; outros consideram tais coisas intoleráveis – inegociáveis. Não vamos lhe dizer o que é "certo" ou "errado". Iremos apenas ajudá-lo a definir isso por sua conta de modo que seu adolescente possa avançar para a independência sem que se afaste tanto de você que a lacuna seja difícil de preencher.

Entrando em ação

- Faça uma lista de suas regras inegociáveis. Limite-a entre seis e dez itens. Seguindo os exemplos neste capítulo, liste os pontos negociáveis que acompanham cada regra inegociável. Registre o número de vezes que seu adolescente viola cada regra inegociável durante uma semana.
- Durante os próximos dias, registre os conflitos que surgem entre você e seu adolescente, conforme sugerimos que fizesse no final do Capítulo 2. (Ou pode apenas usar aqueles que registrou após o Capítulo 2, caso se lembre dos detalhes com clareza suficiente.) Porém, desta vez,

olhe para essas interações através das lentes do desenvolvimento adolescente e veja se consegue responder a estas perguntas:

1. Seu adolescente poderia estar tentando afirmar sua independência nessa interação? De que maneira?
2. Suas expectativas eram razoáveis? Você estava tratando seu adolescente como se ele fosse menos ou mais maduro do que é?
3. Foi sensato travar essa batalha? Se tivesse que fazer de novo, você teria se esforçado mais para evitá-la?
4. As regras ou as suas expectativas estavam claras? A solicitação pareceu razoável e lógica para seu adolescente? Por quê?
5. Houve alguma coisa nessa interação que você poderia ter focalizado e que foi um comportamento positivo de seu adolescente?
6. Você ajustou seu horizonte de tempo ao de seu adolescente (um a três dias) ou ficou insistindo em que começasse a se preparar para alguma coisa que está uma semana ou mais à frente? Poderia ter dividido essa tarefa em passos menores e de mais curto prazo, focando apenas na primeira etapa por enquanto?
7. Como uma abordagem de solução de problemas poderia ter mudado o resultado?

Esta é apenas a personalidade de seu adolescente?

Os fatos do desenvolvimento adolescente formam um importante pano de fundo para a compreensão do comportamento desafiador nessa fase, mas, para ver o quadro completo, você precisa aprender alguma coisa acerca dos traços de personalidade – e os sinais de transtornos diagnosticáveis – que se reúnem unicamente em seu adolescente.

Alguns adolescentes são desafiadores por natureza?

Na verdade, não. O desafio é uma atitude, uma emoção *e* um comportamento, todos os quais são moldados por outras influências, tanto externas quanto internas. Mas algumas crianças nascem com características que levam a maior probabilidade de que venham a se tornar desafiadoras. Chamamos essa coleção de características de *temperamento*, e elas são traços inatos que orientam como cada um de nós se relaciona com o mundo – em essência, elas ajudam a moldar nossas personalidades eventuais.

Os termos *temperamento* e *personalidade* são frequentemente usados de maneira intercambiável, porém existe uma diferença entre eles. O temperamento de uma pessoa é bastante estável, significando que não muda muito com o crescimento e o desenvolvimento ou a aprendizagem. Nascemos com um determinado temperamento, e ele permanece conosco.

Sua personalidade (e a de seu adolescente) é formada pela combinação de seu temperamento inato e suas experiências de vida. Como veremos nos próximos capítulos, as experiências de vida podem se combinar com certas características de temperamento para criar uma tendência ao comportamento desafiador. Em teoria, é possível essa tendência se tornar tão arraigada que pode ser considerada parte da personalidade de um adolescente. Se a personalidade está ou não completamente formada em algum momento é uma questão debatida com frequência pelos psicólogos. Porém, uma vez que nosso trabalho demonstrou que o comportamento desafiador *pode* ser mudado, é simplesmente contraproducente, e em geral impreciso, encará-lo como parte permanente da personalidade de seu adolescente.

Em vez disso, poderá ser instrutivo examinar como os traços de personalidade inatos (temperamento) podem ter predisposto o jovem ao comportamento desafiador. É provável que você deva ter ouvido falar de muitas formas diferentes de classificar a personalidade, e entre as mais recentes estão os *Big Five* (extroversão, amabilidade, consciência, neuroticismo e abertura à experiência), os quais foram amplamente aceitos como traços centrais pelos psicólogos do final do século XX. Um esquema desse tipo poderá ajudá-lo a entender a personalidade de seu adolescente, mas, quando falamos do temperamento *per se*, em geral estamos falando de nove dimensões identificadas por Alexander Thomas, Stella Chess e colaboradores na metade do século XX, as quais listamos a seguir, embora em palavras um pouco diferentes das utilizadas originalmente:

1. Nível de atividade
2. Regularidade
3. Abertura a novas pessoas e experiências
4. Adaptabilidade
5. Intensidade
6. Humor
7. Persistência e atenção
8. Distratibilidade
9. Sensibilidade à entrada sensorial

Com base em avaliações em cada uma dessas dimensões, esses cientistas classificaram as crianças (em particular os bebês, para quem o sistema foi destinado) como tendo um dos três tipos de temperamento: "fácil", "difícil" ou "lento para aquecer". Os adolescentes (ou adultos ou crianças menores) que diríamos ter "personalidade forte" provavelmente seriam considerados como tendo um temperamento difícil; aqueles que chamaríamos de "despreocupados" possuiriam um temperamento fácil; ser lento para aquecer poderia ser encarado de várias maneiras – essas são as crianças um tanto difíceis a princípio, mas que se tornam mais fáceis com o tempo.

Pode não ser muito difícil adivinhar que um adolescente que sempre recaiu na categoria "difícil" seria mais inclinado a se tornar mais desafiador do que outros. Esses garotos não se adaptam com facilidade ou bem a novas situações. Eles podem ter reações negativas intensas a uma variedade de eventos e pessoas. A resistência em forma de desafio é uma maneira como essas reações podem aflorar comportamentalmente. Pesquisas demonstraram que adolescentes com os seguintes traços de temperamento são propensos ao comportamento desafiador:

- Altamente emocional (corresponde em essência ao humor negativo [6] e alta intensidade [5] na lista anterior)
- Frequentemente irritável (corresponde às mesmas dimensões)
- Dificuldade em regular seus hábitos (corresponde a baixa regularidade, ou baixa ritmicidade [2])
- Altamente ativo (corresponde ao nível de alta atividade [1])

Os adolescentes que são comparativamente mais desatentos e impulsivos também têm maior probabilidade de desenvolver comportamento desafiador. Esses são sintomas característicos do TDAH e serão discutidos mais adiante neste capítulo. Por enquanto, pense onde se enquadra seu adolescente ao longo do *continuum* de emocionalidade, irritabilidade, capacidade de regular os hábitos e nível de atividade. Voltemos aos três jovens que apresentamos no início deste livro como exemplos.

Ao pensarem na infância de Mark, seus pais lembraram de que o menino sempre fora um "espírito livre", como costumavam chamá-lo quando era pequeno e sua incapacidade de aderir a uma rotina ou concluir uma tarefa parecia mais atraente. Sempre que tentavam forçá-lo a ir para a cama em um horário razoável ou a fazer seu dever de casa logo após o jantar, ele começava a gritar. Quanto mais pressionavam, mais alto gritava. Por fim, ele descontava sua irritação em alguma atividade física. Os pais, desanimados, recuavam e iam para o andar de baixo, na sala de estar, de onde podiam ouvir o filho quicando uma bola de tênis na parede de seu quarto até cansar. Ou então pulava em seu *skate* e corria até a pista, naturalmente não voltando para casa após o limite de tempo de meia hora que seu pai gritava enquanto Mark batia em retirada.

Lauren definitivamente era, como sua mãe lembra, uma garota doce quando menor. Mas ela estava sempre inclinada a "reagir de maneira exagerada", disse Jan. Havia vezes em que sua mãe fazia todo o caminho de volta do trabalho planejando como daria uma notícia frustrante para sua filha, como a de que elas não poderiam ir ao cinema naquela noite devido aos arquivos que Jan estava levando para casa. Ou ela fazia tudo o que era possível para preparar a filha para uma mudança que a maioria das crianças assimilaria, como *não* ter panquecas no café da manhã de sábado. Mac, o pai de Lauren, sempre disse a Jan que ela devia parar de mimar a filha para que esta "endurecesse". Em vez disso, quando a menina ficou mais velha, Jan começou a evitá-la, exceto quando estava certa de que suas interações seriam pacíficas.

Os pais de Kevin realmente gostariam de dizer que ele sempre foi "precoce", mas, na verdade, embora fosse inteligente e engraçado, e muitos dos professores não podiam evitar gostar dele, a maioria das pessoas o via como "difícil" desde a primeira infância. Era a criança que sempre ousava, sempre testava as regras. Ele sempre deixava destruição em seu caminho, mesmo que fosse do tipo menor: brinquedos quebrados, rastros de barro na casa de um amigo, a porta do *freezer* deixada aberta e toda a comida derretida.

Se você descrevesse seu jovem desafiador em seus anos de pré-adolescência como mal-humorado, volúvel, desorganizado, desligado, sensível, imprevisível, impaciente, incansável, impetuoso, teatral, inconfiável, dispersivo, ou algo parecido, o palco já poderia ter sido montado para que seu filho ou sua filha viessem a se tornar desafiadores. Não temos evidências científicas de que as outras dimensões do temperamento possam predispor as crianças a esse comportamento, mas não é difícil ver que elas poderiam. Aquelas que não são abertas a novas experiências, que têm problemas com transições ou quebras na rotina, que desistem quando uma tarefa não é fácil, que se distraem com facilidade, que são impulsivas, ou que são incomodadas demais por ruídos altos, luz brilhante, roupas que dão comichão ou comidas "com cheiro engraçado" não irão passar suavemente pela maioria das atividades e eventos da infância. Quando precisam entrar em um novo ambiente, mudar seu horário, terminar uma tarefa, ouvir o professor, aguentar uma mudança no clima, vestir roupas limpas ou comer o lanche servido pela mãe de um amigo, elas podem ser inclinadas a reagir de uma maneira: com resistência. Se as circunstâncias não permitirem a acomodação das preferências da criança, o próximo passo poderá muito bem ser o desafio.

Alguma dessas coisas lhe soa familiar?

Outro problema poderia estar causando o comportamento desafiador de seu adolescente?

Certos transtornos psiquiátricos, incluindo TDAH, conforme mencionado anteriormente, podem compor o cenário para o comportamento desafiador em crianças e, com o tempo, adolescentes. Se seu filho ou sua filha já foram diagnosticados com uma dessas doenças, você pode conhecer bem como os sintomas podem estimular o conflito. Uma criança que sofre de fobia social, por exemplo, pode resistir à escola e às atividades extracurriculares em grupo, criando o cenário para situações de atração e repulsão entre pai e filho. Um adolescente que sofre de transtorno bipolar tem alta probabilidade de terminar em conflito com os pais durante episódios maníacos que geram ideias grandiosas e comportamentos de alto risco. Esses são apenas alguns exemplos de como conflitos que parecem desafio podem surgir em meio a outro transtorno. Está além do âmbito deste livro ajudá-lo a determinar se o seu adolescente tem uma dessas condições. O programa na Parte II deste livro não pretende tratar de problemas comportamentais associados a esses transtornos. Veja o quadro a seguir para uma lista de sinais de alerta indicadores de que você deveria considerar seriamente ter seu filho avaliado para um transtorno de ansiedade ou do humor, o que precisa ser considerado sobretudo se o problema vem ocorrendo por pelo menos seis meses.

Sinais de alerta de outro problema diagnosticável

- Se os conflitos entre você e seu adolescente estão centrados em torno da esquiva do adolescente de um objeto ou uma situação específicos (como uma aranha ou ver sangue), e essa esquiva está interferindo nas atividades normais e causando muita angústia ao jovem, considere uma avaliação para fobia específica.
- Se seu adolescente tenta consistentemente evitar a escola, os amigos, as reuniões em família ou algum outro lugar onde possa ser embaraçado ou humilhado ou onde seu desempenho possa ser considerado deficiente; essa esquiva está interferindo de forma significativa em sua vida; e o medo está causando muita angústia, considere uma avaliação para fobia social.
- Se os conflitos entre vocês estão centrados em preocupações e ansiedade excessivas e constantes acerca de inúmeros eventos ou atividades, como trabalho, desempenho acadêmico e esportes, as quais estão interferindo na vida do adolescente e causando muito estresse e angústia, considere uma avaliação para transtorno de ansiedade generalizada.

- Se seu adolescente tem estado excessivamente irritável, triste ou agitado; se sente-se desesperançoso ou tem dificuldades de concentração; e/ou teve problema com o apetite ou o sono, e esses problemas ocorreram todos os dias por pelo menos duas semanas, considere uma avaliação para depressão.
- Se seu adolescente, pelo menos por uma semana, tem estado eufórico, feliz em excesso ou em êxtase; expansivo ou grandioso; ou irritável – e também precisou de pouco sono, falou muito mais do que o habitual, estava incansavelmente persistente em certas tarefas e/ou teve pensamentos rápidos, mas mudando de um assunto para outro – considere uma avaliação para transtorno bipolar (um transtorno muito difícil de identificar, mas que em geral é diagnosticado com base na mania, ou seja, sintomas como os listados aqui).
- Se seu adolescente durante muitos anos não se saiu bem socialmente – perdendo sinais sociais importantes e tendo muita dificuldade em saber como se relacionar de maneira apropriada com os pares – e se parece obcecado por um tema que tomou conta de toda sua vida (tudo se resume a *videogames*, um esporte particular, computadores, etc.), considere uma avaliação para transtorno do espectro autista, uma forma de transtorno global do desenvolvimento caracterizado por graves problemas sociais e interesses restritos.

Transtorno de déficit de atenção/hiperatividade (TDAH)

Já mencionamos que desatenção, impulsividade e atividade excessiva – os sintomas característicos de TDAH – também estão intimamente associados ao comportamento desafiador. Caso seu adolescente tenha sido desatento, impulsivo ou hiperativo quando bebê e no início da infância, você e os profissionais da saúde de seu filho podem facilmente ter atribuído isso ao temperamento. Porém, quando persistem à medida que a criança cresce, essas tendências têm cada vez maior probabilidade de alimentar um conflito entre você e o jovem. Por quê? Porque outra característica central do TDAH, que é discutida com frequência nas descrições desse transtorno, é a regulação deficiente da emoção. As crianças com TDAH são tão impulsivas ao demonstrar suas emoções quanto o são em seus pensamentos e ações. Isso significa que estão exibindo emoções mais imediatas, brutas e primárias em contextos nos quais os outros as estariam inibindo, moderando e tornando-as mais apropriadas à situação. Essencialmente, o TDAH é um transtorno do autocontrole, então faz muito sentido que aqueles que o apresentam tenham problemas para regular suas emoções, enquanto os demais são capazes de fazê-lo.

Você se lembra do padrão de comportamento coercivo descrito e diagramado no Capítulo 2? Quando uma criança não consegue manter a atenção, age de forma impulsiva e não consegue parar quieta – característicamente, não apenas de modo ocasional –, é provável que os pais (e professores) acabem dando mais comandos, supervisionem mais de perto e sejam mais críticos, criando interações desproporcionalmente mais negativas do que positivas com a criança. Quanto mais graves os sintomas de TDAH, mais probabilidade de a criança ter reações emocionais negativas às "imposições" ou "exigências" dos pais, e ela irá expressar essa frustração, impaciência e até mesmo hostilidade com muito mais rapidez nessas situações do que as outras crianças. Se, por sua vez, essas reações abrirem uma válvula de escape de maiores exigências (o adolescente coage o pai, e este se sujeita), o jovem irá naturalmente intensificar e reagir dessa maneira com mais frequência e com maior duração.

Sabemos a partir de inúmeras pesquisas ao longo dos anos que a falta de controle dos impulsos, em particular, cria mais conflito entre os adolescentes e os pais.

Você se lembra de Gina, uma das adolescentes apresentadas no início deste livro? Aos 13 anos de idade, seu desempenho acadêmico era tão baixo que ameaçava afetar todo o seu futuro. Enquanto isso, ela e sua mãe brigavam tanto com relação ao fracasso de Gina em colocar as tarefas em dia e reverter seu mau desempenho que a menina perdeu boa parte da orientação e do apoio parental que são essenciais para prosperar no início da adolescência. Com um regime de medicação consistente, o programa deste livro reparou o vínculo mãe-filha e ajudou Gina a persistir no que precisava fazer para ter sucesso na escola e em outros contextos. Mostraremos mais adiante como os pais da jovem a auxiliaram a retomar o caminho usando as ferramentas e habilidades apresentadas aqui, com uma pequena ajuda do terapeuta que havia diagnosticado seu TDAH vários anos antes.

Transtorno da conduta

Existe outro transtorno cujos sinais você deve conhecer porque, caso seu adolescente se qualifique para esse diagnóstico, certamente precisará de ajuda profissional. O programa na Parte II pode ser de alguma ajuda – ou pelo menos os princípios que o norteiam – *mas a autoajuda não terá sucesso e, na verdade, poderá causar mais danos do que benefícios.*

Um adolescente que exibe comportamento desafiador de modo sobremaneira agressivo, destrutivo, possivelmente violento e/ou ilegal pode muito bem ter *transtorno da conduta*, um problema sério que deve ser atacado assim que possível para evitar que o jovem se encaminhe para uma idade adulta marcada pelo comportamento antissocial, talvez até criminoso. Durante o último ano, seu adolescente se meteu em brigas, fugiu de casa, matou aula com frequência, roubou, cometeu *bullying*, vandalizou propriedade ou usou a força física para conseguir o que queria, seja dinheiro, a propriedade de outra pessoa, atividade sexual ou alguma outra coisa?

Mark, o garoto de 17 anos que conhecemos na Introdução, apresenta pelo menos alguns sinais de transtorno da conduta. Ele regularmente mata aula, faz ameaças e tenta intimidar seus pais. Volta para casa tão tarde à noite nos fins de semana que chega ao ponto de ficar fora a noite inteira. O problema de Mark é grave demais para autoajuda. Ele pode, no entanto, se beneficiar do programa deste livro. Mostraremos como ele e sua família trabalharam com um terapeuta usando os mesmos passos que você irá acompanhar na Parte II.

Personalidade e patologia são destino?

Sim e não. Conforme dissemos anteriormente neste capítulo, o temperamento é, de um modo geral, estável. Uma criança que nasceu "difícil" manterá as mesmas tendências para irritabilidade, mau-humor, desorganização ou imprevisibilidade ao longo de sua vida. Porém, isso não significa que esses traços tenham que causar os mesmos problemas que talvez ocorram em seu adolescente neste momento. Ter conhecimento da influência deles no comportamento do jovem pode ajudá-lo a saber o que tentar "consertar" (o comportamento) e o que tentar "contornar" (os traços inatos) para que a mudança seja mais fácil. A Parte II está repleta de exemplos de como você pode usar seus novos *insights* na personalidade de seu adolescente a fim de criar o programa mais efetivo possível para ajudar sua família a superar o desafio.

Quanto à patologia, muito depende do problema e de sua gravidade. Caso seu adolescente receba o melhor tratamento possível para TDAH, por exemplo, os sintomas que alimentam o comportamento desafiador serão reduzidos, talvez até neutralizados. Realisticamente, no entanto, você deve estar preparado para continuar a lidar com algum grau de sintomas. Transtornos como TDAH, ansiedade, depressão e transtorno bipolar não podem ser curados, pelo menos não nos dias atuais. Mas eles podem, sem dúvida, melhorar tremendamente com cuidados apropriados – o que tem efeito direto sobre o comportamento desafiador. Além disso, alguns transtornos, como TDAH e transtorno bipolar, em geral se tornam menos graves (ou impõem menos desafios) na idade adulta (para fontes de informações adicionais, veja a seção Recursos).

O estresse está contribuindo para o comportamento desafiador de seu adolescente?

Não precisamos dizer que o estresse é um fato da vida. Contudo, os adultos frequentemente esquecem de que ele provém de outras fontes além dos problemas e das responsabilidades com os quais costumamos associá-lo. Mesmo os adolescentes mais jovens (e as crianças menores, na verdade) estão expostos a pressões externas, seja uma nota ruim, sendo disciplinados na escola, sofrendo intimidação ou sendo rejeitados pelos pares. Esses são exemplos do que chamamos de estresse "ruim", e o ambiente familiar também pode causar formas adicionais desse tipo de perturbação (veja o próximo capítulo). Mas também existe um estresse "bom", o tipo em geral associado com excitação e antecipação, conforme mencionado no Capítulo 2. Qualquer dos tipos pode fazer um adolescente se comportar mais impulsiva e erraticamente. Isso pode significar desafiar os pais de um modo que não esteja de acordo com o temperamento do jovem, ou pode apenas ter um efeito negativo nos pais, que reagem reprimindo ou de outra forma provocando conflito entre eles. Seu adolescente está sujeito a estresse de outras fontes que você não considerou?

Um tipo de estresse que muitas vezes está interligado ao comportamento desafiador em adolescentes é o de ter de lidar com uma doença crônica. Considere o diabetes. Faith, 13 anos, tem diabetes com início na infância, o que exige que ela verifique sua taxa de açúcar no sangue cinco vezes por dia e tome doses de insulina a cada oito horas. Ela tem de calcular a quantidade de insulina com base no que planeja comer, e precisa ter certeza de não ingerir muito carboidrato. Se não seguir esse regime, sua taxa de açúcar no sangue pode ficar perigosamente alta; ela pode ficar doente e acabar indo para o hospital.

Faith odeia o diabetes. Sente-se como prisioneira da doença. Não pode ir a lugar algum sem checar seu sangue e tomar sua insulina. Não pode comer como seus amigos; sente-se diferente deles. Ela acha terrivelmente injusto ter a doença. Rebela-se contra seu regime médico "esquecendo" de verificar a taxa de açúcar no sangue quase a metade das vezes e "beliscando" alimentos que não deveria comer. Não conta para sua mãe quando a taxa de açúcar está alta. A mãe resmunga quanto ao cuidado da filha com a doença. Elas discutem com frequência sobre as checagens do sangue e a dieta. Faith já teve três baixas hospitalares por diabetes descompensado no último ano. Essa condição é claramente um estressor que cria oportunidades para o comportamento desafiador na menina e o conflito pais-adolescente. Desafios semelhantes surgem para jovens com outras doenças crônicas.

✓ Entrando em ação

- Das características que foram associadas ao comportamento desafiador, marque aquelas que você encontrou em seu adolescente. Se puder, coloque a lista em ordem decrescente, de acordo com quanto conflito elas causaram ou por quanto tempo ele as tem demonstrado.

    ☐ Altamente emotivo
    ☐ Frequentemente irritável
    ☐ Dificuldade em regular os hábitos
    ☐ Altamente ativo
    ☐ Impulsivo
    ☐ Desatento

    Conserve essa lista. Você irá usá-la novamente.

- Agora pense nos tipos de estresse sob os quais seu adolescente pode estar – pressões na escola, na área social, em casa? Ele tem um transtorno psiquiátrico como TDAH ou uma doença física crônica?
- Agora *pare* de pensar nos aspectos negativos do temperamento do jovem. É hora de identificar – e apreciar – seus pontos fortes psicológicos e sociais.

    Meu adolescente é bom nestes hobbies, esportes e atividades recreativas:
    _____
    _____

    Meu adolescente se sai bem nestas matérias na escola e nestes interesses intelectuais extracurriculares:
    _____
    _____

    Meu adolescente é um bom amigo nestes aspectos:
    _____
    _____

    Meu adolescente é um bom irmão (primo, neto, etc.) nestes aspectos:
    _____
    _____

    Como adulto, meu adolescente provavelmente seria um bom (preencha uma ocupação, profissão, vocação ou passatempo):
    _____
    _____

Se precisasse, eu poderia contar com meu adolescente para:
_____
_____

- Considere um traço de personalidade identificado em seu adolescente que você pense que contribua para o comportamento desafiador e anote uma coisa que poderia ter feito de modo diferente em um conflito recente para impedir que esse traço se intensificasse durante a disputa.
_____
_____
_____
_____

Onde é que você entra?

"Não posso acreditar que duas pessoas sejam tão parecidas e, ao mesmo tempo, tão diferentes!"

"É claro que estão sempre dando cabeçadas – vocês são exatamente iguais!"

Isso lhe soa familiar? São necessárias duas pessoas para se estabelecer um conflito. Assim, faz sentido examinar como as personalidades se cruzam nos confrontos pais-adolescente. Neste capítulo, pedimos a você (vocês dois, caso seu adolescente tenha os dois genitores) que reserve alguns minutos para considerar seu próprio temperamento e suas circunstâncias pessoais de forma objetiva, assim como fez para seu filho nos dois últimos capítulos. O objetivo não é acusar você ou o outro genitor de causar os problemas entre vocês. Ninguém vence no "jogo de acusações". Essa é uma competição que só pode terminar em culpa, mágoa e até mesmo mais conflito familiar. O objetivo é identificar algumas questões importantes para o sucesso com o programa na Parte II. Estaria mais para algo como descobrir a maneira como suas tendências acumuladoras resultaram em um porão abarrotado, a fim de que você saiba como limpar o ambiente e manter a organização no futuro – ou conhecer as circunstâncias que o levam a comer alimentos que preferiria evitar para que possa alcançar determinado objetivo de saúde.

Como você pode estar contribuindo para o comportamento desafiador de seu adolescente?

A família de Leon refere-se a ele como "Albert" em razão das "invenções" pela metade que ele deixa por toda a casa e sua propensão einsteiniana para usar meias desencontradas. Estão mantendo um registro das vezes em que ele se esqueceu de pegar as crianças na escola ou em um jogo de futebol.

Enrique diz que sua preocupação constante com as crianças e suas atividades é apenas uma vigilância parental normal. Porém, quanto mais velhos ficam, mais seus filhos se irritam com suas medidas protetivas.

Latoya sempre foi mal-humorada. Às vezes, fica na cama até o meio-dia, mesmo que isso signifique tirar um dia de folga do trabalho. As crianças andam na ponta dos pés pela casa nesses dias para que não grite "Fiquem quietos!". Crystal, a mais velha, apenas se afasta para evitar problemas.

Cada um desses pais está em luta com um adolescente desafiador. Christian, o filho de 15 anos de Leon, simplesmente não o escuta quando este se exaspera porque o garoto não fez uma tarefa ou outra. O jovem sabe que o pai não irá adiante para obrigá-lo a realizá-la nem cumprirá suas ameaças de punição. Leon, então, fica enfurecido com a "insolência" do filho, mas tem dificuldades em estabelecer um plano para lidar com isso.

O filho de Enrique, Joaquim, começou a ir pelo caminho mais fácil diante dos exageros do pai e apenas mente sobre o que está fazendo. Enrique percebe que está perdendo o controle do filho e tenta reprimi-lo cada vez mais, o que leva a uma batalha verbal praticamente toda vez que Joaquim sai de casa.

Latoya sempre contou com Crystal para cuidar de tudo quando está tendo um de seus dias ruins. Ultimamente, ela acorda e encontra os filhos pequenos brincando sozinhos, e Crystal não está em lugar algum. Cada vez que isso acontece, ela corta um dos privilégios da filha mais velha, mas esta apenas encolhe os ombros diante dessas punições com um rabugento "Não importa". Esse novo problema só faz Latoya se sentir ainda mais exausta.

Leon, Enrique e Latoya não estão "causando" o comportamento desafiador de seus adolescentes, tampouco você está. Porém, você pode inadvertidamente estar contribuindo para isso em alguns níveis:

1. *Pela forma como você age em cada confronto com o jovem.* Você diria que tem pavio curto? Tende a dizer coisas sem pensar? Percebe que se sente defensivo com facilidade? Com frequência fica sem saber o que dizer ou inarticulado? Essas são apenas algumas formas óbvias como suas reações reflexas podem, de forma impensada, provocar ou alimentar o conflito. Também existem maneiras muito mais complicadas e sutis de como isso pode acontecer. Pais que nunca se sentiram disciplinadores muito eficazes às vezes têm reações exageradas para afirmar sua auto-

ridade. Ou, inconscientemente, trazemos o estresse do trabalho para casa e jogamos a hostilidade que sentimos por um chefe injusto sobre um adolescente "injusto". Ou uma tendência para mau humor ou impulsividade pode tornar cada confronto imprevisível e descontrolado. Em tais casos, não leva muito tempo para que seja construído um padrão de coerção. Cada interação com o adolescente possui grande potencial para gerar um conflito em violência.

Leon é um homem geralmente afável, mas, quando se sente frustrado, diz qualquer coisa que venha à cabeça, e ele e Christian acabam brigando por razões que escapam ao resto da família. Enrique tenta encontrar uma forma de manter Joaquim em casa, sob controle, e irá gritar mesmo quando não estiver se sentindo irritado na esperança de ser ouvido.

Mal-humorada e deprimida, Latoya espera inapropriadamente que Crystal assuma seus deveres parentais. Depois, ataca a filha por tentar ser uma adolescente, não uma mãe. Quando nossos problemas fazem com que deleguemos as responsabilidades parentais aos nossos adolescentes, o comportamento desafiador é uma reação natural. Nossos adolescentes querem ser quem são agora – adolescentes, não adultos.

2. *Pelo padrão de nosso comportamento ao longo do tempo.* Você é coerente de um confronto com seu adolescente até o seguinte? Leva adiante o que diz que fará como consequência pelo mau comportamento ou pela desobediência? Toda vez que fala com seu adolescente, presume que o encontro terminará em uma explosão, como aconteceu frequentemente no passado? Conforme explicamos no Capítulo 2, um padrão de comportamento coercivo em geral se desenvolve com o tempo quando os pais não possuem as ferramentas ou as estratégias para tomar um novo rumo, mais produtivo, com seus adolescentes.

Leon sempre tem boas intenções, mas tem problemas em se fixar ao programa (qualquer programa, para dizer a verdade). Algumas vezes, deixou de lado seu estilo de professor distraído e tentou ser um mestre duro, mas Christian não se impressionou e continuou fazendo o que queria. Com o tempo, a mãe de Christian, Brenda, chamou atenção do marido para o fato de que estava permitindo que seu filho crescesse sem limites ou orientação adulta. Então Leon começou a tentar ser firme com mais frequência. Infelizmente, seus esforços não foram mais efetivos apenas porque eram mais frequentes. Christian descobriu que conseguia distrair seus pais da tarefa de lidar com seu comportamento alimentando a discórdia entre eles – e podia fazer o que quisesse enquanto a mãe e o pai ficavam brigando.

Tenha em mente também o antigo adágio de que as crianças fazem o que nós *fazemos*, não o que dizemos. Portanto, mesmo que você estabeleça regras muito rígidas para o comportamento de seu adolescente, ele pode muito bem interpretar sua tendência a quebrar essas regras com outros como uma permissão tácita para que também as ignore. Os pais de Shawna com frequência acabavam gritando para que ela parasse de insistir e se lamuriar a cada vez que insistiam para que fizesse o dever de casa antes de navegar na internet; eles não conseguiam entender por que ela mantinha essa tática que nunca – bem, quase nunca – funcionava. No entanto, isso era o que ela via sua mãe fazer toda vez que o casal se desentendia sobre decisões grandes e pequenas – ela insistia e se lamuriava e persuadia até que, finalmente, seu pai cedia ou saía de perto irritado e em seguida cedia. Esses são apenas dois exemplos de como o padrão de interações coercivo é estabelecido pela participação dos pais, assim como do adolescente.

Suas próprias características, especialmente em combinação com as de seu adolescente, mais os estresses com os quais você está lidando e seu estilo parental rotineiro podem influenciar se e como você contribui para o comportamento desafiador do jovem, em confrontos individuais e ao longo do tempo. Uma das primeiras coisas a considerar é se você e seu adolescente possuem características consideradas contribuintes para o comportamento desafiador.

Às vezes a fruta não cai longe do pé – e às vezes cai

Os parentes estão sempre dizendo a Christian o quanto ele se parece com seu pai e a Crystal o quanto ela faz lembrar sua mãe. A sabedoria convencional nos diz que, quando apresentam o mesmo traço "difícil" – digamos hipersensibilidade, emocionalidade excessiva ou obstinação –, duas pessoas têm ainda mais probabilidade de conflito do que quando apenas uma delas exibe tais traços. As pesquisas sobre o comportamento desafiador em crianças e adolescentes tendem a concordar. Estudos demonstraram que jovens difíceis que ficam frustrados com facilidade, que são rápidos em ficar irritados ou emocionados e que apresentam fraco autocontrole frequentemente têm pais com atributos semelhantes devido à genética compartilhada referente a esses traços. Portanto, a razão por que você e seu adolescente entram em choque com tanta frequência pode ser o fato de que a fruta *não* cai longe do pé.

Isso pode ser particularmente verdadeiro se você tiver um adolescente mais velho. À medida que o jovem amadurece, você tem cada vez menos controle sobre o ambiente dele, significando que as questões ambientais têm cada vez menos probabilidade de ser a causa de conflitos. Da mesma forma, as questões desenvolvimentais diminuem à proporção que você e ele avançam na adolescência e se adaptam ao seu novo estágio de vida. Assim, caso seus conflitos continuem (ou aumentem) na adolescência tardia, existe uma boa chance de que os traços de personalidade compartilhados estejam desempenhando um papel relevante.

Isso significa que você deve desistir, considerando que a personalidade é essencialmente estática? É obvio que não. Significa apenas que aprender estratégias para enfatizar seus pontos fortes pessoais e contornar os traços "difíceis" é ainda mais importante, porque nada mais pode fazer a diferença.

Como as pessoas costumam comparar você a seu adolescente desafiador? Que palavras elas usam para descrever ambos? Altamente excitáveis? Irritadiços? Volúveis? Elas dizem que vocês não gostam de mudança ou não são muito adaptáveis? É difícil enxergar a si mesmo com clareza, mas você pode pedir a ajuda de um parente em quem confie e que não vá aproveitar a oportunidade para criticá-lo. Ou simplesmente faça um exame mental de como as pessoas descreveram sua personalidade ao longo dos anos. Tente estar aberto à possibilidade de seu adolescente desafiador ter herdado um temperamento difícil de você ou do outro genitor. Além disso, tenha em mente que, caso seu adolescente tenha o que poderia ser chamado de temperamento "difícil", a chance de conflito entre vocês é alta; quando vocês têm as mesmas tendências, as probabilidades crescem de forma exponencial.

Você e seu adolescente desafiador têm TDAH?

Por meio de nossos genes podemos transmitir não só características de personalidade, mas também riscos para vários transtornos que afetam o comportamento. Evidências de pesquisas referentes à base genética do TDAH, de transtornos do humor, transtornos de ansiedade e muitos outros são agora substanciais e continuam a aumentar. Conforme você aprendeu no Capítulo 4, os sintomas característicos do TDAH são uma fórmula para o comportamento desafiador em crianças e adolescentes. Christian foi avaliado para TDAH no 5º ano, quando suas notas caíram e ele parecia sempre distraído. O profissional que o avaliou determinou que o jovem não se qualificava inteiramente para o diagnóstico, e ele não foi tratado. No entanto, Christian teve a sorte de ter um professor competente, adepto de estratégias de manejo do comportamento, que costumava ajudar crianças com TDAH a se manterem na linha. Com essa ajuda, o desempenho acadêmico do jovem e o comportamento em sala de aula melhoraram um pouco. Porém, agora seu comportamento desafiador em casa está começando a afetar outra vez seu desempenho acadêmico e suas atitudes na escola. A mãe de Christian o comparou às descrições de TDAH no Capítulo 4 e decidiu fazer uma nova avaliação. Ele foi diagnosticado com TDAH relativamente leve. Com a advertência de Brenda, Leon agendou uma avaliação a fim de ver se ele também tinha TDAH. Os resultados concluíram que sim. Com o tratamento para o transtorno mais o uso de algumas das estratégias deste livro, o conflito de Leon com seu filho começou a diminuir de modo gradual.

É importante determinar se você ou o outro genitor de seu adolescente apresentam TDAH caso o jovem tenha sido diagnosticado ou exiba os sinais do transtorno. Parece haver pelo menos uma chance de 40 a 50% de que um dos genitores de um adolescente desafiador com TDAH tenha a versão adulta da doença (aproximadamente 15 a 20% das mães e 25 a 30% dos pais). Os adultos com TDAH também têm maior probabilidade de apresentar problemas como ansiedade, depressão, transtorno da personalidade, uso e abuso de álcool e dificuldades conjugais; de mudar de emprego e residência mais frequentemente; e de ter menos educação e *status* socioeconômico mais baixo do que os adultos sem TDAH. Conforme exploraremos mais adiante neste capítulo, esses problemas adicionais apenas aumentam o risco de comportamento desafiador em um filho ou uma filha adolescente e a chance de conflito. De fato, quando um dos genitores tem TDAH, a probabilidade de que o adolescente com TDAH também tenha TOD aumenta de forma significativa. Ademais, existem evidências de que ter TDAH pode interferir na habilidade de executar o treinamento deste livro, embora essa interferência diminua quando o transtorno é tratado.

Porém, mesmo sem os outros problemas adicionais que podem acompanhar o TDAH, é fácil ver como a impulsividade, a desatenção e/ou a hiperatividade por parte do genitor e do adolescente podem abalar a tranquilidade das águas, assim como ocorre quando ambos possuem temperamentos "difíceis".

Quando Christian perguntou ao pai se podia dar uma saída até a casa de um amigo, Leon primeiramente resmungou "Tudo bem", e Christian já ia saindo da sala. Porém, Brenda impediu a saída do filho, dizendo: "Espere um minuto. Hoje é uma noite de aula. Você já fez seu dever de casa?".

Christian respondeu: "Eu vou fazer mais tarde. Chegarei em casa em tempo".

Brenda replicou: "Não, não vai, porque você não vai sair. Certo, Leon? Não foi isso que nós combinamos?"

"Oh, eu acho que não tem problema que ele vá, Brenda. Ele merece um pouco de diversão..."

"Leon, nós não podemos ficar mudando as regras."

"Não seja babaca, mãe", exclamou Christian. "Papai disse que tudo bem."

"Alto lá, Christian", saltou Leon. "Você não pode chamar sua mãe assim! Agora peça desculpas e vá direto para seu quarto fazer o dever de casa!"

"Mas, pai..."

"E vá pensar sobre isso, você está de castigo! Você *nunca* faz seu dever de casa quando deve!"

"Ei, isso não é justo! Você está sempre mudando de ideia sobre tudo! Você disse que eu podia ir até que *ela*" – Christian apontou duramente para sua mãe – "estragou tudo".

Leon deu um pulo da cadeira e segurou a mão com que seu filho apontava de maneira acusadora para a mãe, fez o jovem se virar e lhe deu um empurrão não muito gentil em direção às escadas. O rapaz girou de volta na direção do pai por um segundo, depois lhe lançou um olhar desafiador e saiu correndo pela porta da frente.

Esse tipo de conflito certamente poderia ocorrer na ausência de TDAH, mas também é um bom exemplo do tumulto causado quando as interações são influenciadas pelos sintomas desse transtorno por parte do adolescente e do pai. Leon não queria desgrudar do jogo a que assistia na TV para desempenhar o papel parental e realmente não queria se lembrar das regras que ele e Brenda haviam combinado para as atividades nas noites de escola. Christian foi desviado de seu dever de casa pela perspectiva de alguma coisa mais divertida para fazer. Sem a interferência de Brenda, é provável que tivesse ido até a casa do amigo sem jamais fazer seu dever de casa. Porém, mesmo puxando o marido e o filho de volta para terra firme, o confronto explodiu. Leon não conseguiu controlar sua raiva impulsiva desencadeada pela insolência do filho com a mãe. Christian não conseguiu controlar sua indignação ao lhe ser negado o que queria fazer e ser humilhado pelo pai. Muito embora seus respectivos sintomas de TDAH estejam sendo tratados agora, esse pai e seu filho precisam de ferramentas que mantenham suas interações bem estruturadas ao longo do tempo se quiserem evitar conflitos crescentes.

E quanto a outros problemas psicológicos?

Outros transtornos emocionais e comportamentais também podem contribuir para o conflito em sua família e o comportamento desafiador em seu adolescente. Latoya vem lutando contra a depressão há anos. Pesquisas apontam para a depressão materna como um fator de risco particularmente forte para o comportamento desafiador em crianças. Se você está deprimido, pode não ser capaz de acumular a energia e a força necessárias para ser uma figura de autoridade consistente, em especial se seu adolescente tiver características crescentes de desafio (veja o Cap. 4). Latoya certamente enfrenta essa questão, e os problemas ficaram ainda piores devido à tendência mencionada no Capítulo 3 de os adolescentes mais novos (Crystal acabou de fazer 13 anos) darem mais trabalho a suas mães do que a seus pais.

A última coisa que Latoya quer é prejudicar seus filhos. Tentar lidar com sua depressão sem introduzir "estranhos" foi uma maneira que ela encontrou de protegê-los (nesse caso, do estigma da doença mental). Porém, o desafio crescente de Crystal *está* prejudicando a adolescente e tendo um efeito negativo sobre Latoya e seus outros filhos.

Digamos que você também sofra de oscilações do humor – nada tão grave para que procure tratamento, mas sempre foi descrito como altamente emotivo e imprevisível. Assim como Latoya, você pode de repente se sentir tão deprimido que não consiga lidar com as exigências da vida diária. Seu adolescente o desobedece de alguma maneira, mas você não tem energia para chamar sua atenção. A mente dele registra que saiu impune – e que, se pôde fazer isso uma vez, pode fazer novamente. E ele faz.

Do mesmo modo, Enrique pode estar sofrendo de uma forma leve de ansiedade. Desde que sua esposa morreu, quando Joaquim tinha apenas 9 anos, ele sentiu que era sua obrigação exercer todo o cuidado que a mãe do menino teria, além de cumprir suas funções paternas. A pressão de ser "superpai" e "supermãe" enquanto mantém um emprego exaustivo o exaure; no entanto, ele não consegue dormir à noite. Permanece acordado, prevendo todas as coisas ruins que poderiam acontecer às crianças se baixasse a guarda e como estaria desonrando a memória de sua esposa se relaxasse minimamente em sua vigilância. Agora que Joaquim está saindo de casa sempre que pode, Enrique dá asas a sua imaginação.

Se você vem lutando contra oscilações de humor, como Latoya, ou ansiedade excessiva, como Enrique, e agora também está enfrentando um adolescente desafiador, é hora de procurar aconselhamento profissional. O Apêndice B, no fim deste livro, fornece orientações para encontrar alguém que possa ajudá-lo.

O ajustamento entre vocês é bom?

O conceito de "qualidade do ajustamento" provém originalmente do campo do desenvolvimento infantil: Quanto melhor o ajustamento da criança ao ambiente e sobretudo a seu cuidador (em geral o genitor), melhores são as suas chances de crescer saudável e feliz. Visto que os pais representam uma grande parte do ambiente dos filhos, o ajustamento entre as personalidades dos pais e as de seus filhos foi naturalmente explorado. O que torna um ajustamento bom é complexo. Algumas semelhanças entre pais e filhos são fortuitas, outras desafiadoras – como as características e os transtornos que alguns pais e adolescentes compartilham devido à herança genética. Algumas diferenças causam conflitos estrondosos, enquanto outras apenas deixam as coisas interessantes e animadas. Não poderemos generalizar de forma construtiva, mas apenas tentamos fazer você pensar sobre seu próprio relacionamento com seu adolescente.

Uma maneira de explorar o ajustamento pais-adolescente é examinar quais problemas tendem a causar conflito. Você pode dar uma olhada rápida agora no Inventário de Problemas nas páginas 256 e 257 para ver se itens marcantes lhe chamam atenção. Em caso afirmativo, anote isso e depois veja se consegue encontrar uma característica comum. Todos eles têm a ver com uma diferença ou semelhança de personalidade em particular? Existe alguma outra conexão entre eles?

Mesmo uma única diferença ou semelhança que cause desentendimentos entre você e seu adolescente pode crescer rapidamente para se tornar um conflito. Como muitos jovens, Nora não presta muita atenção à limpeza de seu quarto ou do resto da casa. Quando ignora os pedidos repetidos de Gail para arrumar seu quarto e Gail diz que não aguenta olhar para ele, Nora responde: "Bem, então feche a porta". Há anos ela chama sua mãe de "fanática por limpeza". Seu pai, Brandon, tende a concordar. Porém, Gail toma a resposta de Nora como um sinal de total desrespeito pelos sentimentos *dela*, pela casa *dela* e pela vida *dela*. Sentindo-se totalmente impotente para mudar a atitude da filha, ela acaba tentando puni-la ou controlá-la de outras maneiras, embora nem sempre esteja consciente de que é isso que está fazendo. Depois de uma manhã tropeçando em roupas e após encontrar uma trouxa de roupas sujas da filha dentro da lavadora que ela precisa usar, Gail acaba negando a Nora seu pedido de ficar com o carro para ir até a casa de sua amiga e, além do mais, diz que precisa que a jovem cuide de sua irmãzinha enquanto ela resolve alguns compromissos. Em outras ocasiões como essa, ela teria facilmente reagendado seus compromissos e levado junto sua filha menor para satisfazer sua adolescente. Ser frustrada irrita Nora, e ela ataca sua mãe com uma enxurrada de acusações sobre seus motivos, a maioria dos quais são corretos. Isso traz a ira de Gail à tona, e ela coloca a filha de castigo por sua atitude.

Gail estava certa em esperar que Nora mantivesse seu quarto arrumado? Possivelmente. Ela estava certa em esperar que a filha não deixasse um caos por onde passava na casa? Provavelmente. Contudo, esses são limites que cada família tem de definir por si, um tema ao qual retornaremos mais adiante neste livro. Por enquanto, o ponto importante é pensar sobre até onde diferenças como pai organizado/adolescente relaxado podem ter levado vocês ao conflito e se essas diferenças estão baseadas em traços de personalidade fixos ou em alguma coisa mais mutável. Refletir sobre isso um pouco mais do que você normalmente faria pode afastar um ou dois conflitos como esse que Gail e Nora tiveram. É muito provável que essa prática, no mínimo, motive você a aprender as habilidades para evitar conflitos como esse no futuro.

O exemplo de Gail e Nora é apenas um dos muitos que podem marcar um ajustamento pobre entre pais e adolescente. Os genitores que são lentos e cuidadosos nas decisões podem provocar tanta impaciência em um jovem rápido que nenhuma tarefa pode ser executada sem problemas. Um genitor liberal e expansivo pode ficar facilmente frustrado com um adolescente prudente em excesso. Um jovem política ou socialmente liberal pode acionar um pai conservador (ou vice-versa) repetidas vezes até que quase nenhum tema de conversa seja "seguro". Um genitor receoso, como Enrique, pode sufocar um adolescente aventureiro, como Joaquim, até o ponto de o adolescente fugir sempre que possível.

Pense em que você e seu adolescente divergem e em que se aproximam pacificamente. Algumas áreas problemáticas podem envolver meros hábitos ou preferências, enquanto outras são mais enraizadas. Examinar de forma objetiva as características que você considera indesejáveis em seu adolescente pode ajudá-lo a perceber que esses traços e tendências não são de fato "ruins"; eles apenas contrastam com os seus. É a diferença entre você e seu adolescente que talvez esteja causando o problema, não propriamente sua personalidade.

Um ajustamento fraco no temperamento entre pais e um adolescente é especialmente provável se o jovem for adotado. Afinal de contas, você não teve como conhecer o temperamento de seu filho antes de adotá-lo quando bebê. Também existe uma chance razoável de que uma criança adotada tenha pais impulsivos que não planejaram ter um filho, aumentando na criança sua carga genética para comportamento impulsivo e temperamento difícil. Caso tenha um filho adotado que esteja apresentando um comportamento muito desafiador, você pode estar duvidando de sua decisão de adotar e até mesmo considerando se deve desistir dele. Esses são pensamentos perfeitamente normais em tal situação. Procure ser paciente e siga as sugestões deste livro; elas têm a mesma probabilidade de funcionar com adolescentes adotados que com filhos biológicos.

Que tipos de estresse estão afetando você e sua família?

Pelo capítulo anterior, você sabe sob que tipos de estresse seu adolescente se encontra e como esse fator pode estar contribuindo para uma atitude ou um comportamento desafiador. Ademais, não há dúvida de que você também está sofrendo algum estresse (além do estresse de lidar com o comportamento desafiador de seu filho ou sua filha!). Quem não está?

Problemas sociais, financeiros e conjugais

Sabemos a partir de pesquisas e do aconselhamento de inúmeras famílias que estressores externos, como problemas financeiros, adversidade social e pressão ocupacional, contribuem para o comportamento desafiador em adolescentes. Assim também o estado civil. Do ponto de vista estatístico, as mães solteiras demonstraram maior probabilidade de ter adolescentes agressivos, seguidas por aquelas que vivem com parceiros, mas não são casadas. Pais oficialmente casados são os que apresentam menor probabilidade de tê-los. Mães isoladas socialmente também têm uma tendência maior a ter esses adolescentes. Do mesmo modo, a discórdia conjugal foi com frequência vinculada ao comportamento desafiador, embora os mecanismos que contribuem para isso ainda estejam sendo discutidos. Estressores semelhantes também podem se aplicar aos pais solteiros, mas ainda não foram concluídas pesquisas nessa área.

Pais que lidam com desvantagens ou adversidades sociais ou econômicas frequentemente tendem a ser irritáveis por razões óbvias, o que, por sua vez, pode torná-los inconsistentes ou indiscriminados no manejo de seus adolescentes. Ser indiscriminado no manejo dos jovens pode cultivar e manter o comportamento desafiador.

Jim deixa que as emoções do momento determinem como reage a seu filho, Tyson. É assim que seu pai o tratava quando estava crescendo, e ele acha que sobreviveu; portanto, por que deveria perder tempo fazendo psicanálise? Tyson idolatrava seu pai quando era pequeno, então apenas se afastava quando este inesperadamente gritava com ele. Agora está começando a se ressentir, não tendo a menor ideia do que esperar de seu genitor, por isso com frequência o instiga para uma briga – acha que isso é inevitável de qualquer forma.

Jim considera a agressão do filho um indicativo de que seus piores temores estão se realizando: até o menino o menospreza por nunca ter terminado o ensino médio e ler muito mal. A perda da admiração do filho é mais do que pode tolerar, então reage da única maneira que conhece. A cada conflito ele grita um pouco mais alto e ameaça bater no jovem, o que prova para Tyson que não pode depender do pai para agir racionalmente – nunca. Logo, Tyson também aumenta seu comportamento desafiador. Sua mãe aguarda com terror pelo dia em que as brigas se transformarão em confrontos físicos.

O problema com os estressores sociais e familiares é que exacerbam o comportamento desafiador e são exacerbados por ele, em um círculo vicioso crescente. Keith e Sadie tiveram um casamento tumultuado, pontuado por várias separações. Em suas discussões constantes, seu filho, Liam, frequentemente foi um joguete, em que ambos tentavam trazê-lo para seu lado, cada um instigando-o a desafiar o outro como vingança. Na época em que estava com 14 anos, Liam fazia exatamente o que queria, prestando pouca atenção a qualquer deles. Seus problemas de comportamento acabaram ultrapassando os limites de sua casa, e suas brigas na escola e em outros lugares causavam mais estresse para os pais individualmente, quando então acusavam um ao outro, muitas vezes resultando em outra briga com batidas de porta.

Problemas de saúde

Outra fonte de estresse com que você e seu adolescente podem estar lidando é doença, deficiência ou lesão. Simplificando, estar com dor pode minar a força, a energia e a criatividade que você poderia aplicar na interação com um adolescente, levando-o no mínimo a deixar de lado sua intenção de agir como pai de forma consistente. Como veremos, consistência é a característica do manejo efetivo do comportamento dos jovens, em especial o desafio adolescente.

Qual é seu estilo parental?

O conceito global de "estilo parental" pode parecer estranho para você. Muitos de nós simplesmente fazem o que parece certo ou parece funcionar no momento – ou talvez apenas criemos nossos filhos da forma como fomos criados ou como vimos outra pessoa fazer. Outros de nós pensam muito em como interagir com os filhos. Talvez tenhamos lido muitos livros ou apenas desejemos fazer as coisas de maneira diferente daquela como nossos pais fizeram. Podemos ter opiniões muito fortes sobre como lidar com os vários aspectos da paternidade – embora sem ter uma noção completa de como nosso estilo parental pode ou não contribuir para o desenvolvimento ou o reforço do comportamento desafiador em um adolescente.

Lou e Janet amam seus filhos incondicionalmente, assim como todos nós. Contudo, sua abordagem de parentalidade pode ser mais bem descrita como "improvisada". Às vezes, recorrem à maneira como seus respectivos pais lidavam com uma questão (em geral causando conflito entre o casal, porque foram criados de maneiras diferentes). Outras, aplicam aleatoriamente alguma dica que um ou outro viu em um programa de televisão ou leu em uma revista no consultório do dentista. Seus filhos nunca sabem o que esperar. Na maior parte do tempo, eles repreendem com severidade seu filho mais velho, Gary, dizendo, de uma forma que nem mesmo eles acreditam de fato, que o garoto precisa dar um bom exemplo para os mais novos. Sua filha mais nova, Maureen, ganha tudo o que deseja a maior parte do tempo – contanto que grite tão alto que abafe o som da TV a que seu pai está tentando assistir. O filho do meio, Eric, às vezes é tratado como uma "criança mais velha" e outras como o "bebê da família". A qualquer momento, as crianças sabem que é provável que Janet fique irritada quando não fazem o que ela quer e que Lou provavelmente tentará olhar em outra direção quando ocorrer um mau comportamento. Quando querem mesmo a atenção dos pais, eles a obtêm recorrendo à ação. Quando querem escapar de fazer uma tarefa ou seu dever de casa, iniciam seus protestos com rapidez para acabar com a insistência dos pais. Agora que Gary está com 14 anos, seus pais estão desanimados porque fala de maneira sarcástica e parece não ter remorso por gritar com eles como se fossem todos iguais. Eric é menos agressivo, mas nunca faz suas tarefas; eles acham que é apenas um "sonhador". Maureen está sempre fazendo birras.

Consistência *versus* inconsistência

Lou e Janet algumas vezes punem severamente o comportamento negativo e outras o ignoram. As crianças não têm ideia de onde se encontram os limites, e então ficam testando-os. Elas também têm um profundo sentimento de injustiça porque não deixam de perceber que cada um deles é tratado de forma diferente – no entanto, suas demandas de serem tratados com igualdade são ignoradas. Na verdade, os conflitos pais-filhos geralmente terminam com Lou e Janet se perdendo em sua discussão favorita: aquela sobre qual deles usou a abordagem certa para disciplinar os filhos. Quando a inconsistência reina, as crianças não têm ideia do que esperar de seus pais e, portanto, tendem a se recusar a cooperar.

Serenidade *versus* irritabilidade

Janet sempre esteve sujeita a alterações de humor. O estresse de estar rodeada por crianças barulhentas e desafiadoras não ajuda. Em consequência, ela frequentemente está irritável, e isso também deixa seus filhos no limite. Lou é mais calmo, mas abdica de sua responsabilidade como pai sempre que pode escapar. As crianças não têm um modelo de serenidade e, por isso, lançam mão de toda a teatralidade que conseguem criar quando querem alguma coisa dos pais ou desejam evitar alguma ordem. Quanto mais tempo continua esse estado de coisas, mais irritada Janet tende a se sentir. Ela está começando a pensar o quão ruim é como mãe agora que realmente não desfruta muito da companhia dos filhos.

Reforço do mau *versus* bom comportamento

Lou e Janet com frequência estão sobrecarregados e exaustos, de modo que, às vezes, apenas tentam não interagir com seus filhos. Eles nunca os recompensam por serem bons; apenas se sentem aliviados pela ausência de problemas no momento em que os ignoram, quase com um medo supersticioso de que, se violarem a calma, isso explodirá em outra cena. Seus filhos descobriram que, se de fato quiserem escapar de um trabalho ou de outra tarefa imposta pelos pais, tudo o que têm a fazer é partir diretamente para a explosão que encerrou o conflito da última vez. A atitude de Lou e Janet de desistir de fazer cumprir a tarefa apenas reforça o comportamento negativo dos filhos. O casal não é particularmente culpado de uso excessivo de punição, porém muitos pais de adolescentes (e crianças) desafiadores o são. Eles são tão rápidos em partir para a punição por alguma infração que os adolescentes percebem que podem aproveitar a chance para fazer o que bem entenderem, pois as consequências serão as mesmas.

Hierarquia familiar em ordem *versus* invertida

As famílias possuem naturalmente uma hierarquia ou "ordem social" em que os pais são encarregados dos filhos, mesmo adolescentes. Discutiremos esse ponto em mais detalhes no próximo capítulo. Por enquanto, é importante notar que Lou e Janet não têm hierarquia. Colocam-se no mesmo nível de poder que seus filhos, falhando em assumir a responsabilidade. Durante a adolescência, os pais devem conceder aos filhos uma liberdade crescente de modo gradual, elevando seu *status* de poder na hierarquia passo a passo. Lou e Janet agem de forma aparentemente aleatória com as crianças. Na ausência de uma hierarquia clara, o comportamento desafiador floresce.

Todas essas formas de agir aumentam o comportamento desafiador, assim como o fazem certos estilos parentais. Psicólogos às vezes classificam os pais como autoritativos, autoritários, indulgentes ou negligentes. Os *pais autoritários* tendem à resposta "Porque eu disse que é assim" a qualquer questionamento de sua autoridade. Eles não são necessariamente consistentes e não ensinam a seus filhos o bom comportamento pelo exemplo, apenas dão ordens. Os *pais indulgentes* querem ser amigos dos filhos e que estes tenham o máximo possível daquilo que desejam, portanto podem não definir regras muito firmes e ser vistos como permissivos em excesso. Os *pais negligentes* levam a permissividade um passo além: simplesmente não prestam atenção. Os *pais autoritativos* são consistentes, justos, previsíveis e firmes, embora abertos à negociação razoável. Como ambos estabelecem regras que podem ser questionadas por seus adolescentes, os estilos parentais autoritários e autoritativos criam mais conflito com os jovens do que os estilos parentais indulgentes ou negligentes. Porém, as crianças criadas por pais negligentes são as menos ajustadas, enquanto as de pais indulgentes ou autoritários variam. Os filhos de pais autoritativos, que tendem a argumentar e negociar com seus adolescentes, costumam ser os mais bem ajustados de todos. Parece que esses pais conseguem aceitar o fato de que suas regras podem ser questionadas e até mesmo quebradas, mas sabem como responder de maneira que não leve seus filhos a se tornarem desafiadores ou hostis à medida que se aproximam da idade adulta.

Então, o que você pode fazer para reverter o comportamento desafiador de seu adolescente?

A resposta pode ser óbvia. Sabemos que mudar a personalidade e o temperamento é improvável, tanto os seus quanto os de seus adolescentes.

Também sabemos que você pode tomar algumas atitudes para diminuir o estresse, mas não pode eliminá-lo na totalidade, possivelmente nem a maior parte dele. O que resta? O estilo parental. É para ele que direcionaremos nossos esforços no restante deste livro.

Entrando em ação

- Marque quais das seguintes características você acredita ter, com base em uma autoavaliação honesta e em conversas com outras pessoas que o conhecem bem. Se possível, refaça a lista com os itens em ordem decrescente de acordo com a quantidade de conflito que você acha que eles causaram em seu adolescente.

    ☐ Altamente emocional
    ☐ Frequentemente irritável
    ☐ Dificuldade de regulação dos hábitos
    ☐ Altamente ativo
    ☐ Impulsivo
    ☐ Desatento

    Agora compare sua lista àquela que você desenvolveu para seu adolescente no final do Capítulo 4. Onde estão as semelhanças? Se essas listas forem precisas, você deverá ser capaz de ver como esses traços desempenharam um papel em alguns dos conflitos entre vocês. Tenha em mente essas revelações. Elas o ajudarão a definir quais tipos de problemas atacar primeiro na Parte II.

- Quando seu adolescente for perturbador ou desafiador, que passos provavelmente irá dar para lidar com o problema?
- Se esses métodos não funcionarem e o comportamento problemático continuar, o que provavelmente fará para enfrentar o mau comportamento de seu filho?
- O que suas respostas às duas perguntas anteriores lhe dizem a respeito de seu estilo parental? Até que ponto seu estilo parental se ajusta às definições de autoritativo, autoritário, indulgente ou negligente?

Como achar uma saída

Maria e Joe dizem que "não têm ideia do que aconteceu com Mike". Seu filho de 14 anos costumava ser tão confiável; agora ele é às vezes taciturno, às vezes questionador.

Antes eles podiam contar com o garoto para cuidar de seu irmão e sua irmã pequenos após a escola até que Maria chegasse em casa de seu emprego de meio turno – e depois ainda supervisionava o dever de casa deles enquanto ela corria para preparar o jantar. Quando Joe chegava em casa, conferia a lição dos pequenos e brincava um pouco com eles antes do jantar, e então Mike podia fazer seu dever de casa. Porém, quando ingressou no 8º ano, o jovem cresceu quase 8 centímetros e se transformou na estrela do time de basquete de sua escola, e sua mãe brincava que "sua cabeça já não passava mais pela porta da frente". De repente, as meninas passaram a lhe mandar mensagens de texto o tempo todo, e Maria começou a ter de lhe pedir repetidamente que largasse o telefone e ajudasse os irmãos com a matemática e a ortografia. Depois, os amigos começaram a vir para casa com ele após a escola para "fazer umas cestas" e continuar seu jogo. Algumas vezes, iam para o *playground*, e Maria, ao chegar do trabalho, encontrava os filhos de 7 e 8 anos sozinhos. Quando xingou Mike por deixá-los sem supervisão, ele gritou que só estava a uma quadra de distância e que eles poderiam encontrá-lo se precisassem de alguma coisa. Maria confiscou o celular de Mike por uma semana. Dois dias depois, Joe o devolveu, dizendo que o basquete poderia ajudá-lo a entrar na universidade.

"Eu não acredito que você devolveu o telefone para ele sem falar comigo!", gritou Maria. "Como espera que ele faça o que eu peço se você cancela as punições que lhe dou?"

"Em primeiro lugar, se você deixasse seu emprego e ficasse em casa, nós não teríamos de depender de Mike para cuidar das crianças", retaliou Joe.

"Nós precisamos do dinheiro, e você sabe disso!", respondeu Maria, gritando.

"Ah, sim! Lembrando o fato de que eu não ganho dinheiro suficiente – *de novo*! Outro disparo vindo de você. Grande surpresa!"

"Nós estamos falando sobre *Mike* aqui."

"Oh, é mesmo? Eu achei que estávamos falando sobre mim e de todas as minhas deficiências."

E eles ficaram dando voltas. Nesse meio tempo, Mike trancou-se no quarto com seu *smartphone* e esqueceu de fazer o dever de casa naquela noite.

No dia seguinte, Maria ainda estava irritada. Ficou ligando para Mike do trabalho a cada meia hora "só para checar" se estava em casa e, quando ele começou a responder com sarcasmo que estava exatamente onde deveria estar, como um bom menino, ela reagiu: "Não fale assim comigo, rapazinho. Peça desculpas agora mesmo". Mike desligou o telefone em sua cara. Quando ela ligou de novo, ele não atendeu. Ao atender sua segunda chamada, disse que estava no banheiro e não tinha ouvido o telefone; Maria sem dúvida pôde perceber a zombaria na voz dele. Então, ela desligou o telefone na cara *dele*.

Quando chegou em casa, Maria pediu para ver não só os deveres escolares das crianças, mas também o de Mike. Ele disse: "Ei, isso não é justo! Eu nem tive tempo de fazer o meu trabalho, já que estou tão ocupado sendo o sr. Babá. E nem mesmo consigo ver meus amigos depois da escola, como todo mundo!".

"Se fosse mais eficiente, sr. Espertinho, faria tudo, e então talvez tivesse tempo para ver seus amigos também."

"De qualquer maneira, você encontraria uma desculpa para me manter aqui", Mike gritou.

"Não, eu não. Eu provavelmente ficaria enjoada de ficar ouvindo você se queixar!"

"Sim, ficaria mesmo! Você sempre me trata como um escravo aqui, e quando não estou fazendo as coisas que pede, você age como se eu fosse um bebê!"

"Não, não é verdade! Eu apenas espero que aja de acordo com sua idade, e, quando não age assim, eu o trato dessa forma."

A discussão continuou até que Joe chegou do trabalho.

No momento em que ele cruzou a porta, Maria anunciou: "Bem, aí está seu filho de novo", antes que Joe tivesse tempo de lhe perguntar como tinha sido seu dia.

"O que você quer dizer?", ele perguntou.

Antes que ela pudesse responder, Mike veio correndo da cozinha, onde estava preparando um lanche. "Pai, eu não fiz *nada* de errado. Você tem de fazer ela parar de me tratar como um bebê! Nenhum dos outros meninos tem de ficar em casa e andar com crianças pequenas. Eu tenho uma *vida*."

"Você sabe que ele está certo, Maria..."

"*Não* comecem a me atacar de novo. Quem é o adulto aqui?", Maria interrompeu.

"Bem, você me diz, querida", Joe falou sarcasticamente. "Você acha que consegue se acalmar o suficiente para me contar o que está acontecendo?"

"Ela só vai fazer parecer como se eu fosse algum tipo de *gângster*, pai! Ela nunca me ouve!"

"Bem, filho, ela também não me ouve muito", replicou Joe com uma risada.

Maria encarou os dois e saiu intempestivamente da sala. Mike avisou: "Vou me encontrar com os meninos, certo, pai?".

"Sim, é melhor sair daqui antes que sua mãe invente alguma coisa para você fazer", disse Joe ao filho com uma piscada e cutucando-o de brincadeira.

Maria voltou da cozinha, olhou em volta, viu que o filho havia saído e se queixou com sarcasmo: "Bom trabalho, querido. Agora quem vai ajudar Tina e Tommy com o dever de casa, fazer o jantar e começar a lavar a roupa?".

"Mike pode ajudar quando voltar. Relaxe."

"*Relaxar*?! E quando você acha que ele vai fazer o dever de casa *dele*? Você é *inacreditável*. Não consigo diferenciar quem é que tem 14 anos."

Maria e Joe achavam que tinham toda a rotina da família elaborada. Como a maioria de nós, estão lidando com muito estresse em relação a dinheiro, tempo e obrigações parentais. Eles tinham orgulho de poder contar com o filho mais velho para ajudar. Nunca lhes ocorreu que o garoto se tornava *menos* confiável ao entrar na adolescência, em vez de mais confiável. Mas o fato é que o caráter de Mike está mudando. Ele não se tornou uma pessoa menos confiável por natureza. Se Maria e Joe pudessem dar um passo atrás e pensar nos fatos do desenvolvimento adolescente descritos no Capítulo 3, perceberiam que seu filho está tentando lhes transmitir mensagens muito claras: precisa de alguma liberdade e independência, bem como transferir um pouco de sua lealdade à família para os amigos. Ele não quer seguir os ditames dos pais; necessita que entendam as mudanças em suas necessidades e estejam dispostos a se adaptar a elas.

Como Mike está mais inclinado a criar dificuldades para sua mãe do que para seu pai – em parte porque ela é a "adversária" com quem está lidando a maior parte do tempo e em parte devido à natureza humana, conforme descrito no Capítulo 3 –, Maria está começando a se sentir oprimida, isolada e exausta. Ela detesta se sentir como a "vilã" o tempo todo, mas acha que *alguém* precisa arcar com as responsabilidades. Mike percebe a vantagem de se aliar ao pai e começou a aproveitar o fato de que este adora a ideia de estar próximo do filho-adolescente-atleta. Joe acha que Maria é muito severa com Mike e que *alguém* precisa suavizar as coisas ou eles vão afastá-lo para sempre. Os dois estão aterrorizados com a ideia de que esse comportamento recente seja um sinal de que o filho maravilhoso está pendendo para uma vida arruinada pela preguiça, pelo desrespeito pela autoridade e talvez até por perigos como álcool e drogas.

Enquanto isso, suas habilidades de comunicação estão sendo desafiadas ao extremo – e se mostram seriamente ausentes. Maria e Joe acabam trocando farpas entre si com facilidade sempre que têm até mesmo uma pequena discordância. E não são melhores quando se trata de falar com seu filho. Maria – e às vezes Joe também – não conseguem ficar calmos o suficiente para conversar sobre o que de fato precisam ou para descobrir de que seu filho necessita. Os três estão tão ocupados saindo intempestivamente da sala ou desligando o telefone na cara um do outro que suas discussões nunca chegam nem perto do ponto em que poderiam começar a fazer mudanças com base nas necessidades de todos. Mike está ficando cada vez mais irritado e ressentido. Maria começa a gritar ao primeiro sinal de desafio do filho, e este rapidamente opta por uma saída, seja desligando o telefone na cara da mãe ou saindo da sala, porque sabe que isso o livra de qualquer coisa que ela queira que faça, além de poupar-lhe dos gritos.

Mike conversa muito com seus amigos sobre seus pais "irremediáveis" que não querem deixá-lo fazer *nada* e ainda esperam que aja como pai de seus irmãos mais novos. Está começando a evitar sua mãe e secretamente acha que seu pai é permissivo, pois tudo o que precisa fazer é agir como um "camarada", e ele o deixa sair impune, não importa o que queira. Maria e Joe percebem que estão perdendo o controle sobre seu filho e não sabem o que fazer exceto apertar o cerco, o que tem o efeito exatamente oposto daquele que estão procurando.

O cenário recém-descrito ilustra a comunicação negativa, a parcialidade, a coerção e as crenças rígidas e irrealistas que podem lançar as sementes do comportamento desafiador adolescente e, depois, nutrem seu crescimento quando os pais estão tentando eliminá-lo. Relações como a de Maria, Joe e Mike, na qual Joe acaba no meio, mergulham a hierarquia na desordem e tornam impossível para os pais construir uma frente firme e unida quando um adolescente começa a testar os limites da autoridade parental. Elas diluem a confiança do casal em sua autoridade, levando-os a adotar crenças calamitosas e distorcidas acerca de seu adolescente, o que lhes dificulta empatizar com as necessidades desenvolvimentais dele. Felizmente, existem formas de mudar esses elementos do estilo interpessoal e parental que podem ajudar os pais a encontrar o nível de controle apropriado a ser exercido com um jovem cada vez mais independente, bem como reverter o comportamento desafiador e restabelecer um relacionamento carinhoso e empático.

Você pode aprender a mudar crenças irrealistas e exageradas, adotar melhores habilidades de comunicação, praticar efetivamente a solução de problemas e restabelecer uma hierarquia que funcione. Pode usar tudo o que aprendeu sobre seu adolescente e sobre si mesmo nos três últimos capítulos para melhorar rotinas familiares, disciplina e todas as interações com seu filho ou sua filha, inócuas ou desafiadoras. Os passos descritos na Parte II lhe mostrarão em detalhes como fazer isso. Contudo, primeiro examine de modo mais aprofundado os problemas que criam conflito pais-adolescente, conforme tão bem demonstrado por Maria, Joe e Mike.

Sua estrutura familiar: uma hierarquia efetiva ou um castelo de cartas?

Quem está no comando em sua casa? A sabedoria convencional diz que deve ser você, junto com o outro genitor de seu filho, em uma família com os dois genitores. As pesquisas dizem o mesmo. Não é preciso um gênio científico para saber que os adolescentes não estão prontos para tomar todas as decisões adultas que a pessoa no topo da hierarquia de uma família precisa tomar. Quando lhes é permitido mais poder do que deveriam ter – o que significa mais poder do que você tem –, desenvolve-se uma grande confusão. E isso é exatamente o que acontece em muitas famílias nas quais reina o comportamento desafiador. Maria e Joe fizeram Mike, aos 14 anos de idade, se sentir como se fosse um cogenitor, tornando-o responsável demais por seus irmãos menores, um erro que muitos pais cometem quando existe uma grande diferença de idade entre o filho mais velho e os mais novos. Mike ressentia-se da responsabilidade, mas também decidiu que, se a teria, também deveria ter os privilégios concomitantes (isto é, liberdade). Infelizmente, seus pais não imaginavam que ele estava operando de acordo com essa lógica.

A partir de uma perspectiva empresarial prática, parece perfeitamente sensato distribuir as responsabilidades de modo que o ambiente do lar funcione sem sobressaltos. Parecia perfeitamente lógico para os pais de Mike delegar-lhe cada vez mais responsabilidade à medida que ia crescendo e conseguindo manejar as situações. O problema é que as famílias não são empresas, nas quais princípios similares realmente fazem um perfeito sentido; tampouco Mike é um empregado talentoso que está provando seu valor ao acumular realizações no trabalho. Ele está entrando na adolescência, uma fase que com frequência envolve dar dois passos para frente e um para trás. Ele precisa que sua família ofereça uma estrutura que apoie seu progresso, seja aceitando os recuos ou encorajando os avanços.

A hierarquia na família de Mike foi modificada. Como em um castelo de cartas, quando uma parte da fundação é deslocada um pouquinho, todo o edifício pode desmoronar. A expectativa muito grande em relação ao garoto desencadeou uma série de eventos por meio dos quais seus pais agora estão relaxando o monitoramento de que seu filho adolescente precisa para se manter longe dos problemas. Entenda, no entanto, que o monitoramento excessivo, como a supervigilância que Maria e Joe algumas vezes exercem em resposta ao comportamento desafiador do filho, pode ser igualmente prejudicial. Cercar um adolescente de forma opressiva sempre será visto por ele como uma invasão de privacidade, e isso também pode estimular o conflito pais-adolescente.

Mike precisa que seus pais estejam envolvidos em sua vida, mas não apenas para monitorar o seu comportamento. Uma relação calorosa e atenciosa com eles o ajudará a fazer os necessários voos de teste para fora do ninho. Com uma relação apropriadamente próxima, ele saberá que possui um refúgio seguro para onde voltar quando encontrar partes do mundo exterior para as quais ainda não esteja suficientemente pronto. Ser próximo *demais* dos pais irá sufocar sua necessidade de fazer essas incursões para a independência. Não estar próximo o suficiente fará se sentir alienado do mundo em geral e impedirá o crescimento de sua autoconfiança. Não basta que Mike esteja se tornando parceiro de seu pai. Joe precisa fazer sua parte para preservar a hierarquia e apoiar a estrutura familiar. Ao desempenhar seu papel, ele pode ajudar a restabelecer a proximidade com Maria de que Mike precisa.

Maria e Joe necessitam formar uma frente unida no topo da hierarquia ou enfrentarão problemas crescentes com a disciplina, e seu filho poderá se tornar cada vez mais desafiador. Quando um dos genitores toma partido do adolescente contra o outro, como Joe e Mike fizeram contra Maria, a autoridade do casal na disciplina e em outros assuntos é diluída –

sem qualquer surpresa, pela metade. Da mesma forma, quando dois membros da família colocam um terceiro no meio dos conflitos, e aquele que está no meio vacila entre as alianças, a estrutura familiar é abalada, como ocorreu quando Joe voltou para casa do trabalho e imediatamente foi colocado no meio de uma discussão em andamento entre Mike e Maria, em que ele apoiou um e depois o outro. O que Mike vê em casos como esse é uma estrutura familiar que pode ser abalada para se adequar a seus propósitos quando surgirem.

Os problemas de Maria e Joe com a estrutura familiar são, em boa parte, recentes, sendo mais um produto da falha em reconhecer as novas necessidades desenvolvimentais de seu filho do que uma falha estrutural antiga. Porém, muitas famílias possuem problemas estruturais desde o início. Quando os caprichos da adolescência entram em cena, os tremores que vinham enfraquecendo as fundações da família há muito tempo se transformam em grandes terremotos. Os estilos parentais contribuem para o *design* arquitetônico de uma família; portanto, frequentemente é útil usar o que você aprendeu no Capítulo 5 para entender seu estilo parental. As famílias adotivas também são mais vulneráveis a problemas estruturais. A mãe de um menino adolescente, por exemplo, que se casou novamente pode muitas vezes se encontrar em meio a conflitos entre seu novo marido e seu filho. Ou o pai natural do menino coloca o adolescente no meio de seus conflitos com sua ex-mulher. Muitas famílias que se sentem impotentes para superar esses conflitos de longa data se beneficiam de terapia familiar.

Crenças e expectativas: realistas ou exageradas?

Todas as pessoas possuem certas crenças centrais e expectativas mínimas. As crenças e as expectativas quanto a parentalidade e vida familiar são hábitos da mente que provêm de nossas experiências de vida e de nossas famílias de origem. Se você já se surpreendeu com suas próprias reações irrefletidas a seu adolescente – possivelmente porque até você sabe que sua reação é ilógica ou desproporcional à situação –, existe uma boa chance de que alguma crença central inquestionada esteja operando abaixo da superfície. Essas crenças definitivamente influenciam nosso comportamento em relação a nossos adolescentes. Sobretudo se você aderir a elas com rigidez, mesmo diante de evidências conflitantes do contrário, elas podem atrapalhar sua capacidade de resolver problemas e conflitos envolvendo seu adolescente.

Cal, por exemplo, acha que, caso seu filho não cumpra suas tarefas domésticas, vai crescer e se tornar um "caso de assistência social", imprestável, sem propósito e desempregado. Quando os dois entram em conflito por essas tarefas, Cal tem muita dificuldade em permanecer calmo e até em considerar a negociação de um acordo mutuamente aceitável – muito embora, quando questionado fora desses conflitos, logo concorde que poderia haver alternativas aceitáveis.

É claro que os adolescentes têm suas próprias expectativas irrealistas. Jackson, de 15 anos, acha que os jovens devem ter total liberdade e que, se os outros tiverem a expectativa de que eles façam tarefas domésticas, isso irá arruinar sua adolescência. Ele também não pode se comprometer.

Cal adquiriu suas crenças extremadas do próprio pai, que insistia, "para o seu próprio bem", que passasse a maior parte de seu tempo livre ajudando em casa, de forma que "aprenderia a fazer a sua parte". Jackson sai com seus amigos sempre que possível para escapar da tirania do pai. Juntos, os calouros do ensino médio discutem entre si com bravatas acerca de seu direito de ser livres e não escravizados pelos pais, que "de qualquer forma nem se importam conosco".

Maria e Joe cresceram em famílias grandes, em que os filhos mais velhos tinham de cuidar dos mais novos, por isso nunca questionaram esperar o mesmo de Mike. Maria passa boa parte de seu tempo silenciosamente ressentida pensando em como *ela* nunca falou com *seus* pais da maneira como Mike fala com ela, porém não tem ideia de como fazê-lo demonstrar o respeito que merece; assim, recorreu ao expediente de fazê-lo provar do próprio veneno, como desligar em sua cara quando estão ao telefone. Joe era o mais velho em uma família que abraçava incondicionalmente o princípio de que "meninos são meninos", e lhe davam carta branca como adolescente porque tinha de "aprender a ser homem".

Nenhum deles estava muito consciente do quanto essas crenças governavam sua parentalidade, mas, com o problema formado entre eles e Mike, acabam apegados a essas ideias profundamente enraizadas como se fossem cordas de segurança. No entanto, são essas crenças, até certo ponto, que os impedem de se afastar dos conflitos para resolver os problemas com racionalidade e se comunicarem de maneira efetiva com seu filho (e, na verdade, um com o outro). Discutiremos as crenças extremas e as expectativas irrealistas em mais detalhes no Capítulo 16, mas, por enquanto, é importante compreender o impacto que elas têm em nossa capacidade de resolver conflitos sem alimentar o comportamento desafiador do adolescente.

Como são suas habilidades de comunicação e de solução de problemas?

Se resolver problemas – especificamente aqueles causados pelo comportamento desafiador de seu adolescente – for o seu objetivo, o meio é uma comunicação habilidosa. Tanto você quanto ele devem ser capazes de expressar seus sentimentos e opiniões de forma assertiva, mas sem ser ofensivos, bem como ouvir atentamente e entender com precisão as mensagens que estão recebendo. Acusações, negações, ameaças, ordens, interrupções excessivas, sarcasmo e pouco contato visual são todos hábitos negativos de comunicação, assim como desligar o telefone na cara de alguém, revirar os olhos ou expressar desprezo e frustração por meio da linguagem corporal. Todos esses tipos negativos de comunicação são estimulados por crenças e expectativas negativas extremas mútuas.

Maria e Joe são relativamente articulados e, sem dúvida, amam Mike. Porém, Maria sente-se tão desesperada para eliminar as respostas questionadoras do filho – antes que ele caia no caminho que leva à ruína – que começou a usar recursos de comunicação que interrompem o diálogo. Ela espera que assim a "conversa" termine e seu filho obedeça aos desejos dela. Mas as coisas não funcionam assim. A conversa realmente se encerra, mas em geral com batidas de porta, fuga e mais comportamento desafiador por parte de Mike. No Capítulo 15, o ajudaremos a começar a aprender a se comunicar com seu adolescente da mesma forma que pode já estar se comunicando com seus colegas de trabalho e outros pares.

O objetivo não é ceder ou desistir: é resolver os problemas, um processo pelo qual uma ou mais pessoas seguem um conjunto de passos para chegar a uma solução mutuamente concordante. Essa é uma parte necessária, mesmo que nova, da parentalidade com seu filho, que agora é adolescente, porque ordenar simplesmente não funciona com jovens nessa fase. Conforme dissemos no início deste livro, eles agora são em geral velhos o suficiente para expressar sua insatisfação e driblar as regras familiares com facilidade. Além disso, dar-lhes ordens não os prepara para lidar com conflitos no mundo adulto – algo que você certamente deseja conseguir antes que eles deixem o ninho. Métodos de comunicação negativos, como acusações, ameaças e ordens ditatoriais, também têm a probabilidade de enfurecer seu adolescente de tal forma que vocês acabam sendo desviados da solução do problema e ficam emperrados na discussão repetida "Não, eu não fiz"/ "Sim, você fez". O Capítulo 14 o ajudará a aprender o procedimento para a solução eficaz de problemas de modo que possa atacar os conflitos na raiz.

Nove princípios para reverter ou prevenir o comportamento desafiador adolescente

Agora você já deve ter uma boa ideia de todos os ingredientes que podem conduzir ao comportamento desafiador em um adolescente. Também deve ter uma pista de quais desses comportamentos e características estão em funcionamento em sua família. Aonde isso nos leva? Ao seguinte conjunto de princípios para neutralizar o comportamento desafiador. Alguns deles podem se parecer com o que você já está fazendo – e não funcionou. Outros podem soar como objetivos muito ambiciosos do tipo "mais fácil dizer do que fazer". Em ambos os casos, o programa na Parte II pode ajudar. Cada um desses princípios é integralmente explicado e ilustrado com alguma ação em pelo menos um capítulo na Parte II. Você poderá ver onde pode ter interpretado de modo equivocado alguns desses princípios ao tentar traduzi-los do campo abstrato para a prática diária. Além disso, apresentamos muitas formas acessíveis e realistas de adotar um princípio que neste momento pode parecer muito ambicioso.

1. *Foque no positivo.* Se sua reação imediata a esse princípio foi "*Que* positivo?", você tem alguma ideia do quanto sua relação com seu adolescente se afastou do que pode conduzir à resolução eficaz dos problemas e do conflito. Se não conseguirem restabelecer o que veem de positivo em seu filho, Maria e Joe não serão capazes de negociar soluções mutuamente aceitáveis, que evitem o conflito e neutralizem o comportamento desafiador. Tampouco você. É preciso aprender a focar nos aspectos positivos – sim, seu adolescente ainda os tem, bem como sua relação com ele – no Capítulo 8. Você também precisa ajudá-lo a desenvolver seus dons e talentos – sejam eles musicais, artísticos, atléticos, computacionais ou até mesmo orientados para o *videogame*.

2. *Empenhe-se na boa comunicação.* Conforme já foi mencionado, a boa comunicação assenta as bases para a resolução eficaz dos problemas. Ela também lembra a todos vocês de seus sentimentos positivos um pelo outro, o que pode representar um longo caminho até a eliminação do conflito propriamente dito. Como a comunicação faz parte de cada interação, você de fato estará aprendendo a aprimorar suas habilidades

de comunicação ao longo de toda a Parte II, mas em particular nos Capítulos 9 e 15.

3. *Use consequências positivas e negativas com sabedoria.* As consequências estão entre os meios mais poderosos de influenciar o comportamento de alguém, e seu adolescente não é exceção. O segredo é recompensar de forma consistente o comportamento positivo com consequências positivas e abordar o comportamento negativo com as negativas. Sempre use as positivas primeiro. Apenas se elas forem insuficientes para mudar o comportamento, você deve introduzir punições ou consequências negativas. Em famílias com um adolescente desafiador, é aí que os pais invariavelmente se saem mal. Ensinar o uso eficaz das recompensas e punições é o objetivo dos Capítulos 10 a 12.

4. *Estabeleça regras básicas para viver em casa e aplique as regras consistentemente.* Toda família possui certas regras invioláveis baseadas nos valores centrais e padrões que vocês, os pais, querem transmitir a seus filhos. No entanto, quando você está demasiado envolvido na luta pela retomada do controle de seu adolescente, pode acabar brigando por coisas na verdade desimportantes, simplesmente porque quer vencer *em algum ponto.* Entretanto, muitas famílias com adolescentes desafiadores levam suas vidas em um tipo de caos agitado, em que as regras vêm e vão e as violações às vezes são enfrentadas com mão de ferro, outras com um aceno de mão. Você já começou a fazer sua lista de itens negociáveis e inegociáveis no Capítulo 3. Continue examinando-os e revisando-os sempre que necessário ao longo da Parte II e aprenda a lidar com cada grupo nos Capítulos 10 a 12, bem como no 14.

5. *Envolva seu adolescente na negociação de soluções para todas as questões que* não são *pontos básicos inegociáveis.* Aposente seu cetro e abandone a ideia de que você dá a última palavra. A época de mandar em seu filho termina quase no mesmo minuto em que ele entra na adolescência. Com exceção daquelas regras básicas, negociação é agora o nome do jogo, e é um jogo em que todos ganham: todos obtêm o que precisam e querem e seu adolescente aprende formas indispensáveis de navegar nas águas do mundo adulto. As habilidades de negociação são abordadas particularmente no Capítulo 14.

6. *Mantenha estrutura e supervisão adequadas.* Esse é um alvo em movimento, nós sabemos. O que foi uma supervisão e estrutura apropriada ontem pode não ser hoje – ou amanhã. O que fazer para manter a vigilância flexível e adaptável que evita o comportamento desafiador é dis-

cutido em nossos capítulos sobre o manejo de contingências e solução de problemas: Capítulos 10 a 12 e Capítulo 14. Exemplos de como os pais adotaram as habilidades para uso nas questões de estrutura e supervisão que surgem constantemente com adolescentes podem ser encontrados em toda a Parte II.

7. *Facilite a busca apropriada de independência.* Esse é outro equilíbrio difícil de alcançar. Você quer reduzir ou eliminar a conduta desafiadora de seu adolescente, mas isso não significa que possa tentar atrasar o relógio e agir novamente como o responsável por um menino de 6 anos. Saber que a busca da independência é *necessária* para a saúde de seu adolescente ajudará a examinar de forma cuidadosa como exercer controle suficiente sem exagerar, conforme descrito nos Capítulos 14 a 16. Gradualmente, conceda-lhe mais liberdade em retribuição às suas demonstrações de responsabilidade.

8. *Garanta que suas crenças e expectativas sejam razoáveis.* O comportamento desafiador origina-se e alimenta-se de algumas crenças e expectativas negativas extremas. Se você está tendo dificuldade em abrir mão da ideia de que seu filho lhe deve obediência estrita e total, apesar de já estar com 15 anos, não causa surpresa que esteja dando cabeçadas. Além disso, se vem lutando contra o comportamento desafiador há algum tempo, pode agora achar que seu adolescente está se encaminhando para a ruína total, uma atitude que pode se tornar uma profecia concretizada se ele perceber que, independentemente do que faça, terá problemas. No entanto, o conflito é com frequência alimentado pela crença dos jovens desafiadores de que todas as regras parentais são injustas e que suas vidas serão arruinadas por essas restrições desarrazoadas. Ajudaremos você a pensar em suas próprias crenças extremas enquanto prosseguimos, mas no Capítulo 16 focaremos nos pensamentos não construtivos que podem estar mantendo o comportamento desafiador.

9. *Respeite a estrutura familiar.* Tomar o partido de seu adolescente contra seu padrasto ou sua madrasta ou colocá-lo no meio de antigas discussões entre você e seu cônjuge abala as fundações que mantêm as famílias em um nível equilibrado. Da mesma forma, abdicar de seu papel parental em favor de seu próprio genitor (ou outra pessoa, se você for um(a) pai(mãe) solteiro(a) e depender da ajuda de outros parentes) deixa lacunas na estrutura familiar que podem impedir a solidez de seu relacionamento com o jovem. Mostraremos com ilustrações ao longo da Parte II como uma hierarquia familiar abalada perpetua o comportamento desafiador.

Entrando em ação

- Agora você tem um quadro completo do comportamento desafiador de seu adolescente como uma interação de múltiplos fatores – a personalidade e o temperamento do jovem, sua personalidade e seu temperamento, fatores familiares como pano de fundo, tais como discórdia conjugal, problemas financeiros ou estresse no trabalho –, todos superpostos ao desenvolvimento rápido de seu adolescente e seu desejo de independência e de uma identidade separada de seus pais. Todos esses fatores conspiram para afetar o comportamento do jovem em relação a você, bem como o seu em relação a ele. Consulte de tempos em tempos suas anotações anteriores acerca dessas questões específicas em sua família e com o seu adolescente a partir dos exercícios nos primeiros capítulos para se lembrar de como as coisas podem ter ficado tão ruins e quais fatores requerem alguma atenção. Se desejar, faça uma lista dos fatores de estilo parental (deste capítulo e do Cap. 5) que você gostaria de mudar.
- Os nove princípios para reverter ou prevenir o comportamento desafiador adolescente fundamentam toda a abordagem de nosso programa, portanto leve-os em conta e considere-os como a base do trabalho que você está prestes a executar. Faça uma cópia dos princípios para poder acessá-los com rapidez. Quando não tiver ideia do que fazer com seu adolescente excessivamente desafiador, consulte a lista de princípios e faça *alguma coisa* com base na lista, e não no impulso. Seja como for, o tempo gasto examinando a lista lhe dará a chance de se acalmar um pouco e agir de forma mais racional.
- Revise a última semana de interação com seu adolescente, analisando a hierarquia em sua estrutura familiar. Faça uma lista de exemplos de onde você e seu parceiro discordaram e um de vocês tomou partido do adolescente contra o outro. Liste também exemplos em que dois membros da família introduziram no conflito um terceiro, o qual teve de escolher um dos lados. Estar ciente da frequência e das formas como a estrutura familiar está comprometida poderá ajudá-lo a impedir que as brechas aumentem.

10 passos para uma relação melhor com seu adolescente – e um futuro melhor *para* seu adolescente

Preparando-se

Se você leu a Parte I deste livro, já adquiriu muitas informações acerca do comportamento desafiador de seu adolescente. Se ainda não a leu, faça isso antes de iniciar este programa. As instruções nos próximos 10 capítulos estão baseadas em uma riqueza de pesquisas e na experiência clínica com famílias. Sabemos que esses passos reduzem o conflito entre muitos adolescentes e seus pais quando seguidos conforme descritos. Mas não podemos abordar todas as diferenças ímpares entre as famílias. É aí que o conhecimento que você acumulou acerca da dinâmica de sua própria família passa para o primeiro plano. Quando sabe onde estão os "pontos fracos" ou por que o "Plano A" não funcionou no passado, onde sua personalidade entra em choque com a de seu adolescente, ou como a necessidade de independência dele está se manifestando, você terá uma probabilidade muito maior de adaptar o programa de forma proveitosa e criar um "Plano B" ou "Plano C" quando necessário.

O programa está dividido de um modo geral em duas seções, a primeira sobre o manejo do comportamento e a segunda sobre comunicação e solução de problemas. A Parte I deste livro apresentou a verdade incontestável de que a melhor chance que qualquer pai tem de resolver o desafio adolescente reside em mudar o próprio estilo parental. Portanto, iremos colocá-lo de volta no controle, restabelecendo a hierarquia apropriada em casa e ajudando-o a mudar a maneira como interage com seu adolescente, de modo que se comporte de forma diferente em resposta.

Essa não é uma maneira sutil de dizer que você deve ser culpado pelo comportamento desafiador de seu filho. Conforme esperamos que já tenha visto, as interações familiares são recíprocas. Você pode ter chegado até este livro acreditando que os problemas comportamentais de seu adolescente são inteiramente culpa sua ou inteiramente culpa dele. Nada é assim tão "ou preto ou branco" em nenhuma relação. Na verdade, não sabemos com exatidão o que impulsiona os padrões de interação complexos nas famílias. O que sabemos é que ocorrem em duas vias: seu comportamento é em parte uma função do comportamento de seu adolescente em relação a você, das características dele e de toda a sua experiência passada com esse jovem, e o comportamento de seu filho é, em parte, uma função da forma como você o trata, de suas características pessoais e da história das experiências dele com você. Tentar atribuir culpa é, portanto, não só impossível, mas também pouco construtivo. O fato de que vamos ensinar *a você* formas de mudar o seu comportamento – quando é o de seu adolescente que parece ser problemático – é simplesmente uma questão de conveniência prática. Você está aqui, lendo este livro e motivado a fazer alguma coisa para mudar o que se transformou em uma situação insustentável. É mais velho, mais sábio e já está inclinado a estar aberto a uma solução. Então começaremos por você; seu adolescente continuará.

Além da reciprocidade das interações familiares, o treinamento no manejo do comportamento que dá início ao programa está baseado em alguns outros princípios sobre os quais você saberá mais no Passo 2:

- *Tornando-se proativo.* A maioria dos pais (e as pessoas em geral) não reflete muito sobre como estruturam uma situação social desde o início, como, por exemplo, o dever de casa ou o momento das compras com um adolescente. Eles simplesmente ficam envolvidos com a situação, e apenas se algo sai errado é que reagem com consequências, as quais muitas vezes são negativas. Isso é ser reativo. É como jogar futebol apenas com um time defensivo. Neste programa, você irá aprender a ser proativo – a jogar futebol também com seu time ofensivo. "Ser proativo" significa pensar sobre uma situação antes de entrar nela e tentar estruturá-la de forma que aumente a probabilidade de ocorrer um comportamento positivo por parte de seu adolescente. Quando você faz isso, as chances de comportamento negativo automaticamente diminuem, porque o jovem não pode fazer as duas coisas ao mesmo tempo. Digamos que queira que ele faça o dever de casa – sempre um pomo de discórdia entre vocês. Ser proativo pode significar lhe perguntar se existe alguma coisa em que precise de você esta noite para ajudá-lo com a tarefa, dizendo-lhe logo antes de começar a fazê-la que vai checar com ele a cada 20 minutos para ver se precisa de ajuda e como está se saindo. Isso o faz saber que você irá revisar sua lição para se assegurar de que esteja completa, prometendo um incentivo ou uma recompensa quando estiver pronto e providenciando para que ele tenha um ambiente propício para a realização dessa atividade (uma escrivaninha relativamente organizada, um relógio, um estojo com caneta e lápis, uma calculadora, papel em branco e outros itens acessíveis).

Queremos que você comece a refletir de forma antecipada sobre quais situações são potencialmente problemáticas para que possa encontrar uma maneira de afastar o conflito. Quantas vezes você se preparou para uma briga ao ter de fazer o que sabia que seria uma solicitação mal recebida por seu adolescente? Ou se pegou gritando "Eu *sabia* que você tentaria burlar as regras assim!"? No passado, quando previa a resistência dele, é provável que tenha tentado preveni-la sendo severo desde o início. Agora, pode perceber que isso apenas promoveu o conflito, em vez de cortá-lo pela raiz.

- *Consequências, consequências, consequências.* A repetição dessa palavra não é acidental. Uma das formas mais importantes de restabelecer sua autoridade com um adolescente voluntarioso é começar impondo consequências para o comportamento de forma *consistente*. Você provavelmente acha que já faz isso: Quando o jovem responde ou atua, você reage (e como reage!). Mas reage sempre exatamente da mesma maneira para a mesma exata infração? É provável que não. Essa é uma armadilha em que a maioria dos pais cai. Quando somos indulgentes, deixamos que uma criança de 9 anos escape de suas tarefas algumas vezes, isso não necessariamente causa problemas. Porém, quando todos os outros ingredientes que podem produzir desafio também estão presentes, você tem a receita para uma explosão. Ok, essa é a parte reativa de sua estratégia e também é importante, mas pode perder sua eficácia se a porção proativa também não estiver em ação. Nos primeiros passos do programa, você irá aprender como criar um bom ataque e uma boa defesa nas interações com seu adolescente, assim como a manter a firmeza – mesmo quando não quer "criar um caso", mesmo quando já fez isso 12 vezes hoje. Parece bom, não é? Não tão rápido.

- *Recompensas antes das punições.* Temos de começar pelo positivo. Quando reina o comportamento desafiador, a punição frequentemente dá o tom, e você pode acabar se esquecendo de reconhecer, respeitar, aprovar, elogiar, demonstrar apreciação ou reforçar de outro modo o comportamento positivo de seu adolescente. Se você está ironizando que não existe qualquer comportamento positivo, esse é um bom sinal de que deixou uma de suas ferramentas mais poderosas no esquecimento, caindo em desuso. Ironicamente, descobrimos que a punição costuma perder toda sua força quando o ambiente familiar é desprovido de incentivos positivos para uma conduta apropriada. Portanto, neste programa, antes que aprenda a estabelecer consequências para o comportamento *negativo*, você irá reaprender a estabelecer incentivos para o comportamento *positivo*. Não vai acreditar no poder dessa estratégia.

- *Praticando o perdão*. Temos uma tendência a culpar os adolescentes por seu comportamento desafiador ou a nós mesmos por nossos erros na parentalidade. Contudo, agora você sabe que o comportamento desafiador é o resultado de muitos fatores e que ninguém é culpado. Você poderá ficar desmoralizado e afundar na impotência aprendida ou na ira perpétua se jogar o jogo das acusações. Precisa perdoar o jovem pelos comportamentos desafiadores e se perdoar pelos erros que cometeu. Responsabilize-o por suas ações, mas perdoe-o em sua mente. Perdoe-se antecipadamente pelos erros que pode cometer usando nosso programa – aquelas coisas que não fará com perfeição. O perdão irá ajudá-lo a se manter em equilíbrio enquanto se empenha na tarefa de auxiliar seu adolescente a mudar o comportamento desafiador.

Resumidamente, aqui está o que irá fazer no segmento de manejo do comportamento do programa:

Passo 1. Criando o hábito de realizar atividades positivas com seu adolescente
Antes de avançar contra o comportamento desafiador, você precisa desviar sua atenção dos aspectos negativos. Aqui, irá aprender a valorizar as coisas boas do jovem, a elogiar e a passar um tempo com ele fora das circunstâncias habituais de conflito.

Passo 2. Uma nova forma de manejar o comportamento
Aqui está a base para o estabelecimento das consequências de forma efetiva. Você vai começar aprendendo a ser mais específico, consistente, equilibrado e judicioso quanto ao que pede a seu adolescente, a fazer solicitações e a dar ordens de maneira eficaz.

Passo 3. Contatos e sistemas de pontos: como os adolescentes podem ganhar privilégios
Agora você pode dar credibilidade às consequências, usando um contrato comportamental ou um sistema de pontos para recompensar seu adolescente por atender solicitações e incentivos ao comportamento positivo (em vez de negativo).

Passo 4. Fazendo a punição realmente se adequar ao delito
Somente depois que você adquiriu o hábito de recompensar o positivo é que deve começar a impor multas ou penalidades pelo negativo. Aqui também irá aprender a fazer o castigo funcionar.

Passo 5. Enfrentando questões adicionais com recompensas e penalidades
Agora que sabe como isso funciona, pode aprender a fazer funcionar o manejo de contingências sobre aquelas grandes questões que nunca parecem ser resolvidas.

Passo 6. Abordando o comportamento desafiador na escola e os conflitos quanto ao dever de casa
Independentemente de você precisar ou não abordar os problemas de comportamento na escola, quase todos os pais com adolescentes desafiadores têm dificuldades em assegurar que o dever de casa seja feito. Aqui estão as formas de abordar essas questões.

Se trabalhar com sucesso ao longo dos seis primeiros passos do programa, você vai readquirir algum controle ou certa influência sobre o comportamento do jovem. Se ele ainda fosse uma criança, isso poderia ser tudo o que é preciso para evitar atitudes desafiadoras em um futuro próximo. Porém, como apontou o Capítulo 3, a necessidade de se tornar independente é uma das tarefas primárias da adolescência. Suas interações com seu adolescente devem não só permitir, mas também facilitar que isso aconteça. Portanto, a segunda metade do programa ensina você e o jovem a negociar pontos de conflito por meio da solução de problemas e comunicação efetivas.

Se o comportamento desafiador de seu adolescente for muito leve, as fontes de conflito ou tensão entre vocês são poucas, e, se ele estiver na média ou superior em maturidade social e inteligência, você poderá ir diretamente para o Passo 7 e focar na comunicação e na solução de problemas. Porém, a maioria dos leitores foi atraída para este livro porque seus problemas são mais graves, e será preciso avançar nos passos em sua ordem. Focar na solução de problemas e no treinamento da comunicação pode colocá-lo na posição incômoda de tentar negociar sobre áreas das quais não tem controle imediato ou autoridade. Caso decida aplicar este programa com o auxílio de um profissional, o terapeuta irá ajudá-lo a determinar se deve mudar a ordem dos passos. Caso contrário, siga esta regra: primeiro restabeleça o controle; somente então poderá negociar. Seu filho não é seu igual na hierarquia doméstica, mas você deve estar disposto a negociar depois que o equilíbrio de poder for recuperado, porque os adolescentes não se tornam adultos da noite para o dia. Essa é sua oportunidade de ajudar o jovem a desenvolver as habilidades necessárias para o sucesso da resolução de conflitos na idade adulta, sem sacrificar a harmonia familiar e a tranquilidade no processo. Você fará isso nos Passos 7 a 10, tendo estas advertências em mente:

- *A independência deve ser concedida lenta e gradualmente.* Se revisar os nove princípios no Capítulo 6, você verá que três deles (5, 6 e 7) o estimulam a ajudar seu adolescente a se tornar independente, mantendo, ao mesmo tempo, estrutura e supervisão adequadas. As habilidades para a solução dos problemas ensinadas no Capítulo 14 podem ajudá-lo a conduzir o jovem em direção à independência sem soltar as rédeas de forma prematura. O caminho para a menor resistência é forjado com a concessão gradual: você concede um pouco de independência de suas restrições e, quando seu filho a usa com responsabilidade, recebe um pouco mais de liberdade. Você precisa estar preparado para recuar quando, como inevitavelmente acontece, o adolescente cometer erros ao usar a nova liberdade, mas nunca recue até a posição de "nada", outro desencadeante para um comportamento desafiador. Digamos que ele queira ficar sozinho em casa enquanto você sai no fim de semana. Por essa liberdade, você espera que ele tranque as portas à noite, faça a limpeza sozinho, mantenha seguros todos os bens, cuide do pátio, das plantas, ou dos animais e não promova festas extravagantes. Em vez de lançá-lo imediatamente nessa situação ou negar-lhe qualquer permanência sozinho em casa, você divide o objetivo em passos menores. Primeiro ele fica sozinho parte da noite, depois uma noite inteira, depois por duas noites e, finalmente, por um fim de semana inteiro. Se, depois de algum desses passos, ele mostrar que não consegue lidar com a responsabilidade, você recua até o passo anterior e volta a tentar o passo seguinte em outro momento.
- *Os aspectos inegociáveis devem ser absolutamente claros.* As questões fundamentais que se relacionam às regras básicas para viver em uma sociedade civilizada (valores, moralidade e legalidade) costumam incluir drogas, álcool, aspectos de sexualidade, religião, respeito e violência. Estas são verdadeiramente únicas para cada família, e todos na família precisam saber sem dúvida alguma quais questões não estão sujeitas a negociação. Você pode usar habilidades de comunicação para discutir os aspectos inegociáveis, mas é essencial listar as regras básicas da casa de maneira explícita e se certificar de que sejam entendidas. O fato de elas serem invioláveis ficará claro quando você usar consistentemente as técnicas de manejo do comportamento aprendidas nos Passos 1 a 6.
- *Os adolescentes têm maior probabilidade de seguir regras que ajudaram a criar.* O objetivo referente aos itens negociáveis é chegar a um acordo. Não é obter o máximo possível daquilo que "seu lado" quer (à custa do que quer seu adolescente). Portanto, o princípio mais importante da parentalidade com um adolescente é envolvê-lo na tomada de decisão acer-

ca dos aspectos negociáveis. Não espere que um jovem que não tem poder de decisão coopere com suas regras, seus planos ou suas atividades. É provável que você seja agradavelmente surpreendido pelas novas soluções que seu adolescente irá inventar.

Apresentamos a seguir o que você irá fazer na parte do programa de solução de problemas/treinamento em comunicação:

Passo 7. Usando habilidades de solução de problemas
Não importa o quanto gostaria que fosse assim, você não pode simplesmente fazer imposições a seu adolescente em tudo. Porém as questões em que as combinações não podem ser quebradas não têm de ser o pomo da discórdia; elas podem ser negociadas com o uso de um conjunto de passos comprovados para a solução de problemas, o que você irá aprender nesta etapa.

Passo 8. Aprendendo e praticando habilidades de comunicação
Todos parecem se esquecer de como ouvir de forma ativa e falar respeitosa e honestamente quando o comportamento desafiador reina na casa. Aqui você irá reaprender essas habilidades básicas da comunicação positiva e começar a identificar padrões comunicacionais negativos que apenas alimentaram o conflito.

Passo 9. Lidando com crenças e expectativas irracionais
Você foi desmontando o comportamento desafiador tijolo por tijolo. Agora, chegamos a uma parte importante de seu alicerce: crenças negativas e expectativas exageradas que tendem a tornar o desafio e o conflito uma profecia autorrealizadora.

Passo 10. Mantendo a união
Não está acabado até que esteja acabado, como disse Yogi Berra. E seria tolice esperar que o desafio "acabasse" por completo. Mesmo depois que você o reduziu consideravelmente, pode surgir um problema pós-treinamento. Aqui estão algumas dicas para examinar onde suas habilidades e técnicas falharam para que possa retomar o caminho.

Quanto tempo vai levar para obter resultados?

Caso seus problemas com o comportamento desafiador sejam poucos e relativamente leves, você poderá trabalhar no programa uma ou duas vezes por semana em sessões formais. Problemas mais graves em geral requerem a prática mais frequente de cada passo antes que suas lições e habilidades sejam incutidas e você possa avançar para o seguinte. De modo geral, vemos as famílias duas vezes por mês e lhes damos duas semanas para cada passo. Isso proporciona a todos um tempo para aprender as técnicas, resolver alguns problemas e realmente transformar os métodos em um hábito. É possível que você seja capaz de avançar mais rápido, mas é aconselhável passar uma a duas semanas em cada passo.

O que dizer – e *não* dizer – a seu adolescente acerca deste programa

Você pode – e provavelmente deve – começar este programa sozinho, sem anunciar suas intenções ao adolescente em questão. Dizer que está a ponto de usar um programa passo a passo de autoajuda para reduzir o conflito (ou, pior, para colocar o jovem na linha) apenas dá a ele outra oportunidade de resistência e oposição. Você não precisa disso. Além do mais, boa parte deste programa está, como sabe, baseada na mudança da maneira como você se comporta, com a intenção de provocar mudanças em seu adolescente. Você não pede ou exige que ele faça alguma coisa de forma diferente. Se tudo correr bem, ele acabará se comportando de modo diferente, possivelmente sem nem mesmo perceber. Você, é claro, perceberá.

Cada passo do programa lhe diz como seguir as instruções e traz modelos de como informar seu adolescente do que está fazendo. Você não vai precisar pedir permissão. Isso não significa, é claro, que não irá encontrar resistência. É muito provável que o jovem se recuse a cooperar com contratos de comportamento quando introduzidos pela primeira vez. Entretanto, lhe diremos como se manter firme para usá-los. E, antes que chegue a esse ponto, você estará simplesmente mudando a maneira como presta atenção e fala com ele, portanto não há necessidade de explicar tudo. Apenas siga as instruções.

Depois que chegar até os passos para a solução de problemas, seu adolescente começará a ficar mais envolvido. Porém, nesse momento, o conflito entre vocês deverá ter atenuado o suficiente para que seu filho esteja mais aberto às suas sugestões. Além disso, é provável que ele esteja razoavelmente receptivo à ideia de ter voz ativa para trabalhar áreas de discordância entre vocês, mesmo que relute diante da possibilidade de passar parte de seu tempo em uma reunião familiar formal.

E se você precisar de um terapeuta?

A decisão de desenvolver este programa com um terapeuta é uma história completamente diferente. De alguma maneira, você terá de levar seu adolescente até as sessões de terapia – e isso não é fácil, considerando que, em geral, são os casos mais graves de desafio que requerem ajuda profissional. Isso apenas significa que você provavelmente já esteja lidando com um nível bastante elevado de oposição.

Você se lembra de Mark, o garoto de 17 anos que conheceu na Introdução? Conforme dissemos no Capítulo 4, o comportamento desafiador dele é tão grave que quase satisfaz os critérios para transtorno da conduta. Sua família, sem dúvida, precisará de um terapeuta junto com o programa deste livro. Então, como eles conseguem fazer um garoto que trata seus desejos como bricadeiras ir às consultas terapêuticas? Em casos como esse, em que a intervenção já era necessária há muito tempo e não há mais tempo a perder, os pais podem ter de retirar um privilégio que seja muito importante para o adolescente e voltar a concedê-lo gradualmente contingente a sua participação na terapia. A escolha do privilégio deve ser ponderada com cuidado. Ela precisa ser desejável o suficiente para ele a fim de proporcionar um incentivo e ser algo que dependa do controle dos pais. No caso de Mark, a escolha foi dirigir o carro da família. Atualmente, os pais do garoto não controlavam se ele permanecia em casa ou se saía, mas sem dúvida tinham o controle das chaves do veículo e podiam mantê-lo. Eles disseram a Mark que poderia usar o carro se frequentasse as sessões de terapia com eles durante o mês seguinte. Depois disso, disseram que, se estivesse cooperando com a terapia, começariam a colocar uma certa quantia por semana na poupança para comprar-lhe um carro.

Inicialmente, Mark não levou os pais a sério. Faltou às duas primeiras sessões após ter concordado com a ideia de participar. Mas, ao ver que os pais não iriam ceder e deixá-lo usar o carro, começou a ir à terapia. O progresso foi lento neste caso, mas na época em que ingressa na universidade, seus pais achavam que estava de volta ao bom caminho, e não mais em risco de atrapalhar o próprio futuro.

Os pais de Gina tiveram um pouco mais de dificuldade para fazê-la participar do programa. Recentemente, ela havia decidido que odiava usar medicação para TDAH e passado por um período em que se recusava a tomá-la. Mas, por fim, ela mesma admitiu que a vida era mais difícil sem seus medicamentos e voltou a usá-los com regularidade. A terapia, no entanto, foi outro problema. Ela achava humilhante imaginar que um dos seus amigos pudesse vê-la indo para o consultório do terapeuta e recusou-se de forma categórica a consultá-lo. Gina e sua mãe montaram um sistema de incentivos, como fez a família de Mark, mas, em vez de cortar um privilégio, a mãe da jovem a recompensou com um tempo no computador por ir às sessões de terapia; ela recebia um tempo adicional diariamente depois de cada sessão a que comparecia. Após algumas sessões, o terapeuta de Gina combinou que ela não precisava vir duas vezes por mês e que a família poderia continuar com o programa em "autoajuda guiada", por meio da qual o terapeuta estaria à disposição para consulta sempre que ficassem emperrados.

O que você vai encontrar em cada passo

Cada passo começa com uma breve lista de objetivos a serem alcançados durante as duas semanas usadas em seu transcurso. Você pode consultar essa lista de objetivos como um lembrete, quando necessário. Então, daremos instruções explícitas quanto ao que fazer, como instruções numeradas em cada objetivo. Intercaladas nas instruções encontram-se ilustrações de como várias famílias aplicaram as orientações. Uma vez que a comunicação é tão importante, por vezes apresentamos um modelo de como você pode colocar as coisas de forma a enfatizar o positivo e manter o potencial para conflito em um nível baixo através dos passos. Também lhe apresentaremos ideias para solução de problemas que o ajudarão a descobrir por que as coisas não estão funcionando como deveriam. Visto que os adolescentes mais novos (12 a 15 anos) são tão diferentes dos mais velhos (16 a 18 anos), oferecemos uma gama de ideias para essas duas faixas etárias quando justificado.

O que você tem a ganhar

Marla tinha certeza de que estava perdendo sua filha, e Jenny tinha apenas 14 anos. Não é que a menina estivesse necessariamente saindo de casa ou fugindo, mas a relação delas estava se tornando tão ruim que a mãe temia estar comprometida para sempre. Ela precisava fazer alguma coisa, então optou por experimentar o programa deste livro. (Se você precisa relembrar as circunstâncias dessa família, elas foram apresentadas no Capítulo 2.)

Marla começou mordendo a língua e ignorando as respostas mordazes de Jenna à maioria das coisas que dizia. Inicialmente, a filha ficava esperando pela réplica da mãe. Quando isso não acontecia, ela com frequência lançava um sarcástico "Alôoooo...". Marla seguia fazendo suas tarefas ou então sorria para a filha e inocentemente dizia "Sim?". Depois que Jenna se acostumou ao fato de que sua mãe não a estava tratando com frieza como outra forma de punição, as respostas desdenhosas começaram a abrandar um pouco.

Enquanto isso, Marla fazia o máximo para notar quando Jenna agia de alguma maneira digna de aprovação para fazer algum comentário breve e, de alguma forma, demonstrar respeito e reconhecimento por ela. Em vez de confrontá-la depois da escola com "Jenna, a maior parte de sua roupa para lavar ainda está em cima da cama e está uma tremenda bagunça!", ela dizia: "Ei, querida, você começou bem com sua roupa suja – obrigada por participar do trabalho da família aqui; isso realmente ajuda!". Quando a filha havia terminado o dever de casa de apenas uma matéria na hora em que a mãe estava indo para a cama, Marla mordia a língua e, em vez de dizer "Oh, meu Deus, Jenna! Como você vai ter uma boa noite de sono se nem mesmo começou sua leitura de inglês ou História?", dava uma olhada no dever de matemática e dizia: "Uau, eu gostaria de ter tido o mesmo jeito para números no ensino médio que você tem! Boa sorte com o resto de seu dever de casa! Boa noite, querida".

O que Marla queria mais do que qualquer coisa era ter a relação próxima com sua filha que sempre havia imaginado, mas sabia que Jenna sempre a rejeitava quando sugeria que almoçacem juntas ou fossem às compras. Então, começou a observar os momentos em que sua filha não estava mandando mensagens de texto nos fins de semana e fazia um convite estudadamente casual do tipo: "Ei, eu fiz pipoca para assistir a este filme que apenas começou. Quer um pouco?". A princípio desconfiada, Jenna pouco a pouco começou a aceitar essas ofertas de sua mãe. Certa vez, até perderam toda a segunda metade do filme porque alguma coisa na TV as fez lembrar de um incidente familiar engraçado, o que conduziu a uma longa sessão de relatos de histórias e muitas risadas.

Alguns dias depois, Marla convidou Jenna para fazer uma atividade de sua escolha com ela. A menina rejeitou o convite, e a mãe apenas disse: "Talvez outro dia, então", em vez de entrar em discussão. Na terceira vez em que a convidou para fazerem alguma coisa juntas, Jenna aceitou. Mãe e filha divertiram-se muito montando um álbum de recortes para o aniversário de 16 anos da prima de Jenna. Elas continuaram a compartilhar atividades várias vezes por semana e descobriram que podiam realmente se divertir juntas, apesar de seus desentendimentos.

Quando Marla chegou ao Passo 3 no programa, imediatamente percebeu que ela e Jenna tinham dado um passo gigantesco para trás em comparação com os pequenos passos à frente que tinham conseguido dar. Jenna gritava com ela dizendo saber que estava tramando alguma coisa e só queria mantê-la sob controle. "Por que tenho de ganhar tempo para trocar mensagens de texto? Este é o *meu* celular. Você *deu* para mim!" Marla manteve-se firme e explicou que queria ajudá-la a controlar a forma como falava com as pessoas porque se daria melhor com todos – não apenas com a mãe – caso fizesse assim e que cada vez que lhe respondesse civilizadamente ganharia 5 minutos por dia para as mensagens. No final da semana, Jenna estava trocando mensagens de texto tanto quanto sempre fez e, de modo geral, respondendo ao chamado de sua mãe com um "Sim, mãe?", em vez de "*O que é?*".

Durante as semanas seguintes, Marla pinçou outros comportamentos desafiadores que a incomodavam e os acrescentou ao contrato de comportamento, adicionando, por fim, penalidades menores por *não* se comportar conforme o esperado. Jenna nunca iria ser uma adolescente calma e despreocupada, ponderou, e ela não era fanática, mas todo o ambiente de casa, após cerca de um mês e meio do "treinamento", estava muito mais tranquilo do que costumava ser. O quarto de Jenna agora parecia atingido mais por um tremor do que por um grande terremoto, e ela parecia estar fazendo esforços regulares para pensar antes de deixar escapar qualquer coisa instintivamente quando interrompida por uma solicitação parental.

Depois de iniciar com sucesso um contrato de comportamento, Marla fez uma lista de seus pontos inegociáveis: (1) sem álcool ou drogas, (2) nada de amigos em casa sem a presença de um dos genitores, (3) falar com as pessoas com respeito (e especialmente não ofender), (4) cumprir o horário de voltar para casa e (5) contribuir para a família realizando tarefas domésticas. Jenna objetou de forma veemente, insistindo que queria ter participação na decisão do horário de voltar para casa e tarefas domésticas. Preparada para essas objeções, Marla aproveitou o momento para enfatizar como pontos inegociáveis e negociáveis vinham em pares. O fato de Jenna ter um horário para voltar para casa era inegociável, mas a hora e as condições para possíveis exceções era negociável. Ela contribuir para a família realizando tarefas domésticas era inegociável, mas quais atividades específicas, quando fazê-las e as consequências por realizá-las eram negociáveis. Marla, então, introduziu o Passo 7, solução de problemas, para negociar os detalhes dos conflitos, como o toque de recolher e as tarefas domésticas. Para sua grande surpresa, a filha participou da solução dos problemas porque queria ter uma contribuição nas coisas impactantes em sua vida. Mãe e filha conseguiram chegar a combinações em torno das tarefas domésticas e do horário de voltar para casa.

A solução de problemas nem sempre foi tão fácil para Marla e Jenna, no entanto. Posteriormente, Marla e Greg tentaram envolver toda a família em uma discussão para solução de problemas. Incluíram os filhos menores porque decidiram abordar a falta de consideração de Jenna pelos outros membros da família quando queria jogar Wii na sala de estar. Os pequenos achavam que ela os intimidava para que pudesse tomar conta da TV. Marla e Greg simplesmente não podiam aguentar o volume e estavam cansados de ter de descer as escadas para gritar com ela para baixá-lo, já que não conseguia ouvi-los da sala de estar ou da cozinha. Às vezes, quando chegavam ao ponto de ir até lá, estavam tão irritados que voltavam a sua maneira antiga de ameaçar com todos os tipos de punições terríveis. Em uma dessas oportunidades, Jenna respondeu aumentando ainda mais o som, de forma que não tivesse que ouvi-los. Greg desligou o Wii com tanta energia que quebrou o botão de ligar. Quando Marla tentou dar início a uma sessão de solução de problemas com toda a família, todos começaram a expressar suas queixas ao mesmo tempo – e de modo ruidoso. Jenna disse que todos estavam unidos contra ela e saiu correndo para se trancar no quarto.

As sessões de solução de problemas podem ser um assunto familiar em muitos casos, mas, quando o foco é um adolescente desafiador, é melhor limitar seus participantes ao jovem e a seus pais. Os filhos menores podem não ser maduros o bastante para contribuir, e os pais não precisam acrescentar mais faíscas a uma interação potencialmente volátil. Eles podem representar os interesses dos filhos menores nessas conversas. Depois que essa família mudou de atitude, chegou a uma solução que acabou se adequando às necessidades de todos – os filhos menores foram consultados se as soluções eram aceitáveis para eles, mas fora das reuniões propriamente ditas. A família estabeleceu um cronograma que dava a cada membro um tempo do dia para usar o Wii ou o Xbox, e Jenna teve a permissão de usar a TV a qualquer hora, desde que a mantivesse até um determinado volume, a menos que estivesse sozinha em casa. Além disso, o volume teria de ser ainda mais baixo depois das 21h.

Enquanto isso, Marla e Greg começaram a observar como toda a família se comunicava entre si, e todos começaram a fazer um esforço para falar e escutar com respeito – realmente escutar. Quando Jenna tentava falar com sua mãe, Marla lhe fazia um sinal de que estaria com ela em um minuto ou então interrompia o que estava fazendo, olhava para a filha e se certificava de que havia entendido o que havia sido dito, repetindo e lhe perguntando se era isso o que queria dizer. Na opinião de Marla, essa forma de atenção evitou inúmeros conflitos. Jenna ainda não parecia controlar o impulso de proferir ocasionais palavrões na frente das crianças menores, o que seus pais rotularam como uma regra inegociável. Então, a acrescentaram aos contratos de comportamento e continuaram se dedicando ao assunto.

Certo dia, quando o programa estava se encerrando, Marla de repente percebeu que estava exatamente onde há muito tempo queria estar: em um restaurante, dando risadas com sua filha sentada a sua frente, com planos para fazer compras logo após o almoço. "Isto é ótimo, querida", ela disse um pouco tímida. A filha respondeu-lhe com um sorriso. Então Marla aproveitou a oportunidade para lhe explicar muitas coisas que tinha aprendido nas últimas semanas sobre o que esperava dela e por que tudo havia dado tão errado – desde esperar que, aos 8 anos, Jenna entendesse que sua mãe estava muito ocupada cuidando dos gêmeos de 2 anos para jogar Monopólio com ela, até ter falhado em lhe dizer o quanto tinha sido de grande ajuda com os pequenos naquela época, e esquecendo de confessar o quanto a achava inteligente e falar sobre o grande futuro que tinha a sua frente. Jenna admitiu que até alguns meses atrás achava sua mãe "simplesmente horrível" e que ela deveria ficar fora de sua vida. Nenhuma das duas precisou dizer isso, mas ambas estavam felizes por isso não ter acontecido.

Entrando em ação

Enfrentar o comportamento desafiador de um adolescente é uma tarefa considerável, mas que vale a pena. É importante não aspirar muito alto ou traçar objetivos muito grandes, difusos ou ambíguos. Você, na verdade, não precisa ter outros objetivos específicos além de reduzir o conflito e melhorar seu relacionamento com seu adolescente, mas, se isso fizer a magnitude de sua tarefa parecer mais manejável, pode determinar amplamente quais são seus objetivos e manter neles seu olhar treinado enquanto desenvolve o programa. Aqui estão alguns dos objetivos gerais que as famílias que tratamos estabeleceram – e atingiram – usando este programa. Dê uma olhada e circule de 1 a 3 que você gostaria de atingir – ou escreva seus próprios objetivos no espaço em branco.

"Melhorar a comunicação entre mim e meu adolescente."
"Resolver as questões negociáveis sem discussão."
"Estabelecer consequências para comportamentos desafiadores específicos e mantê-las."
"Descobrir o quanto de liberdade meu adolescente precisa e merece."
"Assegurar que meu cônjuge e eu estejamos em sintonia quanto às recompensas e punições."
"Redigir uma lista completa das regras inegociáveis em casa."

"Fazer alguma coisa para reduzir o estresse pessoal com _____ [conflito conjugal, doença ou lesão, problemas financeiros, desgaste emocional, etc.]."
"Começar a programar um tempo com meu adolescente que seja somente para diversão."
"Ajudá-lo a desenvolver seus talentos artísticos."
"Elogiar meu adolescente pelo menos uma vez por hora."
"Desenvolver expectativas razoáveis para o dever de casa."
"Impedir que os membros da família tomem partido uns contra os outros."

Faça uma lista de seus objetivos:
_____
_____
_____
_____

Passo 1. Criando o hábito de realizar atividades positivas com seu adolescente

Pare um minuto e pense sobre como seu adolescente tem estado nos últimos dias. Como você traduziria isso? "Difícil de ser encontrado – pelo menos quando existe um trabalho a ser feito"? "Discutindo sobre pequenas coisas"? "Não tendo coisa alguma de bom a dizer sobre qualquer coisa ou qualquer pessoa"? Conforme explicamos na Parte I, uma história de conflito pode fazer todos focarem unicamente no negativo. Quando acha que está recebendo "o pior" de seu adolescente, é isso o que você começa a esperar – e com frequência vemos aquilo que esperamos ver. Portanto, você não está sozinho se a revisão das ações do seu jovem nos últimos dias produzir uma lista de transgressões, desde responder de forma insolente até não cumprir com suas obrigações, se lamuriar e se queixar.

Esse não é um quadro bonito de se admirar. Visto sabermos que olhar para seu adolescente através de uma lente negativa só alimenta o conflito, é hora de começar a fazer um novo álbum de fotos. A primeira coisa que precisa fazer para reverter o comportamento desafiador em um jovem é começar a reconhecer o positivo e agir como você espera que seja.

OBJETIVOS PARA O PASSO 1

Aqui estão alguns objetivos para este primeiro passo tão importante:

- Comece substituindo a atenção negativa pela positiva para mudar o tom das interações.

- Rompa o círculo aparentemente interminável de negatividade entre você e seu adolescente, passando juntos um tempo de qualidade só de vocês.
- Traduza sua atitude positiva em elogio efetivo para dar a seu adolescente um incentivo para obedecer.

Substituindo a atenção negativa pela positiva com seu adolescente

Quando seu objetivo principal é obter controle sobre o comportamento desafiador de um jovem, aprender a prestar atenção, passar algum tempo positivo juntos, ignorar um mau comportamento menor e fazer elogios pode no mínimo parecer uma digressão. Isso também pode ser difícil devido aos ressentimentos e à hostilidade que vêm pautando o seu relacionamento. Afinal de contas, quase todas as suas interações com seu adolescente podem estar permeadas por negatividade. Contudo, esse é um passo absolutamente essencial. Elogio e qualidade no tempo de qualidade só de vocês são essenciais para acabar com o impasse da negatividade entre você e ele. Portanto, não pule ou minimize esse passo, não importa o quanto possa lhe parecer difícil ou trivial. Amplas pesquisas e prática clínica demonstraram que os pais que desenvolvem essa etapa de forma efetiva têm mais sucesso usando o resto deste programa do que aqueles que o minimizam ou pulam.

Lembra-se daquilo que dissemos no Capítulo 7 acerca de ser proativo? Você não precisa ser um alvo fixo, esperando que seu adolescente ataque e depois lute com dificuldade para evitar o tiroteio. Pode começar a tomar pequenas medidas específicas e muito simples para mudar o tom das interações entre vocês. O ponto por onde começar é aprendendo a prestar atenção positiva por algum tempo, em vez de prestar atenção negativa o tempo todo. Seu adolescente ainda faz algumas coisas positivas, embora ele possa achar que você o está subestimando, já que ninguém em casa aprecia as coisas boas que faz para contribuir para a vida familiar ou suas qualidades únicas como pessoa. Se você olhar mais detidamente, verá quais são essas coisas positivas.

Neste capítulo, você vai aprender a fazer seu adolescente lembrar de que não acha que ele seja "de todo ruim", passando alguns curtos períodos de tempo juntos sem criticá-lo ou mesmo questioná-lo. Também vai aprender a ignorar um mau comportamento menor em vez de criticá-lo duramente. Depois que estabeleceu a ideia de que cada momento com o jovem não precisa ser passado em conflito, vai aprender a começar a expressar sua atenção positiva de forma direta e em voz alta por meio do elogio. Com algumas semanas de prática nessas técnicas supreendentemente simples, você estará preparado para o objetivo do Passo 2: tornar suas ordens e solicitações mais efetivas, diminuindo a probabilidade de que sejam desobedecidas.

Se você está tentado a pular o Passo 1, por achar que não precisa disso, continue lendo.

1. *Revise seu estilo de "manejo": você é um bom supervisor?* Seu adolescente quer reconhecimento por suas boas qualidades e realizações da mesma forma que você quer ser reconhecido pelas habilidades que traz para seu trabalho, suas atividades de voluntariado ou suas amizades. O chefe para quem trabalhamos como voluntários no fim de semana não é aquele que sempre nos ameaça com a perda do emprego ou reclama que nossa produtividade não está satisfatória. É aquele que intencionalmente reconhece nossas realizações positivas, mesmo que seja apenas dizer "Sei que na verdade o sobrecarreguei e aprecio que tenha tentado terminar o relatório" – mesmo que você não o tenha concluído em tempo. Aquele que destaca as partes do relatório que você achou sobremaneira bem feitas e o parabeniza por isso é o mesmo que provavelmente encontrará o próximo relatório em sua mesa um dia antes do prazo final. Você já passou por isso. Por que seu adolescente seria diferente?

O simples fato é que todos respondemos com mais entusiasmo, boa vontade e cooperação à atenção positiva do que à negativa. O treinador com quem queremos trabalhar é aquele que diz "Você consegue fazer isso!" e nos aplaude quando conseguimos. A avó que desejamos visitar é aquela que acha que somos "o máximo", não aquela que sempre tem um "pequeno conselho" sobre como realizar tudo o que fazemos de uma forma melhor do que a atual. A força da atenção positiva é praticamente ilimitada. Então, por que é tão fácil esquecer de exercê-la?

Nós estamos tão ocupados...

Às vezes, é apenas uma questão de eficiência. A maioria dos pais de adolescentes tem uma grande quantidade de obrigações. Você pode ter filhos menores que tem de levar para todos os lugares, pais idosos que precisam de ajuda e atenção extra, uma carreira que está no auge de suas demandas, finanças e assuntos da casa para administrar e talvez até questões de saúde que não tinha quando era mais moço. Às vezes, pode parecer que sua vida é uma longa lista de coisas a fazer. Então, você tem a desculpa de focar em todos os itens delegados a seu adolescente que não foram realizados. Mas imagine como é para ele ser recebido no minuto em que chega em casa por uma longa lista do que fez de errado, do que se esqueceu e do que tem de fazer em um futuro imediato. Uma jovem de 17 anos que conhecemos disse certa vez nessa situação: "Poxa, mãe, por que você está tão zangada comigo o tempo todo?". Quando a mãe olhou para ela desconcertada, explicou: "Às vezes parece que tudo o que você tem a me dizer são as coisas que a deixam zangada comigo". Essa mãe não achava que estivesse sendo crítica e na verdade não se sentia zangada; tudo o que pretendia era mencionar essas coisas antes que fugissem de sua mente e, portanto, permanecessem sem ser feitas. Às vezes, porque não temos a intenção de sermos negativos, nos esquecemos de fazer um esforço para ser positivos.

No entanto, seria muito mais provável que um adolescente cooperasse se seus pais o cumprimentassem com algo positivo: "Ei, querido, seu quarto está realmente começando a ficar apresentável; obrigado por começar a arrumá-lo antes da festa de sábado. Você está me poupando muito tempo". Ou, que tal se a mãe e o pai apenas não apresentassem todas as tarefas de casa antes de qualquer coisa?

Nós não fomos *treinados*

Outra razão por que podemos não explorar o poder da atenção positiva é que simplesmente nunca aprendemos a fazê-lo. Não é que sejamos maus supervisores; apenas nunca *fomos*. Os supervisores – pelo menos os bons – no ambiente de trabalho aprenderam formas específicas de motivar seus empregados. Por exemplo, entre os livros mais vendidos sobre administração de empresas de todos os tempos estava um volume fino intitulado *O gerente-minuto*, cujo único propósito era ensinar como motivar os empregados, passando mais tempo circulando entre eles, dando *feedback* positivo e elogios e ficando menos tempo organizando documentos dentro de um escritório. Se você nunca esteve nessa posição, pode nunca ter tido a chance de desenvolver essas habilidades nem ter percebido que elas são tão importantes em uma família quanto no trabalho. Este passo no programa irá lhe mostrar como.

2. *Tire umas férias de ensinar... e julgar.* No que se refere a adolescentes, ser positivo significa muito mais do que reconhecer os aspectos positivos que observamos e deixar de lado as críticas. Seja mostrando-lhes como

amarrar os sapatos ou como dirigir um carro, temos ensinado nossos filhos desde o nascimento; portanto, esse é um hábito difícil de romper. Porém, na adolescência, ajudar e ensinar pode parecer tão negativo quanto uma crítica direta. Os adolescentes estão ficando maduros demais para querer nossa ajuda o tempo todo, e "ajuda", em um contexto de interações preponderantemente negativas, sempre será encarada como outra coisa negativa ("Você não está fazendo certo!"). Mesmo fazer perguntas, não importa o quanto sejam benignas, pode ser tomado como um desafio ou um "interrogatório". Suas perguntas podem colocar um jovem na defensiva, mesmo quando você não tem a intenção de ofender. Caso seu adolescente ignore seus pedidos, negligencie as tarefas domésticas, fuja do dever de casa ou de alguma outra forma não corresponda às suas expectativas, você provavelmente tem feito muitas perguntas com o objetivo de levá-lo a fazer o que deveria. *Portanto, comece a evitar orientações, instruções e perguntas.*

ALERTA: Não use o tempo só com o seu filho como recompensa ou punição. A finalidade desse exercício é que esse seja um tempo positivo oferecido gratuitamente por você, permitindo que seja seu adolescente quem o direciona. Se usá-lo como uma consequência, mesmo que seja positiva, ele ficará associado a julgamento.

Programando um tempo entre você e seu filho

1. *Durante a próxima semana, passe pelo menos três ou quatro sessões de 15 minutos fazendo alguma coisa só você e seu filho.* Durante esse breve período de tempo, *não faça perguntas, não dê orientações, não corrija e não dê instruções.* Um dos principais objetivos é permitir que o jovem direcione a interação – e perguntas feitas por você transferem esse papel de direcionamento para você. Se não fizer correções ou julgamentos e não der direções, terá um breve período de observações imparciais, o que pode facilitar uma mudança sutil no tom das interações entre vocês.

    Há duas maneiras principais de organizar o tempo que vocês passam juntos:
    - *Deixe que seu adolescente escolha alguma coisa divertida (desde que razoável).* Quem sabe sua filha gostaria de dirigir até o *shopping*, encestar algumas bolas ou jogar um *videogame* por um tempo. Apenas diga que tem um pouco de tempo livre e que gostaria de passá-lo com

ela – o que gostaria de fazer? Os adolescentes mais novos, em particular, podem surpreendê-lo com seu entusiasmo. Deixe que escolha qualquer atividade, contanto que não seja ilegal, destrutiva ou excessivamente cara. Deixe que direcione a atividade. Se o jovem escolher um jogo e trapacear ou violar as regras, aceite as "novas regras" durante esse tempo entre vocês. Se escolher um *videogame*, peça que o ensine a jogar. Seja completamente receptivo a seu adolescente e tente recuperar a diversão que costumava ter com ele quando era menor.

- *Ou procure observar quando o adolescente está fazendo alguma coisa de que goste – assistindo a um programa, trabalhando em um* hobby *ou exercendo algum talento artístico – aproxime-se e faça algum comentário breve, positivo e sem julgamento,* como: "Estou vendo que você está usando as tintas novas que compramos no outro dia" ou "Esse filme parece ser realmente muito engraçado". Então fique por perto e encontre coisas positivas para dizer durante alguns minutos – por exemplo, comente sobre como o projeto está indo bem ou sobre como é bom ouvi-lo rir ou o quanto se sente afortunado por tê-lo em sua vida. Se precisar fazer perguntas, certifique-se de que sejam completamente benignas e que não impliquem possíveis críticas: "Este filme é legal?", em vez de "Você terminou seu dever de casa antes de começar o filme?". A mãe de Gina escolheu um momento em que sua filha estava retratando seu gato para se aproximar dela e cumprimentá-la pelo desenho. Uma vez que o TDAH da menina a afastava de tarefas como o dever de casa com facilidade, a mãe teve de se esforçar muito para evitar mandá-la voltar às tarefas escolares em vez de passar os 15 minutos observando e comentando sobre o desenho.

A chave para a abordagem de seu adolescente é fazê-lo de modo relaxado e casual. Essa alternativa pode ser uma melhor opção para adolescentes mais velhos, que perceberam que a sugestão de passarem um tempo juntos fazendo o que eles quiserem é uma mudança e podem reagir com desconfiança, ou uma opção para jovens que em geral não deixam dúvidas de que não estão interessados em passar um tempo com seus pais.

2. *Durante a segunda semana deste passo, veja se consegue aumentar o número de vezes com tempo programado com seu adolescente.* O Dr. Kenneth Kaufman, um psicólogo de Nova York que se especializou em treinamento de pais por mais de 30 anos, descobriu que o momento que você passa só

com o seu filho pode ser ainda mais efetivo se ocorrer no começo do dia mais longo que vocês estiverem juntos. Portanto, quando estiver procurando oportunidades adicionais, tenha isso em mente. Em geral os adolescentes permanecem de bom humor por várias horas depois de uma experiência personalizada agradável com um dos pais. O dever de casa, as tarefas domésticas e outras responsabilidades podem, então, ser feitos mais harmoniosamente do que em outros momentos. Embora ainda não tenhamos pesquisas para apoiar os achados do Dr. Kaufman, nossa experiência pessoal na ajuda a famílias os confirma.

3. *Ignore um mau comportamento menor.* Comece a usar essa tática durante o tempo que passam juntos, depois procure estendê-la para outros contextos se achar que isso não está causando um aumento no comportamento desafiador ou na perturbação. O que você faz é ignorar alguma coisa que seu adolescente faz que seja incômoda ou irritante, mas não desrespeitosa ou uma violação das regras em casa. Os pais de Kevin simplesmente ficavam em silêncio e se afastavam quando ele começava a interromper no meio de uma conversa, como tendia a fazer. Os pais de Lauren decidiram deixar de lhe dizer que parasse de mandar mensagens de texto apenas porque não gostavam do longo tempo que estava gastando nisso (em vez disso, lhe diziam que parasse só quando ela de fato tinha de estar fazendo outra coisa necessária naquele momento, como vir para a mesa jantar). Os pais de Mark ignoravam seus assaltos à geladeira (mas não seu comportamento de beber cerveja). Os pais de Gina fechavam a porta para evitar a visão do quarto desarrumado e depois invariavelmente reclamar disso. A chave é examinar sua lista dos itens inegociáveis para recordar onde se encontra a linha entre alguma coisa menor e algo que precise ser corrigido.

Quando ocorre um fato que seja um irritante menor, se afaste um pouco, pare de falar até que o comportamento cesse, mesmo que por uma fração de segundo, e depois faça um comentário positivo. Se a situação escalar para um problema mais sério, interrompa a atividade e corrija o comportamento.

P. *Meu filho de 16 anos simplesmente zomba de mim quando sugiro passarmos um tempo juntos e, ao tentar me aproximar quando está fazendo alguma coisa sozinho, ele apenas se levanta e sai. Como poderíamos passar juntos um tempo positivo?*

R. Quando você encontra esse tipo de resistência, às vezes precisa aproveitar qualquer tempo que tenham juntos e transformá-lo em um momento somente de vocês. Se tiverem 15 minutos no carro a caminho da escola

Reflita antecipadamente

Não permita que a falta de planejamento atrapalhe o trabalho no tempo entre você e seu filho.

- Antes de começar esse exercício, pense em como vai conseguir ficar sozinho com seu adolescente. Você consegue programar esse tempo quando seus outros filhos estão fora de casa ou ocupados com alguma atividade previsível, como o dever de casa ou assistindo a seu programa favorito na TV?

- Se você é tão ocupado que ache que não terá 15 minutos livres – nunca –, como vai encaixar esse momento em sua programação? Pode delegar alguma tarefa ao outro genitor de seu adolescente para liberar o tempo? Mudar o horário para o final de uma tarefa se for provável que o jovem queira dirigir até a algum lugar? Programar os horários principalmente nos fins de semana e apenas uma vez durante os demais dias?

- O que acha que seu adolescente provavelmente irá escolher como atividade? Será alguma coisa que você considere razoável? Se sabe que ele vai sugerir certas atividades que não vai considerar "dentro do razoável", você pode prever alternativas a serem oferecidas? Por exemplo, Kevin queria ir à loja de *games* a 30 km de distância porque é onde existe a melhor seleção. Sua mãe se ofereceu para jogar qualquer *game* que o garoto já tivesse em casa ou fazer alguma outra atividade perto de casa. Os parâmetros dependem de sua definição, mas uma maneira de manter as coisas dentro do razoável é excluir atividades que envolvam pegar o carro ou gastar dinheiro.

- Lembre-se de que o objetivo é apanhar seu adolescente quando sua guarda está baixa e, então, espontaneamente passarem um tempo juntos; mas isso não significa que você não possa pensar com antecedência sobre quando esses momentos em geral ocorrem. Quando é que seu adolescente costuma estar envolvido em alguma coisa que goste de fazer? E em que momentos do dia em geral não há trabalho a ser feito? Saber quando é mais provável você apanhar seu adolescente relaxado e absorvido por alguma coisa divertida lhe permite planejar a aproximação casualmente nos momentos em que haja mais probabilidade de o tempo entre vocês ser positivo.

ALERTA: *Se você está usando essa técnica fora do tempo que passa sozinho com seu filho, tenha o cuidado de ignorar um mau comportamento menor nas interações que envolvem questões polêmicas.* Você pode facilmente torná-las maiores do que são na realidade. Por exemplo, se sabe que conversas sobre o uso do carro sempre são carregadas de conflito, não poderia passar a responsabilidade por essas discussões ao outro genitor por enquanto? Dessa forma, caso seu filho comece a elevar a voz ao criar um caso para poder usar o carro, você não vai transformar esse mau comportamento menor em uma infração importante. Seu marido (ou sua esposa), para quem esse tema não é polêmico, provavelmente não irá reagir de forma exagerada à elevação de voz, mas apenas ignorar o volume e se afastar até que seu filho abaixe o tom.

ou voltando para casa depois de uma prática esportiva, você pode praticar os mesmos princípios descritos. Muitos pais acham que estar no carro juntos é a melhor oportunidade de conversar sem julgamentos – especialmente porque você não está olhando para o adolescente enquanto dirige. Não se preocupe com isso, mesmo sendo somente 15 minutos; comece fazendo apenas um a dois minutos de comentários positivos – mas, sem dúvida, comece a fazer isso, porque o relacionamento não irá avançar e se tornar mais positivo a menos que você mesmo se torne mais positivo.

P. *Parece que não consigo encontrar uma maneira correta de conversar com minha filha durante o tempo que passo só com ela. Fico totalmente sem palavras ao tentar falar de uma maneira diferente. O que devo fazer?*

R. Alguns pais pensam em si mesmos como comentaristas esportivos e narram o que seu adolescente está fazendo. Outros agem como "ouvintes reflexivos", repetindo o que ele disse e lhe perguntando se é isso o que queria dizer apenas para fazê-lo elaborar e direcionar a interação. Você não precisa dizer muita coisa, e isso ficará mais fácil com a prática. Aguente firme; vale a pena o esforço, e o embaraço irá passar. Também pode pedir a seu cônjuge para encenarem uma conversa com seu adolescente de uma forma totalmente receptiva. Seu cônjuge faz o papel do jovem e lhe dá *feedback* acerca de seus comentários; isso irá ajudá-lo a compreender e corrigir suas afirmações negativas antes de conversar de fato com seu filho. Além disso, às vezes as palavras não são muito necessárias. Tente apenas se aproximar de sua filha, colocando a mão sobre seu ombro ou braço, apertando-o de forma breve e afetiva, e comunicando não verbalmente o quanto você se importa com ela. O toque implica intimidade e com frequência fala por si só.

Usando o elogio para dar a seu adolescente um incentivo para obedecer

Você precisa ser capaz de ver os aspectos positivos em seu adolescente, mas não pare por aí. Quando foi a última vez que se deu ao trabalho de elogiá-lo por alguma coisa que o viu fazendo? Ou apenas para ser grato por ter um filho de quem cuidar em sua vida? Nós frequentemente perdemos de vista o quanto apreciamos ter filhos devido às atribulações das atividades e dos detalhes do dia a dia, mas como você se sentiria se seu filho desaparecesse de repente? Use esse sentimento de ser afortunado por ter seu adolescente para superar seus ressentimentos e a hostilidade, bem como gerar comentários positivos sobre o quanto realmente valoriza tê-lo em sua família.

Se o comportamento desafiador estiver enraizado, já pode fazer algum tempo, mas aposto que consegue se lembrar de como o rosto de seu filho se iluminava ao ser elogiado quando era menor. Você precisa aprender a voltar a elogiá-lo quando for justificado. Somente depois que tiver aprendido os métodos para prestar atenção e expressar atenção positiva é que deve tentar aprender a mudar a maneira como pede que seu adolescente faça o que você quer.

1. *Aproveite oportunidades em que o jovem esteja sendo bom*. Durante as próximas duas semanas, tente todos os dias identificar quando seu adolescente está sendo bom. Não precisa ser "extrabom", apenas aceitável. Procure estes três tipos de oportunidades:

    - Quando você está ocupado e seu adolescente não o está interrompendo com uma demanda ou alguma outra perturbação, pare por um minuto o que está fazendo e lhe agradeça por não perturbá-lo. Isso pode ser tão simples quanto expressar seu agradecimento enquanto você está em uma importante chamada telefônica.
    - *Sempre* que seu adolescente se oferecer para fazer alguma coisa útil, não deixe de lhe agradecer por isso, não importa o quanto possa parecer insignificante, mesmo que seja apenas limpar o refrigerante respingado no balcão enquanto servia no copo. Ele pode parecer não se importar inicialmente, mas sua atenção terá um efeito cumulativo e ele irá começar a se esforçar para receber seu agradecimento.
    - Caso seu adolescente comece a fazer o que você pede, elogie-o *imediatamente* por obedecer.

2. *Crie oportunidades para elogiar seu adolescente, fazendo ofertas que ele não possa recusar*. Se, às vezes, parece que o jovem *nunca* é bom, então você terá de usar o conteúdo de suas ordens para criar uma oportunidade para que ele seja.

    Nem todas as ordens, no final das contas, são criadas iguais. Se disser a seu adolescente: "Desligue esse computador, suba e termine seu dever de casa", você provavelmente vai esperar resistência, e provavelmente terá. Mas, se disser: "Vá pegar um pedaço daquele bolo que acabei de fazer", que tipo de resposta você esperaria?

    O objetivo aqui é idealizar algumas ordens durante as próximas duas semanas para estimular a obediência *e depois sair de seu caminho para elogiar seu adolescente por obedecer*. Quando você diz: "Cuidado com

> ### Reflita antecipadamente
>
> *Seu filho tem um ponto forte que você identificou no final do Capítulo 4 e que pode utilizar para criar ordens fáceis de obedecer?* Isso pode ser algo simples como pedir-lhe alguma coisa que esteja fora do alcance porque ele é mais alto que você ou então dizer a sua filha para mostrar a seu irmão mais novo o mapa que fez para sua aula de geografia porque ela desenha muito bem e ele precisa de um bom exemplo para seu dever de casa. Ou poderia pedir ao adolescente hiperativo e inquieto – como são muitos jovens desafiadores – que dê início ao torneio de pingue-pongue ou voleibol em uma festa familiar. Aqui, você não está matando dois, mas três coelhos com uma cajadada: vendo o que é positivo em seu adolescente, jogando com seus pontos fortes e reforçando os benefícios da obediência. Como verá também, ao criar uma situação para que ele faça alguma coisa positiva, você está dificultando que faça algo negativo. Ninguém pode fazer ambas ao mesmo tempo.

esta poça", está usando *conteúdo* para criar a oportunidade de seu adolescente começar a aderir ao *processo* de aceder a seu pedido. O que é fantástico em relação a essa prática é que existe uma profusão de ordens entre "Faça suas tarefas!" e "Pegue uma nota de 20 na minha carteira e gaste no que quiser". Portanto, seja criativo. Verifique a lista no quadro a seguir e depois acrescente algumas de suas próprias ideias. Até o mais simples dos comandos, mesmo que não pareça pesado para o adolescente, ainda é uma ordem. Quando ele o obedece, você o elogia, e em breve a conexão entre obedecer e receber elogio é internalizada e se torna mais automática.

3. *Elogie seu adolescente por não ser "mau".* O que você geralmente faz quando o jovem interrompe suas conversas, fala com a boca cheia, deixa um rastro de sujeira que trouxe para dentro de casa ou quebra outras regras da casa? As chances são de que grite com ele para parar ou o direcione para alguma coisa menos inoportuna. Como essa resposta funcionou? Se você tem um adolescente desafiador, ela provavelmente não foi efetiva. Agora pense no que faz quando ele *não* está quebrando essas regras. Se você é como a maioria dos pais, é provável que a sua resposta seja "Nada". Por que deveria? O adolescente não o está desafiando, então não precisa tomar atitude alguma para corrigir seu comportamento.

> **Ordens às quais os adolescentes provavelmente irão obedecer**
>
> "Ligue no jogo de futebol; já vai começar." [Para adolescentes que são torcedores.]
> "Vá pegar um refrigerante."
> "Dê uma pausa em seu dever de casa e relaxe por uns 10 minutos."
> "Experimente meus brincos; eles provavelmente vão ficar bem com aquele *top*."
> "Por favor, me passe o sal." [Na mesa do jantar]
> "Veja se tem algum filme bom estreando neste fim de semana."
> "Sente no banco da frente para poder escolher a estação de rádio."
> "Segure a porta por um minuto."
> "Cheque seu *e-mail*."
> "Envie mensagens de texto para cinco amigos."
> "Vá conversar com seus amigos no Facebook."
> "Pegue o último pedaço de frango."
> "Vá dormir tarde; hoje é sábado."
> "Fique acordado mais uns 15 minutos; este programa está quase terminando."
> "Conte a seu pai aquela história engraçada que você me contou hoje."
> "Toque para nós uma música daquele novo CD."
> "Tome um longo banho quente hoje à noite; isso vai relaxar os músculos que você forçou no jogo."
> "Alcance-me um lenço de papel, por favor."
> "Diga se meus óculos estão retos."
>
> Suas ideias:
> _____
> _____
> _____
> _____
>
> Seja qual for o conteúdo que você escolher, torne-o atrativo ou fácil de obedecer e depois cuidadosamente elogie a obediência.

E nada muda.

Então, por que não experimentar o oposto? Escolha algum mau comportamento comum que você colocaria na categoria de desafiador e, quando seu adolescente *não* executá-lo, elogie-o por isso. Pense nessa estratégia como o oposto de "Deixar em paz os cães que estão dormindo". Seu adolescente não é um cão raivoso que vai morder se você perturbá-lo quando não está mordendo. Ele é um ser humano inteligente que irá aprender que, se receber o crédito por não morder, é isso que ele vai querer fazer.

ALERTA: *Cuidado com a tentação de ser sarcástico.* Dizer "Muito obrigado por não espancar Tina" quando seu filho não está provocando a irmãzinha com tapinhas e cutucões como frequentemente faz não é o que temos em mente. Embora tal ironia possa ser valorizada nos dias de hoje em programas de notícias com comédia e nas interações sociais de pessoas jovens, sarcasmo não é o que você precisa neste momento para ajudar em seu relacionamento com seu adolescente.

Para escolher um mau comportamento, volte à lista de comportamentos sintomáticos no Capítulo 1. Aqueles que você identificou em seu adolescente recaem sobretudo em uma ou duas das quatro categorias? Em caso afirmativo, é nessa direção que você provavelmente deve direcionar essa prática, porque é onde costuma esperar que seu adolescente cause problemas com mais frequência. Com Mark, de 17 anos, havia tantos problemas que seus pais tiveram muita dificuldade em descobrir pelo quê poderiam elogiá-lo. Seu terapeuta os ajudou a começar pelo mais simples, sugerindo que o elogiassem apenas por respeitar a propriedade de todos, não "pegar emprestado" as roupas ou o iPod do irmão ou não "saquear" a geladeira depois da escola. Os problemas de Lauren eram principalmente verbais. Quando não estava afastada por inteiro de seus pais, estava se lamentando, reclamando e discutindo. Seus pais também haviam percebido que ela sempre tinha problemas em se adaptar a novas situações ou mudanças inesperadas, portanto começaram a elogiá-la por não reclamar quando precisavam lhe atribuir alguma obrigação imprevista, como ajudar a avó a mudar a mobília em vez de levar Lauren até o *shopping*. A mãe de Gina a elogiava por não começar a assistir a algum programa no meio de seu dever de casa. Os pais de Kevin o elogiavam por deixar sua irmã pequena falar sobre seu dia na escola durante o jantar sem interromper com brincadeiras sarcásticas e zombaria.

P. *Toda vez que digo "Obrigado", Lisa me dá um sarcástico "Oh, de nada" ou apenas desdenha: "Sim, claro". Estou fazendo alguma coisa errada?*

R. Não. Muitos adolescentes ficam desconfiados com uma mudança repentina no comportamento de um pai que costumava ser crítico e agora usa o elogio ou a apreciação, aos quais não estão acostumados. Eles naturalmente presumem que você queira alguma coisa em troca ou que tenha segundas intenções. Apenas se mantenha assim e sua filha acabará percebendo que seus motivos são sinceros.

P. *Aproveitei cada oportunidade em que José estava sendo bom durante duas semanas inteiras, mas ele ainda age com desconfiança e, na verdade, não ficou nem um pouco mais cooperativo. O que devo fazer diferente?*

R. José tinha a mesma quantidade de conflito com o pai quanto com você? Em caso afirmativo, é preciso garantir que o pai também aproveite as oportunidades em que o jovem esteja sendo bom. Caso contrário, poderá achar que ainda não está recebendo os créditos por ser bom em casa *porque isso não lhe é apresentado de forma consistente por vocês dois.*

P. *Quando tentei elogiar Tai por fazer as pequenas coisas que lhe pedi, ela fez um comentário desagradável, e ainda está fazendo isso, portanto o elogio não parece torná-la mais cooperativa. Por quê?*

R. Como responde quando ela diz alguma coisa sarcástica ou detestável? Se tende a ser agressiva com ela e lhe diz para moderar sua linguagem, ou algo similar, está jogando o jogo dela e retirando a ênfase do processo que você está tentando reforçar. Tente usar a técnica que já aprendeu neste passo e apenas ignore esses comentários desagradáveis – afaste-se brevemente e, quando eles pararem, volte a agradecer por ela ter feito o que você pediu.

Entenda que este pode ser o passo mais importante neste programa porque depende do desenvolvimento de um novo respeito, da apreciação e da aprovação de seu adolescente, que poderiam estar faltando ou eram minimizados em suas relações anteriores. Como diz Stephen Covey em seu livro *Os 7 hábitos das pessoas altamente eficazes*, cada comentário positivo que você faz é um depósito em sua conta bancária emocional com o jovem, independentemente de isso ser reconhecido ou não por ele. Seja paciente, mantenha o comentário positivo, e as coisas vão melhorar pouco a pouco. Porém, tenha em mente que, em algumas famílias, a negatividade entre pais e adolescentes está arraigada de forma tão profunda que você pode não encontrar resultados ao seguir sozinho este passo. Se seguir nossas orientações neste passo por várias semanas e não obtiver resultados, esse é um forte indício de que vai precisar da ajuda de um profissional da saúde mental para desenvolver o restante deste programa.

Não fique mais à mercê do comportamento desafiador de seu adolescente; você agora começou a desenvolver o contexto de suas interações de modo que o jovem será naturalmente inclinado a obedecer. Isso não vai acontecer da noite para o dia, mas, depois de duas semanas, deverá começar a ver algum progresso. No mínimo, você inundou seu lar com *feedback* positivo, o que é sem dúvida muito bom. Agora que alterou a balança para o lado positivo, podemos tratar de como começar a lidar com o negativo. No próximo capítulo, você irá aprender os princípios do manejo do comportamento e como aplicá-los para tornar suas ordens mais efetivas.

Passo 2. Uma nova maneira de manejar o comportamento

Depois de empenhar esforços para mudar o tom do ambiente doméstico para o positivo, muitos pais relatam que seu adolescente já parece mais cooperativo. Alguns jovens precisam apenas de lembretes da boa vontade de seus pais para começar a agir como pedido com mais frequência. Às vezes, uma injeção de benevolência e compaixão apenas alivia o suficiente as tensões para que os membros da família já não estejam tão fortemente enredados e prontos para atacar. Poderá descobrir que seu adolescente não reluta a cada solicitação, que você já não faz comentários a cada pequeno aborrecimento e que, por sua vez, o jovem não parece aproveitar cada oportunidade para ser malicioso ou sarcástico. Esse é um círculo não tão vicioso de interação que só pode se expandir com tempo e perseverança positiva.

Para a maioria dos pais, no entanto, eliminar o comportamento desafiador criando um equilíbrio entre as interações positivas e negativas com um adolescente requer mais do que aumentar o positivo. É provável que você também precise aprender maneiras de reduzir diretamente o negativo. Isso começa com o aumento da obediência, dando ordens mais efetivas. Note que não estamos falando que deva fazer o jovem cooperar impondo um impedimento para a desobediência. Não vamos nem mesmo falar sobre punição até que você aprenda tudo o que pode para reduzir a frequência do mau comportamento e, assim, diminuir a necessidade de ser punitivo. Essa abordagem está baseada em dois princípios fundamentais que você já conheceu e com os quais irá se deparar ao longo deste programa:

- O positivo sempre virá antes do negativo.
- Estilo parental = poder. Mudar o que *você* faz para provocar mudança em seu adolescente é ser proativo e eficaz, em vez de reativo e frustrado.

Nunca confunda uma disposição para mudar com fraqueza ou desistência de sua autoridade. Viver com um adolescente desafiador faz os pais se sentirem incompetentes e ineficazes. É muito natural que pais frustrados por sentimentos de impotência tentem impor sua dominância forçando o jovem a mudar. O problema dessa tática é que ela não funciona. Lembre-se do que dissemos acerca da diferença entre pais *autoritativos* e *autoritários*? Os primeiros estabelecem regras justas, razoáveis, mas firmes, e esperam que elas sejam cumpridas, embora ainda estejam abertos à negociação em torno de muitas delas. Os últimos governam por meio da tirania e, em geral, incorrem em revolta. Você está mostrando sua força e sua autoridade parental quando mudanças para estimular a cooperação de seu adolescente são *suas*, não quando tenta forçá-lo a mudar mediante ameaças, punições e ataques verbais.

Ter essa mensagem em mente é essencial. A menos que concorde com ela, você não será capaz de se comprometer com os tipos de mudanças já testadas e aprovadas que precisará implementar durante este passo. Seria como ter um computador moderno a sua disposição, mas tentar se basear em um ábaco para calcular a prestação e os juros que irá pagar por sua hipoteca pelos próximos 30 anos.

OBJETIVOS PARA O PASSO 2

- Comece a aplicar os princípios de manejo do comportamento às suas interações diárias com seu adolescente.
- Aprenda a dar ordens eficazes.

Se examinasse atentamente as formas como vem tentando fazer seu adolescente cumprir o que você quer e lhe demonstrar o respeito que você merece, veria o quanto ficou enredado no padrão de comportamento coercivo introduzido no Capítulo 2. Como uma marionete comandada pelo jovem, você cedeu quando não queria; foi levado a explosões que desviaram o adolescente do que você lhe pediu para fazer; e puniu a mesma infração suavemente algumas vezes, com severidade outras, isso se puniu. A única coisa que qualquer um de vocês poderia prever acerca da maioria das interações é que elas envolveriam uma discussão. É hora de mudar esse padrão de interação por meio de uma abordagem comprovada, conhecida no campo da psicologia como *manejo do comportamento* ou *modificação do comportamento.*

Você irá aprender técnicas de manejo do comportamento ao longo de boa parte deste programa. Neste passo, apresentamos algumas sugestões para a aplicação dos princípios da modificação comportamental de uma maneira preliminar a fim de mostrar-lhe como irá lidar com seu adolescente. A ideia principal neste momento é simplesmente registrar esses princípios na sua mente, de modo que comece a pensar nesses termos. Você vai usá-los de uma forma muito mais sistemática nas próximas semanas. Ao mesmo tempo, vai adotar seis diretrizes importantes para dar ordens eficazes. Lembre-se de manter também durante este passo a atenção positiva que colocou em prática no Passo 1.

Começando a mudar o comportamento de seu adolescente alterando o próprio comportamento

Caso seu adolescente tenha TDAH, você já pode estar familiarizado com as técnicas e os princípios de modificação do comportamento. Os quadros com estrelas, sistemas de pontos e recessos que pode ter achado muito eficazes para manter seu filho desatento em uma tarefa quando era mais novo têm por base os mesmos princípios que queremos que comece a adotar nas próximas duas semanas. Mesmo que seu adolescente não tenha TDAH e você nunca tenha usado essas ferramentas, a modificação do comportamento é, sobretudo, simples bom senso. Ela diz que você pode mudar o comportamento de alguém pelo uso de recompensas e punições – que são chamadas coletivamente de *consequências*.

Você já viu esse conceito em ação inúmeras vezes. Apenas não o viu funcionar o tempo todo porque provavelmente não o estava usando de forma consistente. *Consistência*, de fato, é sinônimo de manejo efetivo do comportamento. Mas estamos nos antecipando. Antes que tente colocar o manejo do comportamento em ação, certifique-se de gravar o conceito em sua mente. Ele é tão simples quanto o ABC:

Antecipar (*anticipate*) → Comportamento (*behavior*) ← Consequências (*consequences*)

Como pode ver pelas direções das flechas, existem duas maneiras de influenciar ou mudar o comportamento (B – *behavior*). Você pode antecipá-lo (*anticipate*), imaginar qual é o antecedente (A) que frequentemente o provoca ou pode estabelecer uma consequência (C – *consequence*) por realizá-lo ou não.

Você usou esse modelo ABC durante a infância de seu adolescente. Quando seu filho era bem pequeno, visto que havia tantas maneiras pelas quais ele podia se colocar em perigo, você com frequência se empenhava muito para prever o que ele poderia fazer e impedi-lo. Você usava a parte *A* do modelo para influenciar seu comportamento. Um exemplo típico é o uso de proteção de plástico para evitar que um bebê começando a andar coloque um dedo curioso em uma tomada elétrica. Nos casos em que segurança é o objetivo, você certamente não escolheria a outra opção, ou seja, impor consequências (C) para quando a criança tocar na tomada. Mas o uso da antecipação não precisa ficar limitado a questões de segurança. Os professores usam isso o tempo todo, como quando sentam uma criança no lado oposto da sala em que se encontra seu melhor amigo, que é muito falante, porque nenhum deles faz coisa alguma quando estão lado a lado. Ao organizar a sala de modo que as duas crianças possam se concentrar, o professor modificou de maneira eficaz o comportamento delas.

Costumamos dizer aos pais que poder pensar de maneira antecipada e revisar a experiência prévia para predizer o futuro é como ter dinheiro no banco. Essas são "moedas" que você pode usar para modificar o comportamento de seu adolescente. Naturalmente, nem todo comportamento é previsível, e é por isso que você também precisa se voltar para as consequências.

Sem dúvida, você não ficará surpreso em saber que as consequências positivas aumentam a probabilidade de um comportamento voltar a acontecer, enquanto as negativas a diminuem. Diga: "Boa menina!" quando sua filha tentar tocar na tomada, e ela provavelmente fará isso de novo; grite "Não!!", e ela poderá pensar duas vezes na próxima ocasião em que tiver esse impulso. O que complica as coisas é que muitas vezes recompensamos inadvertidamente um comportamento negativo, aumentando a probabilidade de que torne a acontecer. Visto que, como você lembrou durante o Passo 1, a atenção positiva é uma consequência positiva, aproveitar um momento em que seu adolescente esteja sendo bom (ou apenas aceitável) encoraja uma repetição desse comportamento. Ignorar o bom comportamento desencoraja a tentativa do jovem de ser bom (ou aceitável). Ações coercivas, como discutir com ele alterando o tom de voz, são comportamentos negativos. Se ele escapar do que lhe foi solicitado porque você acaba cedendo só para parar o conflito, seu comportamento negativo foi recompensado com uma consequência positiva. Isso será usado novamente – pode contar com isso.

Com o tempo, esse padrão de comportamento coercivo na verdade obscurece a conexão entre comportamentos e consequências para os adolescentes. Eles param de reconhecer que existem consequências positivas para comportamentos positivos e negativas para comportamentos negativos. É por isso que as tentativas que você talvez tenha feito no passado para usar recompensas e punições podem ter fracassado. O primeiro objetivo a ser atacado durante este passo, portanto, é implantar três conceitos que irão manter muito clara a conexão entre comportamentos e consequências para seu adolescente:

- As ordens e as consequências serão específicas.
- As consequências serão imediatas.
- As consequências serão consistentes.

Tudo o que queremos que faça para dar início a este passo é começar se lembrando de ser específico, reagir imediatamente e ser consistente. Essas não são mudanças fáceis de fazer e não irão ocorrer de repente. Contudo, se começar a pensar nas interações com seu adolescente dessa forma, você (1) irá notar em que não estava seguindo esses princípios e (2) fará algumas mudanças preliminares na forma como lida com seu filho ou sua filha.

1. *Seja específico.* Para uma tarefa ou outra que foi motivo de discórdia entre vocês, pense em uma maneira de tornar sua ordem típica mais específica e use somente essa forma de expressá-la durante as próximas duas semanas. Os adolescentes adoram escapatórias. Diga ao seu filho para lavar a louça, e ele pode encher a lavadora de pratos, mas não ligá-la ou não lavar as panelas e frigideiras. Lembre-o de levar o lixo para a rua e, quando lhe perguntar uma hora depois por que ainda está sentado na cozinha, ele vai voltar seu rosto inocente para você e dizer sem engano: "Oh, eu não sabia que você queria que fosse feito agora". Pergunte se está fazendo o dever de casa, e ele provavelmente responderá "Sim" – sem mencionar que também está falando com 10 amigos no Facebook e baixando músicas ao mesmo tempo.

Se quiser que seu adolescente faça como você espera, é preciso deixar bem claro o que é. Diga: "Encha e ligue a lavadora de pratos, lave e seque todas as panelas e frigideiras e limpe a pia antes de sair da cozinha". Diga: "Pare o que está fazendo e leve o lixo para a rua agora". Depois que seu filho disser que está fazendo seu dever de casa, fale: "Faça *apenas* seu dever de casa – saia do Facebook, desligue o celular e não baixe músicas. Você vai fazer seu dever mais rapidamente e *depois* poderá ter esses privilégios eletrônicos".

Também deixe as consequências bem claras – não diga "Você vai ter problemas se não arrumar sua cama", mas "Se arrumar sua cama, poderá usar seu celular; se não arrumá-la até as 9h da manhã, você não poderá usar o celular pelo resto do dia". Seu adolescente provavelmente já ouviu ameaças suficientes de que "terá problemas" e coisas semelhantes para saber que elas em geral não resultam em coisa alguma, portanto elas terão pouca força.

2. *Reaja imediatamente.* Durante as próximas duas semanas, procure elogiar seu adolescente por uma coisa positiva (ou neutra) que ele faça de forma rotineira e que você considere fato consumado no minuto em que ele faz. Cada minuto que passa entre um comportamento e uma consequência enfraquece a conexão entre ambos na mente do jovem e dilui a força que a consequência deveria ter. Isso vale não só para consequências negativas por um comportamento negativo, mas também para as positivas. É provável que você tenha observado durante o Passo 1 que não mudou muita coisa na atitude ou no comportamento de seu adolescente se seu elogio sempre foi feito muito tempo depois. Dizer: "Obrigado por levar o lixo para a rua" à noite, quando sua filha retirou o lixo pela manhã, não vai fortalecer a conexão comportamento-consequência da mesma maneira que seria se você agradecesse logo depois que ela voltasse para dentro de casa.

Quanto às consequências negativas, digamos que seu adolescente infrinja a proibição não negociável de usar palavrões em casa. Você deixa passar porque tem companhia e não quer criar uma cena. Horas depois você lhe diz que não pode usar o computador naquela noite. Estou certo de que consegue imaginar a discussão que pode se seguir: o jovem reclama que você está sendo injusto; que não disse que estava brabo naquela hora; que agora ele *precisa* usar o computador porque tem um projeto em grupo em que precisa trabalhar com alguns outros colegas, e, se não estiver *on-line* com eles, não vão concluir em tempo e todos vão rodar na matéria. Seu filho sabia que a consequência por dizer palavrões era não usar o computador no dia, mas, como você não a impôs quando a esperava, ele presumiu que estava recebendo um indulto. Existem milhões de variações sobre esse tema. A questão é que, embora uma consequência atrasada seja melhor do que nenhuma, se seu objetivo é cimentar a conexão entre comportamento e consequências, uma resposta imediata é sua melhor aposta. Isso significa que é particularmente importante tornar as consequências imediatas durante as próximas duas semanas enquanto está restabelecendo a conexão na mente de seu adolescente. O que queremos dizer com "imediatas"? No período de 10 segundos é uma meta ideal pela qual aspirar, mas sem dúvida anunciar as consequências poucos minutos depois que ocorreu o mau comportamento (ou dar recompensas pelo bom), deve funcionar bem para a maioria dos jovens.

ALERTA: *Aja, não fale.* Muitos pais se repetem incessantemente quando seu adolescente não cumpre suas ordens. Os jovens aprendem com rapidez que a mãe e o pai só falam, não agem. Como Sam Goldstein, PhD, vem alertando há muitos anos, depois que você decidiu a consequência e emitiu uma ordem, é hora de agir, não de falar. Não repita suas ordens ou reafirme as consequências de forma repetida, fazendo ameaças vazias ou gracejos. Parta diretamente para sua implantação.

Observe também que a resposta imediata é primordial caso seu filho ou sua filha tenham TDAH. Você provavelmente já sabe que o mundo em que essas crianças vivem é o *agora*. A natureza de sua incapacidade é que não conseguem pensar de maneira antecipada ou refletir sobre o passado sem assistência. Ajude-as impondo consequências rápidas.

Se, por acaso, você estiver em um lugar público (p. ex., um restaurante ou uma loja) quando seu adolescente quebrar uma regra inegociável, poderá ser difícil executar uma consequência negativa imediata. Declare a punição e quando ela será implantada, dê a seu adolescente um "tíquete", escrevendo em um pedaço de papel, assim como a polícia faz quando você é pego em alta velocidade, e implante a consequência ao retornar para casa.

3. *Seja consistente.* Escolha uma regra menor de sua casa – algo que você queira cumprido, mas que não seja tão importante – e assuma o compromisso de fazê-la cumprir sem falhar nas próximas duas semanas. Falamos de escapatórias! A inconsistência parental é uma grande lacuna por meio da qual os adolescentes podem escorregar. Suas regras são impostas de forma consistente ou curvam-se a cada sopro do vento? Você insiste em que elas sejam seguidas por dias em um dado momento, mas depois as abandona nos dias seguintes? É uma regra para o pai, mas não necessariamente para a mãe? Ela vale apenas quando a mãe ou o pai estão de mau humor? Ou só quando a mãe está por perto, mas o pai não está, ou vice-versa? Você dá uma colher de chá para seus filhos em algumas regras, mas impõe religiosamente outras (sem que essas diferenças sejam partes definidas com clareza das próprias regras)? É uma regra em algumas situações ou em certos ambientes, uma diretriz em outros, às vezes uma mera sugestão e nem mesmo uma questão no resto?

Não se pode esperar que alguém seja consistente 100% do tempo. E muitos adolescentes podem descobrir que as regras da mãe diferem daquelas do pai, que em algumas situações elas são relaxadas e que existem casos previsíveis que requerem estrita adesão à letra da lei. Mas, para crianças que já são desafiadoras, tudo está em disputa. Até onde as regras podem ser flexíveis, como a mãe ou o pai provavelmente reagirão às violações e o que é de fato uma regra neste momento é o tema de um grande experimento de laboratório. Então, para reimprimir a ideia de que as regras da casa são rigorosas e que violações serão seguidas de consequências consistentes, você terá de ser muito mais diligente do que a maioria dos pais para aderir ao exercício.

4. *Durante as próximas duas semanas, dê uma boa examinada nas consequências que você tende a impor: elas são significativas, frequentes e bem equilibradas – ou impotentes?* Para forjar uma forte ligação entre comportamento-consequências, você precisa atribuir consequências para o bom ou mau comportamento que tenham poder verdadeiro. Seu adolescente não está motivado atualmente para trabalhar para você – ou seja, cooperar. Ele também pode ser imaturo ou não preparado para adiar a gratificação por outras razões, como ter TDAH ou um temperamento impaciente e emocional. Você não pode esperar que um jovem que costuma resistir de repente comece a atender às solicitações e regras por simples orgulho por sua realização, senso de responsabilidade ou respeito pela autoridade (a sua). Você tem de tornar as consequências significativas para ele. Isso significa que deve dar recompensas tangíveis, empolgantes, divertidas e estimulantes para o comportamento que quer ver repetidas vezes. *Essa não é uma forma de suborno.* Suborno envolve receber uma grande quantidade de dinheiro por alguma coisa ilegal e é um termo que não deve ser conectado à prática de recompensar seu adolescente pelo comportamento positivo. Tampouco significa que você cedeu, desistiu e deixou que ele dê as cartas. É um reflexo de sua compreensão de que o comportamento positivo é reforçado por consequências positivas e de sua forma de comunicar essa compreensão ao jovem.

Seu adolescente irá precisar de muitos lembretes dessa conexão comportamento positivo-consequência positiva, indicando que as consequências precisam ser impostas com muito mais frequência do que você possa estar acostumado. Não estamos falando de "ir à falência" pagando presentes e recompensas tangíveis. Lembre-se de que frequentemente uma consequência positiva pode – e deve – ser algumas palavras de elogio, um sorriso, um sinal positivo com o polegar ou um abraço. Por enquanto, isso é tudo o que você na verdade precisa fazer, tendo em mente a possibilidade de oferecer uma recompensa mais tangível por uma realização significativa de seu adolescente. Você vai aprender a usar uma programação mais sistemática de recompensas começando no Passo 3. Nesta semana, e não na próxima, coloque em jogo todas as formas como expressou atenção positiva ao jovem durante o Passo 1 e mantenha o padrão positivo. Ter uma história positiva de reforço irá ajudar seu adolescente a se manter no caminho com um comportamento positivo durante todo o dia. Pense em si mesmo como o *"personal trainer"* dele, o executivo que o está ajudando a aprender uma nova tarefa (manejar seu comportamento) ou o instrutor de condução que está preparado para usar uma série de controles até que ele consiga dirigir sozinho. Você poderá abdicar do treinamento e da liderança constantes depois que o comportamento do jovem melhorar – mas, então, provavelmente não irá querer. Elogios e outras consequências positivas se tornarão tão parte de sua maneira de interagir que passarão a ser a forma de estar um com o outro.

Uma última forma de tornar as consequências potentes é deixá-las bem balanceadas. Temos falado das consequências positivas, mas é claro que você também precisa impor as negativas. O truque que começou a aprender no Passo 1 foi restabelecer o equilíbrio entre o negativo e o positivo, concentrando-se na atenção positiva e minimizando a atenção negativa por duas semanas. Adolescentes ficam rapidamente desmoralizados e perdem a motivação para cooperar se as consequências negativas forem impostas com muito mais frequência do que as positivas. É por isso que você precisa aprender a emitir

---

Substituindo o executivo interno de seu adolescente

Alguns jovens se tornam desafiadores estritamente por meio de um padrão infeliz de interações com seus pais. Mas, conforme você aprendeu na Parte I, muitos adolescentes desafiadores são vulneráveis a esses problemas de comportamento porque têm dificuldades com coisas como controle dos impulsos, concentração, adiamento da gratificação, paciência e planejamento. Existem algumas habilidades que se enquadram no que os cientistas começaram a ver como funções executivas ou habilidades de uma pessoa: as capacidades mentais para controlar nossas reações ao mundo a nossa volta e regular nosso comportamento e nossas emoções. É como se todos possuíssemos um administrador na mente que nos diz o que fazer e não fazer, dizer e não dizer. As crianças com TDAH podem ser vistas como tendo problemas com as funções executivas, assim como muitos outros adolescentes com tendência a comportamento e atitudes desafiadores – às vezes suas funções executivas funcionam de maneira adequada, outras não. Quando usa as técnicas de manejo do comportamento deste programa, você está, de certa maneira, preenchendo temporariamente a função executiva ausente em seu adolescente. Você assume as "funções executivas substitutas" dele. Seu trabalho ao longo deste programa ensina a jovens desafiadores algumas das habilidades que para eles não se desenvolveram com tanta naturalidade. O objetivo final é passar-lhes as rédeas e deixar que sejam seu próprio executivo tanto quanto possível.

ordens efetivas, o segundo objetivo deste passo. Você vai aplicar todos os princípios anteriores.

5. *Com base nos princípios de manejo do comportamento e nas observações de suas interações com seu adolescente durante as duas últimas semanas, examine sua lista mais recente de itens inegociáveis.* É difícil ser específico, consistente e imediato para impor consequências com firmeza se nem mesmo *você* tem a convicção para apoiar as regras. Agora que examinou detidamente se age de acordo com os princípios de manejo do comportamento e onde teve problemas em fazer isso, pergunte a si mesmo se cada uma das regras é algo que você realmente quer ver obedecido o tempo todo. Em caso negativo, elimine-a. Agora se pergunte se existem outras que você omitiu e quer que sejam cumpridas o tempo todo. Também considere se de fato consegue continuar impondo essas normas. O que suas observações durante as duas últimas semanas lhe dizem? Você terá convicção quando disser a seu adolescente para cumprir a regra? Tem consequências negativas e positivas planejadas? Se a resposta a qualquer dessas perguntas for "Não" para alguma de suas regras, elimine-a por enquanto. Trabalhar em direção ao próximo objetivo irá ajudá-lo a aprender como dar seguimento às regras que realmente quer manter.

Dando ordens mais efetivas

Durante as próximas duas semanas, siga estas seis diretrizes sempre que precisar dar uma ordem a seu adolescente:

1. *Certifique-se de que você tem convicção.* É incrivelmente fácil lançar uma ordem para um jovem, mas muito mais difícil dar continuidade a ela. Portanto, antes de dizer a seu adolescente para fazer *qualquer coisa* nas próximas duas semanas, pare e pergunte a si mesmo se está seriamente convicto. Você tem tempo e energia para dar continuidade e se certificar de que a ordem seja cumprida? Tem uma consequência planejada para o não cumprimento? Está preparado para dar um *feedback* positivo sincero caso seu adolescente obedeça? É realmente importante levar isso a sério ou você deve apenas ignorar? Se responder a alguma dessas perguntas com um *não*, morda a língua. A menos que todas as suas respostas sejam sim, a ordem será fraca e ineficaz, e só irá manter em movimento o ciclo do desafio.

2. *Apresente a ordem de forma simples, direta e num tom de voz objetivo, e não como uma pergunta ou um pedido de favor.* Você pode dar opções, mas tra-

ce a linha entre as opções legítimas e as ilegítimas. É legítimo perguntar "Você quer fazer seu dever de casa agora ou depois do jantar?", mas não pergunte "Você quer fazer seu dever de casa?" quando o que realmente quer dizer é: "Faça seu dever de casa".

3. *Dê uma ordem de cada vez.* Os adolescentes saem de sintonia com os adultos depois da décima palavra. Você quer reforçar a conexão entre comportamento e consequência. Se der uma série de ordens, será mais difícil acompanhar cada uma com consequências imediatas, e será difícil que a conexão estrita B-C penetre na mente de seu adolescente. Caso ele tenha TDAH ou outros problemas de concentração, essa diretriz é essencial. Se você precisa dar uma ordem complexa ou grande, divida-a em ordens individuais menores.

4. *Diga ao adolescente o que fazer, em vez de o que não fazer.* Dizer a um jovem oposicionista o que não fazer é convidá-lo a ultrapassar a linha demarcada e desobedecer apenas para provar que pode. Lembre-se do quanto o orgulho é importante para seu adolescente em maturação. Dizer: "Coloque seus sapatos no armário" lhe diz exatamente o que deve fazer, enquanto: "Não deixe seus sapatos no meio da sala" não sinaliza qual deve ser seu próximo movimento e o deixa vulnerável a falha. Seu objetivo é *facilitar* que ele tenha sucesso.

5. *Certifique-se de que você tem plena atenção de seu adolescente quando dá uma ordem.* Evite dar ordens quando existe uma distração competindo pela atenção. Distrações como a TV ou o iPod irão dificultar que alguns jovens prestem atenção ao que você está dizendo e os levarão ao fracasso. Evite dar ordens de outra sala; encare seu adolescente quando lhe dá uma ordem.

6. *Seja cauteloso com ordens que envolvam limites de tempo.* Olhe novamente sua lista do Capítulo 1. Se a maior parte do comportamento desafiador de seu adolescente recair na categoria "desobediência passiva", é provável você já esteja tendo muitos problemas com tarefas inacabadas. Se, no Capítulo 4, você identificou no jovem características que indiquem dificuldade de concentração, perseveração, planejamento ou pensamento antecipado, dizer-lhe para guardar todas as roupas espalhadas no chão do quarto nos próximos 15 minutos ou para estar pronto para ir a um compromisso às 13h não tornará as coisas fáceis para ele cumprir. Dê a esse tipo de adolescente um auxílio, como um relógio digital ou um *timer*, ou simplesmente coloque tantas ordens quanto possível no contexto do "agora".

> ### Reflita antecipadamente
>
> *Saiba como se certificar de que seu adolescente o ouça.* Você já pode saber que um determinado olhar vidrado significa que não importa o que ele diga, na verdade não o está ouvindo. Mas os pais nem sempre conseguem saber onde estão as mentes dos jovens. Lembre-se de que eles tendem a se preocupar com todos os tipos de eventos e assuntos em suas vidas, e o fato de a TV estar desligada, de ele não estar no meio de uma conversa, de não estar usando o Xbox nem mandando mensagens pelo *smartphone* e de seu iPod não estar no ouvido não significa que não esteja distraído. Tente introduzir sua ordem com alguma coisa do tipo: "Eu preciso falar com você" e depois espere até que ele esteja olhando e pelo menos pareça vê-lo. Para ter certeza de que ouviu sua ordem, peça-lhe que repita o que acabou de dizer.

P. Nós demos a nosso filho uma ordem clara e direta para fazer seu dever de casa e estabelecemos a consequência de que iria estudar cinco minutos extras se não acabasse todo o seu trabalho de álgebra até a hora de voltarmos do trabalho. No entanto, as coisas pioraram em vez de melhorar. Por que isso não está funcionando para nós?

R. Primeiro, embora sua ordem tenha sido clara, vocês violaram o primeiro princípio do uso das consequências: incentivos antes de punições. Simplesmente acrescentar mais punições em geral não irá funcionar, a menos que já tenha um forte sistema de recompensas por concluir o dever de casa. Em segundo lugar, os pais devem monitorar os adolescentes desafiadores durante o processo de realização do dever de casa; vocês colocam a si e a seu filho em uma posição de fracasso ao exigirem dele que o dever de casa esteja pronto antes de voltarem do trabalho. Além de um incentivo positivo e de estar por perto durante a realização dessa tarefa, vocês podem tentar dividi-la em segmentos menores e elogiar seu filho por concluí-los. Isso poderá mantê-lo no caminho. Você aprenderá mais sobre como enfrentar situações-problema específicas com o manejo do comportamento nos próximos dois capítulos.

P. *Nosso filho de 15 anos, Hiroshi, tem TDAH. Ele é um garoto comprovadamente inteligente. Com frequência é muito engraçado, então temos dificuldades em manter suas brincadeiras sob controle, as quais costumam ultrapassar a linha entre o divertido e o maldoso. Para impedir que domine a conversa durante o jantar, o que em geral o leva a cruzar essa linha, criamos uma regra rígida de que ele deve deixar todos terminarem de falar antes de começar. A consequência para as interrupções é que ele tem de ficar totalmente em silêncio pelos cinco minutos seguintes, mesmo que ninguém esteja falando.*

Isso não funcionou. Hiroshi ou explode em uma tirada verbal ou começa a fazer gestos extravagantes como se estivesse se asfixiando para evitar falar, dominando assim a conversa, de qualquer forma. O que devemos fazer?

R. Vocês devem respeitar a biologia quando estabelecem consequências para um comportamento-problema. É muito difícil para adolescentes com TDAH se absterem de falar por cinco minutos; esse é um exemplo de um déficit na função executiva que provém da neurobiologia do TDAH. Sua consequência é irrealista. Uma melhor solução aqui é se basear no "controle dos antecedentes" – antecipando o comportamento e analisando seus antecedentes, conforme discutimos anteriormente neste capítulo, em vez de focar nas consequências. Estabeleçam um antecedente concreto para que cada pessoa na família "tenha a palavra" durante a hora do jantar. Escolham um objeto, como um martelo, que deve estar nas mãos daquele que irá falar. Passe o objeto de pessoa em pessoa para que cada um tenha sua vez de falar. Crie uma regra de que cada um tem dois minutos, e depois o objeto será passado adiante. Dessa forma, a mesma regra se aplica a todos, e seu filho não vai se sentir como se todos estivessem contra ele. Crie um incentivo positivo para Hiroshi cooperar com esse sistema; talvez ele possa ganhar um privilégio, como um tempo no iPod, *smartphone*, iPad ou computador ou uma pequena quantia em dinheiro para cada refeição durante a qual ele aderir à regra do objeto.

P. *O quarto de nossa filha sempre parece como se tivesse sido atingido por uma bomba. Ela vem com um milhão de desculpas para evitar fazer coisas simples, como arrumar sua cama – "Eu coloquei minha roupa limpa em cima dela"; "Eu vou arrumar depois que guardar as roupas, após a escola"; "Eu vou lavar meus lençóis mais tarde, então não tem por que arrumar a cama agora"; e assim por diante – então decidimos dividir a ordem "Limpe seu quarto" em vários passos. Mas isso ainda não está sendo feito. Nós entramos no quarto e encontramos cada tarefa individual feita pela metade, e Raven absorvida por uma revista que estava embaixo de sua cama ou em algum bilhete que encontrou enviado por um menino da escola dois meses atrás. O que mais podemos fazer para que ela realize seu trabalho?*

R. Tente anotar a lista de passos e cole atrás da porta do quarto dela, onde possa consultá-la. Alguns adolescentes se distraem com tanta facilidade que não conseguem se manter realizando uma única tarefa simples sem algum tipo de reforço. Outra forma de reforçar as ordens individuais é vincular consequências positivas a cada uma, o que você também anota ao lado de cada tarefa. Os positivos podem todos ser do mesmo tipo, como 10 minutos extras de tempo diante da tela para cada tarefa concluída. Inclua um bônus por limpar todo o quarto, como escolher um novo filme para fazer *download* ou simplesmente 15 minutos extras de tempo diante do computador à noite.

Entraremos em mais detalhes sobre esse sistema de recompensas no Passo 3, mas pode ser importante experimentá-lo aqui, em especial se você tiver um adolescente com problemas de atenção. Concluir o dever de casa era um problema permanente para Gina, então sua mãe teve de ser muito criativa com as recompensas. Um sistema que ela inventou foi ficar com o iPod de Gina e deixá-la usá-lo por cinco minutos para cada par de problemas de matemática que completasse. Depois de resolver todas as questões e sentar calmamente com sua mãe enquanto esta verificava seu dever de casa, ela tinha seu *smartphone* ou iPod pelo número de minutos que ganhou.

P. *Eu sou bem específica e firme e cuido para não dar minhas ordens a Jared como perguntas, já que agora posso ver que lhe dar opções como essa só piorou seu comportamento desafiador. Então digo: "Por favor, leve o lixo para a rua" ou "Eu agradeceria se você colocasse todos os pratos na lavadora agora". Jared ainda não faz o que eu peço. Por que não?*

R. Você mesma respondeu à pergunta: porque, de certa forma, você ainda está perguntando, e não mandando. Pode ser difícil ser objetivo e prático ao dar ordens quando passamos anos tentando aprender a falar de forma cortês e respeitosa com os outros. Além disso, muitos de nós também levam a sério os conselhos paternos de demonstrar respeito e empatia por nossos filhos e por seu direito, como seres humanos, de autodeterminação. Mas agora não é hora para sutilezas. Simplesmente se prepare para ser breve e ir direto ao ponto e diga: "Jared, leve o lixo para a rua" e "Jared, está na hora de colocar todos os pratos na lavadora". Você provavelmente poderá voltar a dizer "por favor" e expressar suas instruções em outras frases polidas em um momento posterior. Mas, por enquanto, o objetivo é restabelecer sua autoridade, o que significa não deixar espaço para escolha quanto a obedecer ou não. Você não precisa – na verdade, não deve – soar ameaçadora, má ou intimidadora. Apenas seja direta. Se de repente se pegar dizendo "por favor" ou soando insegura (pergunte ao outro genitor de seu adolescente caso tenha dúvidas se você soa autoritativa), pratique diante do espelho as ordens típicas que precisará dar nas próximas duas semanas – sem "por favor".

Da mesma forma, cuidado ao usar "obrigado" em lugar do elogio neste passo. No Passo 1 o incentivamos a dizer "obrigado" para as pequenas coisas inócuas positivas e não negativas no comportamento de seu adolescente como uma forma de demonstrar que você realmente presta atenção às coisas boas que ele faz. Porém, quando o está direcionando para fazer alguma coisa que de fato quer que seja feita, dizendo algo como "Obrigado por fazer o seu dever de casa", pode criar a falsa impressão de que ele lhe fez um favor pessoal e que obedecer é opcional, em vez da ideia de que é esperado que faça conforme foi dito.

Como se pôde ver a partir dos exemplos precedentes, o manejo do comportamento é simples em teoria, mas um pouco mais difícil na prática. Você deve estar começando a ter uma ideia de como pode colocar em funcionamento o que aprendeu na Parte I sobre as personalidades, os hábitos e os comportamentos automáticos e os estilos de comunicação que estão envolvidos nos conflitos entre você e seu adolescente. Os dois próximos capítulos irão ajudá-lo a continuar usando essas informações à medida que aprender mais acerca do manejo do comportamento.

Passo 3. Contratos e sistemas de pontos

Como os adolescentes podem ganhar privilégios

Antes de você dar início ao Passo 3, pare por um momento e pense sobre o que mudou em sua casa. Já faz cerca de um mês desde que começou este programa. Pode pensar nesse tempo como um período de treinamento. Você vem acumulando um capital emocional com seu adolescente, treinando-o para esperar mais aprovação, elogio e respeito de sua parte. Está se tornando um melhor supervisor e recuperando a confiança em sua capacidade de criar seus filhos. Portanto, mesmo que não possa dizer que seu adolescente teve mudanças radicais, deve estar se sentindo um pouco melhor consigo mesmo.

Você sem dúvida se sente aliviado porque o nível de conflito em casa diminuiu, mesmo que apenas um pouco, e também pode se sentir um pouco menos estressado e talvez mais energizado. Dar ordens mais efetivas requer muito menos energia e é muito menos frustrante do que a abordagem desordenada do passado. É muito libertador ter a consciência de que aquilo que você pede a seu adolescente é de fato importante, que foi específico o bastante para que ele tenha as informações necessárias a fim de realizar a tarefa e que você tem a autoridade para esperar obediência e não precisa depender de chantagem emocional e outras formas de coerção. O jovem ainda pode desafiá-lo, mas você sabe que o que pediu e como pediu estão acima de qualquer censura. Não é preciso que ruminar sobre como o encontro acabou em uma briga, o que poderia ter feito diferente ou por que parece não ter o controle desse garoto. A mudança na resposta de seu adolescente virá com o tempo.

Vamos continuar trabalhando nisso: seu objetivo neste passo ainda é melhorar sua relação com seu filho, reforçando o comportamento positivo dele, mas agora você vai tornar as consequências um pouco mais concretas do que uma palavra de elogio, um sorriso ou um gesto carinhoso. Para continuar fortalecendo a conexão mental de seu adolescente entre comportamento e consequências, você vai tirar proveito do que ele encara como positivo em sua vida.

OBJETIVOS PARA O PASSO 3

- Aprender a lógica e os princípios do manejo de contingências de modo que se tornem uma segunda natureza.
- Montar um sistema formal – um contrato de comportamento ou um sistema de pontos – que torne os privilégios contingentes à obediência de seu adolescente.

Você já começou a demonstrar a seu adolescente que existem consequências positivas para o comportamento positivo. Porém, muitos jovens desafiadores simplesmente não acreditam que seja possível obter uma reação positiva, não importando o quanto sejam bons. Eles precisam de evidências além de sua atenção positiva e elogios. Caso seja como a maioria, seu adolescente desafiador acha que os privilégios e outras recompensas são concedidos (ou recusados) de maneira indiscriminada. Pensa que você se torna magnânimo imprevisivelmente porque está de bom humor ou porque aconteceu alguma coisa que não tenha nada a ver com ele. Acredita que você nega privilégios por capricho, porque está de mau humor ou irritado com outra pessoa, para puni-lo por algo que lembrou que ele fez na semana passada ou porque suas transgressões "se acumularam" e você acha que já está na hora de tomar medidas drásticas. A mensagem que seu adolescente desafiador precisa começar a ouvir agora mesmo é que o bom comportamento não só tem suas recompensas, *mas elas também são previsíveis.*

Mesmo as crianças menores compreendem o conceito de contingências: eu começo a me arrumar sem discutir quando mamãe manda e ganho uma história na hora de dormir; se discuto e me atraso, acabo indo para a cama sem uma história. Em algum ponto ao longo do caminho, seu adolescente perdeu contato com esse conceito. Agora é hora de voltar a incuti-lo. A ideia é chamada de *manejo das contingências.* Você mesmo provavelmente precise reaprender o conceito. Parou de exigir que o jovem faça o que você quer para obter o que *ele* quer; deixou que ele acreditasse que está no comando, no qual não deveria estar. Os privilégios perderam sua força. Você está a ponto de mudar isso.

Este é um passo que você pode achar que precise de apenas uma semana, mas não lhe dê menos de uma semana e não ceda à tentação de ampliar o sistema para aplicá-lo em qualquer lugar. Siga as orientações e avance devagar. Tenha certeza de que você está sendo consistente antes de avançar para o Passo 4. Duas semanas é um tempo aproximado para que a maioria das famílias implante o sistema e trabalhe nele rotineiramente, portanto considere a primeira semana mais como o cruzeiro "experimental" de um novo navio – um momento de ajuste para executar o programa de maneira adequada.

Entendendo como o manejo das contingências pode reduzir o comportamento desafiador

Por que você precisa se incomodar com a formalidade deste passo? Há três razões óbvias, e uma quarta que é mais sutil, porém igualmente importante:

- Os jovens problemáticos são desafiados de forma motivacional. Está claro que seu adolescente não estava disposto a fazer o que você queria no passado, portanto você precisa suprir a motivação externamente. Isso é o que faz o manejo das contingências. Ele é um tipo de preparação ou empurrão motivacional. A conexão do comportamento a consequências imediatas e desejáveis resulta em mais probabilidade de o adolescente fazer o que você pediu. Com o tempo, se tudo correr bem, a ideia de ganhar privilégios por meio da cooperação se tornará arraigada e internalizada e passará a fazer parte do *modus operandi* do jovem.

- As combinações entre você e seu adolescente precisam ser muito explícitas, de modo que cada um saiba o que é esperado do outro – o que precisa ser feito e o que é prometido por fazê-lo.

- O manejo das contingências é a forma como o mundo do trabalho adulto opera. Somos pagos por realizar nosso trabalho. Se não o fizermos, os cheques de pagamento param. A criação de contratos para o trabalho em casa e na escola ajuda a preparar os adolescentes para esse aspecto da vida adulta. Esse tipo de preparação apenas torna explícita a relação entre trabalho e recompensas, mas fazer isso aumenta a probabilidade de que os jovens cooperem. Assim como ninguém trabalha de graça, também não se obtém alguma coisa por nada. Os sistemas de pontos deixam muito claro que, embora não exista almoço grátis, existem muitos itens desejáveis disponíveis no cardápio por ter bom comportamento. E também faz uma afirmação ética poderosa: ninguém lhe deve coisa alguma porque você existe. É preciso merecer aquilo que procura obter.

- Seu adolescente precisa saber que seu tempo e seu esforço são valorizados. Nossos filhos não são nossos escravos. Como qualquer outra pessoa, eles merecem ser recompensados pelo trabalho que fazem para os outros, incluindo seus pais. Nunca pensaríamos de forma consciente em nossos adolescentes como escravos, mas às vezes isso fica implícito quando agimos como se fazer parte de nossa família significasse que nossos filhos têm um débito conosco. Todos nós temos um tempo de vida limitado. Uma vez que nosso tempo é limitado, ele é inerentemente valioso. Se vamos usá-lo fazendo alguma coisa para alguém, em geral esperamos receber algo de valor em retribuição. Os sistemas de pontos deixam essa conexão muito clara. Para nós, o esperado seria pagar alguém para cortar a grama, limpar a casa ou lavar nossas janelas, então por que se deve esperar que nossos filhos simplesmente façam essas coisas quando os mandamos fazer? Você pode achar que essa transação é justa, já que você alimentou, vestiu, abrigou, protegeu, educou e apoiou seus filhos de outras maneiras. *Mas esse é o seu trabalho* – o que ficou implícito aceitar quando decidiu ter filhos. Estes, no entanto, não tiveram voz ativa nesse assunto e, portanto, não têm uma dívida a pagar. Tratá-los como se tivessem não é justo nem certo e, frequentemente, pode levar a um conflito na família. O manejo das contingências fornece uma estrutura por meio da qual você trata seu adolescente como trataria qualquer outra pessoa que esteja fazendo alguma coisa para você, não só demonstrando mais respeito por ele, seu tempo e trabalho, mas também satisfazendo seu sentimento inato de autovalor, imparcialidade e justiça. O produto dessa mudança? Você terá mais respeito de seu adolescente também.

1. *Considere por que seu adolescente não está mais motivado a cooperar.* Com a lógica anterior em mente, por que acha que ele não coopera com você? Conforme explicado nos Capítulos 5 e 6, ele ficou no comando de muitas coisas por muito tempo. Talvez tenha controlado o que faz e quando faz com pouca participação parental. Ou seu adolescente tem tido tantos privilégios especiais imerecidos que os toma como certos e, agora, na verdade, ele mesmo está no controle das recompensas. Muitos jovens, de fato, pensam nesses privilégios como direitos. Talvez você tenha esperado trabalho escravo de seu adolescente em retribuição ao apoio essencial básico que qualquer genitor deve fornecer. Sem pensar

muito, qual desses motivos você acha que provavelmente esteja operando no caso de seu adolescente?

Antes de irmos adiante, entenda que estabelecer um sistema em que seu filho comece a receber privilégios não pretende ser um discurso filosófico contra o materialismo egoísta desigual do século XXI ou desviar a atenção para uma discussão a respeito de se as crianças são "mimadas" hoje. A questão não é o quanto seus filhos têm em brinquedos ou viagens ou quanto dinheiro isso custa; é se você controla essas coisas de forma que entendam que elas são privilégios em vez de direitos. Nosso objetivo não é impor a sua família nossa definição de modéstia, nossa versão de Calvinismo (negação da recompensa) ou nossos valores pessoais. Nosso objetivo é ajudá-lo a incutir em seu adolescente uma compreensão renovada dos princípios essenciais para uma vida adulta bem-sucedida: que existe uma consequência para cada comportamento e que a forma de conseguir o que quer é corresponder às expectativas daqueles que estão no controle daquilo que você aspira obter.

2. *Saiba a diferença entre direitos, presentes e ganhos/privilégios.* Até onde sabemos, seu adolescente tem direito às condições básicas essenciais da vida humana – alimento, vestuário, abrigo, proteção, cuidados médicos e educação –, e, portanto, essas coisas estão fora de questão como consequências a serem usadas para manejar seu comportamento. Elas são direitos, não privilégios ou consequências a serem dados ou retirados contingentes ao comportamento do jovem.

E quanto aos presentes? Qualquer coisa que você tenha dado para seu adolescente como presente de aniversário, presente de Natal ou similar também está fora de questão. É isso que os presentes são: doações não contingentes feitas aos outros. Você não esperaria que alguém de fora de sua família fizesse alguma coisa por você só porque lhe deu um presente de aniversário. Mas, se você se pegou zangado com seu adolescente pelo comportamento desafiador devido a um raciocínio de que ele lhe deve respeito ou cooperação uma vez que você acabou de lhe dar um suntuoso presente, considere a possibilidade de que a expectativa por esse tipo de reciprocidade poderia muito bem ser fonte de parte da tensão em seu relacionamento. Lembre-se, presentes não devem ter contrapartida.

Isso significa que, se você deu a seu adolescente um computador, celular, iPad, *videogame*, roupas de grife ou alguma outra coisa em uma ocasião especial como presente, não deve ameaçar retirá-los quando ele não fizer alguma tarefa para você ou não se comportar como exigiu. Fazer isso desencadeará instantaneamente no jovem o sentimento de injustiça e parcialidade. Portanto, pense bem de agora em diante quando der um presente grande, em especial um *smartphone* envolvendo um plano de dados mensal. Você espera poder usá-lo como consequência mais tarde? Em caso afirmativo, terá de dizer como, explícita e antecipadamente. Por exemplo, você poderia dar a sua filha um *smartphone* de aniversário, com a qualificação explícita de que os pagamentos mensais adicionais em sua conta telefônica além do primeiro mês *não* fazem parte do presente. Isso significa que cada mês de *uso* do telefone é um ganho pelo comportamento. O mesmo se aplica a aparelhos como iPads – talvez seu adolescente tenha um computador dado como presente, mas os encargos do acesso mensal à internet são um ganho pelo comportamento. Devemos sempre enfatizar isto: você *precisa* fazer a distinção inicial bem clara entre possuir alguma coisa como um presente e as contas mensais de uso como um ganho pelo comportamento a ser conquistado. Se não fez isso, não espere que seu adolescente o faça naturalmente. É provável que seu filho tenha pensado que todo o pacote do produto e o uso mensal fossem o presente. Isso fica mais complicado com presentes que não possuem contas mensais de uso, como um aparelho de MP3 ou um iPod. Depois que você já deu, não pode pegá-lo de volta como uma consequência. Se fizer isso, provavelmente terá uma discussão com seu adolescente, e com razão. O que você *pode* usar como consequência é a possibilidade de ganhar *downloads* adicionais de músicas de *sites* para acrescentar à coleção do jovem. Seu filho pode ganhar vale-presentes, certificados ou outros créditos por meio de comportamento cooperativo e trabalho feito para você. Isso é justo – essas são coisas a serem conquistadas.

Isso nos leva aos ganhos. Esses são privilégios, bens, produtos ou outros serviços que pode oferecer a seu adolescente como parte de um contrato referente a seu comportamento e ao trabalho que faz para você. Esses são ganhos porque são contingentes à conduta ou aos esforços do jovem. Coisas como mesada, o tempo fora de casa com os amigos, o uso do carro da família e seu combustível, artigos especiais de vestuário, taxas de uso mensal para eletrônicos, jantar fora com os amigos e o uso da TV da família, do computador da casa e assemelhados podem ser usadas como fontes de ganhos potenciais para seu adolescente. Aqui, reforçando, entenda que, uma vez que o jovem tenha conquistado essas coisas, você não pode unilateralmente tomar de volta o que deu devido a alguma infração futura. Isso seria como seu empregador pegando de volta um de seus salários anteriores porque você depois veio a fazer alguma coisa errada no trabalho. Assim como seu empregador, você pode reter consequências *futuras* ("salários") pelo que seu adolescente faz como parte de seus contratos, mas não é justo que tome de volta o que ele já conquistou. Deixar bem claras essas distinções irá reforçar o respeito dele por você e seu sentimento de justiça, bem como irá reduzir muitas discussões que surgem devido à ambiguidade sobre o que é um direito, um presente ou um ganho.

A *ambiguidade* pode, na verdade, ser o maior inimigo dos pais com um adolescente problemático. Em famílias nas quais reina o comportamento desafiador, os pais costumam retirar privilégios com pouco efeito porque o jovem sabe que estes são concedidos indiscriminadamente e com frequência de forma ambígua, sugerindo que existe a probabilidade de sempre haver outro ao virar a esquina – para não falar dos que ele já acumulou. (Um garoto que não tem permissão para sair com seus amigos, por exemplo, ainda pode ter um iPod, telefone celular e computador para entretê-lo e, de fato, mantê-lo em contato com seus amigos, mesmo que de forma mais virtual do que real.) É provável que tentar recompensar um adolescente desafiador também não funcione. Se sabe que não precisa de outro brinquedo ou outro privilégio, o garoto dificilmente será motivado pela promessa de uma recompensa. Recompensas não são suficientes para ele quando já recebeu muito mais, mesmo quando se trata, sobretudo, de liberdade e independência que, na verdade, ele não conquistou nem está maduro o suficiente para manejar. Se você foi inconsistente e indiscriminado no monitoramento de seu adolescente e na imposição das regras e ambíguo na distinção do que são direitos, presentes e ganhos, o jovem *está* no comando – e sabe disso. Você não precisa ter concedido ativamente esses privilégios para que ele saiba que já os tem. Nunca se esqueça de que liberdade e independência são mercadorias valiosas para os adolescentes. Se seu filho já as possui, e mais uma grande quantidade de brinquedos, o que mais ele precisa de você?

A única coisa que pode fazer nesse caso é criar condições equitativas, assumindo de volta o comando dos muitos privilégios sobre os quais você de fato tem controle e liberando-os somente mediante o bom comportamento de seu adolescente. As recompensas nunca terão o poder de encorajar um bom comportamento, e a remoção de privilégios nunca terá o poder de desencorajar um mau comportamento se você não estiver no controle desses privilégios. É por isso que é tão essencial deixar muito claro para você e seu adolescente o que são os direitos, o que são os presentes e o que são as coisas que podem ser conquistadas. Lembre-se de que os aparelhos eletrônicos que são dados como presente devem permanecer assim, mas você sempre terá a opção de transformar em privilégio as taxas de uso ou adicionais – *desde que diga antecipadamente que serão assim.*

Saiba também que as regras inegociáveis que estabeleceu sempre triunfarão sobre os presentes e privilégios. O fato de você não dever retomar presentes como punição não dá a seu adolescente permissão para violar essas regras. Imagine que um toque de recolher à meia-noite na sexta-feira e no sábado seja uma regra inegociável para seu filho, mas você lhe deu um carro como presente de aniversário. Ele pode tentar argumentar que pode dirigir com seus amigos até depois da meia-noite porque o carro foi um presente que não deve ser "tomado de volta". Esteja preparado para esse tipo de teste dos limites quando definir presentes, direitos e privilégios e tiver que integrá-los às suas regras invioláveis. Nesse caso, o toque de recolher à meia-noite ultrapassa o presente, e seu adolescente precisa estar em casa com o carro à meia-noite ou enfrentar as consequências. Entretanto, para preservar a integridade do presente, seria aconselhável estabelecer outras consequências que não sejam a retirada do carro. (A propósito, os pagamentos periódicos do seguro também são privilégios a serem conquistados, e não direitos a serem esperados.) Isso é o que você irá aprender a fazer neste e nos dois próximos capítulos. Mas se lembre sempre de que a linha do limite inferior não deve se mover: se as consequências que estabeleceu se mostram ineficientes e a única forma de impedir que seu adolescente chegue em casa depois do horário estipulado for confiscar as chaves do carro na sexta-feira e no sábado, você deve fazê-lo. Embora o jovem "possua" o carro, você possui e controla o seguro do veículo e, portanto, seu uso. A perda do carro por um ou dois fins de semana será uma consequência suficiente para a maioria dos adolescentes.

3. *Identifique os direitos, os presentes e os privilégios de seu adolescente.* Você tem a teoria em suas mãos; agora precisa descobrir que coisas são o quê em *sua* família. O maior problema que os pais têm para entender a ideia de contingências é que eles realmente não compreendem a definição de privilégios e não percebem que tornar disponíveis coisas e atividades desejáveis para o adolescente está de fato, em grande parte, sob o controle deles. Apresentamos aqui uma conversa reveladora entre os pais de Mark, de 17 anos.

Mãe: Não existe coisa alguma pela qual Mark possa se esforçar; ele já tem tudo agora e pensa nisso como seu direito. Ele tem uma TV de tela plana de 21 polegadas, um aparelho Blu-Ray e um iPad que se conecta com nosso *wi-fi* no quarto dele. Nós lhe demos um *smartphone* no Natal. Também lhe demos as chaves de nossos carros, e ele podia dirigi-los quando precisasse e não estivéssemos em casa. Então ele dirige para onde quer, sem nossa permissão. Seus avós lhe deram o PlayStation de Natal.

Pai: Sim, ele age como se os seus eletrônicos fossem seu direito inato e tem muitos confortos materiais. Mas, a que ele realmente tem *direito*, além de um lugar para viver, comida, roupas, escola e assistência médica?

Mãe: Bem, nada, eu acho, mas tente dizer isso a Mark. Você está pronto para a III Guerra Mundial?

Pai: Nós já temos a III Guerra Mundial. Só que ele nos tem na defensiva, sem munição e qualquer arma. Vamos lhe dizer o que estamos planejando fazer juntos.

Mãe: Gostaria de retirar o carro, o acesso por *wi-fi*, o celular e o iPad quando ele chega em casa depois do toque de recolher ou sai pela porta dos fundos da escola após o primeiro período.

Pai: Eu também gostaria disso, mas infelizmente lhe demos essas coisas como presentes e na época não as vinculamos a coisa alguma em retribuição. Então, se começarmos a retirá-las agora, a III Guerra Mundial se tornará uma guerra nuclear, e não vamos conseguir coisa alguma. Elas têm de entrar na coluna dos presentes.

Mãe: Isso é muito difícil de engolir. Por que os pais não podem retirar o que quiserem na hora em que quiserem? Quem está no comando, afinal?

Pai: Eu entendo você, mas estamos presos em uma má situação com um adolescente realmente desafiador. Você sabe por nossa experiência passada que retirar coisas de maneira arbitrária deixou Mark tão zangado que começou a destruir coisas dentro de casa – aquilo não nos trouxe benefícios. A verdadeira questão é como podemos fazer as coisas de um modo diferente para estimulá-lo a alterar sua conduta, por mais difícil que isso seja para nós.

Mãe: Acho que você está certo. Mas precisamos deixar bem claro que, embora esses aparelhos tenham sido presentes, os planos de dados mensais são privilégios a serem conquistados, assim como o prêmio do seguro do carro. Nós lhe demos um carro, mas nunca prometemos dinheiro para o combustível ou o seguro; nós demos o celular e o *modem* do *wi-fi*, mas não prometemos pagar os encargos mensais indefinidamente. Não poderíamos colocar isso na coluna dos privilégios?

Pai: Sim, temos que fazer isso. Não temos muito mais. Ele dirige quase 500 km por semana e vai ter de ganhar dinheiro para sua gasolina, taxas do celular e taxas de acesso da TV a cabo, apesar de achar que essas coisas são seus direitos.

Mãe: Vamos fazê-lo merecer a energia elétrica para os aparelhos de TV e DVD.

Pai: Gostaria de fazer isso, mas não é prático controlar o acesso à TV e ao DVD quando não estamos em casa, e também ele não se importa tanto assim com esses aparelhos. Vamos deixar assim.

Mãe: OK, mas vejamos as roupas. Quem foi que disse que Mark tem direito a camisas e jeans de marca? E quanto a comer fora com os amigos em lanchonetes da moda três vezes por semana? Ele ganha roupas e alimentação, mas essas coisas caras e extravagantes não são direitos.

Pai: Comer fora e comidas especiais vão para a coluna dos privilégios. A alimentação básica em casa é seu direito.

Pai: OK, vamos ver... Os direitos de Mark são alimentação básica em casa, vestuário razoável, um quarto, escola e assistência médica. Os presentes físicos que ele tem agora – aparelhos de TV e DVD, iPad, computador, *modem* para TV a cabo, celular – não vamos retirar. Mas as taxas de uso mensais e a gasolina e prêmios do seguro que ele usa ao dirigir nossos carros são privilégios, junto com comidas especiais e roupas caras.

Mãe: Eu concordo.

Você pode ver como os pais de Mark tiveram dificuldades com a ideia de não retirar os presentes e definir os verdadeiros direitos e privilégios, mas conseguiram desenvolver distinções viáveis. Agora, experimente o pequeno exercício a seguir antes de começar seu próprio sistema de manejo de contingências: preencha as colunas a seguir no formulário de direitos, presentes e privilégios com base em como você pensa que seu adolescente veria essas coisas. (Sinta-se à vontade para fazer cópias ou o *download* do formulário no *link* deste livro em www.grupoa.com.br se precisar de mais espaço ou quiser usá-lo de novo posteriormente.)

Se você for como a maioria dos pais, poderá terminar com um formulário preenchido nas colunas da esquerda e do meio, mas quase em branco na da direita. É muito fácil ver por que seu adolescente pode não estar disposto a trabalhar arduamente para você. É provável que exista uma grande confusão entre as colunas, sobretudo a segunda e a terceira. Seu filho considerar seus direitos e presentes não contingentes coisas como ter o equipamento eletrônico mais recente e usá-lo mensalmente

Direitos, presentes e privilégios

Quais são os direitos de seu adolescente?	O que foi dado como presente?	Quais são os privilégios de seu adolescente (coisas a serem conquistadas)?

De *Seu adolescente desafiador* (2ª ed.). Copyright 2014, The Guilford Press.

com as taxas de utilização associadas; poder tomar decisões sobre onde vai, a quem visita e o que faz; usar o carro; ter dinheiro no bolso; e escolher o próprio horário de voltar para casa ou de ir para a cama. Você talvez já tenha começado a ver que certos itens que ele controla na verdade poderiam e deveriam estar em seu domínio. Mas não se esqueça de seu tempo fora de casa e de outras formas de independência da supervisão parental. Estas nunca são direitos ou presentes; elas são consequências a serem conquistadas. Seu adolescente deve conquistar independência (1) comportando-se de forma apropriada e (2) demonstrando a habilidade de lidar de modo responsável com a independência recentemente concedida, até que atinja a maioridade e tenha o direito legal de ser autônomo.

Entretanto, seu adolescente possui alguns direitos outorgados pelo Estado, mas estes são limitados a coisas como comida, vestuário, abrigo, proteção, assistência à saúde, educação e segurança geral. Você também pode decidir que tenha o direito de acesso a uma bicicleta que ele comprou com o próprio dinheiro, por exemplo. Em contrapartida, um privilégio é algo conquistado e, por definição, significa que está sob seu controle.

Agora volte e preencha as colunas do formulário uma segunda vez, usando o novo formulário da página a seguir; mas, desta vez, faça isso a partir de sua nova perspectiva e de como gostaria que fosse daqui para a frente. Diferenciar nem sempre será simples, mas vai conseguir – se der ouvidos a seu *próprio* senso de justiça. Você pode, por exemplo, decidir que deve dizer quando seu filho de 13 anos pode sair para dar uma volta de bicicleta. Mas, e se ele comprou a bicicleta com o próprio dinheiro?

O que provavelmente pertence à coluna dos direitos é o acesso de seu filho à bicicleta; ela é dele e só dele. O que pertence à coluna dos privilégios, no entanto, é a liberdade de sair de casa, em primeiro lugar, *qualquer* que seja o meio de transporte.

O que você colocou na coluna dos direitos que agora mudaria para a coluna dos privilégios? Talvez ache que sua filha tenha o direito de vestir o que quiser da última moda além do básico – afinal de contas, são as roupas dela. Mas você pagou por elas? Você as lava ou paga pela lavagem a seco?

Talvez pareça absurdo dizer a um adolescente que troca os canais da TV sempre conforme seu desejo que agora ele precisa ganhar esse privilégio. Mas isso não é nem um pouco ridículo se você pagou pela TV e também paga a conta de energia que a mantém funcionando. O mesmo vale para o telefone fixo da família. O telefone celular pode pertencer a sua filha na medida em que ela possui seu próprio número e essa unidade particular lhe foi presenteada para uso pessoal apenas. Porém, se você paga a conta mensal, tem controle sobre o uso do aparelho todos os meses.

Se começar a pensar nos privilégios como algo que você está fornecendo além dos direitos básicos e, portanto, tem controle sobre eles, verá que a maior parte da vida de seu adolescente é formado por privilégios potenciais do que por direitos. Você achará útil, no início, sentar-se com ele e compartilhar as informações da tabela de forma que ambos tenham clareza sobre o que é o quê: direitos, presentes e ganhos (privilégios).

Direitos, presentes e privilégios

Quais são os direitos de seu adolescente?	O que foi dado como presente?	Quais são os privilégios de seu adolescente (coisas a serem conquistadas)?

De *Seu adolescente desafiador* (2ª ed.). Copyright 2014, The Guilford Press.

Criando contratos de comportamento e sistemas de pontos

Agora você vai começar a colocar em prática um sistema de manejo das contingências. Vai escolher uma tarefa ou outra solicitação que de fato queira que seu adolescente cumpra e definir diariamente um privilégio que seja muito importante para ele contingente à sua obediência.

Há duas opções para este passo: estabelecer um sistema de pontos ou criar um contrato de comportamento. Você pode usar o sistema que pareça mais provável de funcionar em sua família, mas em geral recomendamos o sistema de pontos para adolescentes entre 12 e 14 anos e contratos de comportamento para aqueles acima dessa idade. Ambos são eficazes, mas o sistema de pontos pode parecer infantil para os adolescentes mais velhos porque é mais como um jogo: o jovem ganha pontos por corresponder a determinadas expectativas durante o dia e depois pode gastá-los trocando por determinados privilégios. Entretanto, se você tiver um adolescente muito imaturo com mais de 14 anos, poderá considerar a adoção desse sistema, o qual já usamos para jovens de até 18 anos. Como torna um privilégio específico contingente à obediência a uma solicitação específica, o contrato de comportamento é mais simples e pode tocar mais efetivamente no orgulho do adolescente por sua maturidade crescente (as crianças jogam jogos e acumulam pontos; os adultos fazem acordos contratuais).

1. *Comece compilando uma lista de solicitações ou tarefas que deseja que seu adolescente cumpra e que ele frequentemente não o faz.* Estas devem ser solicitações de rotina (coisas que em geral você pede que faça todos os dias) bem específicas e que devem ser cumpridas logo após serem pedidas, de modo que você possa responder de imediato: comece a fazer seu dever de casa, arrume sua cama, ponha seus pratos na lavadora depois de tomar o café, etc. Todas elas devem ser coisas que você queira que seu adolescente faça. Não liste comportamentos que você deseja que ele *não* faça: Não diga palavrão, não bata em sua irmã, não bata a porta quando sair. Pegue essas coisas e as reformule de modo positivo, ou seja, o comportamento que você quer que ele mostre (fale com gentileza, resolva os conflitos com sua irmã de forma construtiva e sem violência, feche a porta suavemente, etc.). Utilize o formulário a seguir ou crie o seu. Você pode copiar ou fazer o *download* do formulário no *link* deste livro em www.grupoa.com.br se precisar de mais espaço ou quiser usá-lo de novo posteriormente. *Como sempre, é importante começar re-*

Pedidos rotineiros

Apenas "associe livremente" e liste tudo em que puder pensar nas linhas a seguir. Alguns pais acham mais fácil compilar esta lista se percorrerem mentalmente seu dia, desde a hora em que levantam pela manhã até ir para a cama à noite.

_____
_____
_____
_____
_____
_____
_____
_____

De *Seu adolescente desafiador* (2ª ed.). Copyright 2014, The Guilford Press.

---

forçando o positivo, e você não poderá fazer isso se não especificar qual comportamento é positivo.

Aqui estão alguns pedidos típicos, que ocorrem ao longo do dia desde a hora em que seu adolescente se levanta até a hora em que vai para a cama:

> Levante. [Se você tem o hábito de acordá-lo em vez de fazê-lo usar um despertador.]
> Tome um banho.
> Pendure suas toalhas molhadas quando terminar de usá-las.
> Escove seus dentes.
> Vá se vestir.
> Arrume sua cama.
> Venha para a cozinha e tome seu café.
> Prepare seu almoço. [Presumindo que ele leve o almoço para a escola.]
> Lave a louça de seu café.
> Confira e assegure-se de que você está com todos os seus livros e o dever de casa.
> Entre no carro para que possamos sair. [Presumindo que você o leve para a escola.]

Ligue para mim quando chegar da escola.
Fique em casa e cuide da sua irmãzinha até eu voltar.
Faça a salada para o jantar e coloque na geladeira até a hora de eu chegar.
Deixe arrumada sua bolsa de ginástica com tudo o que precisa para jogar futebol a fim de que esteja pronto para sair quando eu retornar.
Faça seu dever de matemática até eu chegar em casa.
Termine seu dever de casa antes do jantar.
Arrume a mesa para o jantar.
Tire a mesa e coloque a louça na lavadora.
Leve o lixo para a rua.
Leia uma história para seu irmão antes de ele ir para a cama.
Estude para o teste de História por meia hora.
Decida o que vai vestir amanhã e coloque suas roupas na cadeira antes de ir para a cama.
Coloque as roupas sujas do dia no cesto.
Dobre sua roupa limpa e coloque-a nas gavetas e no armário.
Apague sua luz; está na hora de dormir.

 Essas são ideias bem básicas. Algumas podem ser muito infantis para seu filho; outras podem ser coisas que você não espera ou não quer que ele faça. Percorra mentalmente um dia típico seu e liste tudo o que consiga pensar que poderia pedir para seu adolescente fazer.
 Agora volte à lista e apague tudo o que não seja rotina ou a que não possa responder imediatamente. "Limpe o pátio", por exemplo, é uma tarefa ocasional. Você pode querer que seja feito hoje, mas não é algo que vá pedir todos os dias ou todas as semanas. "Comece seu dever de casa logo depois que voltar da escola" é uma coisa a que você não pode responder de imediato se estiver no trabalho quando ele chegar em casa.
 Tudo o que você listou é bastante específico para que seu adolescente cumpra? "Limpe tudo depois" pode ser uma ordem muito vaga após o café da manhã: ele vai saber que você espera que coloque o suco de laranja de volta no refrigerador, ponha sua louça na lavadora e que guarde os ingredientes que usou para preparar sua refeição se não lhe disser isso? Caso você encontre alguma solicitação em sua lista que seja muito vaga, veja se consegue reescrevê-la para que se torne específica; corte as que não conseguir especificar suficientemente.
 Agora coloque as solicitações em ordem em termos de dificuldade, com base na quantidade de tempo e esforço que cada uma exigirá e de acordo com a probabilidade de que seu adolescente obedeça. Depois de

as ordenar desse modo, reescreva a lista em ordem crescente de dificuldade.

2. *Agora compile uma lista de privilégios*. Relembre as distinções que já fizemos no capítulo entre direitos básicos, presentes prévios e privilégios (ganhos). O que seu adolescente vai querer e que acha altamente desejável, mais uma vez, com frequência diária? Você pode começar anotando itens gerais, como um tempo no computador, mas, em última análise, seu objetivo é anotar um privilégio específico, como ter uma hora diante do computador (talvez menos tempo do que isso não pareça valer a pena para ele). Outras possibilidades podem ser coisas que você ache que lhe "deve", como caronas para eventos sociais ou o uso de um telefone celular ou do carro da família, caso tenha idade suficiente para dirigir. Se ele considerar essas coisas como garantidas, elas podem, a princípio, não parecer privilégios para você, então tente listar coisas que o jovem queira ou deseje que *você* faça para *ele*.

Não liste coisa alguma que seu adolescente já não receba com regularidade. Esta não é uma oportunidade de lhe dar a chance de ganhar um novo *videogame*, uma peça de roupa ou uma ida ao enorme parque de diversões. Você já sabe que isso não vai motivá-lo, pois está muito distante no futuro para que ele ao menos pense a respeito neste momento.

Também não liste algo que na verdade não possa controlar. Voltando ao exemplo supracitado da bicicleta, caso seu adolescente tenha comprado a própria *mountain bike* com dinheiro ganho pelo trabalho como salva-vidas, você não deve achar que este seja um privilégio que possa controlar. Mas, se ele quiser ir de bicicleta até o *shopping* (sair de sua propriedade ou de sua rua e estar independente de você), esse aspecto do uso está sob seu controle e pode ser utilizado como um privilégio.

Se você está tendo dificuldade em criar uma lista de privilégios, considere o "princípio Premark", batizado com o nome do psicólogo experimental David Premark: uma coisa que a pessoa faz com frequência servirá como uma recompensa efetiva para algo que ela faz com menos frequência. Observe seu adolescente e veja o que faz durante seu tempo livre. Caso ele se sente em seu quarto olhando para as paredes ou usando redes sociais durante horas, mas faz seu dever de casa em minutos, a oportunidade de ficar em seu quarto ou usar as redes sociais provavelmente sirva como uma recompensa por fazer a lição. Se ele gostar de debater por horas, mas faz as tarefas caseiras em minutos, é provável que a oportunidade de debater sirva como uma recompensa efetiva por fazer as tarefas; você apenas tem de ser criativo e divertido ao criar contingências que envolvam a oportunidade de debater como recompensa. A recompensa para um jovem pode ser uma tragédia para outro, portanto, observe seu adolescente e use sua imaginação para inventar privilégios. Use o formulário dos privilégios diários a seguir ou crie o seu próprio. Sinta-se à vontade para copiá-lo ou fazer o *download* no *link* deste livro em www.grupoa.com.br se precisar de mais espaço ou se quiser usá-lo de novo posteriormente.

Agora ordene os privilégios em termos de seu valor para o adolescente. Neste momento, não pense no valor relativo que têm para você; uma coisa que o jovem ache altamente desejável pode ser muito fácil para você dispensar e, portanto, pode não lhe parecer um grande negócio, mas isso é irrelevante – sua preocupação deve ser dar um incentivo a seu filho, e não colocar um preço objetivo no privilégio. Refaça a lista de privilégios em ordem decrescente quanto ao valor que têm para seu adolescente.

Guarde essas duas listas; você vai usá-las pelo menos durante a próxima semana, embora depois de sete dias possa acabar retificando-as.

===== **Privilégios diários** =====

_____
_____
_____
_____
_____
_____
_____
_____

De *Seu adolescente desafiador* (2ª ed.). Copyright 2014, The Guilford Press.

3. *Apresente o sistema de manejo das contingências para seu adolescente.* "*Por que devo fazer o que você quer para ganhar uma coisa que já tenho?*" Esteja preparado para responder a essa pergunta quando disser ao jovem que vai estabelecer um sistema em que ele pode ganhar privilégios por obedecer às suas solicitações. Não existe um único adolescente desafiador vivo que vá responder com um "OK" e depois acompanhar o programa imediatamente. Você já pode ter abordado o assunto quando recomendamos que esclarecesse com ele o que são direitos, presentes e privilégios. Mas aqui estão algumas outras ideias para explicar por que você está fazendo isso de uma maneira que possa estimular pelo menos uma cooperação provisória.

Para os iniciantes, destaque, diretamente e sem ofensas, todas as evidências possíveis para o fato de que o conflito em casa diminuiu. Diga a seu adolescente o quanto importa para você que ambos estejam se dando melhor do que no passado. Mas, então, diga também que existem certos trabalhos ou outras tarefas que precisa que ele faça e que ainda não estão sendo feitas. Diga, sem pressão emocional, que essas coisas podem parecer sem importância para ele, mas são importantes para você – o suficiente para que esteja disposto a recompensá-lo por concordar. Diga-lhe que sabe que ele precisa de algum incentivo para fazer as coisas que precisam ser feitas todos os dias e agora está disposto a dar esse incentivo. Mencione que todos ficam mais motivados para fazer coisas difíceis ou que não desejam fazer se receberem recompensas por elas. Quando seu adolescente diz que não se trata de uma recompensa se for algo que já tenha, retorne à distinção entre direitos, presentes e privilégios. Ele pode estar certo caso o que você esteja propondo como recompensa seja realmente um direito básico ou um presente anterior. Ele pode não estar certo caso o que esteja propondo como recompensa seja alguma taxa de uso que você paga pelos eletrônicos todos os meses, sua mesada, o tempo fora de casa com os amigos ou o uso de suas propriedades (seu telefone celular, TV, computador, etc.). Diga-lhe que parte do motivo para estabelecer um sistema de pontos ou um contrato de comportamento é esclarecer justamente esses tipos de distinções para vocês dois e que também é uma forma de mantê-lo transparente e honesto – que sabe que o confundiu sendo inconsistente em suas recompensas pelas coisas boas que ele fez e que você está tentando corrigir isso. Diga que espera que esse sistema contribua para acabar com todas as brigas por coisas pequenas e para manter a justiça em casa. Enfatize a ideia de que o justo é que saiba que, se fizer alguma coisa boa, haverá uma recompensa previsível para isso. Também refira que seu trabalho e seus esforços são valiosos e que merece ser pago por eles como qualquer outra pessoa. (A propósito, se ele continuar a ouvi-lo sem muita argumentação e interrupções, ponha em jogo o que você já aprendeu e lhe dê algum elogio por estar ouvindo. Também sorria e deixe claro que, embora não esteja cedendo quanto a isso, a intenção é de boa vontade, não uma forma dissimulada de puni-lo.)

No caso do contrato comportamental, informe ao adolescente que receberá um privilégio específico, escolhido por você, por obedecer a um pedido específico, também escolhido por você. Do contrário, não receberá o privilégio.

No caso do sistema de pontos, diga que ele receberá pontos por obedecer às solicitações e depois poderá usá-los para comprar os privilégios que quiser da lista.

Para afastar a resistência contínua, acrescente que dará pontos extras ou um privilégio um pouco maior se o adolescente aceder à sua solicitação rápida e prazerosamente. (Você terá de ser ponderado aqui, ou esses privilégios adicionais diluirão por completo a força da consequência e se tornarão apenas outra reposta indiscriminada de sua parte.)

P. *Seguimos suas instruções ao pé da letra, explicamos o conceito do contrato de comportamento e dissemos a nosso filho em termos bem definidos que isso é o que iremos fazer. Ele nos disse que aquilo era idiota e que de jeito nenhum iria aceitar, e se recusou a assinar o contrato que preparamos. O que fazemos agora?*

R. Sua ferramenta mais potente é a consequência. Mesmo que seu filho não assine o contrato, vocês podem aplicá-lo como se tivesse assinado. Se escolheram de forma correta, o privilégio que agora podem cortar está verdadeiramente sob seu controle, e vocês podem apenas desligar a TV, desconectar o computador ao qual seu filho tem acesso ou algo equivalente para retirar o privilégio escolhido. Ele poderá muito bem mudar de opinião depois de passar a semana sem um privilégio pelo qual esperava. Tenham paciência.

Esse ponto no programa pode ser um verdadeiro momento de mudança para alguns adolescentes. Uma coisa é sorrir e dar um elogio quando o jovem não está se comportando mal, outra é confrontá-lo com a perda de alguma coisa que ele se sente no direito de ter. Se você desconectar a TV ou o computador e o adolescente ficar ligando-o de volta e usando-o em desafio ao contrato, os dois vão precisar de ajuda profissional. Não tente pressionar em uma confrontação como essa, pois poderia acabar em confronto físico. Chame um terapeuta e continue com esse sistema somente com a orientação dele.

Os pais de Mark encontraram uma resposta semelhante quando lhe apresentaram contratos de comportamento. O jovem os xingou, recusou-se a falar com eles, saiu intempestivamente de casa e ficou fora a noite inteira sem permissão. Eles perceberam que precisavam de um terapeuta e chamaram o Dr. Sanders, que os entrevistou na primeira sessão, e Mark, na segunda. O Dr. Sanders telefonou para o celular do jovem e o convidou pessoalmente a vir para uma sessão individual para conversar sobre suas queixas sobre seus pais – esse estratagema foi usado para fazer Mark comparecer a uma sessão de terapia, já que, de outra forma, recusaria-se a cooperar. O jovem encontrou-se com o terapeuta e lhe apresentou uma longa lista de queixas sobre seus pais. O Dr. Sanders ouviu empaticamente e lhe perguntou em qual queixa queria trabalhar primeiro. Ele indicou que queria que seus pais parassem de incomodá-lo com o dever de casa; seria muito mais provável que fizesse a tarefa se eles não pegassem em seu pé. O terapeuta disse que instruiria os pais de Mark a parar de insistir com ele sobre esse assunto durante uma semana caso o garoto lhe mostrasse na sessão seguinte que tinha feito a lição. O adolescente concordou com relutância. Seus pais ficaram muito preocupados em parar de insistir porque temiam que ele não fizesse dever de casa algum; o Dr. Sanders assinalou que não tinham nada a perder, uma vez que ele não o estava fazendo. Eles concordaram. Na sessão individual seguinte, Mark mostrou ao terapeuta o dever de casa feito pela metade, e este pediu permissão para compartilhar isso com os pais do garoto. O jovem concordou e seus pais ficaram surpresos por ele ter feito alguma coisa da tarefa escolar. A combinação foi estendida para mais algumas semanas.

Nesse caso, o terapeuta serviu como intermediário, negociando um contrato entre os pais e o adolescente, bem como vendo-os individualmente para evitar explosões negativas. Como o profissional era um terceiro neutro, Mark e seus pais puderam chegar a um acordo, algo que não conseguiriam fazer em um confronto direto. O verdadeiro desafio para o terapeuta é abordar a relação negativa entre pais e adolescente, o que ocorrerá mais tarde na terapia. Observe que ele nunca usou a palavra *contrato*, mas na verdade desenvolveu um entre Mark e seus pais.

4. *Defina um sistema de pontos (especialmente para jovens entre 12 e 14 anos).* Os sistemas de pontos funcionam melhor para adolescentes mais novos e para aqueles que podem ser mais velhos, mas não possuem maturidade ou têm traços de personalidade ou transtornos psiquiátricos que dificultem a manutenção da motivação por problemas de concentração, atenção, impulsividade ou desorganização. O uso de pontos também pode dar mais resultado para um garoto que adore pensar em termos

de escores ou dinheiro. Um sistema de pontos também é mais flexível e dá aos jovens mais opções de quais privilégios podem ganhar pelo bom comportamento, portanto pode ser mais adequado para aqueles cujo orgulho esteja vinculado à autodeterminação.

Se seu adolescente era desafiador quando criança ou tinha TDAH, você pode já ter usado um sistema de pontos. Em caso afirmativo, já estará familiarizado com as instruções. A única diferença real entre o sistema que usou no passado e este pode ser a sofisticação dos privilégios que o jovem pode "comprar" com os pontos ganhos agora que está mais velho e pode ter acesso a privilégios adicionais em consequência.

Ao trabalhar com suas listas de solicitações e privilégios, atribua a cada solicitação pontos múltiplos de 25. Nós, em geral, concedemos 25 pontos para cada 15 minutos de esforço requerido do adolescente. Você também pode conceder mais pontos pela dificuldade adicional, com "dificuldade" significando não o quanto você ache que deva ser difícil, mas o quanto é difícil, dependendo das habilidades relativas e do temperamento de seu filho.

Agora, atribua pontos aos privilégios na mesma escala (25 pontos para cada 15 minutos) – mas, primeiro, acrescente a sua lista alguns privilégios que serão concessões apenas semanais, não diárias.

Certifique-se de que seu adolescente possa ganhar todos os privilégios diários ao cumprir metade ou dois terços das solicitações (pelo valor dos pontos). A outra metade ou terço multiplicada por 5 deve ser igual a todos os privilégios semanais. Isso significa que ele tem a chance de ganhar os privilégios semanalmente se cumprir suas solicitações diárias.

Aqui está um exemplo parcial (suas listas podem ser mais longas):

Solicitações
Levante no horário: 25
Confira e certifique-se de estar com todos os seus livros e o dever de casa: 25
Tome banho e depois pendure as toalhas quando tiver terminado de usá-las: 25
Escove os dentes: 25
Ligue para mim quando chegar da escola: 50 [para um adolescente que tenha muita dificuldade em se lembrar de fazer as coisas na hora]
Faça a salada para o jantar e a coloque na geladeira até eu chegar em casa: 75
Faça seu dever de matemática até a hora de eu chegar em casa: 75
Leve o lixo para a rua depois do jantar: 25

Estude para um teste por uma hora: 100
Coloque suas roupas sujas do dia no cesto: 50 [para um adolescente que costuma ser descuidado e desorganizado]
Apague sua luz; está na hora de dormir: 100 [para um adolescente que fique enrolando muito e tenha dificuldade em ir para a cama em um horário razoável]
Total que pode ser obtido: 575 pontos

Privilégios

Usar o computador por 15 minutos após a escola: 25
Usar o computador por 30 minutos à noite: 50
Uma hora de TV: 100
Usar a TV de tela grande em um horário em que outros membros da família querem usá-la para outro propósito: 50
Conseguir que a mãe ou o pai passem sua roupa favorita para a escola na manhã seguinte: 50
Ganhar uma carona até a casa do melhor amigo após a escola: 50
Escolher o que será servido de sobremesa após o jantar: 25
Ganhar uma carona até o *shopping* (semanalmente): 100
Escolher um vídeo para alugar (semanalmente): 100
Sair para jantar com a família (semanalmente): 200
Ir para a academia com um amigo: 100

    Observe que esse adolescente poderia conquistar todos os privilégios diários listados aqui recebendo cerca de dois terços dos pontos atribuídos às solicitações listadas. No entanto, recomendamos que você não seja muito técnico quanto a isso, sobretudo em relação aos privilégios semanais. Estabeleça um preço sabendo que seu adolescente está poupando cerca de um terço de seus rendimentos diários para essas coisas.

    Agora monte um diário ou pegue um velho talão de cheques em branco para usar como o sistema de pontos ou crie suas próprias planilhas, uma para cada dia, listando data, item, depósito, retirada e saldo. Cada vez que seu adolescente atender a uma solicitação *na primeira vez que você pedir*, diga-lhe o que ganhou, depois anote o número de pontos para essa solicitação na coluna dos depósitos. Não conceda pontos se teve de pedir mais de uma vez. Lembre-se também de *ocasionalmente* dar pontos extras por uma obediência particularmente imediata e de boa vontade, mas pense nisso como uma gorjeta e dê um bônus não superior a 20% do que você pagaria por esse trabalho.

Reflita antecipadamente

Você tem certeza de que sabe quais privilégios seu adolescente valoriza? Visto que permitia indiscriminadamente que usasse coisas pelas quais você pagou ou deu para a família, poderá ser difícil descobrir o que ele de fato valoriza, uma vez que tudo parece ser-lhe um direito. Antes de compilar sua lista de privilégios, pergunte a si mesmo se seu adolescente de fato se importaria caso não tivesse aquilo. Talvez você valorize os jantares familiares semanais em um restaurante porque todos conversam com mais liberdade quando não são distraídos pelas "armadilhas" da casa, mas seu adolescente realmente se importa de ir junto? Ou pior, ele não gostaria de ter a chance de ficar em casa sozinho? Pondere de forma cuidadosa sobre o que é verdadeiramente desejável para ele. Se você não souber, adie o começo desse sistema e observe-o mais de perto por uns dois dias até ter uma melhor ideia do que tem verdadeiro valor para ele.

Só você pode fazer anotações no talão de cheques, embora deva permitir que seu adolescente dê uma olhada sempre que quiser. Na verdade, é uma boa ideia encorajá-lo a verificar. Se souber que deseja um determinado privilégio – digamos que seus amigos vão conversar no computador à noite, mas ele ainda não ganhou pontos – ele ficará motivado para começar a fazer o que você pediu antes que o dia termine.

Caso ele pareça inclinado a gastar todos os seus pontos ganhos todos os dias, como muitos querem, faça-o lembrar que também existem privilégios semanais na lista e que não lhe sobrarão pontos para ele se não poupar alguns.

P. *Começamos o sistema de pontos com nossa filha e tudo correu bem por alguns dias, mas então ela ficou braba quando teve um dia em que não obteve pontos suficientes para ficar* on-line *com seus amigos e se recusou a cooperar. Ela começou a se esgueirar e a tentar obter seus privilégios sem que soubéssemos, bem como parou de obedecer a nossos pedidos da lista. Ficamos tão desanimados que simplesmente desistimos. O que devemos fazer agora que sabemos que o sistema de pontos não funciona para nós?*

R. Mas *estava* funcionando. O que sua adolescente está fazendo é testando sua intenção de manter isso a longo prazo. Conversar com os amigos *on-line* é claramente uma recompensa poderosa se ela fazia tudo isso para obtê-la. Vocês não saberão de fato se o sistema de pontos *não vai* continuar funcionando a menos que demonstrem estar decididos. Entendam que é muito normal os adolescentes periodicamente testarem os limites estabelecidos, mas também é natural que vocês mostrem que têm a intenção de fazer cumprir os limites ou regras que estabeleceram. Vai haver altos e baixos. Quando as coisas não estiverem ocorrendo a favor de sua adolescente, não é de causar surpresa que ela tente retornar a como as coisas eram antes, quando tinha muito do que queria sem ter de fazer nada para ganhá-lo. A coisa mais importante a fazer neste programa é *prosseguir*. Vocês devem mostrar à jovem que têm credibilidade. Se não estiverem prontos para manter as consequências que estabeleceram, não comecem o sistema até achar que podem fazer isso. Se não têm ideia de como chegar a esse ponto, conversem com um terapeuta.

Contudo, vocês podem tentar recomeçar e explicar a sua adolescente de maneira muito prática que a forma como as coisas andavam antes não estava funcionando; além disso, deem exemplos de como realmente não funcionava nem para ela, nem para vocês. Digam que ainda estão comprometidos em encontrar outra maneira e que vão tentar isso novamente, mas desta vez planejam perseverar. E então ajam assim.

ALERTA: *Cuidado com a mentalidade do cartão de crédito.* O que você vai fazer caso seu adolescente não obtenha pontos suficientes para um privilégio semanal que deseja desesperadamente agora que chegou o momento? Lauren tinha feito um novo grupo de amigos na escola e deveria se encontrar com todos eles no *shopping* sábado à tarde. Ela sabia que iria perder terreno com essa turma se não aparecesse e temia que aproveitassem a oportunidade de sua ausência para fofocarem sobre ela. Estava desesperada quando tentou explicar à mãe que precisava de uma carona até o *shopping* mesmo não tendo pontos suficientes para receber esse privilégio. Sua mãe não pôde deixar de sentir uma profunda empatia pela filha. Sabia que Lauren não fazia – ou mantinha – amigos com facilidade porque era muito emocional o tempo todo e odiava a ideia de que a jovem fosse solitária. Então, cedeu e lhe deu a carona, gritando enquanto a filha desaparecia rapidamente na multidão: "Você vai ter de compensar esses pontos na próxima semana, você sabe!".

É preciso dizer que a filha não se preocupou em responder? E o que você acha que aconteceu na semana seguinte, quando a mãe de Lauren se deu conta de que se fizesse a filha pagar os pontos que usou na ida ao *shopping*, ela não poderia receber seus privilégios diários por uns dois dias, de modo que ficaria "impossível conviver com ela"? Sim, "perdoou a dívida", e todo o sistema se desintegrou. Lembre-se, o objetivo deste sistema é desenvolver a motivação de seu filho para se comportar como você quer. Se você não aderir ao programa, o incentivo não será estabelecido.

Nunca deixe seu adolescente usar pontos que ainda não foram ganhos. Sem empréstimos! Diante desse tipo de circunstância, a mãe de Lauren poderia ter lhe explicado o quanto gostaria que a filha fosse ao *shopping* com seus novos amigos, mas que ainda tinha que ganhar pontos suficientes. No entanto, se ela fizesse X, Y ou Z nos próximos 30 minutos, receberia os pontos necessários e poderia ir. Você pode fazer o mesmo: use um evento imprevisto para criar uma tarefa que seu adolescente possa realizar facilmente antes de sua hora de sair. Apenas se certifique de que ela possa ser feita com facilidade naquela estrutura de tempo. Não há razão por que você não possa negociar contratos na hora para esses eventos inesperados. Só não conceda a seu adolescente um privilégio por não fazer nada apenas porque se sente mal por ele.

5. *Estabeleça um contrato de comportamento (especialmente para adolescentes acima de 14 anos).* Escolha em sua lista uma solicitação de dificuldade bastante baixa e um privilégio de valor moderado. Para o jovem cujas solicitações e cujos privilégios estão citados nas listas para o sistema de pontos, a solicitação poderia ser pendurar as toalhas depois de tomar banho de manhã, e o privilégio poderia ser 15 minutos no computador quando voltar da escola. Diga ao adolescente que não receberá o privilégio a menos que atenda a essa solicitação.

Seu contrato pode ser uma declaração simples redigida como as que apresentamos a seguir:

- *Eu, Dan Jensen, concordo que irei pendurar minhas toalhas antes de sair do banheiro após tomar banho ou usar o banheiro de outra forma todos os dias. Se minhas toalhas estiverem penduradas, poderei ter 15 minutos de mensagens de texto entre 15h e 17h depois da escola. Se elas não estiverem penduradas, não vou poder trocar mensagens de texto após a escola.*
- *Eu, Amanda Navarro, concordo em pôr e tirar a mesa, enxaguar os pratos, colocá-los na lavadora e guardar os pratos secos até as 20h, segundas, quartas, sextas e domingos. Em troca, minha mãe concorda em me levar até a casa de uma amiga após a escola terças, quintas e sábados às 16h e ao shopping a cada dois domingos ao meio-dia.*

Ou você pode copiar o formulário na página 191 e preenchê-lo com os termos de seu acordo. Poderá copiar o contrato em branco ou fazer seu *download* no *link* deste livro em www.grupoa.com.br para que possa usá-lo mais de uma vez.

Durante uma semana, use apenas um contrato. Não se sinta tentado a acrescentar outros só porque este parece estar funcionando. No Passo 4, você vai começar a redigir contratos que penalizam seu adolescente por fazer alguma coisa que você *não* quer que ele faça, mas só depois que a ideia de que o comportamento positivo tem consequências positivas esteja firmemente arraigada. Então, no Passo 5, vai reunir tudo e escrever contratos para todas as situações perigosas das quais quer eliminar o desafio. Por enquanto, use apenas um contrato de comportamento e deixe que a conexão entre comportamento e consequência nesse caso se solidifique para seu adolescente.

P. *Achávamos que o contrato de comportamento iria funcionar bem. Nosso filho de 15 anos tem TDAH e apresenta dificuldades em adiar a gratificação ou em pensar sobre consequências futuras de ações presentes. Associar um comportamento a uma recompensa* *parecia ser a técnica ideal para ele, mas ele ainda se esquece de fazer o que nós pedimos. O que mais podemos fazer?*

R. O esquecimento é um grande problema para adolescentes com TDAH. Para lidar com isso, recomendamos colocar algum tipo de dica física, sinal, cartão ou outro lembrete no local onde o trabalho deve ser feito para ajudá-los a se lembrar de fazê-lo. Se seu filho já tem um telefone celular, o aparelho pode ser programado para dar lembretes sonoros com uma mensagem de texto. Como os adolescentes adoram celulares, é mais provável que os utilizem como lembretes. Para seu filho, embora tenha 15 anos, o sistema de pontos pode ser uma opção melhor do que o contrato de comportamento porque o talão de cheque e a frequente referência a ele facilita que se mantenha no caminho. Gina, que também tem TDAH, encontrou muita dificuldade em fazer seu dever de casa em tempo hábil. Seus pais estabeleceram um sistema de pontos que era quase inteiramente direcionado para a realização dessa tarefa, com pontos ganhos para cada passo do trabalho realizado (p. ex., cinco problemas de matemática concluídos) ou tempo gasto (p. ex., 15 minutos de estudo ininterrupto para o teste diário de biologia). Gina poderia ganhar pontos para *cada* cinco problemas concluídos, de forma que ganharia 200 pontos pelos primeiros cinco, outros 200 pelos cinco seguintes e assim por diante. A lista de privilégios que seus pais redigiram também foi dividida em pequenos passos: 15 minutos de tempo no Facebook, 10 minutos em mensagens de texto e assim por diante, de modo que os privilégios tinham continuidade a intervalos frequentes. Isso ajudou Gina a se manter no caminho.

ALERTA: *Tenha certeza de que verdadeiramente tem controle sobre um privilégio que você quer usar em um contrato.* Os pais de Kevin estavam cansados de ouvir sua irmã mais nova se queixar de como ele a importunava de forma impiedosa quando os dois estavam sozinhos em casa depois da escola. Então, fizeram um contrato que só permitia a Kevin usar o computador se fosse gentil com sua irmã nesse período.

Os pais do jovem não só não têm controle sobre o privilégio nesse caso – ambos estão no trabalho e não podem estar lá para assegurar que Kevin não use o computador se não foi gentil com a irmã – como também não têm qualquer maneira de determinar se ele mereceu o privilégio. A solicitação não é específica – O que "gentil" significa? – e não pode ser monitorada, pois os pais não estão lá para observar as interações irmão-irmã. Ninguém está por perto para responder imediatamente à obediência ou desobediência à solicitação. Diante de tais circunstâncias, uma babá ou outra pessoa realmente precisa estar presente para supervisionar a situação e garantir a segurança de crianças ou adolescentes indisciplinados. Se qualificada, a babá poderia ser treinada para monitorar e fazer cumprir o contrato. Isso funcionou bem com *au pairs* que são contratadas por uma família em um programa de intercâmbio da Europa para ajudar a cuidar das crianças por um ou mais anos e que moram na casa. Na verdade, uma *au pair* qualificada pode receber este livro para ler.

Contrato

Este contrato entre _____ (adolescente) e
_____ (pais) entra em vigor
no _____ dia de _____ , _____.

Em relação a
_____,
_____ , (adolescente) concorda em:
_____
_____
_____
_____

Em troca, _____ (pais) concordam em:
_____
_____
_____

Se _____ (adolescente) não honrar o acordo, a seguinte consequência é combinada entre ambas as partes: _____
_____

Todas as partes leram e discutiram este acordo. Qualquer exceção deve ser acordada por ambas as partes. Se surgir discussão, as mudanças no contrato poderão ser negociadas no futuro.

_____   _____
(adolescente)   (pais)

_____ (Data) _____

De *Seu adolescente desafiador* (2ª ed.). Copyright 2014, The Guilford Press.

P. *Passamos muito tempo montando um sistema de pontos para nosso filho de 13 anos, mas isso acabou frustrando a todos porque ele nunca parecia obter pontos suficientes para receber os privilégios que queria, e isso só o fez nos acusar de estabelecer metas muito altas só para puni-lo. Onde foi que erramos?*

R. Há várias possibilidades. Talvez vocês tenham designado privilégios que signifiquem muito para seu filho, mas colocaram um preço alto demais para que ele conseguisse alcançar, e isso *pareceria* um jogo de cartas marcadas. Ou então vocês atribuíram às solicitações muito poucos pontos para que pudesse resultar nesse privilégio. Em outras palavras, verifiquem a matemática aqui por questão de justiça. Outras possibilidades são de que não incluíram privilégios suficientes com baixo custo que seu filho realmente deseje. Se vocês selecionarem muitos itens com os quais não se importa, ele não vai ficar motivado a trabalhar para ganhar pontos por causa deles.

Se, após uma semana, você achar que o sistema de pontos (ou então o contrato de comportamento) não está funcionando conforme o pretendido, revise suas listas de solicitações e privilégios, acrescentando ou excluindo conforme pareça apropriado e também modificando os valores dos pontos ou os totais se isso parecer uma boa ideia. No entanto, não ceda à tentação de deixar as coisas fáceis demais. Apenas tenha em mente que, às vezes, alcançar o equilíbrio adequado entre solicitações e privilégios é uma questão de tentativa e erro. Nesse caso, permaneça mais uma semana neste passo antes de ir adiante.

Persista e seja realista

Contratos de comportamento e sistemas de pontos são ferramentas poderosas, mas somente se você perseverar nelas. Conforme dissemos antes, se não estiver pronto para manter seu posicionamento e retirar privilégios pelo não cumprimento da(s) solicitação(ões) designada(s), não chegará a lugar algum. Esse é um componente essencial. Você deve ser capaz de recompensar o comportamento positivo com consequências positivas como privilégios antes de conseguir que seu adolescente pare de fazer o que deseja desencorajar e antes que você consiga aplicar essa estratégia às questões realmente problemáticas de discórdia entre ambos. Portanto, seja paciente, mantenha sua adesão ao programa e não espere muita mudança imediata. Lembre-se, ainda, de que o principal objetivo aqui é mudar seu estilo parental. Se você conseguir alguma mudança de comportamento de seu adolescente, esta será um bônus na semana, mas é possível que só aconteça muito mais tarde.

11
Passo 4. Fazendo a punição *realmente* se adequar ao delito

Os aspectos positivos em primeiro lugar. Nunca é demais dizer isso. No início do Passo 3, você pode ter se perguntado como contratos de comportamento ou sistemas de pontos poderiam ter sucesso. Afinal de contas, já retirou o iPod de seu filho ou o celular de sua filha anteriormente, mas o comportamento desafiador continuou.

Você sabe agora que isso pode ter sido resultado de inconsistência ou de uma falta de continuidade ou senso de proporção. Porém, isso também ocorre porque existe uma diferença sutil, embora marcante, entre ameaçar, penalizar ou punir um adolescente por *não* obedecer e prometer recompensá-lo pela obediência. Basear-se pesadamente na punição e em outros aspectos negativos apenas encoraja os jovens a tentar coagi-lo a fazer o que *eles* querem. Você sem dúvida já viu esse princípio em ação.

Seu adolescente já sabe que o comportamento negativo tem consequências negativas; o que ele esqueceu é que existe uma alternativa oposta: que o comportamento positivo leva a consequências positivas – *sempre*. Portanto, no Passo 3, seu objetivo foi lembrá-lo de que o comportamento positivo gera uma resposta positiva de sua parte na forma de privilégios que tenham significado para ele.

Qual foi o resultado disso? Se o comportamento que seu contrato requeria de seu adolescente era relativamente fácil de realizar e a recompensa que recebeu foi significativa para ele, é possível que já tenha começado a obedecer. Ou não. Considere por que não:

- Muitos adolescentes tentam resistir e aparentar indiferença, privando-se do privilégio inicialmente. Os planos de manejo de contingências representam para eles uma perda do controle sobre o que fazem e deixam de fazer, e isso é algo que eles não querem. Quem pode culpá-los? Por conseguinte, com frequência, no início, vão lutar contra todo o sistema. Aguente firme.
- Se seu adolescente não começou a obedecer depois de algumas semanas, é possível que você tenha dado ao privilégio prometido no contrato mais peso do que ele dá. De fato, seja dando um incentivo ou não, você deve periodicamente alternar novos privilégios no sistema de pontos para garantir que seu filho não fique entediado com o programa.
- Talvez você tenha dado pontuação muito baixa para uma tarefa que lhe pareça bem simples, mas que sua filha na verdade ache muito mais onerosa. Procure ajustar o contrato ou o sistema de pontos.
- Ou o comportamento que visou era muito difícil. Procure redirecionar o foco para um comportamento mais fácil para o qual você pode desenvolver outro contrato, e experimente-o por duas semanas.
- Finalmente, se seu contrato ou seu sistema de pontos parecerem não estar tendo qualquer efeito, considere a possibilidade de consultar um terapeuta, sobretudo caso seu adolescente os tenha ignorado completamente ao longo das duas últimas semanas. É arriscado decidir impor uma penalidade por não obedecer à solicitação, como você irá fazer durante este passo, quando ainda não estabeleceu as bases para vê-lo pelo menos começar a ganhar um privilégio por meio do comportamento positivo.

A importância de persistir no contrato

Os pais de Kevin sempre tiveram certo orgulho pela forma como seu filho de 15 anos conseguia verbalmente colocar contra a parede quase todo mundo com seus argumentos incisivos e apaixonados. Agora se sentiam hipócritas ao lhe dizer que não haveria discussão acerca dos termos do contrato que queriam que assinasse. Se ele mandasse para a mãe *e-mails* diários com seu dever de casa de inglês antes que ela saísse do escritório todos os dias, poderia usar seu *skate* após a escola no dia seguinte. Os pais de Kevin acharam impossível não rir um pouco quando ele criticou enfaticamente a tarefa como "idiota" e pelas "pessoas artísticas na turma que acham que são escritoras", mas agora ele está tirando D em inglês por não entregar essas tarefas. Kevin fez tudo o que estava a seu alcance, argumentando contra a injustiça do contrato, com sua voz ficando cada vez mais alta e mais escarnecedora à medida que ouvia e via a dúvida se apossando da voz e da expressão facial dos pais. Antes que percebessem o que estava acontecendo, eles estavam se olhando encabulados, dizendo: "Bem, talvez tenhamos sido um pouco severos. Quer dizer, às vezes ele realmente precisa do *skate* para relaxar antes que possa se concentrar no dever de casa...". Os pais de Kevin reescreveram o contrato, substituindo uma hora de TV pelo uso do *skate*. O problema aqui era que o jovem na verdade não se importava com a TV, e então começou a encontrar maneiras de se esquivar do envio do material após a escola: ele alegava que a internet havia caído e não conseguia mandar *e-mail* algum, que tivera uma dor de estômago e dormiu um pouco antes de começar o dever de casa ou apenas gritava: "Bem, eu ainda não fiz o trabalho idiota – e daí? Vão em frente e me castiguem!".

Você *não* deve revisar os termos do contrato antes de tê-lo instituído e demonstrado a seu adolescente que pretende fazê-lo ser cumprido. Quando seu adolescente tenta forçá-lo a interromper o programa, discutindo, sendo beligerante ou se recusando a obedecer às regras do contrato, *você precisa manter sua posição*. Ceder só irá reforçar essa coerção. Você irá não só atrasar a eliminação do comportamento desafiador, como também é provável que acabe desfazendo todas as boas mudanças que fez nos primeiros passos do programa, enquanto é tragado pelos padrões de comportamento coercivo que o trouxeram inicialmente até este livro.

Você já pode muito bem estar vendo algumas mudanças positivas em seu adolescente em consequência do Passo 3. Em caso afirmativo, lhe damos os parabéns por um trabalho bem feito. *Não baixe sua guarda.* Faça uma resolução particularmente firme de mantê-lo enquanto se lança ao Passo 4. Desistir de sua atitude objetiva e se tornar emocional em excesso, relaxar em seu comprometimento de fazer o contrato ser cumprido ou dar a seu adolescente muitos pontos de bônus pode frustrar seus esforços de manter uma relação direta entre comportamento positivo e consequências positivas na mente do jovem e dificultará muito adicionar penalidades sem recair nas antigas formas contraproducentes de interação com ele.

OBJETIVOS PARA O PASSO 4

- Agregar multas ou penalidades pela desobediência ou conduta social inaceitável.
- Aprender o uso eficaz do castigo.

ALERTA: *Em nenhum momento você deve se envolver em qualquer forma de confronto físico com seu adolescente.* Os jovens desafiadores que se sentirem em grande parte no controle das próprias vidas – e de seus pais – podem encarar os contratos de comportamento como uma séria ameaça a sua autoridade e fazer quase qualquer coisa para lutar contra eles. Mark, 17 anos, esteve no controle por tanto tempo que irrompeu em uma risada sarcástica quando seus pais anunciaram que ele poderia sair com seus amigos à noite apenas se viesse diretamente para casa da escola e lhe perguntasse à mãe quais tarefas precisavam ser feitas. Quando percebeu que seus pais estavam falando sério, ele os xingou e declarou que de forma alguma iria concordar com isso – e que não poderiam impedi-lo se decidisse sair. O pai de Mark, Doug, ficou muito brabo – e sentiu como se estivesse de volta a uma das batalhas frustrantes que havia tido com seu filho no passado – e gritou de volta dizendo que o jovem iria cumprir o contrato, e seu pai certamente podia – e iria – fazê-lo cumprir. Em poucos segundos, ambos estavam se defrontando como dois touros enfurecidos, e o punho de Mark estava erguido atrás de sua cabeça como se estivesse pronto para atacar.

Sandy, a mãe de Mark, também teve a sensação de já ter passado por isso antes. "Doug!", ela gritou, "vamos dar uma pausa por um minuto". Puxando o marido para a sala de estar, ela interrompeu com sabedoria o que poderia ter se transformado em uma briga de socos entre pai e filho. Depois de respirar profundamente, Doug e Sandy perceberam a rapidez com que os pequenos ganhos conseguidos com seu filho instável poderiam se desintegrar, permitindo o retorno dos antigos padrões de interação. Sandy chamou o terapeuta da família, o qual os ajudou a reconhecer os limites de seu controle pessoal sobre o filho. Ele também os aconselhou a começar a discussão sobre como poderiam proteger a segurança de todos. O que eles poderiam fazer para impedir que um confronto como esse se tornasse físico? Sandy e Doug precisavam chegar a um acordo sobre em que ponto procurariam auxílio externo da polícia, conselho tutelar ou do departamento estadual de serviço social. Decidiram que violência física, destruição de propriedade e fuga precisariam de assistência policial.

No entanto, eles combinaram que iriam ligar para o terapeuta marcando uma sessão de avaliação sempre que precisassem de uma pausa devido a um confronto com Mark, a fim de evitar uma escalada perigosa.

Mesmo que seu adolescente tenha começado a obedecer e esteja ganhando os privilégios vinculados a esse comportamento, essa abordagem não irá reverter todo o comportamento desafiador que você quer eliminar. Não há dúvida de que seu adolescente faz coisas que você *não* quer que faça. Ocasionalmente, irá violar suas regras inegociáveis. Do mesmo modo, haverá ordens que você queira que sejam cumpridas e que podem ser difíceis de motivá-lo a obedecer sem vinculá-las a uma recompensa pela obediência *e* a uma penalidade pela desobediência, além da retirada da recompensa. Como você verá, a primeira se presta mais a contratos de comportamento em muitos casos, enquanto a última pode ser mais fácil de implantar usando um sistema de pontos.

ALERTA: *Cuidado com a chantagem emocional.* No último capítulo, falamos sobre como evitar ser dissuadido de impor penalidades pelo medo de prejudicar a autoestima de seu adolescente. Mesmo que consiga se preparar para isso, você poderá ficar tentado a ceder quando for atingido por "Eu odeio você", "Você está arruinando a minha vida", "Ninguém tem pais tão maus quanto vocês são" ou até mesmo "Eu vou denunciá-los". E você será atingido – talvez avassaladoramente – caso seu filho perceba sua vulnerabilidade à chantagem emocional. Dependendo de quanta confiança você desenvolveu até agora neste programa e da dinâmica entre você e seu adolescente (no passado, já esteve inclinado a lhe dar o que ele quer por medo de perder seu amor?), é possível que precise do apoio de um terapeuta para se manter firme e consistente diante da chantagem emocional.

Porém, uma coisa que você pode tentar quando seu adolescente diz que o odeia pelo que está lhe fazendo é agir como se estivesse na Assembleia Geral das Nações Unidas usando fones de ouvido para tradução e tivesse que passar as palavras dele por esse tradutor se já sabe que as consequências que está impondo são justas (veja o teste de fogo na página 205). Então, pode responder com a sua "tradução" em seu melhor tom de voz objetivo: "Eu sei que você não gosta do que estamos fazendo, mas é o que iremos fazer".

De qualquer forma, a diretriz mais importante a seguir ao acrescentar penalidades às recompensas nas próximas duas semanas é que *a penalidade deve se adequar ao delito*:

- Use a remoção de privilégios ou pontos pelo não cumprimento das solicitações diárias para realizar tarefas ou por violações não graves das regras em casa.
- Use o trabalho em atividades domésticas (atribuição de tarefas em casa) para violações leves a moderadas, o que se mostrou particularmente efetivo para os adolescentes mais jovens, entre 11 e 13 anos.
- Use o castigo para problemas mais sérios, incluindo violações de regras inegociáveis. Tenha em mente, no entanto, que é improvável que o castigo funcione com garotos acima de 18 anos que possuem carteira de motorista e carro e podem simplesmente sair, ou mesmo para aqueles que têm seu próprio *smartphone*, iPod ou *laptop* dos quais você não pode bloquear o uso porque não estão sob seu controle. (Nesses casos, apegue-se às penalidades.)

Logicamente, pode parecer que você deveria conseguir ensinar seu adolescente a se comportar bem apenas com reforçadores positivos. E isso pode ser verdadeiro para alguns jovens, em especial aqueles a quem foi negado por um longo tempo um *feedback* positivo para o comportamento positivo. Pais deprimidos, por exemplo, podem ser mais retraídos, não tendo energia e foco para reforçar de forma positiva o comportamento positivo dos filhos. Esses garotos podem estar atuando simplesmente porque estão ávidos por algum sinal de aprovação de seus pais. Ou você pode ter um adolescente muito sensível que apenas precisa mais desse tipo de reforço do que a maioria. O que aprendeu sobre seu filho e você mesmo na Parte I deste livro? Um sinal de que você pode não precisar de muito mais do que contingências positivas para reverter boa parte do comportamento desafiador seria que a resposta positiva do jovem ao elogio e à atenção que você começou a oferecer nos Passos 1 e 2 superou suas expectativas.

Porém, mesmo nesses casos, você deve aprender a usar as penalidades sensata e judiciosamente. O uso de penalidades é planejado com antecipação, e não de modo reativo, um princípio importante subjacente a este programa. Se você estiver preparado para impor penalidades muito específicas e consistentes para infrações previsíveis – "previsível" no sentido de que você foi muito explícito acerca das regras em casa, de modo que sabe o que abrange uma violação –, provavelmente se sentirá aliviado e tranquilo de uma maneira que nunca imaginou. Ou seja, não terá de gritar com tanta frequência. Você pode apenas aplicar a penalidade que seu adolescente sabia que seria a consequência daquele comportamento.

Portanto, mesmo que ache que não precisa, aprenda a usar penalidades neste passo. Você não sabe quando pode vir a precisar delas. Sem elas, tudo o que tem a sua disposição são o grito ou a punição física que tentou sem sucesso no passado. As técnicas que está aprendendo neste programa pretendem substituir aquelas medidas mais primitivas, menos produtivas. *Não há lugar para gritos ou punição física neste programa.*

Acrescentando penalidades às recompensas

1. *Identifique alguma coisa que você não queria que seu adolescente fizesse e a vincule a uma penalidade específica.* **Se você e o jovem usaram um contrato de comportamento no Passo 3**, acrescente um privilégio significativo ao "não" comportamento que possa e esteja disposto a retirar se surgir a necessidade. Por exemplo:

> Eu, Antonia Salazar, concordo que não irei insultar meus pais. Eu compreendo que, se o fizer, não ganharei carona para a escola de manhã e terei de pegar o ônibus.

Devido à natureza do contrato de comportamento, você essencialmente já retirou o privilégio vinculado a uma tarefa se seu adolescente não obedeceu. Caso seu primeiro contrato no Passo 3 tenha estipulado que seu filho ganharia sorvete após o jantar quando arrumasse a mesa do jantar sempre que solicitado, seu primeiro contrato no Passo 4 não deve dizer que, se ele não arrumar a mesa, não ganhará a sobremesa. Essa já foi uma consequência natural de violar o contrato. Se está usando contratos de comportamento em vez do sistema de pontos, escolha um comportamento indesejável (como insultar) que queira ver eliminado do repertório diário de seu adolescente.

Assim como ocorreu com o contrato que foi redigido no Passo 3, examine este novo contrato com seu filho para se certificar de que ele o compreende. Então, peça que todos o rubriquem. Também como no Passo 3, mesmo que seu adolescente se recuse a assinar o contrato, você pode conduzir as coisas como se ele o tivesse assinado, fazendo-o valer sem a sanção dele.

Se você e seu adolescente estabeleceram um sistema de pontos no Passo 3, acrescente penalidades por não concluir uma tarefa da lista. Até o momento, ele meramente não ganhou pontos se a tarefa não foi concluída. Agora, vai não só não ganhar esses pontos, mas também vai perder pontos adicionais.

Diga-lhe que, de agora em diante, não realizar uma tarefa da lista conduzirá a uma multa/dedução de pontos imediata. A multa é a quantia que você teria registrado como depósito na conta corrente do adolescente caso tivesse feito o trabalho. A mãe de Gina vinha lhe dando 100 pontos por meia hora de estudo para um teste. Quando ela não estudava, não re-

Reflita antecipadamente

Certifique-se de explicar as penalidades para seu adolescente de uma forma que não deixe margem para que ele interprete mal esse movimento como um retorno ao antigo regime. Explique de uma forma objetiva e prática que ainda existe margem para melhora no comportamento. Dê exemplos específicos de como não obedeceu ao contrato ou ganhou os pontos em cada oportunidade (esse, sem dúvida, será o caso para a maioria das famílias), mas, novamente, relate isso de forma serena, deixando claro que você está do seu lado e tentando ajudá-lo a aprender a se comportar de acordo com seu potencial. As recompensas positivas são destinadas a ser sempre o incentivo primário. Informe em termos claros que as penalidades não são uma punição para forçá-lo a obedecer; elas pretendem lembrá-lo de obedecer mais.

cebia esses pontos. Se estudasse por 15 minutos, ganhava 50 pontos. Agora, Gina não só não ganha a pontuação quando não estuda, como também perde 100 pontos.

A propósito, você pode observar que esses totais são mais altos do que os que apresentamos na lista exemplificada no Capítulo 10. Embora frequentemente concedamos 25 pontos para cada 15 minutos de esforço que uma tarefa exija, aconselhamos um sistema diferente para Gina, que encontra muita dificuldade em se manter estudando por ter TDAH. Sua mãe achou que ela precisava de um incentivo extra. Em geral também atribuímos um "preço" de 25 pontos para cada 15 minutos de privilégio (como o tempo de TV), de modo que a recompensa pareça corresponder ao comportamento que fez jus a ela – 15 minutos de esforço são recompensados com 15 minutos de diversão. A mãe de Gina decidiu manter o preço para 15 minutos de privilégio em 25 pontos para sublinhar o quanto é desejável que a jovem estude.

Também crie multas pela violação de duas de suas regras em casa, como acontece com os contratos de comportamento. O que gostaria que seu adolescente parasse de fazer? Lamentar? Discutir? Insultar? Pegar coisas sem permissão? Implicar com um irmão? Interromper? Comer entre as refeições? Mentir? Examine novamente a lista das regras da casa que você compilou no Capítulo 3 (e pode já ter revisado) e crie uma multa para alguma forma de violação de duas delas. Certifique-se de atribuir multas menores a um mau comportamento menos grave.

Quando foram tentados incentivos, mas eles não foram suficientes para eliminar um comportamento negativo, deve ser acrescentada uma penalidade ao contrato para fortalecê-lo. Billy, de 12 anos, por exemplo, usava palavras obscenas em casa oito a dez vezes por dia na conversa com seus pais. Primeiro, os pais estabeleceram um sistema de incentivo positivo pelo uso de linguagem apropriada. Eles dividiram o dia em três períodos: (1) manhã, desde o despertar até sair para a escola; (2) tarde, desde a volta da escola até o jantar; e (3) noite, após o jantar até a hora de dormir. Billy ganhava $0,50 por cada período durante o qual usasse linguagem apropriada, e seus pais pagavam todas as noites na hora de dormir. Durante as três primeiras semanas desse sistema, os palavrões de Billy caíram de oito a dez vezes por dia para duas ou três vezes; no entanto, seus pais queriam que ele usasse essas palavras ainda menos. Acrescentaram uma multa de $0,25 para cada episódio de xingamento. Billy não disse palavrões por uma semana e, durante o mês seguinte, disse uma ou duas vezes por semana. Seus pais não esperavam perfeição e consideraram esse resultado razoavelmente positivo. Eles mantiveram o incentivo e o sistema de multas em atividade por tempo indefinido. A adição de uma punição a um sis-

Reflita antecipadamente

Espere que a instituição de penalidades tenha repercussões negativas e planeje contrabalançá-las com itens positivos adicionais. Reconheçamos: a maioria dos adolescentes vai encarar as penalidades como negativas, independentemente do quanto você enfatize que são lembretes para que obedeça, em vez de castigos. Espere que seu adolescente relute ou fique brabo ou magoado e procure fazer o que puder para impedir que as repercussões negativas ofusquem o trabalho positivo que você fez até agora, tentando aproveitar quando ele está sendo bom e o recompensando com elogios, pontos de bonificação ou pequenas recompensas espontâneas. Essa é ainda outra forma de manter os aspectos positivos à frente de suas interações.

Lembre-se de que seu objetivo primário é mudar sua ação, e não colocar seu adolescente "na linha". Quando você se lembrar de que está criando sistemas de manejo das contingências principalmente para reescrever seu próprio roteiro, criando clareza, honestidade e responsabilidade, será menos provável que mergulhe na culpa, duvidando se a imposição de penalidades irá prejudicar a autoestima de seu filho. Quando tiver preocupação quanto à possibilidade de estar sendo injusto com ele, dê uma olhada neste diagrama:

A ênfase neste programa é em ser caloroso (positivo, afetivo) e firme (comportamento específico, imediato, consistente). Quando teme usar penalidades por medo de estar sendo frio, você acaba sendo delicado, o que permite mais desenvolvimento do comportamento coercivo em seu adolescente.

---

tema de incentivos positivo eficaz com frequência é tudo o que você vai precisar para reduzir mais um comportamento negativo.

P. *Redigimos um contrato de comportamento que tornou o uso do Facebook por nosso filho contingente a parar de bater as portas, o que nos deixa loucos. As coisas estavam indo muito bem na semana passada, mas, quando apresentamos este contrato, Seth fez uma birra como não víamos desde que era pequeno. Fomos pegos totalmente com a guarda baixa e recuamos. O que aconteceu aqui?*

R. As penalidades devem ser *levemente* aversivas para lembrar o adolescente de que a obediência é mais reforçadora do que a desobediência. Isso significa não só que nenhuma penalidade aplicada nesta semana deve ser particularmente onerosa, mas também que cada uma deve ser proporcional ao delito. Bater as portas pode enlouquecer você e seu marido; algumas pessoas têm uma baixa tolerância ao barulho. Porém, mesmo que seu filho de 13 anos saiba que ser silencioso está subjacente a muitas regras da casa, os meninos nessa idade não costumam ser muito autoconscientes, e seu filho pode não estar quebrando as regras de forma deliberada, mas simplesmente tem pouca consciência de seus movimentos físicos. Como é a personalidade dele? Lembrem-se também de que os meninos nessa idade estão passando por muitas mudanças desenvolvimentais, algumas das quais não são confortáveis para eles. Suas observações globais lhes dizem que isso está deixando seu filho em desequilíbrio?

Mesmo que esses fatores não estejam entrando em jogo com Seth, vocês sabem o quanto o Facebook é valioso para ele? Talvez ele seja uma mídia social importante para seu filho, assim como é para muitos garotos na idade dele, quando as relações com seus pares, talvez sobretudo com o sexo oposto, se tornam relevantes, mas sua habilidade para as conversas face a face ainda esteja tão bem desenvolvida. E quais são suas regras para a socialização nos dias de escola? Se vocês acham que Seth é muito jovem para ir até a casa de um amigo após o jantar, embora muitos de seus amigos se reúnam, ele pode achar que o Facebook é a única forma de não ficar "totalmente por fora" e poder estar em contato com seus pares. Em outras palavras, nesse caso, a penalidade pode não se adequar ao delito.

A crise de birra de Seth pode, por si só, ser um comportamento inaceitável para vocês. Mas, para descobrir se a reação dele é de fato exagerada, comparem a relação penalidade-delito nesse contrato com a relação tarefa-recompensa no(s) contrato(s) em que vocês trabalharam durante o Passo 3. Se ela parecer desproporcional em comparação ao contrato anterior, Seth pode achar que está ocorrendo um tipo de fraude e que a justiça não tem lugar nas relações entre vocês.

2. *Considere destinar a primeira semana deste passo para definir o comportamento do qual você quer que seu adolescente se abstenha antes de começar a aplicar a penalidade.* Lauren e sua mãe, Jan, estavam envolvidas em brigas constantes devido a seu jeito debochado. Jan queria desesperadamente fazer a filha falar com ela com respeito e estava pronta para redigir um contrato que aplicasse penalidades quando a menina lhe "respondesse". Mas a dupla tinha tantas discussões sobre o significado do termo, com Lauren acusando a mãe de às vezes rir de suas tiradas, outras castigá-la, que Jan percebeu a necessidade de garantir que Lauren soubesse exatamente pelo que seria penalizada antes que o contrato en-

trasse em vigor. Então, elas acrescentaram um período de treinamento de uma semana ao começo deste passo. Jan passou esse período assinalando (rotulando) o comportamento sempre que o observava e alertando a filha de que, quando a semana terminasse, ele seria multado. "Isso é o que eu chamo de responder", ela dizia. "A começar na próxima segunda-feira, perderá 100 pontos se responder." Você pode seguir o mesmo caminho se quiser redigir um contrato para um comportamento cuja definição por si só tenha causado brigas.

3. *Procure nunca multar seu adolescente mais de duas vezes em qualquer interação.* Uma das maiores armadilhas para os pais que estão começando a reintroduzir penalidades é o que chamamos de "espiral da punição", em que uma multa provoca uma resposta negativa ou coerção e depois o genitor multa essa resposta, aumentando o comportamento negativo, depois as multas, e assim por diante, indefinidamente. Para evitar a espiral da punição, adote a regra de não multar mais do que duas vezes. Depois disso, redirecione seu adolescente para que se acalme longe da situação: "Vá para seu quarto", "Sente-se na mesa de jantar até que consiga se acalmar" e similares. Se ele não quiser se afastar, *você faz isso: se afasta para dar um fim à interação.*

4. *Use pausas para aliviar conflitos em risco de escalada.* Para um adolescente emocionalmente instável, "temperamental", fazer uma pausa pode ser uma estratégia importante para o manejo da raiva. Por "pausa" não nos referimos à versão punitiva do recurso, usada com crianças menores, em que você retira o reforço, fazendo a criança se sentar em um canto ou em algum outro local isolado. Aqui, "pausa" significa dizer a seu adolescente para sair da sala ou se sentar e ficar quieto até que se acalme. Se ele for altamente instável, você sempre pode lhe dizer que, caso não se afaste até ficar calmo, enfrentará uma penalidade ou castigo.

5. *Use detalhes do trabalho ou tarefas domésticas como penalidade para adolescentes mais jovens.* Se seu filho tiver de 11 a 13 anos e for moderadamente opositor, lhe designar um trabalho como tirar o pó, aspirar, limpar os banheiros, esfregar o chão, lavar roupas, etc. pode ser uma penalidade eficaz. Os trabalhos domésticos fazem sentido para adolescentes como punições naturais por não realizarem suas tarefas e responsabilidades regulares em casa – mas somente irá funcionar se de fato for provável que o jovem aceite a punição. Se você tentar essa forma de penalidade e seu adolescente relutar, tente outras. Aqueles mais velhos e muito opositores podem conseguir impedir os pais de executar detalhes do trabalho, criando uma luta de poder secundária sobre a concordância com a punição, e o mesmo pode ser verdadeiro para al-

guns adolescentes mais novos. Você definitivamente não quer instalar mais brigas do que já tem.

Escolha uma tarefa doméstica que seja desagradável, mas que possa ser realizada em um período de tempo relativamente curto – 5 a 15 minutos é o suficiente. Explique antes qual comportamento negativo terá como resultado a realização da tarefa doméstica. Seja breve, claro e objetivo em sua explicação. Por exemplo: "Se você não levar o lixo para a rua até as 19h às terças-feiras, terá de limpar o vaso sanitário do banheiro do andar de cima na terça à noite". "Se você não arrumar sua cama antes de ir para a escola, terá de dobrar a roupa lavada quando voltar." Designe apenas aquelas tarefas as quais possa estar por perto para supervisionar. Não fique rodeando seu adolescente enquanto ele estiver realizando a tarefa, mas confira para ter certeza de que ela está sendo feita de maneira apropriada. Se ele não cumpri-la, imponha uma multa ou penalidade como punição extra; não acrescente mais tarefas domésticas, uma vez que é improvável que seja efetivo.

P. *Minha filha desenvolveu o mau hábito de mentir para obter o que quer ou para evitar as consequências de seu comportamento. Contudo, às vezes ela faz eu me sentir tão culpada por não confiar nela, insistindo dizer a verdade, que eu cedo, achando que deveria tratá-la como se fosse inocente até prova em contrário. Então, se a mentira é o comportamento que quero eliminar, como faço isso?*

R. Muitos pais levantaram esse problema. Eles querem estabelecer multas pela mentira, mas dizem que é injusto porque não podem realmente ter certeza do que aconteceu. Aqui está um caso em que é importante ser um pai *autoritativo*. Você está no comando. Acredite ou não, você pode ser juiz e júri. Pode e deve pesar as evidências o melhor que puder como um adulto maduro e depois julgar. É aconselhável deixar claro que a mentira não será tolerada, e é preferível correr o risco de errar do que permitir que seu adolescente minta sem consequências. Você conhece sua filha e provavelmente está certa quando suspeita que esteja mentindo; se por acaso se enganou, sempre pode se desculpar. Caso ocorram enganos frequentes, então você sabe que deve confiar nela mais do que tem feito. Mas não deixe de lhe dizer que é função dela se manter acima de suspeita. É dela a responsabilidade de não lhe dar motivos para suspeitar que esteja mentindo. Você deve se sentir confortável com as condições anteriores, multando sua filha por criar a suspeita de uma mentira, para o que não é necessária uma evidência real. Uma ideia-chave aqui é agir de acordo com a suspeita, e não simplesmente esperar que uma mentira seja comprovada acima de qualquer dúvida. Se você esperar por essa última, estará esperando por muito tempo, e ocorrerão muitas mentiras sem que haja consequências por essa infração.

> O contrato provavelmente será imparcial e justo se...
>
> - O tempo que seu adolescente tiver de gastar cumprindo uma solicitação for aproximadamente o mesmo para o privilégio concedido ou a penalidade imposta (p. ex., fazer um trabalho de meia-hora, ter meia-hora de tempo diante do computador).
> - A regra em questão for um item realmente inegociável. (Você nunca considera aceitáveis xingamentos em casa, e a regra se aplica a todos os membros da família.)
> - A tarefa, o privilégio e a penalidade ficarem em torno do mesmo número se você as classificar de 1 a 10 em importância.
> - Seu adolescente for capaz de cumprir a tarefa e obedecer à regra. (Esperar que um jovem faça uma "faxina geral" em seu quarto em uma tarde depois da escola é irrealista, mesmo em sonhos.)
> - Der a ele muitas chances de ser bom. (Você não deixa seu adolescente ficar retrucando por uma hora para depois, de repente, colocá-lo de castigo; você o faz lembrar que existe uma penalidade por responder dessa maneira, e agora ele incorreu nisso, e que, se continuar a violar o contrato por um determinado número de vezes ou depois de um certo tempo, a penalidade evoluirá para um castigo.)

Entendendo a função do castigo

O castigo é como uma pausa para os garotos menores; significa um tempo sem reforço, durante o qual você afasta todas as formas de atividade positiva como punição por comportamentos mais graves do que aqueles para os quais você em geral impõe penalidades como multas. O castigo nega a seu adolescente não só privilégios que ele valoriza, como *sites* de mídias sociais e seu *smartphone*, mas também o reforço de seus amigos, além do seu.

Duas advertências sobre esta parte do Passo 4:

O castigo geralmente é eficaz apenas para adolescentes mais jovens. Se seu filho souber dirigir e tiver acesso a um carro, poderá ser difícil impedi-lo de sair de casa, significando que o castigo é uma penalidade que você não pode impor na prática. Quanto à remoção de privilégios, caso ele tenha comprado o próprio iPod ou pagado pelo próprio telefone celular ou similar, você não poderá suspender seu uso durante o castigo, pois essa penalidade não terá muita força, e terá de se apegar a outros tipos de multas. Além disso, por volta dos 17 ou 18 anos, muitos jovens são muito maduros em termos de desenvolvimento para responder de forma construtiva a essa estratégia. O tamanho físico e a independência cognitiva dos adolescentes mais velhos facilita que resistam aos esforços parentais de limitar suas atividades. Se esse for o seu caso, você terá de estabelecer uma hierarquia de penalidades de modo que sejam apropriadas – as quais possa impor realisticamente porque tem controle sobre elas – para usar caso ocorra um mau comportamento grave.

Durante este passo, evite castigar seu adolescente. Lembre-se, o objetivo é reaprender a usar penalidades de forma eficaz, e isso significa torná-las levemente aversivas. Tentar castigar quando você não teve prática suficiente em penalidades mais comuns poderá arremessá-lo de volta para as reações negativas orientadas para a punição que contribuíram inicialmente para o comportamento desafiador.

1. *Durante estas duas semanas, em vez disso, observe o mau comportamento de seu adolescente e procure tomar conhecimento do que você considera as violações mais graves das regras e outros comportamentos desafiadores.* Nós lhe daremos oportunidades para decidir experimentar o castigo no Passo 5. Reflita também sobre como usou o castigo no passado e onde ele fracassou porque você não seguiu estas diretrizes:

    - *Castigo significa não ter acesso a alguma coisa que você define como um privilégio.* Muitos pais cometem o erro de limitar os castigos a "prisão domiciliar", mas, enquanto está confinado em casa, o adolescente tem permissão de assistir à TV, usar seu *smartphone* e *laptop*, ouvir música, etc. Certamente lhe é negada a companhia física dos amigos, mas também existem muitas outras diversões que podem atenuar o sofrimento, e durante esse tempo os adolescentes podem trocar mensagens de texto, conversar no Facebook e encontrar outras formas de se manter em contato com os amigos quando confinados às suas casas.

    - *Você deve estar disponível para supervisionar e fazer valer os termos do castigo.* Sua autoridade será minada de modo significativo se você castigar seu adolescente e depois abandonar o local – deixando-o por conta própria, o que provavelmente irá significar a violação de todas as restrições impostas.

    - *O castigo nunca deve durar mais de dois dias.* Este pode ser o maior erro que a maioria dos pais comete. Com que frequência você disse impulsivamente: "Você está de castigo por uma semana!" (ou um mês ou até mesmo mais)? Um castigo pode durar apenas duas horas, mas nunca mais do que dois dias, como um fim de semana, por estas razões:

- Poderá haver algum evento importante programado para seu adolescente durante um período de sete dias, e, depois que se lembrar de algum, é provável que o libere, o que irá minar sua autoridade e desvalorizar a penalidade.
- Especialmente se o jovem tiver TDAH ou outros problemas de atenção, depois de dois dias, para começo de assunto, é possível que tenha esquecido o que fez para receber essa penalidade. Tudo o que ele obterá do castigo, nesse caso, é muito ressentimento com você; a punição não dará motivação para evitar o mau comportamento no futuro. Além do mais, a duração do castigo em si, após alguns dias, poderá se tornar outro ponto de discussão entre vocês e apenas mais uma razão para brigarem.

- *O adolescente deve ter conhecimento de qual será a causa do castigo.* Como ocorre com outras penalidades, você precisa dizer ao jovem exatamente qual comportamento conduzirá a uma punição. Se a estiver usando como um último recurso quando outras penalidades não funcionam, diga-lhe que será alertado quando estiver a ponto de ser castigado (p. ex., se o jovem estiver fazendo birra, você pode começar removendo um privilégio, depois dando um aviso, depois seguir com um castigo se o problema continuar).
- *Considere a inclusão de algum tipo de trabalho para seu adolescente fazer enquanto está de castigo.* Veja a discussão anterior das tarefas domésticas. Isso depende de você, mas não há razão para que não possa aproveitar o "tempo livre" dele enquanto está de castigo para que faça alguma coisa construtiva (sem pagamento, é claro). Se você vai fazer isso, garanta que ele saiba antecipadamente que isso faz parte do combinado.
- *Quando o castigo tiver terminado, você pode lembrar seu adolescente de forma prática do que o levou a receber o castigo, mas não fique batendo na mesma tecla sobre o incidente.* Continue fazendo o que faz normalmente e mostre a ele que, após pagar pelo seu delito, seu "débito com a sociedade" está quitado e você não vai fazer a punição se arrastar, castigando-o repetidamente pela infração.

Como acontece com outras penalidades, limitar o castigo dessas maneiras pode ser útil. Em vez de perder a paciência e castigar seu adolescente "por toda a vida", você pode fazer do castigo uma consequência claramente definida que vai direto ao ponto e não lhe atrapalha, buscando formas de evitar impor uma sentença impulsiva e pouco prática.

Passo 5. Enfrentando questões adicionais com recompensas e penalidades

Neste ponto do programa, você já passou um mês inteiro aprendendo o manejo das contingências. Começou mostrando a seu adolescente que o bom comportamento é recompensado. Depois lhe mostrou que "o crime não compensa", mas que o "pagamento" por violar regras inegociáveis e desafiar sua autoridade agora será imparcial, justo e proporcional à "infração".

Você pode ter ficado impaciente por aplicar recompensas e punições a cada ponto de discórdia que teve com seu filho, mas esperamos que tenha resistido à tentação de se antecipar. Conceder ou retirar pontos ou privilégios por várias questões antes que o conceito tenha tido a chance de ser assimilado poderá levá-lo diretamente de volta ao ponto em que começou. Da mesma maneira que precisa praticar no campo para iniciantes antes que consiga enfrentar os craques com confiança quando está aprendendo a jogar, você precisa de tempo para desenvolver confiança em sua habilidade de manejar o comportamento de seu adolescente. Tentar controlar demais em pouco tempo deixará brechas em sua confiança, tendo como consequência a inconsistência e a hesitação. Sobrecarregá-lo com uma enxurrada de contratos de comportamento ao mesmo tempo ou transformar a vida diária em uma longa sessão de contagem de pontos, em pouco tempo, irá lhe custar todo o capital emocional que você construiu com o seu filho e tornará seus esforços de progresso ainda mais difíceis de manter.

É suficiente para as primeiras semanas acostumar-se com a ideia de que você tem o direito de tornar um privilégio, como o uso do *smartphone*, contingente a que seu adolescente arrume sua cama pela manhã. Isso pode não parecer um objetivo ambicioso, porém, mesmo que ele na verdade tenha começado a arrumar a cama regularmente como consequência, vocês precisam transformar o manejo das contingências em um hábito confortável antes de estendê-lo para outras tarefas e questões. O estabelecimento dessa base sólida é tão importante que assegurar sua integridade é o primeiro objetivo do Passo 5.

OBJETIVOS PARA O PASSO 5

- Resolver os problemas que vocês tiveram até agora com o manejo das contingências.
- Começar a usar os sistemas de manejo das contingências para todos os problemas de comportamento, especialmente aqueles que causam maior preocupação.

Resolvendo os problemas que vocês tiveram com o manejo das contingências

Examine mais detidamente como as coisas se desenvolveram durante o último mês para ver onde você pode conseguir resolver obstáculos que tenham surgido de uma forma que não afetem seu sucesso neste passo.

1. *Aprenda a reconhecer e a impedir lapsos na consistência.* Kathy e Jay criaram um contrato de comportamento simples para que Andrew, 14 anos, arrumasse a mesa para o jantar a fim de ganhar carona para o *shopping* aos sábados. Andrew pontuou um perfeito 100 durante toda a semana, portanto sua mãe cumpriu o combinado. Ele continuou a se sair bem na segunda semana e foi levado ao *shopping* pelo pai. Na terceira semana, seus pais acharam que já tinham feito seu trabalho e que não tinham mais de recompensar o filho por fazer essa tarefa. Por isso, na sexta à noite, informaram a Andrew que ambos estavam ocupados e indisponíveis para levá-lo até o *shopping* no sábado, e, agora que ele tinha adquirido o hábito de arrumar a mesa, as recompensas não eram mais necessárias. O jovem tinha combinado se encontrar no *shopping* com uma menina de quem gostava e ficou muito brabo com os pais, acusando-os de "burlar o contrato". Ele andou quase 5 km na chuva até o *shopping*. Na semana seguinte, recusou-se a arrumar a mesa. Eles ficaram estarrecidos com a "reação exagerada" do filho e com o retorno de seu comportamento desafiador.

Kathy e Jay cometeram alguns erros aqui. O primeiro foi presumir que algumas semanas de reforço da atitude positiva de Andrew eram suficientes para tornar permanente o comportamento de arrumar a mesa. Jay presumiu que, a essa altura, seu filho já tinha "entendido a ideia" de que era seu trabalho arrumar a mesa e que não precisaria ser recompensado "para sempre" por fazer "a sua parte em casa". Então, achou que não lhe devia mais uma carona só porque tinha arrumado a mesa todas as noites naquela semana. Porém, pais que vêm lutando contra o comportamento desafiador quase sempre precisam se manter assim por muito mais tempo se quiserem ver o comportamento positivo durar depois de removida a contingência. Enquanto for exigido o trabalho do adolescente e as circunstâncias familiares permanecerem as mesmas, o contrato deve se manter em vigor. Afinal de contas, continuaríamos trabalhando em nossos empregos se nosso pagamento fosse interrompido após várias semanas porque aprendemos a fazer o trabalho e já não precisaríamos de um estímulo?

Às vezes, transições naturais, como o adolescente sair de casa para estudar na universidade ou uma redistribuição das responsabilidades domésticas, resultarão na cessação dos contratos comportamentais. Outras, à medida que amadurecem, os jovens dizem aos pais que não precisam mais de uma recompensa para realizar uma tarefa. Muitas famílias convertem contratos formais em entendimentos informais com elogios ou reforço intermitente, em vez do reforço contínuo a cada realização da tarefa. Em uma minoria dos casos, quando não ocorre qualquer desses eventos, os pais precisam continuar certos contratos até que o adolescente atinja a idade adulta.

Kathy e Jay deveriam ter mantido o contrato em funcionamento, mas teria sido muito mais fácil se não tivessem cometido o erro número dois: escolher um privilégio que não poderiam conceder sem falhas. Jay em geral estava disponível para dar carona ao filho até o *shopping* nos sábados, mas nem sempre, e nem sempre sabia com antecedência quando alguma coisa iria interferir. Kathy tinha um emprego de meio turno no fim de semana que a impedia de estar disponível em cerca de metade dos sábados. Portanto, havia fins de semana em que Kathy e Jay não podiam cumprir sua parte no acordo quando seu filho já havia feito a sua parte. A menos que tivessem um motorista alternativo esperando nos bastidores, eles não deveriam ter escolhido esse privilégio para o contrato. Obviamente, nós, pais, somos apenas humanos, e não podemos prever todas as reviravoltas na vida. É aí que entra o exame e a revisão dos contratos – que apresentaremos mais adiante neste capítulo. Contudo, essa escolha equivocada de um privilégio também poderia ter sido evitada por meio de uma resolução de problemas, um processo tradicional que iremos aprender a fazer, *com* seu adolescente, no Passo 7.

Depois, há o problema número três: não manter o adolescente informado. Kathy e Jay deveriam ter dito a Andrew que o contrato não estava mais em vigor antes de ele ter arrumado a mesa durante uma semana inteira. O fato de não terem feito isso é o motivo por que seu filho chamou o pai de trapaceiro. Mesmo que não soubesse que não conseguiria levá-lo ao *shopping* até que fosse muito tarde para Andrew decidir se arrumaria a mesa, poderia ter evitado muitos danos reconhecendo que não poderia cumprir sua parte do acordo na última hora, oferecendo uma compensação ao filho de alguma outra forma – ou pelo menos se desculpando com sinceridade. Mas, no fundo da sua mente, Jay sabia que havia perdido a oportunidade e que a confiança dele em sua autoridade estava abalada. Ele ficou defensivamente autoritário em vez de autoritativo, convencendo-se de que não precisava "se explicar" para um "garoto". Alguns pais deixam que a recuperação de um mínimo controle sobre seu adolescente desafiador lhes suba à cabeça e acham que podem apenas voltar ao equilíbrio de poder pais-filho pequeno que costumavam achar tão confortável. Isso raramente funciona.

2. *Assegure-se de que vocês conseguem manter uma frente unida caso seu adolescente tenha outro genitor.* Isso pode ser ainda mais complicado, especialmente se o outro genitor do jovem for um ex-cônjuge e houver animosidade entre vocês (veja o Cap. 5). Digamos que Kathy e Jay tivessem o mesmo contrato com Andrew, mas o combinado fosse que às vezes Jay lhe daria carona e, em outras, Kathy, dependendo de quem estivesse livre. Em várias ocasiões durante o último mês, Kathy sentiu pena de Andrew, que não havia arrumado a mesa porque estava mandando mensagens de texto para combinar um encontro com a menina em quem estava interessado, a qual aparentemente estava "brincando com os sentimentos de seu filho" (palavras de Kathy); ela não queria que ele perdesse o encontro com essa garota, então o levou até o *shopping*, apesar de o garoto não ter arrumado a mesa por dois dias. Até se sentarem e refazerem as ações de todos para descobrir por que o comportamento do filho de arrumar a mesa ainda estava tão intermitente, os pais não haviam percebido que Andrew havia ganhado "caronas grátis" até o *shopping* porque sua mãe não queria que a vida social do menino fosse afetada. Quando Kathy e Jay fizeram um pacto de manter sua posição para conceder esse privilégio, Andrew começou a arrumar

a mesa de forma mais consistente. A primeira vez que ele fez isso com um sorriso em vez de um grunhido, seus pais alugaram-lhe o mais recente filme de ficção científica.

Se você e o outro genitor de seu filho (ou outro adulto com que esteja compartilhando as responsabilidades paternas, se houver alguém) estiverem com dificuldades para se manter em sintonia quanto a seus planos de manejo das contingências, examinem onde reside o problema:

- *Seus horários de trabalho dificultam que ambos façam cumprir o contrato igualmente?* Sam sai para o trabalho às 5h da manhã e chega em casa às 16h. Sua esposa, Bonnie, trabalha no turno das 15h até as 23h no hospital local. Sam é o "aplicador da lei" para o contrato do dever de casa que a família assinou. Bonnie acorda-se apenas em tempo suficiente para dar um beijo de despedida no calouro do ensino médio, Jordy, antes da escola e lhe fazer perguntas como "Seu pai perguntou sobre seu dever de casa? Ele conferiu? Disse-lhe para colocá-lo em sua mochila?". Jordy responde honestamente "Sim" a todas essas perguntas, as quais foram, no final das contas, acerca do que seu pai havia feito, não o jovem. Bonnie às vezes descobria mais tarde que uma discussão importante havia ocorrido entre Sam e Jordy após a escola com relação ao dever de casa, e ele não tinha sido feito. Depois de umas duas semanas assim, o casal teve de revisar sua abordagem: Sam iria monitorar Jordy enquanto ele fazia sua lição, depois Bonnie reservaria um tempo para conferi-lo logo que chegasse do trabalho e lhe pediria que mostrasse que tudo estava na mochila para a manhã seguinte. Essa também é uma situação em que a tecnologia pode ajudar – Sam e Bonnie poderiam deixar mensagens de voz um para o outro, mandar mensagens de texto ou *e-mails* a respeito da situação do dever de casa de Jordy.

- *Ambos estão de acordo quanto a sua filosofia sobre disciplina?* Volte ao Capítulo 5 e veja como você definiria a si e ao seu parceiro em termos de estilos parentais. Estão em total concordância, são diametralmente opostos um ao outro ou encontram-se em algum ponto intermediário? Até que tenham muita experiência com o manejo das contingências, procurem redigir contratos que não tenham ligação com as diferenças na filosofia parental. Podem surgir discordâncias em áreas que vocês nunca esperaram. Talvez fizesse sentido estipular que, se sua filha ficasse sentada até terminar o dever de casa, poderia usar o computador entre 19h30 e 21h. Seu cônjuge acha que isso significa que ela não vai comer com a família se ainda estiver trabalhando na hora do jantar. Você acha que existem razões mais imperiosas para que ela participe das refeições da família e insiste em que deve ser permitido que faça uma pausa para o jantar. Agora existem mais brigas entre você e seu cônjuge sobre se a menina deve vir para a mesa do que vocês tinham com ela acerca do dever de casa. Muitos problemas como esses podem ser resolvidos pela resolução de problemas antecipada. Quando você e seu cônjuge estiverem discutindo os termos do contrato que querem redigir com seu adolescente, explorem os "e se" e vejam se a contingência faz sentido considerando-se todas as circunstâncias. Em caso negativo, corrijam isso antes de redigir o contrato. Certificar-se de que o jovem não possa usar a estratégia de "dividir e conquistar" contra vocês será muito importante antes que tentem estender o uso dos contratos de comportamento e sistemas de pontos neste passo.

- *Um dos genitores está assumindo uma carga excessiva no gerenciamento e monitoramento?* Quem está gerenciando o registro no talão de cheques ou controlando os contratos? Se um de vocês for responsável por muita coisa, o sistema pode acabar desmoronando. O genitor sobrecarregado ficará ressentido e cansado e começará a ceder ao adolescente, ou o jovem vai tentar tirar vantagem do genitor menos investido. O ressentido pode se tornar controlador demais para compensar a permissividade do outro. Ou o menos envolvido pode sabotar o genitor sobrecarregado, fazendo precipitadamente solicitações irracionais ao adolescente e depositando no cônjuge a responsabilidade por exercer a disciplina. Em todas essas situações, o problema conjugal está proliferando. Jordy aproveitou o estado sonolento de Bonnie para escapar de realizar sua parte do contrato. Sam ressentia-se de precisar ser "duro" todas as noites e regrediu a sua maneira autoritária com o filho, o que só gerou conflito. Quando estiverem explorando os "e se" antes da redação de um contrato, não deixem de se perguntar se a divisão do trabalho entre vocês é justa. Procurem redigir contratos que lhes permitam trocar os papéis regularmente, de modo que nenhum dos dois tenha de fazer todo o controle dos registros, monitoramento ou imposição das regras.

3. *Use técnicas de gerenciamento da raiva para evitar a escalada do conflito acerca das penalidades.* Nenhum adolescente reage à introdução de penalidades com alegria e contentamento, portanto é quase garantido que os humores irão se exaltar. No entanto, o que é importante monitorar é se a raiva por parte de seu adolescente ou a sua foi mantida sob con-

trole. Se a raiva tendeu a ficar fora de controle quando o multou ou retirou algum privilégio, você poderá precisar dedicar um esforço extra ao uso de técnicas de gerenciamento da raiva:

- Saia da sala. Lembre-se do que dissemos acerca da eficácia da pausa entre adolescente-adulto no Capítulo 11. Caso seu filho vá atrás quando você sair da sala, vá dar uma caminhada no quarteirão.
- Seja objetivo na discussão do plano de manejo das contingências com o jovem. Isso pode ser mais fácil de falar do que fazer, mas você pode se acostumar com a prática. Se tiver problemas em falar de uma maneira modulada, objetiva e prática que não provoque rebelião, procure praticar em frente ao espelho ou pedindo que seu cônjuge o ouça praticar e lhe dê *feedback* acerca da linguagem corporal e do tom de voz. Ou...
- Deixe que o outro genitor sirva como moderador para as discussões com seu adolescente. Use essa tática de forma comedida porque usá-la com muita frequência pode sobrecarregar o genitor moderador ou dar ao adolescente a falsa impressão de que o outro é mais simpático e possivelmente mais fácil de manipular.

Certifique-se de que se sente confortável usando uma ou mais dessas técnicas antes de se lançar ao trabalho deste passo.

4. *Resolva os problemas que você teve com a mecânica de manter um talão de registros.* Uma vantagem do sistema de pontos para aqueles que o estão usando é que todos os ganhos e as perdas estão bem ali, preto no branco, para que seu adolescente veja, reduzindo as oportunidades de discutir se um privilégio foi conquistado. Infelizmente, ter um registro físico também é uma tentação irresistível para alguns adolescentes alterarem as quantias. Crie o hábito de memorizar o balanço do jovem a cada dia, de forma que saiba quando foi feita uma alteração não autorizada. Você precisa saber que pode prevenir isso antes de estender o sistema para tarefas e regras adicionais. Considere o uso de uma caneta com uma cor incomum para as entradas e mantenha o talão inacessível a seu filho, de modo que possa identificar com facilidade alguma alteração feita por outra pessoa além de você. Faça uma cópia de segurança do registro eletronicamente em seu computador ou iPad.

5. *Mantenha a lista de privilégios atualizada e interessante.* Isso pode requerer um pouco de criatividade de sua parte. Esteja alerta aos novos interesses de seu adolescente e às últimas tendências, e use ambos para criar novos privilégios. Alterne-os, colocando aluguéis de filmes em uma semana e aluguéis de *games* na seguinte. É importante mantê-lo moti-

vado para conquistar esses pontos. Muitos dos que usam o sistema de pontos em vez de contratos terão adolescentes que precisam do reforço extra de uma lista de privilégios em que possam escolher de modo que o esforço valha a pena. Quando começar a acrescentar tarefas e outros comportamentos neste passo, você irá precisar de uma boa seleção de privilégios para inspirar seu filho a manter o bom trabalho.

Estendendo o manejo das contingências para outros problemas de comportamento

O que você vai fazer nas próximas duas semanas é simplesmente expandir seu uso dos contratos e sistemas de pontos para aplicá-los a outros comportamentos. Você não estará fazendo algo novo, mas o fato de isso tornar este passo "simples" não significa que ele será fácil. Toda a solução antecipada de problemas do objetivo precedente pretende ajudá-lo a evitar as muitas armadilhas que podem ocorrer com o manejo das contingências, mas este não será um caminho tranquilo e fácil, mesmo com muita vigilância e diligência de sua parte. Pense em "tentativa e erro" e dê uma folga a si mesmo por não ser perfeitamente bem-sucedido de imediato. Isso leva tempo. E, mais uma vez, vá devagar. Quando dizemos para enfrentar três ou quatro novos problemas, queremos dizer três ou quatro, não uma dúzia. E mantenha-os o mais simples e diretos que puder. Como você verá, contratos com frequência precisam ser revisados para tratar de circunstâncias imprevistas. Essas revisões, por si sós, costumam deixar os acordos mais detalhados ou mais complicados.

Se vocês se encontrarem mergulhados em problemas que não sabem como resolver, conversem com um terapeuta. Mas saibam também que iremos lhes dar algumas novas ferramentas e técnicas poderosas para estimular sua eficácia na segunda metade deste programa.

1. *Retorne à lista de tarefas domésticas e regras da casa que escreveu no Passo 3 e escolha as três ou quatro que mais gostaria que seu adolescente cumprisse.* Também examine a lista das regras da casa que você compilou no Capítulo 3 e usou no Passo 4. Se existir alguma que realmente queira que seja obedecida e não foi, selecione-a também.

Se houver outro genitor ou outro adulto supervisor, certifique-se de que vocês dois concordam quanto as suas escolhas. Se não conseguirem decidir – ou se não concordarem –, usem alguns dias no início deste passo para observar suas interações diárias com seu adolescente e comecem a "pensar no contrato": quando surgirem coisas que causem um conflito, pergunte a si mesmo se um contrato de comportamento ajudaria na situação. Em caso afirmativo, anote quando tiver oportunidade ou registre em seu *smartphone*.

Ou talvez tudo em suas listas pareça necessitar igualmente de ação, então você terá dificuldades em priorizar. Nesse caso, procure levar consigo a lista e coloque uma pequena marca ao lado de cada item sempre que o fato de seu adolescente não cumprir ou não obedecer à regra vier a mente.

Depois que esses dias passarem, examine com seu cônjuge o que observaram. Se houver novas tarefas domésticas ou novas regras que vocês não haviam listado antes, mas que sejam problemáticas, acrescentem a sua lista e considerem se algumas delas são suficientemente urgentes para serem resolvidas durante este passo. Se marcaram "*hits*" na lista existente, vejam quais três ou quatro têm o maior número de marcações e se concordam em focar nela durante as próximas duas semanas.

2. *Agora redija contratos comportamentais para cada tarefa doméstica ou regra, escolhendo incentivos e penalidades que sejam significativos para o adolescente e de impacto razoável (a penalidade deve se adequar ao delito), como você fez nos Passos 3 e 4.* Se estiver usando o sistema de pontos, apenas continue o que já vem fazendo; mas, se agora acrescentou novas tarefas ou regras a sua lista, atribua pontos que possam ser conquistados pelo seu cumprimento e pontos que serão deduzidos pelo não cumprimento. Consulte seu adolescente em relação à escolha dos incentivos – revise a lista de incentivos que fez no Capítulo 10 com seu filho e pergunte qual incentivo ele prefere receber. Atenda a essa preferência quando for razoável.

No Capítulo 10, Dan Jensen e seus pais assinaram um contrato que lhe permitia usar seu *smartphone* por 15 minutos depois da escola se tivesse pendurado as toalhas no banheiro depois de usá-las no início do dia. Durante a primeira semana, ele se esquecia de pendurá-las e ficava enfurecido quando lhe era negado o privilégio de usar o *smartphone*. Porém, seus pais se mantiveram firmes ao acordo, ignorando suas reclamações breves, o que acontecia com menos com frequência após uma semana. Durante a segunda semana do Passo 3, Dan começou a pendurar suas toalhas – não todos os dias, mas estava claramente tentando se lembrar de cumprir essa pequena tarefa.

Durante o Passo 4, seus pais acrescentaram um contrato que penalizava Dan por tirar comida da geladeira sem pedir. Não é que eles não quisessem que seu adolescente em crescimento, bem, continuasse crescendo.

Só que ele tinha uma tendência a devorar partes do jantar planejado para aquela noite; certa vez, comeu os sanduíches que sua mãe havia deixado como lanche para sua irmã e a amiga que viria depois da escola estudar. Esse contrato revelou-se mais problemático, porque a penalidade, a perda do uso da internet por uma noite inteira, parecia para Dan desproporcional ao "crime" de apenas comer alguma coisa da geladeira da família quando chegava da escola "morrendo de fome".

Os pais de Dan queriam garantir que a penalidade fosse um impedimento significativo porque ter de inventar alguma coisa diferente para o jantar na última hora lhes era uma grande inconveniência, o que já haviam falado repetidamente, e porque queriam desencorajar o desrespeito de Dan pela irmã mais nova. Ele ficou bastante magoado por ser banido da geladeira; isso o fez sentir como se não fosse um membro igual da família, e ele não entendia por que sua mãe não compreendia o quanto chegava faminto da escola. Mas a ideia de expressar sentimentos de mágoa o fazia se sentir fraco, de uma maneira que ofendia seu orgulho adolescente, portanto, em vez disso, focava sua ira na irmã, certa vez chegando ao ponto de tirar dinheiro da carteira dela para sair e comprar um lanche rápido, a fim de "se vingar dela por causar todo esse problema por nada". Além disso, ele parou de pendurar as toalhas no banheiro depois de usá-las.

Esse exemplo também ilustra dois pontos sobre contratos: (1) acrescentar um segundo contrato sem sucesso logo depois de começar o primeiro contrato mina o êxito do primeiro; e (2) contratos impostos a um adolescente não são a melhor maneira de lidar com problemas que, em parte, constituem uma função das necessidades biológicas/desenvolvimentais. O aumento do apetite é normal nos jovens em crescimento, embora a abordagem de Dan para satisfazer esse apetite aumentado fosse inapropriada. Em vez de impor-lhe um contrato com uma penalidade, seus pais deveriam tê-lo envolvido em um processo mútuo de solução de problemas concebido para chegar a uma solução de compromisso para essa questão negociável. No Passo 7, você irá aprender a usar habilidades para solução de problemas para tais situações. Dan e seus pais a usaram na revisão do contrato para que fosse mais específico acerca daquilo que o jovem podia e não podia comer sem permissão, tornando muito menos provável que incorresse em penalidade, a qual mantiveram como estava porque deter o comportamento desrespeitoso e sem consideração era muito importante para o casal. Dan também deveria devolver o dinheiro para sua irmã com algum juro, como consequência por seu roubo, o qual não pode ser tratado com indiferença.

Entretanto, eles escolheram outras questões para novos contratos:

Eu, Dan Jensen, concordo que lavarei minha roupa no sábado de manhã antes da hora do almoço. Se lavar, secar e guardar minha roupa até o meio-dia, poderei ir ao ginásio por duas horas à tarde com meus amigos. Se não fizer, não poderei ir ao ginásio naquele sábado e terei de ficar em casa até que minha roupa esteja lavada.

Eu, Dan Jensen, concordo em não dizer palavrões em casa. Para cada vez que eu disser um palavrão, vou perder $1 da minha mesada, que será $5 por dia. Para cada dia em que eu falar com respeito com os outros, sem palavrões, ganharei $0,50 extras.

Eu, Dan Jensen, concordo em colocar minha louça do café na máquina de lavar e guardar toda a comida que usei antes de sair da cozinha. Se limpar tudo, ganharei 15 minutos no videogame *na mesma noite. Se não limpar, vou perder 15 minutos.*

Eu, Dan Jensen, concordo em levar o lixo para a rua quando chegar em casa da escola. Se levar o lixo para a rua, ganharei 15 minutos jogando na mesma noite. Se não limpar, vou perder 15 minutos.

Eu, Dan Jensen, concordo em perguntar a minha mãe se ela precisa de alguma ajuda com o jantar quando chegar em casa do trabalho. Se lhe perguntar, ganharei 15 minutos de tempo jogando.

Os pais de Dan pareciam ter obtido um bom equilíbrio com esses contratos. O desleixo de Dan, para eles, era outro sinal importante de desrespeito pelo resto da família; assim, a maioria dos contratos focava em que ele fosse mais organizado e também ajudasse mais em casa. Eles também estavam bem conscientes de que o jovem gostava de *videogames* e que ganhar um tempo jogando lhe era essencial. Então, deram-lhe três oportunidades de ganhar tempo de jogo todos os dias. Apenas dois dos contratos tinham incluída a perda de tempo de jogo se ele não fizesse a tarefa. Eles achavam que era um pouco forçado fazê-lo perguntar à mãe se poderia ajudar na cozinha, mas queriam encorajar esse tipo de consideração, portanto, fizeram disso uma chance para Dan obter um tempo extra de jogo sem penalizá-lo por não fazer isso. Dessa forma, estavam usando contratos que, combinados, tinham a flexibilidade de um sistema de pontos, permitindo que o filho gradualmente construísse sua obediência e respeito pela família enquanto ofereciam incentivo suficiente para que ganhasse seu tempo de jogo.

    3. *Durante as próximas duas semanas, monitore o comportamento de seu adolescente estipulado nos contratos e cuidadosamente faça-os cumprir, como nos*

Passos 3 e 4. Se achar útil, faça anotações sobre como o sistema está funcionando de modo que você saiba onde encontrou obstáculos, por que e o que pareceu funcionar particularmente bem. Você irá aplicar esse conhecimento à revisão desses contratos quando necessário e à criação de novos no futuro. Crie uma pasta na qual possa guardar todos os seus contratos e anotações que decidir fazer. Esse repositório será muito útil se agora você estiver ou acabar trabalhando com um terapeuta.

4. *Não deixe de elogiar seu adolescente diariamente pelo cumprimento de todos os contratos!*

P. Redigimos mais quatro contratos e começamos a aplicá-los, mas nosso filho resistiu e começou a insistir: "Vão em frente, retirem; eu não me importo!". Isso aconteceu por uma semana. Talvez ele realmente não se importe e, sendo assim, nunca fará o que nós queremos. O que devemos fazer agora?

R. Nossa melhor resposta ainda é "aguentem firme". Quando uma criança pequena insiste que não se importa ao lhe ser negada alguma coisa de valor, você em geral pode identificar rapidamente que ela, na verdade, se importa, porque não consegue resistir por muito tempo. Os adolescentes são diferentes. Seu orgulho e, em alguns casos, sua capacidade de adiar a gratificação podem torná-los bastante obstinados. Isso não significa que de fato não se importem, e, com o tempo, irão perceber que vocês não estão brincando e é melhor fazer o que foi pedido se um dia quiserem voltar a ver seu iPod, *smartphone* ou programa favorito na TV.

Mas tenha certeza de que você está certo. Isto é, pense um pouco mais e se pergunte se sua intuição lhe diz que seu adolescente realmente se importa com esse privilégio ou essa recompensa. A maioria dos pais conhece seus filhos muito bem. Sabem o que tem valor para eles porque vêm observando de perto seus interesses se desenvolverem ao longo dos anos. Também podem ser capazes de ler a linguagem corporal dos filhos, expressões faciais, etc. Se tudo o que você sabe acerca de seu adolescente diz que esse privilégio realmente importa para ele, ignore as alegações de "Eu não me importo" e apenas se mantenha fazendo o contrato ser cumprido. Além disso, certifique-se de que o limiar para obter a recompensa não tenha sido estabelecido tão alto que tenha forçado seu adolescente a desistir porque o sucesso lhe parece fora de alcance, mesmo que não pareça para você. Começar com cotas de trabalho menores ou padrões mais baixos para a realização da tarefa que deseja ver realizada e, depois, gradualmente, elevar o objetivo (enquanto você aumenta o valor da recompensa) são formas de contornar esse tipo de problema.

5. *Periodicamente, você e o outro genitor de seu adolescente, se houver um, devem se sentar e examinar como as coisas estão funcionando.* Vocês estão se sentindo confortáveis em executar os contratos? A responsabilidade por isso está sendo compartilhada equitativamente? Vocês diriam que estão recuperando a confiança em sua autoridade parental? O jovem está começando a ser menos desafiador? Essas são medidas bem gerais que vocês devem examinar primeiro. Se decidirem tirar um tempo para revisar somente uma vez por semana, as anotações que fizeram irão facilitar responder de forma objetiva. Caso contrário, podem basear sua avaliação em seu confronto mais recente com seu filho, o que poderia significar interpretar seu progresso como muito positivo ou muito negativo.

Essas anotações também os ajudarão a descobrir se são necessárias revisões nos contratos, em geral para responder a algumas ocorrências típicas:

- **O contrato não definia a tarefa suficientemente bem.** Dan Jensen começou retirando o lixo mesmo que houvesse apenas uma coisa no saco, o que enfurecia sua mãe, que achava desperdício de sacos. Eles reescreveram o contrato para especificar que ele deveria checar o lixo da cozinha e, se o saco estivesse pelo menos pela metade, deveria esvaziá-lo; caso contrário, deveria esperar até o dia seguinte.

  Os pais de Samantha Rivera passaram duas semanas irritados porque sua filha realizava pela metade a tarefa "limpe tudo após o jantar" até que finalmente reescreveram o contrato para que fosse muito específico: "Eu, Samantha Rivera, concordo em retirar a louça da mesa, enxaguá-la, colocá-la na lavadora com sabão e ligar a lavadora às 20h de domingo a sexta..." Os Kravitze estavam igualmente frustrados com as tentativas aleatórias de seu filho Neil de realizar sua parte do contrato "arrume seu quarto" – até que listaram o que esperavam da tarefa:

  Nós consideramos que o quarto está arrumado se:
  a) *A cama estiver arrumada com os lençóis com dobra de hospital.*
  b) *A cesta do lixo tiver sido esvaziada.*
  c) *Todos os livros, papéis, equipamento esportivo, etc., estiverem em uma gaveta, um armário fechado ou colocados organizadamente em uma estante, e não no chão.*
  d) *O tapete foi aspirado (isto é, nós ouvimos o aspirador de pó em funcionamento por pelo menos cinco minutos, e não existe sujeira visível no tapete).*

e) *Toda a louça suja foi levada de volta para a cozinha e colocada na lavadora, e todas as embalagens de papel e outros lixos foram colocados na lixeira.*

f) *Todas as roupas sujas estão no cesto apropriado, e não sobre a cama ou no chão.*

- **Surgem problemas imprevistos para que o privilégio seja disponibilizado.** Os Rivera combinaram que, se sua filha limpasse a louça após o jantar conforme estipulado no contrato, eles a levariam e buscariam a um máximo de três eventos especiais da escola (fora práticas) ou bailes por semana. Mas Samantha os acusava de voltar atrás quando os surpreendia com uma necessidade de transporte na última hora e não conseguiam levá-la. Então, eles acrescentaram uma condição ao contrato: "Samantha deve nos avisar 24 horas antes quando quiser ser levada a um jogo ou baile".
- **Os privilégios precisavam ser mais flexíveis.** Os Jensen, por exemplo, perceberam que seu contrato para lavagem das roupas não estava funcionando de maneira ideal. Quando Dan não lavava sua roupa no sábado de manhã, passava do domingo até a sexta-feira seguintes implorando para que o deixassem ir à academia e, às vezes, ameaçando simplesmente sair sem permissão. Eles também se deram conta de que seus privilégios com os *games* não estavam funcionando conforme o planejado. A única vez em que Dan perguntou a sua mãe se queria auxílio na cozinha foi quando percebeu que não tinha lavado a louça depois do café ou levado o lixo para a rua naquele dia e, portanto, não teria conquistado tempo algum para jogar. Eles discutiram se acrescentariam uma penalidade ao contrato, exigindo que perguntasse à mãe se precisava de ajuda, ou se experimentariam alguma outra coisa. Decidiram, depois de pesar os "e se", que a melhor atitude seria terminar completamente aquele contrato.

Porém uma solução mais efetiva poderia ter sido dar ao filho a opção de ganhar um tempo jogando ou uma ida à academia por fazer cada uma das tarefas que queriam tanto que ele realizasse e também por não dizer palavrões. E Dan poderia decidir sacrificar seu tempo semanal de academia se realmente estivesse envolvido em um jogo particular naquele dia, e isso o teria dissuadido de se lamentar sobre a perda do tempo de malhação, uma vez que a recompensa tinha sido sua escolha.

Os pais de Kravitz foram muito específicos acerca de como avaliariam se o quarto dele estava arrumado e quais opções de recompensa teria se concluíssem que tinha feito bem seu trabalho:

A sra. Cecília Kravitz irá inspecionar o quarto ao meio-dia de sábado. Se satisfizer todos os critérios do acordo, Neil receberá um dos seguintes privilégios:
 a) Ir ao cinema com um amigo naquela noite. Os pais pagam seu ingresso.
 b) Alugar dois vídeos naquela noite.
 c) Mesada de cinco dólares.

- **Um plano para exame e revisão precisava ser incluído no contrato.** Para algumas famílias (talvez especialmente quando tanto o genitor quanto o adolescente têm TDAH ou existem tantos estressores ambientais que o acompanhamento é desafiador), faz sentido criar um acordo para examinar o contrato em um momento específico: "Este contrato será válido por duas semanas a partir da data da sua assinatura, e então será revisado para modificações em uma reunião familiar". Isso também poderá ser útil quando o jovem for muito resistente; saber que o sistema será revisado poderá convencê-lo de que, depois disso, todo o conjunto será modificado, portanto, talvez duas semanas não seja tão ruim assim. Não dê razão a seu adolescente – mantenha-se firme ao contrato, e seu filho poderá ver que, mesmo não havendo modificação no sistema, não é tão horrível conviver com ele.

- **Em vez de resolver um problema de comportamento, o contrato planta as sementes para outro.** Certo dia, Dan Jensen foi acusado de não ter cumprido sua obrigação, enquanto ele insistia que tinha sido sua irmã quem havia tirado o suco de laranja e os *muffins* da geladeira. Os Jensen se deram conta de que nem sempre poderiam estar na cozinha para ver quem estava usando o quê e quando, então começaram a se questionar se esse contrato não era muito difícil de monitorar e fazer cumprir. Assim, decidiram que, uma vez que o filho era o mais velho, não havia problema em dizer que, se ele fosse o último na cozinha, deveria guardar toda a comida – e que eles falariam com sua irmã sobre guardar o que ela usou primeiro, mas que a responsabilidade ficaria com Dan. Infelizmente, os Jensen não tinham ideia do que tinham forjado; assim começou a batalha sobre a louça do café, um problema que ilustra uma forma como você pode usar contratos de maneira criativa para enfrentar problemas de comportamento mais complicados, conforme foi descrito.

6. *Revise seus contratos para torná-los mais específicos ou complexos quando necessário.* Os acordos de comportamento podem ser curtos ou longos, simples ou complexos. Você pode, de fato, aprender a elaborá-los para se

adequarem a qualquer necessidade de manejo de comportamento. Mas comece sempre pelo simples. Depois pode (e deve) refiná-los (tornando-os mais longos e detalhados) para responder a problemas que possam surgir. Para Neil Kravitz, o contrato original exigia que limpasse seu quarto no sábado para receber o privilégio de ir ao cinema no sábado à noite. O detalhe supracitado foi acrescentado por seus pais depois que perceberam que estavam constantemente discutindo sobre o que de fato significava "arrumar o quarto". *Quando o contrato causa um conflito, em vez de substituí-lo, precisa ser revisado.*

Às vezes, um contrato causa um novo conflito porque ninguém vive em um vácuo. Na família Jensen, já havia muita tensão entre os irmãos. Os Jensen não perceberam que iriam alimentar essa tensão quando criaram um contrato que exigia que seu filho limpasse tudo depois do café ou que a revisão de seu primeiro contrato deixaria as coisas ainda piores. Considerando a rivalidade entre os dois adolescentes, eles provavelmente não deveriam ter deixado Dan responsável por limpar tudo depois da irmã. Mas a guerra que se deflagrou acerca da limpeza no café da manhã revelou que, mesmo sua filha não tendo um problema em particular que eles definissem como desafio, sua disposição para assumir a responsabilidade pela limpeza poderia ser útil, assim como sua dedicação em tentar se relacionar melhor com o irmão.

Então, primeiro eles reescreveram o contrato do café da manhã, deixando os dois filhos responsáveis pela arrumação da cozinha quando ambos estivessem presentes, recompensando-os e penalizando-os igualmente. Isso funcionou tão bem que decidiram estender a ideia para um contrato mais complexo, concebido para estimular a paz na família: dividiram cada dia em três períodos de tempo: antes da escola, depois da escola até o jantar e após o jantar. Para cada intervalo em que Dan e sua irmã se tratassem com respeito (sem implicar, bater, roubar), cada um ganharia 50 centavos. Assim, eles poderiam ganhar $1,50 por dia, ou $10,50 por semana, por bom relacionamento. Na primeira semana, a irmã de Dan ganhou $8,00, enquanto ele apenas $1,50. Seus pais então descobriram que a avó de Dan estava lhe dando escondido $10 por semana ("Porque você é o mais velho e eu sei que provavelmente quer levar para sair todas as meninas bonitas"). Quando a avó concordou que seu dinheiro fosse contingente ao tratamento decente de Dan a sua irmã, ela o forçou a decidir concordar com o contrato. Ele ganhou $9,00 dos pais na segunda semana. Em um certo fim de semana, os Jensen ficaram surpresos em ouvir os dois rindo enquanto competiam para ver quem conseguia colocar a louça na lavadora mais rápido após o café.

7. *Comece a "pensar no contrato" durante o dia.* Você já pode ter algumas ideias de como poderia usar contratos de comportamento imediatamente se tomou notas sobre os conflitos diários típicos no início deste passo. O uso de contratos dessa maneira é muito valioso, porém, mais uma vez, cuidado e prática são necessários para realizar isso com habilidade. Existe uma linha sutil entre dizer "Se parar de ficar me chateando para lhe comprar coisas enquanto estamos comprando o presente de aniversário de seu pai, você vai ganhar dois brilhos labiais novos quando sairmos da loja; caso contrário, vai perder sua mesada desta semana" e dizer "Se não parar de me chatear, você vai ficar de castigo por uma semana!". Você já sabe tudo o que há de errado com essa última afirmação. A questão é chegar ao ponto em que você cria alguma coisa como a primeira sem aviso prévio. Uma forma de se acostumar com isso é ter em mente algumas recompensas desejáveis, mas não tão grandes, junto com algumas penalidades não tão severas, mas significativas, das quais possa lançar mão. Também ajuda se você começar a combiná-las em sua mente com infrações proporcionais típicas de seu adolescente. Faça uma lista – pelo menos mentalmente – de tipos de violações espontâneas das regras ou outros problemas que costumam ser perpetrados por seu filho, depois (de novo, mesmo que só em sua mente) pense em quanto tempo o problema dura. Caso o jovem seja inclinado a explosões repentinas de linguagem inapropriada que não duram, aplique uma penalidade pequena, mas significativa também. Se sua adolescente tem de resistir ao impulso de implorar por coisas durante quatro horas enquanto o ajuda a comprar, então dois brilhos labiais (em vez de algo mais modesto) podem ser uma recompensa justa.

Esse tipo de espontaneidade é algo que provavelmente não deva tentar implantar ainda, mas você pode levar incidentes que exigiram uma intervenção imediata de volta para a mesa de trabalho e usá-los para criar contratos no futuro. Entretanto, surgirão situações requerendo uma resposta imediata que podem ser propícias para um contrato, enquanto lhe dão tempo suficiente para pensar um pouco. Bruce anunciou a seus pais em um sábado às 7h que a garota por quem estava "louco" tinha concordado em sair com ele naquela mesma noite, mas que agora teriam que ir ao cinema em uma sessão mais tardia, o que significaria não estar de volta em seu toque de recolher habitual, às 23h. Seu pai fincou pé e se recusou a mexer no horário de voltar para casa. Sua mãe imediatamente foi na direção oposta e queria suspender o toque de recolher naquela noite, considerando o quanto a ocasião era importante para Bruce. Os dois poderiam ter terminado em um conflito entre si, mas decidiram dar um passo atrás e ver se um contrato de comportamento poderia ajudar. Isto foi o que eles criaram:

> *Eu, Bruce Noonan, concordo em voltar para casa até a meia-noite. Se me atrasar mais de cinco minutos, entendo que serei castigado quanto aos privilégios eletrônicos de domingo até terça-feira.*

Esse contrato teve tanto sucesso que os pais de Bruce decidiram passar para a meia-noite o novo toque de recolher do filho aos sábados e manter o contrato em funcionamento até que estivessem certos de que ele continuaria a lidar bem com essa nova independência de forma responsável. O que não mostramos aqui é o processo pelo qual os três membros da família chegaram a esse contrato. Ele é chamado de solução de problemas, uma técnica pela qual seu adolescente é envolvido na tomada de decisão depois que vocês já concluíram a primeira parte deste programa, o que agora estão a ponto de fazer. Vocês irão aprender sobre isso no Passo 7. Primeiro, no entanto, visto que questões da vida acadêmica são tão problemáticas para jovens e pais, iremos encerrar o segmento do programa de manejo do comportamento com foco estritamente na escola.

Passo 6. Abordando o comportamento desafiador na escola e os conflitos quanto ao dever de casa

Este é um bom momento para respirar fundo. Agora que aprenderam a retomar sua autoridade como pais (a primeira parte deste programa), vocês podem trabalhar na segunda parte: reconstruir seu relacionamento sobre uma nova base, de adulto para quase-adulto. Os passos restantes os ajudarão a manter o comportamento desafiador sob controle *sem* impedir que seu adolescente embarque na marcha inexorável e essencial rumo à independência. Vocês irão aprender a usar com eficácia a solução de problemas e as habilidades de comunicação, bem como a examinar crenças e expectativas que tendem a prender todos nós a falsos pressupostos e atitudes prejudiciais uns sobre os outros.

Existem objetivos ambiciosos, embora valiosos. Portanto, este é um bom momento para uma pausa. Em uma ou duas semanas, iremos mudar o foco do ambiente doméstico para o acadêmico. Alguns adolescentes desafiadores têm problemas somente com seus pais. Se o seu é um desses, talvez vocês não precisem deste capítulo e poderão saltar para o Passo 7. Porém, se o comportamento desafiador de seu filho afetar o desempenho acadêmico ou o comportamento em sala de aula do jovem, ou se surgem muitas brigas em razão do dever de casa e vocês ainda não tratarem dessa questão por meio do manejo do comportamento, encontrarão ajuda neste capítulo.

Entendam, no entanto, que um adolescente pode se sair mal na escola por uma ampla variedade de razões: não fazer o dever de casa, não entregar a lição completa, notas baixas nas provas, hábitos de estudo insuficientes, distrair-se ou não prestar atenção em aula, ir para a classe sem os livros ou os materiais corretos, fraca compreensão do conteúdo, pouca participação na sala de aula, caligrafia desleixada ou cálculos matemáticos imprecisos, discutir com os professores, perturbar a classe, envolver-se em brigas com os pares e abandonar ou matar aulas. Muitas dessas preocupações – fraca compreensão do material e fracas competências de estudo, por exemplo – precisam ser resolvidas com os professores do jovem e outros membros da escola. Caso seu adolescente esteja passando por tais problemas, converse com seus professores e o serviço de orientação educacional de escola. Uma discussão mais ampla dessas questões vai além do âmbito do foco deste livro no comportamento desafiador em adolescentes. A seção Recursos, no fim do livro, irá direcioná-lo para fontes adicionais de ajuda.

Neste capítulo, concentraremo-nos no comportamento desafiador na sala de aula – discussão com professores, perturbação da aula e similares –, além dos conflitos devidos ao dever de casa. As habilidades apresentadas até aqui neste livro (e também nos próximos capítulos) poderão ajudá-lo com esses aspectos do funcionamento na escola.

🎯 OBJETIVOS PARA O PASSO 6

- Usar um sistema de relatórios casa-escola para reduzir o comportamento desafiador na sala de aula.
- Estabelecer um contrato eficaz para o dever de casa.

Se seu adolescente não tem problemas na escola relacionados a comportamento desafiador, ou se já está tratando deles com atenção positiva, elogios e manejo do comportamento, você pode saltar este passo ou usar mais uma semana ou duas para refinar o trabalho iniciado no Passo 5 – o que não é uma má ideia se achar que ainda existem lacunas significativas em seu sistema de manejo do comportamento. Porém, mesmo que você não ache que tem alguma dificuldade relacionada à escola, poderá se beneficiar revisando essa área da vida de seu adolescente.

Reduzindo o comportamento desafiador na sala de aula por meio de sistemas de relatórios casa-escola

O sistema de relatórios casa-escola é uma ferramenta comprovadamente eficaz que você pode usar para monitorar e modificar o comportamento desafiador ou o fraco desempenho acadêmico na sala de aula, mesmo que não esteja presente na cena. Em termos simples, esse sistema envolve três componentes básicos: (1) uma lista de comportamentos-alvo monitorados pelos professores de seu adolescente, (2) um método para os professores lhe comunicarem os dados de monitoramento com regularidade e (3) as consequências administradas em casa com base nos dados de monitoramento fornecidos pelos docentes. Junto com os professores do jovem, você seleciona a lista de comportamentos-alvo e determina os métodos para monitoramento e comunicação. Depois, seleciona as consequências a serem administradas em casa, com alguma participação de seu adolescente no que se refere aos incentivos positivos.

1. *Selecione os comportamentos-alvo.* Por telefone ou em um encontro pessoal com os professores ou o orientador educacional de seu filho, vocês devem determinar juntos quais comportamentos visar para uma mudança. Como você sem dúvida já sabe, se o comportamento desafiador de seu adolescente se estender para o ambiente escolar, os professores com frequência fornecem informações voluntariamente acerca de atitudes negativas. Já pode ter sido dito a você que seu filho faz palhaçadas em classe, fala quando não é sua vez, socializa quando deveria estar trabalhando, usa linguagem desrespeitosa, desrespeita a propriedade dos outros, responde, chega atrasado ou vem despreparado. Qualquer coisa que pareça desafiadora para os professores pode ser alvo de mudança. Mas, como ocorreu com os comportamentos que você visou em casa, sempre é melhor expressar os comportamentos-alvo de modo positivo em vez de negativo. Você deve ser capaz de dizer a seu adolescente o que ele precisa fazer, e não o que precisa parar de fazer. Por exemplo:

    Cumpra as regras estabelecidas em sala de aula
    Fale quando for dada permissão
    Mantenha-se na tarefa durante o tempo de trabalho independente
    Use linguagem respeitosa
    Expresse discordâncias de maneira apropriada
    Fale gentilmente com os pares
    Chegue na aula na hora
    Traga diariamente os livros e a agenda para a aula

    Assim como fez em casa, também é recomendável começar com apenas três a quatro comportamentos-alvo para tornar o sistema administrável. Você e os professores ou o orientador educacional sempre podem visar outros comportamentos depois que seu adolescente atingiu os objetivos iniciais.

2. *Combinem os métodos e a frequência do monitoramento.* Os professores de seu adolescente provavelmente ficarão felizes em ouvir que você está empenhado em ajudar a resolver os problemas de comportamento que ele está trazendo para a sala de aula. Mas quanto mais fácil você puder tornar o sistema de relatório casa-escola, mais provável será que obtenha cooperação integral e entusiástica. A primeira coisa que pode fazer é fornecer um formulário para o relato das observações dos professores; contudo, primeiro pergunte se isso é necessário. Se a escola tiver seu próprio formulário, é provável que os professores queiram usá-lo porque estão acostumados a seu formato. Se você o estiver fornecendo, faça uma fotocópia daquele que se encontra na página 231 (há espaços em branco para preencher as outras matérias que seu filho tem além de matemática ou língua portuguesa) ou o forneça por meios eletrônicos (veja a seguir) caso você e os professores planejem se comunicar por *e-mail*; o *download* pode ser feito no *link* deste livro em www.grupoa.com.br.

A frequência com que deve pedir aos professores de seu adolescente que monitorem os comportamentos-alvo depende do quanto seus problemas na escola tendem a ser graves e generalizados. Idealmente, você poderá querer um *feedback* diário se os problemas de seu filho ocorrerem todos os dias e for importante ter algum controle sobre eles com rapidez. Se começar com relatórios diários, depois que seu adolescente conseguir passar duas semanas consecutivas com dois a quatro *Nãos* (o equivalente a cerca de um por classe) no formulário, você poderá reduzir para avaliações duas vezes por semana (p. ex., fazendo avaliações às quartas e sextas-feiras) ou uma vez por semana (às sextas-feiras).

Contudo, tenha em mente que professores ocupados de educação secundária nem sempre conseguem lhe fornecer *feedbacks* diários. Você pode solicitar um *feedback* semanal caso os problemas do seu adolescente na escola ocorram apenas algumas vezes e sejam menos graves. Afinal, na maioria dos casos, os professores veem o jovem apenas por um período de aula por dia – menos no caso de horários em bloco. Muitos comportamentos-alvo podem não ocorrer diariamente, e pode ser necessário algum tempo para monitorá-los e observar uma mudança. Portanto, uma avaliação semanal pode funcionar para muitos adolescentes no início. Mais uma vez, deixe que a frequência e a gravidade dos problemas de comportamento na escola determinem qual cronograma de *feedback* escolher no início deste programa.

Relatório Semanal Casa-Escola

Nome: _____ Data: _____

Matemática:	Cumpriu as regras estabelecidas	Sim	Não	N.A.
	Falou com respeito com os outros	Sim	Não	N.A.
	Prestou atenção durante as explicações	Sim	Não	N.A.
	Veio para a aula com o livro/a apostila	Sim	Não	N.A.

Comentários:

Assinatura do professor: _____

Língua portuguesa:	Cumpriu as regras estabelecidas	Sim	Não	N.A.
	Falou com respeito com os outros	Sim	Não	N.A.
	Prestou atenção durante as explicações	Sim	Não	N.A.
	Veio para a aula com o livro/a apostila	Sim	Não	N.A.

Comentários:

Assinatura do professor: _____

_____ (Matéria)	Cumpriu as regras estabelecidas	Sim	Não	N.A.
	Falou com respeito com os outros	Sim	Não	N.A.
	Prestou atenção durante as explicações	Sim	Não	N.A.
	Veio para a aula com o livro/a apostila	Sim	Não	N.A.

Comentários:

Assinatura do professor: _____

_____ (Matéria)	Cumpriu as regras estabelecidas	Sim	Não	N.A.
	Falou com respeito com os outros	Sim	Não	N.A.
	Prestou atenção durante as explicações	Sim	Não	N.A.
	Veio para a aula com o livro/a apostila	Sim	Não	N.A.

Comentários:

Assinatura do professor: _____

_____ (Matéria)	Cumpriu as regras estabelecidas	Sim	Não	N.A.
	Falou com respeito com os outros	Sim	Não	N.A.
	Prestou atenção durante as explicações	Sim	Não	N.A.
	Veio para a aula com o livro/a apostila	Sim	Não	N.A.

Comentários:

Assinatura do professor: _____

De *Seu adolescente desafiador* (2ª ed.). Copyright 2014, The Guilford Press.
N.A. = não se aplica.

3. *Desenvolvam um sistema eficaz de comunicação casa-escola.* Há três possibilidades diferentes para preencher o formulário e enviá-lo para casa semanalmente (listadas aqui em ordem decrescente de acordo com nossa preferência):

   a) Idealmente, já que muitos professores agora têm *e-mail* em suas mesas, todas as quintas-feiras você pode lhes enviar um formulário em branco. Na sexta-feira, eles o preenchem e lhe mandam de volta por *e-mail*. Isso é rápido, evita a mistura de papéis, e seu *e-mail* serve como um lembrete de que está na hora de avaliar novamente.

b) Um conselheiro, um professor consultor ou um assistente social recolhem os formulários de cada docente na sexta-feira e os manda para você ou telefona para o respectivo professor e obtém relatórios sobre seu adolescente por telefone. Isso requer muito mais coordenação por parte de todos.

c) De acordo com a abordagem antiga, seu adolescente pega um formulário em branco, como o que foi exemplificado, na secretaria da escola, o leva consigo em todas as aulas, pede a cada professor que o preencha no final da aula e depois o traz para casa. Você entrega na secretaria um suprimento de formulários. Se tem sido desafiador na escola e também em casa – ou sobretudo se tem sido *mais* desafiador na primeira do que na última – há algum tempo, obviamente seu filho não vai gostar de ser monitorado dessa maneira específica. Esteja preparado para inúmeras táticas evasivas por parte dele, desde "se esquecer" de pegar os formulários até "editar" os resultados, talvez alegando que certos professores não o preencheram ou protestando de modo veemente contra a avaliação caluniosa ou terrivelmente injusta do professor. Assim como ocorre com o manejo do comportamento em casa, você precisará manter sua posição: deixe claro que tem formas de checar com a escola se seu adolescente apareceu para recolher os formulários e confirmar com os professores se eles os preencheram (os *e-mails* tornam a passar para o primeiro plano). Você pode pedir aos docentes que guardem cópias de cada formulário em seu próprio arquivo, de modo que possa comparar aqueles que recebeu de volta aos relatórios não adulterados. Por todas essas razões, preferimos direcionar a comunicação por *e-mail*, fax ou telefone.

4. *Desenvolvam consequências efetivas em casa para os dados relatados pelos professores.* O que faz com todos esses dados quando os recebe todos os dias ou uma vez por semana? Você ou os atrela a seu sistema atual de recompensas e punições ou desenvolve um novo contrato para o comportamento na escola. Se usar nosso formulário de monitoramento, por exemplo, poderá atribuir pontos para as avaliações de cada um (digamos 25 pontos para cada Sim circulado por cada professor). Depois, registre o total de pontos em seu talão, como já fez para o comportamento em casa. Shayla e seus pais redigiram o seguinte contrato:

> *Eu, Shayla Johnson, concordo em pegar um formulário de registros casa-escola em branco na minha aula de matemática no primeiro período todas as manhãs de quinta-feira e pedir para que cada professor o preencha e assine no final das aulas na sexta-feira. Eu concordo em trazê-lo para casa na sexta-feira e mostrá-lo a minha mãe. Se 80% das avaliações do comportamento forem SIM, minha mãe concorda em me pagar $20.*

Caso seu adolescente se recuse a cooperar com o sistema e você estiver preso à abordagem antiga (a participação dele não é necessária se você estiver usando *e-mail*, fax ou telefone), pode redigir um contrato comportamental em que ele concorde em trazer os formulários dos relatórios para casa (e entregá-los de manhã) todos os dias e vincular um privilégio significativo quando ele fizer isso (e uma penalidade se não fizer).

P. *Ricky tem muita dificuldade em adiar gratificações, então esperar até o final da semana para ver se ganhou pontos suficientes para ter privilégios aqui não parece ser suficiente para mantê-lo no caminho certo durante o dia escolar. O que mais nós e o professor podemos fazer?*

R. Quando as crianças se tornam adolescentes, os tipos de reforçadores que são em geral usados para motivar garotos mais jovens ficaram defasados. Além disso, estabelecer um sistema que dê recompensas na sala de aula será problemático se não for algo que possa ser aplicado a toda a turma. Se você tem necessidade de poder recompensar seu filho com mais frequência do que semanalmente, precisará de avaliações mais frequentes nas quais basear as recompensas. Essa é uma situação em que pode ser aconselhável formulários com relatórios diários ou pelo menos duas vezes por semana. Contudo, se os professores puderem encontrar uma maneira de recompensar seu filho sem causar discórdia – por parecer que estão favorecendo seu adolescente em relação aos outros –, estes são alguns tipos de recompensas que estudantes acima de 12 anos podem receber *na sala de aula*:

- Um bilhete manuscrito dizendo "Obrigado por contribuir para a discussão" ou similar, colocado discretamente sobre a carteira do aluno
- Um sorriso ou uma discreta aprovação com o polegar para cima
- Tempo extra no computador
- Ser dispensado da classe para entregar alguma coisa em outra sala
- Acesso a materiais especiais para um projeto
- Liderar a turma (ou um grupo) em uma discussão ou um exercício

Outras recompensas podem ser *dadas a seu adolescente durante a aula, mas com efeito externo, permitindo mais discrição:*

Um telefonema positivo para o aluno em casa
Eliminação de uma nota ruim
Ser dispensado de um teste
Uma dispensa de dever de casa
Um pequeno vale-presente (como para iTunes, um lanche ou pipoca grátis no cinema)
Um passe para ir ao ginásio ou outra área de recreação durante um período de estudo

5. *Personalizem o sistema para os problemas de comportamento específicos de seu adolescente.* Você se lembra de Mark, 17 anos? No Capítulo 10, você se inteirou do debate de seus pais sobre como poderiam retirar privilégios quando parecia que o jovem já havia ganhado tudo o que queria e tinha as rédeas soltas em sua vida. Sua mãe disse que gostaria de retirar todos os tipos de coisas que pareciam ser privilégios cada vez que ele saía sorrateiramente pela porta dos fundos da escola após o primeiro período. Os pais de Mark sabem que ele é inteligente e querem que consiga ir para a universidade, mas estão preocupados com as repercussões de seu absenteísmo. Ele consegue manter-se na média na maioria das matérias, assistindo a aulas com a menor frequência possível e fazendo o dever de casa e estudando apenas o suficiente. Porém, Sandy quer que ele aumente a média de suas notas. Então, Sandy e Doug decidiram trabalhar com os professores em um sistema de registro de frequência que daria a seu filho um incentivo para ficar na escola o dia inteiro. Criaram uma variação do sistema de relatório casa-escola que requeria que cada professor carimbasse o cartão para mostrar que Mark tinha aparecido em sua aula naquele dia. Os pais forneceram carimbos únicos para cada professor, de forma que Mark não conseguisse falsificá-los. Ele ganhava um dólar para jantar fora com os amigos para cada aula que assistisse durante a semana. Se matasse alguma aula durante um dia em particular, era castigado, não podendo usar o carro pelo resto do dia. Se matasse mais de três aulas durante alguma semana, a punição valia pela sexta-feira e pelo sábado. Caso assistisse a todas as suas aulas por duas semanas consecutivas, seus pais pagariam a gasolina que ele usaria

naquele mês. Em caso negativo, teria de tirar o dinheiro de sua própria conta bancária.

No início, o sistema parecia destinado ao fracasso total. Mark simplesmente se recusava a levar os relatórios até seus professores, mas, quando Sandy telefonava para cada um deles para descobrir se o filho tinha estado em aula, com frequência lhe diziam que ele estivera presente. Não levou muito tempo para que percebessem que seu filho já estava muito grande para tolerar ter de carregar esses formulários como se fosse uma criança menor. Então, mudaram para o *e-mail* – o qual, afinal de contas, não poderia ser falsificado, uma vez que Sandy poderia logo identificar se um relatório de frequência tinha vindo do endereço de *e-mail* legítimo de um professor. Observe que esse é um caso em que é razoável esperar que os professores deem um *feedback* diário, já que uma semana é muito tempo de espera para saber se um adolescente matou aula. Não custa nada, no entanto, reconhecer o esforço extra que lhes foi pedido para investir. Sandy surpreendia os professores cerca de uma vez por semana com roscas da confeitaria local. Quanto a Mark, ele era resistente e tentava lidar com a perda do poder de compra e uso do carro, mas, quando viu sua conta bancária diminuindo por ter de pagar a gasolina, começou a frequentar regularmente as aulas.

Criando um contrato efetivo para o dever de casa

Existem inúmeras maneiras de lidar com os problemas gerados pelo dever de casa, mas, se essas questões se revelaram resistentes às suas intervenções no passado, você terá de ser criativo. Primeiro tente compreender qual é o problema:

- Seu adolescente alega que não tem dever de casa, mas, mais tarde, você descobre que ele tinha?
- Seu filho "se esquece" de trazer para casa as tarefas ou os materiais necessários para realizá-las?
- Seu adolescente alega consistentemente ter terminado seu dever de casa – porém as conversas pai-professor revelam o contrário?
- Seu filho diz que fará "mais tarde", o que sempre parece ser depois que você já foi para a cama?

- Seu adolescente recusa-se a estudar para os testes, dizendo que já fez isso na escola, durante os períodos de estudo?

Vamos examinar esses problemas, um de cada vez.

- *Se seu adolescente alega que não tem dever de casa, mas você continuamente descobre que ele de fato tinha, apenas não o fez,* obtenha a ajuda dos professores informando-o diretamente sobre as tarefas do dia – por *e-mail* ou preenchendo uma folha com as tarefas, colocando um carimbo ou outra "assinatura" única para que você saiba que vem mesmo do professor. Depois da escola, pergunte a seu filho qual é o dever de casa. Caso seu relato coincida com o que os professores lhe disseram, recompense-o (por meio de pontos ou um contrato de comportamento).
- *Se seu adolescente "se esquece" das tarefas ou dos livros,* responsabilize-o por perguntar a um colega ou pegar emprestado os livros. Estabeleça um nível de recompensa pelo cumprimento disso e um nível mais alto pelas vezes em que ele não "se esquecer". Além disso, veja como deixar uma caução na escola para que possa ter um conjunto extra dos livros escolares em casa.
- *Se seu adolescente alega ter terminado o dever de casa,* mas você descobre que não, crie um formulário para relatório do comportamento que acompanhe esse problema com o professor e torne os pontos concedidos (ou subtraídos) mais significativos.
- *Se seu adolescente está sempre dizendo que vai fazer o dever de casa "mais tarde" e você não consegue checar sua relização,* redija um contrato de comportamento no qual ele concorde em fazer a lição em um determinado período de tempo no qual você possa monitorar o trabalho.
- *Se seu adolescente recusa-se a estudar em casa,* redija um contrato de comportamento ou um sistema de pontos para o estudo. Monitore de perto para se assegurar de que ele esteja realmente estudando e considere a possibilidade de incorporar uma avaliação no final desse período como uma checagem adicional, criando uma recompensa extra por um bom resultado.

Como pode ver, existem dois ingredientes-chave para o reforço do dever de casa: estar presente para monitorar de perto, de forma que você não precise se basear na palavra de seu adolescente, e usar recompensas para motivá-lo a realizar o que está tão relutante em fazer.

A seguir, apresentamos uma amostra de contrato para o dever de casa para um estudante do ensino médio:

Contrato para o dever de casa de Miguel Hernandez

Eu, Miguel Hernandez, junto com meus pais, professores, orientadora educacional e diretor, concordamos em executar com o melhor de nossa capacidade o seguinte plano para o dever de casa:

I. Fazer o acompanhamento das tarefas
   A. Meus professores irão escrever as tarefas no quadro todos os dias. Eles também entregarão uma cópia de todas as tarefas da semana para a sra. Smith, minha orientadora educacional, todas as segundas-feiras. Ela vai guardar uma cópia e enviar outra cópia por *e-mail* ou fax para meus pais em casa.
   B. Anotarei as tarefas que estiverem no quadro todos os dias antes de sair de cada aula. Vou anotar atrás do divisor das seções de meu arquivo para cada matéria. Vou reler o que escrevi para ter certeza de que compreendi. Vou pedir ao professor que explique alguma tarefa que não tenha compreendido.
   C. Durante meu último período na sala de estudos, vou reler cada tarefa que anotei e me certificar de que compreendi o que foi pedido. Farei uma lista de todos os materiais que preciso trazer para casa e pegá-los em meu armário. Meu professor da sala de estudos concorda em me dar um passe durante o último período para ir até meu armário e pegar os materiais de que preciso.

II. Trazer os materiais para casa
   A. Trarei para casa todos os materiais que reuni, além do arquivo em que anotei minhas tarefas.
   B. Minha mãe concorda em, gentilmente e sem insistir, me pedir para ver minha lista de tarefas. Eu concordo em lhe mostrar sem criar complicações.
   C. Como ajuda no caso de eu me esquecer de anotar as tarefas, vou escolher um colega de estudos em cada uma das minhas aulas, pegar o telefone dessa pessoa e colar esses números na porta da geladeira.

III. Programar e fazer o dever de casa
   A. De segunda a quinta, concordo em trabalhar em meu dever de casa das 18 às 20h. Se terminar antes, mostrarei meu trabalho concluído para um dos meus pais, e, se concordarem que está concluído, poderei fazer o que quiser.
   B. Farei meu dever de casa na escrivaninha do escritório. Posso ouvir uma música suave com os fones de ouvido, mas não *rock* em alto volume. Se perceber que estou ficando distraído, farei um pequeno intervalo, realizando alguma atividade física (não usando meu *smartphone*) e voltarei ao trabalho.
   C. Minha mãe irá me lembrar uma vez, sem insistência, de começar a fazer meu dever de casa às 18h. Começarei sem causar problemas.

IV. Fazer um planejamento diário para organizar a realização do dever de casa
   A. Com ajuda de minha mãe, farei um plano organizado para o dever de casa de cada noite. Esse plano me orientará sobre a qual matéria devo me dedicar em primeiro lugar, em segundo, etc. Esse plano também irá dividir o meu tempo de trabalho entre as tarefas para o dia seguinte e as de prazo mais longo. Minha mãe concorda em permitir que eu determine a ordem da realização do dever de casa.
   B. Meu plano irá estimar o tempo necessário para concluir cada tarefa, além de como vou conferir cada uma quanto a sua exatidão, completude e legibilidade.

(Continua)

Contrato para o dever de casa de Miguel Hernandez (*continuação*)

    C. O plano irá especificar a frequência com que farei intervalos durante o tempo em que faço o dever de casa, quanto tempo irão durar os intervalos e como as tarefas grandes serão divididas em unidades menores.
    D. O plano irá especificar onde irei colocar as tarefas concluídas e como vou me assegurar de entregar o trabalho.

V. Entregar as tarefas
    A. Quando eu terminar uma tarefa, guardarei-a na seção de meu arquivo referente àquela matéria.
    B. Farei o máximo possível para me lembrar de entregar cada tarefa.

VI. *Feedback*

Meus professores concordam em me dizer como me saí dois dias depois de entregar uma tarefa. Eles também concordam em mandar um *feedback* para meus pais sobre quantas das tarefas da última semana foram entregues no prazo quando enviarem a lista de tarefas para a semana seguinte. A orientadora educacional irá recolher esses materiais com os professores e os enviará a meus pais por fax ou *e-mail*.

VII. Recompensas

Meus pais concordam em me deixar usar o *smartphone* por 20 minutos a cada noite que eu fizer meu dever de casa. Se eu o fizer por cinco noites consecutivas, eles concordam em me deixar usar meu telefone por 45 minutos no fim de semana.

Assinado, *Miguel Hernandez*   *Roberto Hernandez*   *Sandra Hernandez*
    Bill Jones, Diretor   *Brenda Smith, Orientadora Educacional*
    Millie Broadbent, Álgebra   *Harold Milton, Inglês*
    Darla Breeze, Francês   *Alfred E. Newton, Química*
    Harry Buff, Ed. Física   *Maria Machiavelli, História*

Reflita antecipadamente

Escreva uma biografia da experiência escolar de seu adolescente para transmitir aos professores do próximo ano. Caso seu filho tenha tido problemas com comportamento desafiador em sala de aula, você achará muito útil começar a escrever uma biografia de sua vida escolar, acrescentando alguns parágrafos a cada ano. Sugerimos que se reúna com os professores ou o orientador educacional de seu filho, cerca de três semanas depois do início do ano letivo, e entregue-lhes uma cópia da biografia; depois, conte aos membros da escola os pontos fortes e fracos do jovem, como você pretende ajudar com os pontos fracos e o que gostaria que os membros do corpo docente/equipe façam. Se começar a biografia de seu filho durante os últimos anos do ensino fundamental, terá compilado informações valiosas para os professores na época em que ele ingressar no ensino médio.

P. *Pobre Jack. Nossos contratos de comportamento e todo o trabalho começaram realmente a fazer diferença em casa, mas parece que ele não consegue mudar sua imagem na escola. Acho que seus professores estão tão acostumados com ele sendo "mau" que não conseguem ver sua mudança; então continuam a criticá-lo severamente, e em consequência ele reage com mais desafio em aula. Nós achamos que os professores estão piorando tudo, mas como podemos lhes dizer isso?*

R. É provável que sua melhor chance seja formular isso para a escola como uma "má combinação de personalidades professor-aluno", a fim de minimizar a acusação do professor e não colocar a escola na defensiva. Primeira, solicitem uma troca de professor para aquela matéria. Se a escola se recusar, considere seriamente fazer seu filho desistir da matéria e cursá-la no curso de verão com outro professor ou no próximo ano, mesmo que isso atrase a formatura. Por que se precipitar em direção ao insucesso? Se a escola recusar isso também, como é bem possível que aconteça, poderá depender de vocês – ou de vocês e um terapeuta – ajudar seu adolescente a "aguentar firme". Pode encorajá-lo a praticar técnicas de gerenciamento da raiva para manter uma presença discreta e reduzir o risco de inflamar mais o docente. Ofereça muito apoio em casa e talvez contrate um professor particular após a escola. Dê ao adolescente recompensas significativas por não "perder o controle" naquela aula.

Passo 7. Usando habilidades para a solução de problemas

Durante toda a sua vida você tem resolvido problemas. A solução de problemas é uma técnica que já usou para controle de danos, planejamento ou para manter as engrenagens do funcionamento diário trabalhando sem problemas. É provável que já a tenha usado repetidamente no trabalho e em iniciativas cívicas e voluntárias, com amigos e parentes, talvez até com seu parceiro na vida. Essa é uma habilidade que será o apoio principal da sua relação futura com seu adolescente em rápida maturação.

Por que você precisaria aprender essas habilidades? E se elas são tão importantes, por que não as abordamos antes?

Você precisa aprendê-las como parte deste programa porque as habilidades que usamos com destreza em um contexto nem sempre se traduzem para outro. Quando está tentando descobrir como estimular a produtividade estagnada no escritório, obter cooperação entre voluntários no banco de alimentos local ou discutir um orçamento doméstico com uma pessoa significativa, você chega a algum lugar porque todos (idealmente) estão partindo da mesma perspectiva: maduros, respeitosos, abertos a novas ideias, dispostos a se comprometer e interessados em chegar a um resultado de acordo mútuo. Não se parece muito com a atmosfera dominante em casa antes de você começar este programa, não é?

É por isso que precisa aprender essa habilidade a partir do zero no ambiente familiar. A (re)aprendizagem formal e a prática o ajudarão a fazer com seu adolescente o que você já faz bem com terceiros – e pode muito bem ter feito quando seu filho era muito mais novo, e a discórdia não era tão óbvia. Você já recuperou suas habilidades de manejo do comportamento dessa maneira; agora pode fazer o mesmo com a solução de problemas.

Na verdade, o fato de você ter reaprendido o manejo do comportamento como a primeira parte deste programa responde à segunda pergunta. Esperamos este tempo para enfrentar a solução de problemas porque é impossível negociar – o que de fato envolve a solução de problemas – com um adolescente que nem mesmo fala civilizadamente com você e não tem respeito por sua autoridade. Esperamos que os progressos que fez nos últimos meses, mesmo que modestos, tenham mudado seu relacionamento em direção à benevolência o suficiente para criar um ambiente fértil para essa nova empreitada racional colaborativa.

Cético? Perguntando-se se você e seu adolescente estão prontos para negociar – ou se você até mesmo quer? Talvez ache que apenas começou a ter as coisas sob controle e está relutante em relaxar as rédeas por medo de acabar voltando ao ponto onde começou. Isso é compreensível. Mas, lembre-se, você *realmente* começou a retomar o controle; *você* mudou as suas atitudes e esse já não é mais o *show* de seu adolescente. Sua habilidade recém-descoberta (ou recuperada) de dar comandos efetivos, oferecer incentivos poderosos e reforçar o comportamento que quer ver pode ser colocada em jogo também nessa arena. Nós testamos a sequência exata dos passos nos quais você está trabalhando neste programa e descobrimos que mais famílias persistem em nosso programa se aprendem primeiro as habilidades de manejo do comportamento do que quando começam pela solução de problemas. Porém, se achar que suas sessões iniciais de solução de problemas com seu adolescente acionam antigos pontos polêmicos e as coisas evoluem para a perda do controle, você pode usar as ferramentas que adquiriu para manejar o comportamento de seu filho, incluindo fazer uma pausa em que todos se retiram para o seu canto e depois retornam *sem* oscilações.

O fato é que, para algumas famílias, a transição para essa parte do programa é mais um salto do que um transcurso suave. Algumas acabam recaindo nos antigos padrões de coerção quando tentam seguir os passos da solução de problemas ensinados neste capítulo. Os padrões de comunicação negativos podem estar tão consolidados que, quando o adolescente é trazido para o processo de tomada de decisão, toda a família irrompe em conflito como se nunca tivesse completado os seis primeiros passos do programa. Ou crenças negativas profundamente arraigadas (discutidas no Cap. 16) vêm à tona de forma esmagadora quando o jovem é convidado a negociar com os pais, como se a mera sugestão tivesse tocado em um poço de ressentimentos e noções depreciativas preconcebidas entre eles – tanto por parte dos pais quanto do adolescente.

Queremos que você invista no processo de solução de problemas em um esforço concentrado e não desista ao primeiro sinal de atrito. Porém, se você realmente se encontrar em um impasse ou em repetidas explosões, talvez precise fazer primeiro os Passos 8 ou 9 e depois voltar para este. Iremos ajudá-lo a identificar os sinais de que isso é necessário durante este capítulo. Mas também existe a chance de que, neste momento, você possa usar a ajuda de um terapeuta na direção certa. A existência de uma terceira parte, imparcial, facilita sua entrada no processo de negociação – como contratar um profissional mediador – e pode ajudá-lo a cruzar a linha divisória para a segunda parte deste programa com maior sucesso.

A importância – e os princípios – do treinamento da comunicação na solução de problemas

Por que essa linha divisória às vezes parece ser um abismo? Porque estamos fazendo uma mudança: antes, os pais controlavam o programa; agora, eles estão envolvendo os adolescentes. Você ainda tem controle sobre os aspectos inegociáveis – as regras da casa que considera invioláveis – por meio de contratos comportamentais e outros meios aprendidos anteriormente. Mas agora precisa encontrar uma nova maneira de resolver os conflitos referentes às questões negociáveis. Conforme sugerimos no Capítulo 13, o uso da solução de problemas (junto com as habilidades de comunicação integrantes do processo que você irá aprender no Passo 8) para trabalhar de forma colaborativa na solução de conflitos é uma maneira de reconhecer o avanço desenvolvimental de seu filho em direção à independência e ensinar-lhe habilidades relacionadas à independência responsável. Agora que você recuperou sua autoridade parental, está livre para começar a envolver seu adolescente nas tomadas de decisão que afetam a vida dele. Isso não é apenas um privilégio, mas uma necessidade; a solu-

---

Os princípios do treinamento da comunicação na solução de problemas

- Conceder gradualmente independência crescente.
- Distinguir as questões negociáveis das inegociáveis.
- Envolver os adolescentes na solução de problemas das questões negociáveis.
- Manter boa comunicação.
- Desenvolver expectativas razoáveis.

ção de problemas será um caminho pelo qual você lhe concede a liberdade gradualmente crescente sobre a qual começamos a falar no Capítulo 3. Por esse caminho, seu adolescente deve chegar em segurança ao limiar da idade adulta responsável.

O treinamento da comunicação na solução de problemas (TCSP) está baseado no fato de que o conflito pais-adolescente é principalmente um conflito *verbal* sobre questões específicas. É por isso que você e seu filho precisam aprender uma maneira diferente de conversar um com o outro quando estão em conflito – de modo especial um que aumente em frequência e intensidade. Pense no TCSP como ir à escola de teatro: primeiro você irá aprender um roteiro (os passos específicos da solução de problemas que serão aplicados a cada questão abordada aqui), depois irá trabalhar na "transmissão" (como os membros da família se comunicam uns com os outros, Passo 8) e depois na "atitude" – as crenças e expectativas irrealistas que os membros da família frequentemente têm uns sobre os outros e que alimentam sentimentos de raiva (o alvo do Passo 9).

OBJETIVOS PARA O PASSO 7

- Aprender o modelo para a solução de problemas e praticá-lo usando um problema fictício.
- Enumerar as questões que causam conflito para estabelecer uma lista de problemas a resolver.
- Escolher uma ou duas questões de baixa prioridade ou baixa intensidade nas quais trabalhar com a solução de problemas.

Aprendendo e praticando o modelo para a solução de problemas

Se aprender a solução de problemas de forma muito estruturada parece exagerado, lembre-se de que um de seus propósitos é o mesmo que está por trás de ser objetivo quando você dá comandos a seu adolescente. Conforme viu, um estilo de comunicação desapaixonado, direto e prático tende a evitar que grandes emoções inflamem e frustrem seus objetivos. Além do mais, seguir um formato rigoroso durante reuniões familiares agendadas não será a forma como você exercerá a solução de problemas para sempre. O objetivo final é ser capaz de usar técnicas em sessões de solução de problemas improvisadas (quando um problema se apresentar de repente e você quiser resolvê-lo de imediato, em vez de ficar envolvido em uma discussão ou deixar o conflito fermentar) e também de maneira completamente informal – aplicando os componentes dessa habilidade a todos os tipos de contextos em que você e seu adolescente se encontrem.

Compreenda, por favor, que chegar a este ponto vai requerer muita prática. Não temos como ilustrar todas as nuanças ou acompanhá-lo através deste processo centímetro por centímetro (foram escritos livros inteiros sobre solução de problemas). Você terá de descobrir por si mesmo, com um pouco de ensaio e erro, exatamente o que funciona para a dinâmica de sua família. A única maneira de fazer isso é por meio da prática, portanto, faça seu dever de casa neste passo!

1. *Comece apresentando a próxima fase do programa a seu adolescente.* Faça uma reunião familiar ou sente-se com seu filho em um contexto um pouco menos formal, se achar que a perspectiva de uma "reunião" irá alterar os ânimos, porém certifique-se de que ele compreenda que você precisa conversar sobre algo importante – e do interesse dele. Diga-lhe que irão aprender a solução de problemas juntos. Explique que isso tem a intenção de reconhecer sua maturidade crescente e encontrar uma forma para que participe nas tomadas de decisão que o afetem. Não deixe de elogiá-lo pelos progressos que tenha feito em passos anteriores e expresse confiança na capacidade dele para lidar com novas responsabilidades. Recapitule e relembre o adolescente de tudo de bom que aconteceu na família até agora. Diga que você quer levar isso mais longe, e não apenas encontrar um modo de resolver questões entre vocês da maneira como os adultos fazem, mas também lhe tornar possível negociar o que quer e obter cada vez mais independência. Se acha que isso poderá esclarecer os objetivos, passe rapidamente as questões inegociáveis e relembre seu filho de que essas regras não estão sujeitas a solução de problemas. Se, no entanto, você tiver descoberto que existem certos aspectos das questões inegociáveis que são negociáveis, assinale que esses assuntos *podem* ser resolvidos com essa habilidade (p. ex., sua filha ter um toque de recolher estabelecido é inegociável, mas talvez quando e em quanto ele será estendido com o passar do tempo seja negociável).

2. *Explique brevemente os passos da solução de problemas.* Você e o outro genitor de seu adolescente (se houver um) devem examinar os passos e se certificar de que os compreendem antes dessa reunião, de modo que possam responder a todas as questões (ou objeções) que o jovem levantar. Tenha cópias prontas da Folha de Trabalho para Solução de Pro-

> **Reflita antecipadamente**
>
> *Não fique surpreso caso seu adolescente expresse ceticismo quando for convidado a participar das tomadas de decisão sobre sua própria vida.* Não se surpreenda, na verdade, se ele usar táticas verbais longe das ideais para expressar esse ceticismo, como sarcasmo, silêncio taciturno ou zombaria. Diga enfaticamente ao jovem que de fato entende seus sentimentos, mas que valoriza a opinião dele e que não quer lhe impor soluções para problemas negociáveis – você na verdade quer que tenha uma participação justa na solução dessas questões. Ele experimentaria isso uma vez para ver se você mantém sua palavra? Apenas continue sendo objetivo, mas esteja preparado para conduzir suas sessões de solução de problemas de uma forma que reforce sua intenção de colaborar, não de ditar. Enfatize que essa não é apenas outra forma de forçá-lo a cumprir suas ordens, como ele pode suspeitar. Seja muito claro ao explicar que as soluções combinadas por meio desse processo incluirão um papel para cada um e consequências pelo cumprimento ou não cumprimento a todos. Diga-lhe também que ele assumirá um papel ativo nas sessões de solução de problemas, tal como ser o primeiro "secretário de registros" quando vocês começarem a fazer *brainstorm* para soluções. Antes de ter essa conversa com seu adolescente, converse com o outro genitor sobre outras formas como podem lhe demonstrar imediatamente que será tratado como um membro igual do time de solução de problemas.
>
> Não é tão provável que seu filho vá se recusar de modo definitivo a participar se você vier armado com um par de exemplos de questões importantes para ele e observar que acha que podem ser trabalhadas para a satisfação de todos por meio da solução de problemas. Isso poderia despertar o interesse do jovem, em especial se você tiver se recusado a discutir um desses assuntos até este momento por medo de não conseguir traçar uma linha divisória entre as questões negociáveis e inegociáveis. Mas, se de fato ele se recusar, essa não é uma boa situação para tornar um privilégio significativo contingente a sua cooperação. Você pode, ainda, escrever um contrato comportamental para garantir sua participação.

blemas na página a seguir e entregue uma a seu filho, para que possam consultá-la juntos enquanto você explica cada passo.

a) *Definam o problema – depois persistam nele.* Explique que, quando as pessoas discordam sobre um assunto, é provável que definam o problema de formas diferentes. A única maneira de começar a resolvê-lo é saber exatamente como cada pessoa o enxerga. Também é provável que uma acuse a outra pelo problema, em vez de defini-lo de maneira neutra. Então, cada um dos genitores e o adolescente primeiro definem o problema em suas próprias palavras, em linguagem não acusatória, usando "eu" em vez de "você" para evitar o uso deste passo como uma forma de atribuir culpas.

Agora, cada um de vocês repete o que a outra pessoa disse para se certificar de que compreendem. Então, corrigem eventuais entendimentos incorretos e depois registram a resultante definição do

Folha de trabalho para solução de conflitos

Data: _____
Problema: _____
_____

		Avaliações	
Soluções propostas	Adolescente + −	Mãe + −	Pai + −
1.			
2.			
3.			
4.			
5.			
6.			
7.			
8.			
9.			
10.			

Acordo: _____

Plano de Implementação

A. O adolescente fará: _____
_____
  pelo tempo seguinte: _____
B. A mãe fará: _____
_____
  pelo tempo seguinte: _____
C. O pai fará: _____
_____
  pelo tempo seguinte: _____
D. Plano para monitorar se isso acontece: _____
_____
E. Lembretes que serão dados. Por quem? Quando? _____
_____
F. Consequências para o cumprimento e não cumprimento: _____
_____
_____

De *Your Defiant Teen*, Russell A. Barkley, Gwenyth H. Edwards e Arthur L. Robin. Copyright 1999, The Guilford Press. Reproduzida em *Seu adolescente desafiador* (2ª ed.). Copyright 2014, The Guilford Press.

Má definição	Boa definição
Problema: O adolescente faz muito barulho	
Pai: "Você faz todo esse barulho aqui, detonando essas músicas ridículas de seu iPod." O pai está acusando.	*Pai:* "Eu fico incomodado com a altura em que você escuta sua música e pelas canções inadequadas que ouve." O pai começa com um "eu", diz o que o incomoda e é específico.
Problema: O quarto sujo e desarrumado do adolescente	
Pai: "Seu quarto parece um chiqueiro. Se você continuar assim, nunca vai conseguir nada quando adulto." O pai está acusando, sendo vago, e acrescenta um pensamento desastroso sobre o futuro, na ausência de qualquer evidência para tal conexão.	*Pai:* "Eu fico incomodado com as roupas no chão, os livros e os papéis espalhados e as embalagens vazias de comida embaixo da cama em seu quarto." O pai começa com um "eu" e depois faz uma declaração específica e não acusatória do que o incomoda.

problema na linha designada na folha de trabalho. Assinale o quanto suas respectivas definições podem ser diferentes, *mas observe que vocês não precisam persuadir uns aos outros a aceitar sua opinião para discutirem a questão.*

b) Brainstorm: *Pensem em todas as soluções possíveis que puderem.* Agora vocês fazem um *brainstorm* das soluções, alternando-se para trazer ideias para a solução do problema, com uma pessoa fazendo o registro em uma folha de trabalho (comece pelo adolescente, conforme sugerimos anteriormente, mas alterne o responsável por essa tarefa nas sessões posteriores). Veja se vocês conseguem encontrar 12 soluções possíveis, porém, começar com apenas seis a oito já é bom. O mais importante é que sigam essas diretrizes:
- Não julguem as ideias.
- Sejam malucos e criativos; deixem sua imaginação correr solta e não rejeitem coisa alguma do que pensarem, independentemente do quanto possa parecer tolo.
- Tentem ir além de sua posição inicial, ou não chegarão a lugar algum.
- Mantenham a atmosfera leve. O humor ajuda a reduzir tensões e a manter o envolvimento.

Má definição	Boa definição
Problema: Toque de recolher do adolescente	
Adolescente: "Vocês estão arruinando a minha vida me fazendo voltar para casa cedo." De uma forma exagerada, a adolescente acusa seus pais. *Pai:* "Você pode acabar grávida, viciada em drogas e totalmente arruinada se continuar desobedecendo de forma irresponsável o nosso toque de recolher." De forma acusadora e sem qualquer evidência, o pai cria um relato exagerado de coisas terríveis que podem acontecer se a jovem ficar fora até tarde.	*Adolescente:* "Eu me sinto uma idiota e tratada como uma criança quando tenho de ir para casa antes de meus amigos." A jovem começa com um "eu" e expressa seus sentimentos de uma maneira não acusatória. *Pai:* "Eu me preocupo que os adolescentes mais velhos possam convencê-la a fazer coisas para as quais você não está pronta se ficar fora até tarde." Começando com um "eu", o pai expressa honestamente suas preocupações sobre o que poderia acontecer se a menina ficasse fora até tarde.
Problema: Dever de casa	
Adolescente: "Vocês pegam muito no meu pé sobre meu dever de casa; não preciso dos seus lembretes idiotas." O jovem está acusando.	*Adolescente:* "Eu fico irritado quando vocês me perguntam insistentemente se fiz meu dever de casa." O jovem começa com um "eu" e faz uma declaração neutra expressando os seus sentimentos.

c) *Avaliem suas opções.* Copiem as soluções possíveis na folha de trabalho de cada pessoa; depois, cada um avalia a solução, fazendo estas perguntas a respeito:
- Isso irá resolver o problema?
- Isso é exequível?
- Vocês gostam disso?

Com base em suas respostas, avaliem cada solução com um sinal positivo ou negativo. Transfiram as avaliações de cada pessoa para seu próprio formulário para que possam comparar.

d) *Selecionem a opção mais aceitável para todos.* Destaque que o objetivo é chegar a uma decisão com a qual todos possam conviver e *pela qual cada um precise abrir mão de alguma coisa para obter algo*; essa é a essência da negociação. Agora, o "secretário" (ainda o adolescente, inicialmente) lê em voz alta as soluções que todos avaliaram com sinal positivo. Se houver uma ou mais dessas, todos devem ser parabenizados: vocês encontraram sua solução – ou soluções, as quais podem então combinar em uma resolução global. Tudo o que têm a fazer agora é implementar o plano. (E podem considerar a possibilidade de se recompensar por um trabalho bem feito. Se isso se adequar à forma como vocês e seu adolescente estão se relacionando agora, saiam todos para tomar um sorvete ou ir ao cinema; se um tempo com os pais não parecer uma recompensa para o jovem, talvez dar-lhe dinheiro para um ingresso de cinema com um amigo, enquanto você e seu cônjuge se presenteiam jantando fora, possa ser uma opção.)

Surpreendentemente, o acordo sobre as soluções é alcançado em 80% das vezes. Mas, se nenhuma solução receber um sinal positivo de todos, identifiquem aquelas(s) que estiver(em) mais próxima(s) disso (digamos, uma à qual um dos genitores e o adolescente atribuíram um sinal positivo). Descubram e declarem em voz alta a lacuna entre as posições. Façam um *brainstorm* de soluções que se encaixem entre as várias posições. Agora, tentem chegar a um meio-termo usando-as. (Você encontrará exemplos de como isso funciona posteriormente neste capítulo.) Se isso ainda não funcionar, peça ao genitor discordante que ceda por enquanto e experimente a nova solução por uma semana – afinal de contas, ela não é uma solução permanente; apenas um experimento de sete dias. A família pode revisitar o contrato na semana seguinte se ele não estiver funcionando.

e) *Implementem o plano.* Explique que, para pôr em vigor o plano acordado, vocês precisam refletir antecipadamente acerca dos detalhes para assegurar seu sucesso:
- Quem irá fazer o que, quando e onde?
- Quem irá monitorar o cumprimento do acordo e como será realizado o monitoramento (p. ex., com gráficos ou quadros ou verbalmente)?
- Quais serão as consequências para o cumprimento ou não cumprimento do acordo? O adolescente deve começar sugerindo incentivos, e os pais, punições.
- Quais lembretes, caso houver, serão dados se já não estiverem incluídos na solução?
- Exatamente em que consiste o cumprimento (p. ex., o quanto um quarto precisa estar limpo)?
- Que dificuldades são previstas na execução do acordo?

Explique que é muito importante que cada membro da família tenha um papel na implementação da solução, mesmo que ele seja mais verbal do que ativo (p. ex., a mãe sendo responsável por lembrar o jovem de fazer o combinado; o adolescente e o pai agradecendo à mãe por ajudá-los a se relacionar bem). Além disso, é igualmente importante que haja consequências para o cumprimento ou não cumprimento também por parte dos pais, não só do adolescente. Todas essas informações devem ser incluídas na folha de trabalho.

f) *Avaliem a implementação do plano.* Depois de passado um tempo suficiente da implementação, examinem como o plano se desenvolveu. Se tudo funcionou tranquilamente, ótimo; vocês poderão integrar o que aprenderam com essa experiência à solução de problemas futuros. Mas, e se o plano não funcionou ou o seu funcionamento foi apenas parcial? Então devem se questionar com estas perguntas:

- Vocês tentaram implementar a solução? Em caso positivo, onde ela falhou? Em caso negativo, por que não?
- Um ou mais de vocês resistiram? Em caso afirmativo, quem e como?
- A comunicação negativa desviou vocês?
- Houve desconfiança e hostilidade geral?
- Vocês "esqueceram" de implementar a solução?
- Surgiu uma nova crise com o adolescente (um conflito com a lei, um boletim falho, drogas ou álcool, etc.) que ofuscou a implementação da solução?
- Circunstâncias da vida real interferiram (viagens de negócios, programação esportiva intensa do adolescente, visitas de parentes, férias, etc.)?
- O TDAH de um dos genitores causou problemas? (Você ficou sobrecarregado e distraído, desligou-se da tarefa ou desistiu do plano muito rapidamente, ou sua família está sofrendo com um caos constante que interferiu?)

Dependendo das respostas a essas perguntas, você tem algumas opções diferentes. Porém, antes de considerá-las, certifique-se de que todos entendam que essa "falha" é um resultado não de intenção maliciosa ou sabotagem, mas simplesmente da solução de problemas insuficiente. Aproveitar isso como outra oportunidade para apontar o dedo de acusação só irá piorar as coisas. Em vez disso, procurem retomar os passos da solução de problemas, tentando descobrir onde vocês erraram e renegociando uma solução mais viável.

Agora todos compreendem os passos da solução de problemas? Em caso negativo, revisem e discutam novamente. Se acharem que alguém ainda precisa compreender melhor, considerem consultar um terapeuta.

3. *Pratiquem os passos da solução de problemas usando um dos três cenários a seguir como um problema simulado.* Você pode experimentar esta prática na mesma reunião familiar se as coisas estiverem indo bem e perceber que ninguém está perdendo o interesse; realizar agora uma sessão de solução de um problema simulado pode cimentar os passos e princípios com mais firmeza do que esperar pela próxima vez. Porém, caso seu adolescente esteja ficando inquieto, se você identificar os sinais de que os humores estão começando a se inflamar ou se encontrar alguma outra indicação de que continuar será improdutivo, procure retomar de onde vocês pararam mais tarde ou em outro dia, preferencialmente no seguinte.

Se nenhum desses cenários atrair vocês e seu adolescente, criem sua própria simulação, mas tenham cuidado para não escolher um que seja muito próximo a uma questão real entre vocês. Enfatizamos que iniciem sua própria solução de problemas com uma questão de intensidade baixa a moderada – e será somente na próxima parte deste passo que irão determinar quais são eles. Portanto, neste momento, substituir de forma inadvertida um problema simulado por um real poderia abortar toda a prática.

- **Cenário A:** Tony está para completar 16 anos. Ele deseja fazer uma festa de aniversário para cem dos seus "amigos mais próximos" e quer que seus pais saiam para algum outro lugar durante a festa. Seus pais não estão muito felizes com a ideia; Tony diz que eles vão "arruinar sua vida" se não deixarem que tenha uma "festa decente como todos os seus amigos".

- **Cenário B:** Aaron, 14 anos, e seu pai estão em conflito constante acerca das tarefas domésticas do menino. O pai diz que ele é totalmente inconfiável, seja por não cortar a grama e levar o lixo para fora, seja por não fazer isso na hora. Aaron diz que seu pai não é nem um pouco razoável em relação ao tempo e que "as tarefas não são tão importantes assim". Sua mãe sente-se dividida entre os dois e passa boa parte do tempo bancando o juiz; ela só quer encontrar uma forma para que as tarefas sejam feitas sem dar início à III Guerra Mundial.

- **Cenário C:** Bettina, 15 anos, quer um toque de recolher mais tarde porque a maioria de seus amigos tem 16 ou 17 anos e pode ficar na rua até mais tarde do que ela. Seus pais não gostam da ideia porque não se sentem confortáveis com ela passando tanto tempo, principalmente com amigos mais velhos, e também acham que Bettina é muito imatura para receber essa liberdade extra. Ela viola seu toque de recolher com frequência, e eles temem que vá fazer o mesmo com um horário mais tarde, significando que ficará na rua até ainda mais tarde.

Depois que vocês escolherem o cenário, trabalhem nos passos da solução de problemas, preenchendo as folhas de trabalho como se esse fosse o problema de vocês. Façam isso ser leve e divertido, tratando como se fosse um jogo de interpretação de papéis. De fato, não hesitem em deixar que um dos genitores represente Tony, Aaron ou Bettina. Isso lhes daria uma oportunidade de demonstrar o quanto algumas soluções do *brainstorm* podem ser criativas e extravagantes sem que sejam levantadas objeções – e também mostra sua boa vontade para se colocar no lugar de seu adolescente.

Compare seus resultados com a folha de trabalho preenchida para o Cenário B, a seguir, e as folhas para os Cenários A e C, no Apêndice A. Vocês podem ter chegado a acordos completamente diferentes, mas esperamos que tenham tentado tornar isso o mais realista possível. Desenvolva o caso que escolheram. Vocês acham que o plano poderia ser implementado de maneira efetiva? Por que sim ou por que não? Sua solução, ou o plano baseado nela, carece de alguma coisa que seja evidente nos planos apresentados nas folhas de trabalho produzidas com a ajuda de um terapeuta? Em caso afirmativo, como vocês fariam as coisas de forma diferente?

Vocês estão prestes a ter uma chance de descobrir isso realizando sua própria solução de problemas. Mas, primeiro, precisam identificar as questões em conflito constante entre vocês e seu adolescente.

Como pode ver, o acordo que os Bronstein desenvolveram assegurou que as tarefas fossem feitas – sem liberar Aaron de toda a reponsabilidade, ao mesmo tempo em que lhe permitia alguma margem para decidir quando, durante o fim de semana, faria o trabalho. Esse é um exemplo simples de como fazer valer as questões inegociáveis e negociar o resto de uma forma que conceda ao adolescente alguma autodeterminação.

Assim como os Bronstein, os Santos não conseguiram encontrar uma solução para a proposta de Tony que agradasse a todos, então também tiveram de achar um meio-termo. Não causando surpresa (como você pode ver pela lista de *brainstorm*, no Apêndice A), as lacunas no acordo foram

Folha de trabalho para solução de problemas para Aaron Bronstein e seus pais (Cenário B)

Data: *19/09/13*

Problema: *Problema com as tarefas domésticas, p. ex., o pai diz que Aaron não corta a grama ou retira o lixo de forma confiável e na hora. A mãe concorda. Aaron diz que seus pais lhe pedem para fazer as tarefas durante seus programas favoritos na TV ou em outras horas inconvenientes.*

	Avaliações		
Soluções propostas	Adolescente + −	Mãe + −	Pai + −
1. *Sem televisão até que a grama esteja cortada*	−	+	+
2. *Aaron corta a grama e retira o lixo na hora que quiser*	+	−	−
3. *Aaron corta a grama logo após a escola na sexta*	−	−	+
4. *A mãe retira o lixo; o pai corta a grama*	+	−	−
5. *Contratar um serviço de jardinagem*	+	+	−
6. *Pagar $30 para Aaron por cortar a grama e retirar o lixo*	+	−	−
7. *Substituir a grama por pedras*	−	−	−

Acordo: *Aaron corta a grama até as 10h da manhã de domingo e leva o lixo para fora até a hora do jantar no domingo.*

Implantação do plano

A. O adolescente fará: *Cortar a grama, ensacar o lixo, limpar e guardar o cortador na garagem até as 10h da manhã de domingo, de maio a novembro. Levar o lixo para a lixeira*
   pelo tempo seguinte: *hora do jantar ou 13h de domingo, o que vier primeiro*
B. A mãe fará: *Lembrar o pai de não dar sermão sobre as tarefas de Aaron e lhe fazer apenas um lembrete, conforme planejado acima*
   pelo tempo seguinte: *noites de sexta e sábado*
C. O pai fará: *Lembrar Aaron uma vez no domingo de manhã da necessidade de cortar a grama e uma vez no domingo à tarde da necessidade de retirar o lixo. O pai não dará sermão sobre esses assuntos*
   pelo tempo seguinte: *9h e 16h*
D. Plano para monitorar se isso acontece: *O pai irá checar a grama na manhã de domingo. A mãe irá checar o lixo no domingo à noite. Irão escrever no calendário no refrigerador se Aaron realizou cada uma dessas tarefas.*
E. Lembretes que serão dados. Por quem? Quando? *Ver acima.*
F. Consequências para o cumprimento e não cumprimento: *Aaron irá ganhar $10 por semana de sua mesada de $20 por cortar a grama. Elogio é a consequência positiva por retirar o lixo. Aaron irá perder todos os privilégios da televisão no domingo à noite se não realizar uma das tarefas em tempo, e ainda terá de realizá-las. O pai e Aaron irão agradecer à mãe por fazer a sua parte e ajudá-los a se relacionar bem um com o outro. A mãe fará alguma coisa boa para o pai se ele evitar dar sermão sobre as tarefas. Aaron irá dizer alguma coisa gentil a seu pai por não dar sermão.*

sobre quantos convidados Tony poderia ter e como a supervisão adulta poderia ser assegurada sem embaraçá-lo. A família fez um *brainstorm* para algumas posições intermediárias, discutindo o número de convidados (a partir de sua própria experiência, do número de convidados que os outros adolescentes tiveram nas festas e como esse número tinha funcionado), e chegou a 40 convidados como um total que seria administrável, ao mesmo tempo em que fazia Tony sentir que seria uma "festa de verdade". O tio de Tony, que tinha 25 anos (e assim provavelmente seria visto como legal pelos amigos do jovem), seria o acompanhante, fazendo serem cumpridas as mesmas regras que os pais teriam imposto (o que fez estes se sentirem confortáveis por estar bem representados, os convidados estariam seguros e a casa permaneceria intacta). Eles também combinaram que, se Tony ou seus convidados dessem algum trabalho ao tio ou trouxessem álcool, o tio imediatamente ligaria para os pais do garoto e, caso necessário, contataria à polícia, sobretudo se pessoas não convidadas começassem a chegar por ter ouvido que haveria "uma festa na casa do Tony"!

Para a família de James, o meio-termo não foi realmente necessário; eles encontraram soluções para as quais todos deram um "positivo". A única coisa com que tiveram de lidar foi que havia três soluções. Depois de discutirem sobre quais faziam mais sentido, logo concluíram que seria mais provável que todos mantivessem o acordo se combinassem as três soluções em um contrato conjunto.

Classificando questões que causam conflito para estabelecer uma lista de problemas a resolver

Agora que já teve a chance de experimentar a solução de problemas se colocando no lugar de outra pessoa, voltemos a você e seu adolescente e às questões que lhes estão causando conflito.

1. *Complete o inventário de problemas para pais e adolescentes.* Preencha o formulário nas páginas 256 e 257 para registrar *absolutamente tudo* sobre o que você e seu adolescente conversaram nas duas últimas semanas. Se houver mais de um genitor ou outro adulto que atue como figura de autoridade em sua casa, cada um deve, junto com o adolescente, preencher o formulário. (Você pode fazer cópias antes de começar.)

   Circule sim ou não para indicar se você e seu adolescente conversaram ou não sobre cada um dos tópicos à esquerda. Certifique-se de fazer isso para todos os 44 itens.

Agora olhe para todos os tópicos circulados Sim e responda a esta pergunta: o quanto as discussões são acaloradas? (Circule o número abaixo da palavra que representar o quanto as discussões foram acaloradas em média.)

Inventário de problemas para pais e adolescentes

Primeiro leia esta coluna em todas as páginas.	Depois leia esta coluna em todas as páginas.				
Tópico	\ O quanto as discussões são acaloradas?			
	Calmas	Um pouco	irritadas		Irritadas
1. Celular, mensagens de texto Sim Não	1	2	3	4	5
2. Hora de ir para a cama Sim Não	1	2	3	4	5
3. Arrumar o quarto Sim Não	1	2	3	4	5
4. Fazer o dever de casa Sim Não	1	2	3	4	5
5. Guardar as roupas Sim Não	1	2	3	4	5
6. Usar a TV, o computador; escolha de programas para assistir Sim Não	1	2	3	4	5
7. Limpeza (lavar, tomar banho, escovar os dentes) Sim Não	1	2	3	4	5
8. Quais roupas vestir Sim Não	1	2	3	4	5
9. O quanto as roupas parecem limpas Sim Não	1	2	3	4	5
10. Fazer muito barulho em casa Sim Não	1	2	3	4	5
11. Maneiras à mesa Sim Não	1	2	3	4	5
12. Brigar com os irmãos ou as irmãs Sim Não	1	2	3	4	5
13. Dizer palavrões Sim Não	1	2	3	4	5
14. Como o dinheiro é gasto Sim Não	1	2	3	4	5
15. Escolher livros, fazer *download* de músicas no iPod, escolher *videogames* Sim Não	1	2	3	4	5
16. Mesada Sim Não	1	2	3	4	5
17. Ir a lugares sem os pais (compras, cinema, etc.) Sim Não	1	2	3	4	5
18. Ouvir música muito alto Sim Não	1	2	3	4	5
19. Apagar as luzes da casa Sim Não	1	2	3	4	5
20. Usar drogas Sim Não	1	2	3	4	5

Inventário de problemas para pais e adolescentes (continuação)

Primeiro leia esta coluna em todas as páginas. Tópico			Depois leia esta coluna em todas as páginas. O quanto as discussões são acaloradas?			
			Calmas	Um pouco	irritadas	Irritadas
21. Cuidar das roupas, do iPod, do computador e de outras coisas pessoais	Sim	Não	1	2	3	4	5
22. Beber cerveja ou outra bebida alcoólica	Sim	Não	1	2	3	4	5
23. Comprar celulares, games	Sim	Não	1	2	3	4	5
24. Ir a encontros	Sim	Não	1	2	3	4	5
25. Quem devem ser os amigos	Sim	Não	1	2	3	4	5
26. Escolher roupas novas	Sim	Não	1	2	3	4	5
27. Ser sexualmente ativo	Sim	Não	1	2	3	4	5
28. Chegar em casa na hora	Sim	Não	1	2	3	4	5
29. Chegar na escola na hora	Sim	Não	1	2	3	4	5
30. Ter notas baixas na escola	Sim	Não	1	2	3	4	5
31. Ter problemas na escola	Sim	Não	1	2	3	4	5
32. Mentir	Sim	Não	1	2	3	4	5
33. Ajudar nas tarefas domésticas	Sim	Não	1	2	3	4	5
34. Responder para os pais	Sim	Não	1	2	3	4	5
35. Levantar-se de manhã	Sim	Não	1	2	3	4	5
36. Incomodar os pais quando querem ficar sozinhos	Sim	Não	1	2	3	4	5
37. Incomodar o adolescente quando quer ficar sozinho	Sim	Não	1	2	3	4	5
38. Colocar os pés sobre a mobília	Sim	Não	1	2	3	4	5
39. Desarrumar a casa	Sim	Não	1	2	3	4	5
40. A que horas fazer as refeições	Sim	Não	1	2	3	4	5
41. Como passar o tempo livre	Sim	Não	1	2	3	4	5
42. Fumar	Sim	Não	1	2	3	4	5
43. Ganhar dinheiro fora de casa	Sim	Não	1	2	3	4	5
44. O que o adolescente come	Sim	Não	1	2	3	4	5

De *Seu adolescente desafiador* (2ª ed.). Copyright 2014, The Guilford Press.

2. *Crie uma lista de problemas de acordo com o grau em que as discussões foram acaloradas.* Depois de ter feito isso, organize uma lista que agrupe os problemas pelo nível de intensidade, de 5 (mais irritados) a 1 (leve). Obviamente, nem todos vocês irão concordar sobre o grau das discussões acaloradas em relação a cada problema; portanto, anote entre parênteses após cada item qual de vocês (você pode colocar os pais juntos) deu ao problema essa classificação. Apresentamos aqui um exemplo parcial:

Intensidade 5: Mais irritados
Brigar com os irmãos e as irmãs (pai)
Responder para os pais (pai)
Quem devem ser os amigos (adolescente)
Chegar em casa na hora (pai)
Chegar na escola na hora (pai)
...
Intensidade 3: Um pouco irritados
Dizer palavrões (adolescente, pai)
Ajudar nas tarefas de casa (pai)
Fumar (adolescente)
Levantar-se de manhã (pai)
...
Intensidade 1: Leve (pode irritar os outros)

Reflita antecipadamente

Espere alguma resistência por parte de seu adolescente. Mesmo que as coisas tenham se desenvolvido com tranquilidade, a maioria dos jovens tem pouca paciência para realizar atividades que lembrem as atividades da escola, que é como seu adolescente pode ver as reuniões familiares para treinamento de solução de problemas. Isso não vai necessariamente ser fácil, mas, em um sentido muito real, você está substituindo um terapeuta aqui; portanto, terá de tomar as rédeas e corrigir de modo gentil as contribuições não cooperativas e inapropriadas de seu filho, bem como servir de modelo para a forma correta de se conduzir. Uma coisa que vocês podem fazer antecipadamente é lembrar um ao outro que o objetivo não é forçar o adolescente a definir o problema da mesma forma que vocês (para "vê-lo do meu jeito") – e depois lhe dizer isso de maneira muito clara antes de iniciar a sessão. Também entre em acordo com o outro genitor do jovem sobre os critérios para fazer uma pausa caso os ânimos fiquem muito exaltados.

Apagar as luzes (adolescente)
Colocar os pés sobre a mobília (pais, adolescente)
Usar o computador (pai, adolescente)
Limpeza (pai)
Quais roupas vestir (pai, adolescente)

Guarde sua lista; você irá trabalhar nela de novo nos próximos dois passos.

Escolhendo um ou dois problemas de baixa prioridade ou baixa intensidade para trabalhar na solução de problemas

1. *Agora escolha uma questão de intensidade moderadamente baixa para direcionar a solução de problemas.* De maneira ideal, você pode escolher algo que tenha sido classificado tanto por vocês quanto pelo adolescente na categoria de 1 a 3. Ela deve ser significativa para todos, mas que não tenha a possibilidade incendiária. Digamos que escolham a hora de ir para a cama. Para testar sua impressão de que a questão é de baixa intensidade, experimente o seguinte exercício. Feche os olhos e imagine que você acabou de descobrir que seu filho estava fingindo ir dormir às 22h, esperava você dormir, depois se levantava e ia jogar *games* no computador até as 3h da manhã. Na escala de 1 a 5, o quanto você ficaria irritado? Caso sua classificação ainda seja 3 ou menos, o problema é leve a moderado em intensidade. Caso tenha sido 4 ou 5, escolha outra questão.

2. *Programe uma reunião familiar para preencher a Folha de Trabalho para Solução de Problemas para este problema e cheguem a um acordo sobre uma solução.*

Definindo o problema

Vocês estão tendo problemas em definir o problema? Experimentem o Exercício para Solução de Problemas, nas páginas 260 a 261. Podem fazer isso juntos, em uma reunião familiar – sobretudo se puderem tornar divertido –, ou preencher separadamente e depois comparar as anotações na próxima reunião. Faça fotocópias do formulário ou o *download* no *link* deste livro em www.grupoa.com.br.

Exercício para solução de problemas: definindo o problema

Nome: _____ Data: _____

Uma boa definição do problema explica o que a outra pessoa está fazendo ou dizendo que o incomoda e por quê. A definição é curta, neutra e não acusa ninguém. A seguir, apresentamos várias definições. Leia cada uma e depois diga se é boa ou ruim. Se for ruim, anote uma definição melhor.

A. **Mãe:** Meu problema é que não gosto de ver seu quarto sujo; todas as roupas estão em cima da cama, e o pó tem cinco centímetros de espessura. Fico incomodada quando os meus amigos vêm para uma visita e veem o quarto com essa aparência.
   1. Essa é uma boa definição de um problema de limpeza do quarto?
      _____ Sim _____ Não
   2. Se você disse "Não", escreva uma definição melhor: _____
   _____
   _____
   _____

B. **Filha:** Eu odeio você, mãe. Você é um verdadeiro pesadelo. Estou perdendo toda a diversão porque você me faz vir para casa às 21h nos fins de semana.
   1. Essa é uma boa definição do problema de chegar em casa na hora?
      _____ Sim _____ Não
   2. Se você disse "Não", escreva uma definição melhor: _____
   _____
   _____
   _____

C. **Pai:** Filho, o verdadeiro problema com você é que não respeita os mais velhos. Os filhos simplesmente não sabem o significado de respeito hoje. Quando tinha sua idade, eu nunca falei com meu pai do jeito como você fala comigo.
   1. Essa é uma boa definição de um problema de responder mal aos pais?
      _____ Sim _____ Não
   2. Se você disse "Não", escreva uma definição melhor: _____
   _____
   _____
   _____

D. **Filho:** Fico irritado quando você me incomoda dez vezes por dia para levar o lixo para a rua e alimentar os cachorros. Tenho idade suficiente para fazer essas coisas sem ser lembrado.
   1. Essa é uma boa definição de um problema com as tarefas domésticas?
      _____ Sim _____ Não
   2. Se você disse "Não", escreva uma definição melhor: _____
   _____
   _____
   _____

De *Your Defiant Teen* (2nd ed.). Copyright 2014 by The Guilford Press.

Exercício para solução de problemas: definindo o problema (*continuação*)

E. A seguir, uma mãe e uma filha definem seu problema sobre o uso do aparelho de som muito alto. Observe como cada uma acusa e culpa a outra; essa é uma forma ineficaz de definir o problema. Leia as definições delas e depois escreva uma definição melhor para cada pessoa.

Mãe: Você está me deixando surda com essa música alta. Você simplesmente não tem bom gosto musical. Como você consegue aguentar todo esse barulho? Eu não consigo, e além disso eu *não vou* tolerar isso.

Filha: Não fale comigo sobre gosto musical. Você se senta todo dia ouvindo aquele lixo de música dos anos 1940. Ninguém ouve mais essas coisas. E largue do meu pé por causa do som alto. Vou tocá-lo alto como eu gosto para que possa curtir a minha música.

Definições melhores:
Mãe: _____

Filha: _____

Gerando, avaliando e escolhendo soluções

O *brainstorm* para soluções não ocorre naturalmente para todas as famílias, em especial se vocês não são tagarelas e acostumados a conversas descontraídas (do tipo que *não é* discussão). Se um bloqueio mental impedir que as ideias comecem a fluir, procurem manter as soluções muito simples; elas não precisam ser tão complexas quanto as soluções assistidas por um terapeuta apresentadas para os Cenários A-C. Algumas destas, propostas para resolver um problema com tarefas domésticas, são adequadas:

1. Fazer as tarefas na primeira vez em que é solicitado.
2. Não ter qualquer tarefa doméstica.
3. Ficar de castigo por um mês se não fizer.
4. Contratar uma empregada.
5. Ganhar uma mesada pelas tarefas.

6. Quarto limpo uma vez – até as 20h.
7. Os pais limpam o quarto.
8. Fechar a porta do quarto.
9. Melhor momento para fazer um pedido ao adolescente.
10. Lembrar uma vez que devem ser feitas as tarefas.

ALERTA: *Tome cuidado para que as listas de soluções não sejam formadas por coisa alguma além das mesmas posições que você e seu adolescente tinham inicialmente.* Lembre-se do que dissemos ser a essência da negociação: o objetivo é chegar a uma decisão com que todos possam conviver e pela qual todos terão de abrir mão de algo para obter algum resultado. Se o problema forem as tarefas domésticas e todas as soluções de seu adolescente forem alguma variação do tema "Não espere que eu faça isso" ("Contratar uma empregada", "Deixar que a mãe faça", "Deixar o pó se acumular", "Mandar Billy fazer") e todas as suas forem uma variação de "Faça do meu jeito" ("Fazer as tarefas quando for mandado", "Perder o tempo diante do computador quando você não fizer as tarefas conforme mandado", "Fazer as tarefas conforme mandado ou ter mais tarefas para fazer na próxima vez"), ninguém estará demonstrando boa vontade em chegar a um meio-termo, portanto, é claro que estarão em um impasse. Se você observar que isso aconteceu quando tentava escolher uma ideia da lista que foi gerada, volte ao passo do *brainstorm* e diga: "OK, agora vamos trocar os pontos de vista e listar soluções que funcionariam para a outra pessoa". Este é um bom momento para injetar humor para que as coisas possam avançar. Por exemplo, se estão tentando resolver um problema referente ao toque de recolher, você poderia dizer, falando por seu filho, "Você poderia simplesmente ir e vir como quiser e nunca nos dizer onde está indo ou quando estará de volta e nós poderíamos engolir e nos calar", e depois recuar para soluções mais razoáveis que ilustrem um meio-termo, embora ainda representem o ponto de vista de seu adolescente.

P. *Não conseguimos encontrar nem mesmo seis soluções, o que nos deixa com muito pouco para escolher, e então não podemos chegar a um acordo. O que devemos fazer?*

R. Lembrem-se repetidamente, se necessário, durante o *brainstorm* – isso deve ser algo como um mantra para a maioria das famílias – que dizer não significa ter de fazer. Tanto os pais quanto os adolescentes podem temer que, se proferirem as palavras de uma solução que não desejam muito, isso será considerado algum tipo de promessa a ser cumprida. Isso é em geral uma questão de confiança, baseada nas expectativas negativas de cada um. Se você achar que tais pressupostos estão realmente deixando-os empacados, considere ir até o Passo 9 e depois retorne a este.

P. *Nosso filho é muito agitado e fica tão impaciente e exasperado com todo o processo que nunca obtemos soluções da parte dele. O que fazemos?*

R. Alguns adolescentes, sobretudo aqueles que têm TDAH, realmente têm problemas em ficar sentados e se concentrar nesse processo. Nesse caso, experimentem fazer o *brainstorm* sozinhos e depois avaliem suas ideias para apresentar duas ou três soluções possíveis, a fim de que seu adolescente as considere.

P. *Frequentemente, não conseguimos fechar a brecha entre as soluções de nosso adolescente e as nossas preferidas. Onde isso vai nos levar?*

R. Se vocês ainda não conseguem chegar a um acordo, reconsiderem o problema que escolheram. Talvez ele fosse de intensidade muito alta. Tentem novamente em um ou dois dias com alguma coisa que seja menos polêmica.

3. *Passe a próxima semana tentando implementar a solução.* Se não resultar em sucesso, examine com mais atenção a solução que escolheram. Ela era irrealista no final das contas? Talvez vocês possam revisar a lista novamente e escolher uma solução alternativa, se houver outra na qual estivessem próximos de concordar.

   Vocês não definiram o problema em sua dimensão mais pertinente? No Cenário C apresentado anteriormente neste capítulo, Bettina e seus pais estavam discutindo seu toque de recolher, mas, quando tentaram implantar a opção escolhida, foi ficando cada vez mais claro que o problema para os pais não era exatamente a hora em que ela deveria voltar para casa à noite; era o fato de passar a maior parte de seu tempo com adolescentes mais velhos. Eles estavam tentando ficar no controle dessa questão, talvez ainda tendo a esperança secreta de que um toque de recolher mais cedo dificultaria que ela socializasse com esses garotos, uma vez que restringiria o tempo da filha longe de casa. Ficou claro que essa não era de fato a preocupação principal dos pais quando nem a mãe nem o pai conseguiram persistir em sua parte da negociação: a mãe tentou sabotar Bettina, não fazendo o lembrete de seu toque de recolher, e dava elogios com relutância, quando fazia. O pai não dava sermões sobre o toque de recolher, mas começou a encontrar outras coisas para pinçar em relação à vida social da menina. Quando voltaram ao ponto inicial em outra reunião familiar, tudo isso veio à tona. Eles perceberam que haviam misturado dois problemas que precisavam ser tratados separadamente: (1) A escolha de Bettina de seus amigos e (2) o toque de recolher. Primeiro precisavam resolver o problema da escolha dos amigos, e depois poderiam retornar à outra questão. Eles chegaram a um acordo de que, quando Bettina conhecesse um novo amigo mais velho (menino ou menina) com quem quisesse socializar nas noites do fim de semana, seus pais encontrariam uma forma não intrusiva de encontrá-lo e conhecê-lo – por exemplo, convidando-o para jantar ou vir passear na casa deles. Os pais, então, discutiriam com Bettina o nível em que se sentiam confortáveis para que ela saísse à noite com seu amigo. Depois que essa solução foi implementada, conseguiram retornar à solução original sobre o toque de recolher e a implementaram de modo efetivo. Bettina até mesmo se prontificou espontaneamente a ligar para os pais enquanto estava fora com os amigos; estes conheciam seus pais e agora podiam compreender melhor a situação.

ALERTA: Se houver TDAH na família, em especial no adolescente e em pelo menos um dos genitores, vocês precisarão dar passos extras para lembrar um ao outro daquilo que o acordo exige de todos. O objetivo é capacitar cada um a cumpri-lo, e não apanhá-los por não cumprirem. Portanto, se você ou o outro genitor de seu adolescente tem TDAH, procure compensar usando alarmes e organizadores pessoais que deem lembretes sonoros, anotações em *post-it*, lembretes verbais e calendários com as tarefas escritas para dar a vocês e a seu adolescente a maior chance possível de ter sucesso.

4. *Escolha outro problema no qual trabalhar durante a segunda semana deste passo.* Mas, se vocês não tiveram sucesso na primeira vez ou o processo foi tão penoso que temem refazê-lo, procurem a ajuda de um terapeuta.

5. *Planeje incorporar a solução de problemas às suas vidas diárias de agora em diante.* Primeiro, agende o horário: estabeleça um horário regular para a reunião familiar na qual vão examinar e resolver questões de solução de problemas. Em segundo lugar, não deixem de planejar a prática: vocês conseguem praticar no carro a caminho dos compromissos regulares? No início da manhã? Tarde da noite? Na hora das refeições? Usando uma sala de bate-papo privada *on-line*?

Acostume-se a ser centrado no princípio. Sempre que você abordar seu adolescente de agora em diante, pense: "Como envolvo ativamente meu filho nessa questão, e como aplico a solução de problemas a isso?" Use afirmações para a definição do problema sempre que alguma coisa incomodá-lo acerca do comportamento de um membro da família. Comece sugerindo pelo menos duas alternativas quando abordar alguém sobre essa questão, ou motivem-se um ao outro perguntando: "Quais são nossas opções?". Por exemplo, "Megan, preciso que você me ajude com os pratos. Nós podemos fazer isso agora ou podemos encontrar outra opção".

Essa estratégia pode ser especialmente útil quando uma questão surge de repente, precisa ser resolvida logo e imediatamente começa a desencadear uma discussão. No Capítulo 12, Bruce Noonan e seus pais criaram um contrato de comportamento espontâneo quando o jovem quis que seu toque de recolher se estendesse para que pudesse sair naquela noite com uma garota em quem estava interessado. Se tivessem achado que não conseguiriam chegar a esse contrato rapidamente, os Noonan poderiam ter usado uma versão abreviada do processo de solução de problemas para chegar a um acordo, que, no final, poderia envolver um contrato de comportamento ou não.

Ajude seu adolescente a pensar dessa maneira também, usando sugestões particulares para engajá-lo no comportamento de solução de problemas. Para ajudar Will a avaliar as ideias antes de agir por impulso, por exemplo, sua mãe lhe dizia "O que aconteceria se...?" sempre que achava que ele precisava pensar antes de agir.

Faça planos com antecedência para as situações problemáticas. Não espere simplesmente que surjam "emergências" para aplicar a solução de problemas. Em vez de temer uma questão previsível, aborde-a com a solução de problemas preventiva. Isso evitará um número elevado de discussões potenciais entre você e seu adolescente.

Se o estilo de vida de sua família for muito frenético e você não vê como pode encontrar tempo para discussões de solução de problemas, tente ser criativo. Os membros da família podem discutir um problema e preencher a folha de trabalho por *e-mail* ou Skype, entrando em contato pessoalmente quando já a preencheram. Dessa maneira, um pai que está sempre fora em viagens de negócios pode participar de uma discussão para solução de problemas. O uso da tecnologia irá ajudá-los a trabalhar para se relacionarem melhor.

O mesmo vale para aprender a eliminar padrões negativos de comunicação no modo como falam uns com os outros durante as sessões de solução de problemas e em outros momentos também. É disso que iremos tratar a seguir.

Passo 8.
Aprendendo e praticando habilidades de comunicação

"Ele disse que eu não faço aquelas tarefas idiotas quando tenta me forçar."

Foi assim que Kevin, de 15 anos, reformulou a definição de seu pai de um problema com as tarefas domésticas em uma sessão recente de solução de problemas.

Você já pode imaginar o que aconteceu a seguir. O pai explodiu. Primeiro, xingou seu filho por rotular sua "parte justa nas responsabilidades de casa" como tarefas idiotas. Depois, passou a censurá-lo por ser "ridiculamente infantil" ao descrever uma lição importante que estava tentando lhe ensinar como "forçá-lo" a fazer alguma coisa.

Kevin enraiveceu com o sermão do pai e, por fim, acabou explodindo, gritando: "Por que devo ouvir alguma coisa que *você* diz quando você *me* trata como uma criança?!". Então, saiu intempestivamente de casa.

Fim da solução de problemas.

Se isso for parecido com algumas de suas experiências em solução de problemas, sobretudo as primeiras tentativas, este será um capítulo importante para você. Na verdade, você pode ter decidido sensatamente executar este passo no meio de seu treinamento em solução de problemas antes de voltar para terminar o Passo 7. Esse é o tipo de flexibilidade engenhosa da qual os pais eficazes lançam mão todos os dias.

Porém, mesmo que tenha se saído muito bem no treinamento para solução de problemas, botões sensíveis como os que Kevin apertou com seu pai estão sempre à espera, prontos para serem ativados. Se um de vocês tende a agir de maneira impulsiva, talvez devido ao TDAH ou a outros traços de temperamento, é ainda mais provável que situações desse tipo ocorram com regularidade. Você tem de encontrar formas de evitar que isso ocorra.

Você provavelmente já está cansado de ouvir isto a estas alturas, mas de fato não há outra solução: depende de você aprender e servir como modelo para habilidades de comunicação que o ajudarão a fazer esses botões desaparecerem de suas interações.

O que não lhe mostramos na pequena história sobre Kevin é que foi assim que seu pai definiu o problema com as tarefas quando começaram a reunião familiar: "Kevin, você é *tão* irresponsável. Você *nunca* leva o lixo para a rua ou corta a grama quando lhe peço".

Não é de estranhar que o jovem tenha reagido na defensiva. Essa forma de colocar o problema quebrou inúmeras regras que estabelecemos no Capítulo 14. Aqui, você irá aprender mais sobre os estilos de comunicação negativos que esse tipo de fala reflete e como capturá-los em seus próprios padrões de comunicação. Felizmente, também lhe mostraremos que existem alternativas muito simples. Você poderá aprender a substituir esses estilos por uma maneira diferente de falar com seu adolescente que terá muito menos probabilidade de desencadear uma resposta defensiva.

Entenda, no entanto, que simples não quer dizer fácil, e certamente não infalível. A comunicação é dinâmica e recíproca, uma via de sentido duplo bastante imprevisível. Você pode controlar o que diz e como diz, mas não pode controlar o que seu adolescente diz ou a forma exata como irá se desdobrar o encontro. Também pode tomar as rédeas, esperando que por fim seu filho ou sua filha sigam a sua liderança.

Além disso, é claro, seu adolescente pode tender a se expressar da forma como Kevin fez mesmo sem provocação. Essa é a raiz de todo o mal – e dos traços inerentes que contribuem para o desenvolvimento do comportamento desafiador. O estilo de comunicação negativo de seu filho pode ser um hábito profundamente enraizado agora, e, mesmo que não seja, por natureza ele pode ser impulsivo, exaltado ou inclinado a falar e se comportar de forma brusca. Você pode desencorajar o uso de estilos pobres de comunicação ao não alimentá-los, mas não espere que desapareçam inteiramente (não mais do que deve esperar nunca ficar irritado, ter um mau dia, ficar exasperado ou apenas se esquecer de pensar antes de falar). Quando seu adolescente disser alguma coisa que o deixa irritado, siga estas duas diretrizes; elas são a base de seu trabalho durante este passo:

1. *Conte até dez ou vá dar uma volta.* Lembre-se de que todos nós regredimos para nossos piores hábitos de comunicação quando estamos irritados. Seus planos mais bem concebidos podem envolver o uso de um tom comedido, desapaixonado, não acusatório e se manter sereno diante de insultos e provocações, mas essas nobres intenções logo viram cinzas quando os ânimos se acirram. O segredo é evitar a cadeia

de reações automáticas. Muitos especialistas em gerenciamento da raiva recomendam que você rompa essa sequência aprendendo a gritar mentalmente *"Pare!"* quando perceber os primeiros sinais de irritação crescente. Isso requer prática. Antes de conseguir fazer isso, você tem de se treinar para reconhecer os sinais físicos de exaltação, como o aumento da frequência cardíaca e o rubor facial. Listamos alguns recursos para gerenciamento da raiva no final do livro se estiver interessado e quiser saber mais sobre essas técnicas. Se você se treinar dessa maneira ou não, o objetivo é parar por um tempo que permita a redução da irritação crescente, a fim de que possa pensar com clareza sobre o que fazer ou dizer a seguir. Conte até dez ou, se achar difícil fazer isso na presença do adolescente desafiador, diga-lhe: "Eu vou falar com você depois"; então, dê uma volta, faça uma pausa ou como quiser chamar: deixe a sala por alguns minutos ou o tempo que for necessário para se acalmar. Quando estiver longe do jovem, faça alguma coisa que o acalme: técnicas de relaxamento, meditação, exercício ou semelhante. Acima de tudo, lembre-se de que você é o pai, e que "paus e pedras podem quebrar meus ossos, mas palavras nunca irão me ferir".

2. *Mantenha uma perspectiva de incapacidade e pratique o perdão.* OK, seu adolescente pode não ter uma incapacidade propriamente dita, a menos que tenha TDAH ou algum outro transtorno que prejudique seu funcionamento. Mas você pode encarar seu comportamento desafiador como uma incapacidade comportamental que ele adquiriu – a qual sem dúvida interferiu no funcionamento dele e no seu – e que pode levar um tempo para ser erradicada (ou pode nunca ser eliminada por inteiro). Por enquanto, ele está consideravelmente incapacitado pelo comportamento desafiador e deve ser tratado com certa medida de empatia e compaixão. No mínimo, você pode encarar as características de personalidade que contribuíram para o desenvolvimento do comportamento desafiador como uma limitação que seu adolescente nunca pediu para ter. Naturalmente, não estamos sugerindo que você de repente libere seu filho da responsabilidade por suas ações, incluindo a maneira como ele fala com você. O que *estamos* sugerindo é que evite focar na culpa e na personalização dos problemas dele. Lembre-se de que com frequência existe um elemento de "não posso" junto com o "não vou fazer" na forma como seu adolescente se comporta com você. Portanto, sim, diga-lhe de maneira objetiva quando a forma como está falando é de fato inapropriada – usando os termos que irá aprender neste capítulo para ajudá-lo a entender *especificamente* o que ele está fazendo de errado –, mas restrinja ao máximo o número de lutas que vocês tra-

vam sobre essa questão e mantenha o julgamento fora disso. Este baseia-se nas expectativas e crenças negativas, as quais abordaremos no Passo 9. Entregar-se ao julgamento tende a desencadear raiva tanto no assassino quanto na vítima. (Com que frequência já se apanhou justificadamente desenvolvendo sua ira a cada acusação que faz?) Portanto, assumir uma perspectiva de incapacidade e praticar o perdão pode ser duplamente potente, encorajando você e seu adolescente a exercitar o respeito na forma como falam um com o outro.

OBJETIVOS PARA O PASSO 8

- Aprender os princípios gerais da boa comunicação.
- Reconhecer estilos de comunicação negativos.
- Integrar um estilo de comunicação positivo às sessões de solução de problemas e a outras interações com seu adolescente.

Antes de começarem a trabalhar nos objetivos deste capítulo, lembrem-se de que realmente não estão começando do zero aqui. Vocês já sabem muito sobre bons e maus estilos de comunicação e já tiveram alguma prática a respeito do que fazer e do que não fazer. Ao elogiar seu adolescente, aprenderam a reconhecer aspectos positivos concretos que observam na atitude e no comportamento dele e a expressar seu amor e boa vontade, sempre um fundamento benéfico para a comunicação. Ao dar comandos efetivos, aprenderam a ser muito específicos, objetivos e não acusadores quando suas interações têm um objetivo prático. Além disso, é claro, no treinamento para solução de problemas, começaram a aprimorar sua habilidade de negociar sem desencadear brigas ou acusações e a se comunicar com o respeito mútuo acordado por um adulto pelo outro. Portanto, pensem nisso como curso de aprimoramento em comunicação, não como o curso para iniciantes, e coloquem em ação todas as habilidades que já adquiriram.

Aprendendo os princípios gerais da boa comunicação

Assim como muitas regras boas, estas são fáceis de entender e mais difíceis de seguir. Faça delas algo natural, passando a primeira semana deste passo nas seguintes ações.

1. *Memorize os seguintes princípios e comece a se treinar para colocá-los em ação.*
   - **Escute quando seu adolescente estiver com vontade de conversar, mas não tente forçá-lo a se abrir com você.** Isso é difícil para os pais, independentemente da idade dos filhos! Nós estamos loucos para saber o que está acontecendo com eles e podemos até achar que temos o direito de saber. Quando se trata da segurança dos nossos adolescentes, é provável que tenhamos esse direito até certo ponto. Isso, no entanto, não significa que eles nos dirão tudo o que queremos saber. Os jovens nessa fase tendem a se fechar por dias, até semanas a fio, comunicando apenas as informações mais essenciais e práticas, e apenas em monossílabos e grunhidos. (Isso pode ser particularmente verdadeiro, mas não exclusivo, para os

---

Reflita antecipadamente

Siga a regra das dez palavras ou menos. Esse é um corolário do princípio que enfatiza a escuta. Ao aprender o manejo do comportamento, você aprendeu a parar de usar longos discursos em que importuna e repreende seu adolescente para que ele faça o que você quer, substituindo-os por consequências rápidas, justas e objetivas. Mas o mesmo princípio deve ser aplicado em geral à comunicação com ele: *não dê sermões ou pegue no pé; diga em dez palavras ou menos, porque seu adolescente estará fora de sintonia a partir da 11ª palavra.* Os jovens podem odiar receber sermão mais do que quase qualquer outra transgressão parental. Ele ofende seu senso de autodeterminação em desenvolvimento e desrespeita seu sentimento de competência. Isso também pode fazê-los evitar você como uma praga proverbial. Se insistir em falar demais, dizendo o óbvio e reafirmando sua posição (repetidamente), seu adolescente poderá temer que aproveite a conversa mais inócua como uma oportunidade para dar sermão. Essa é uma armadilha fácil de cair quando nós, pais, sentimos como se nossos filhos não estivessem nos ouvindo – o que é com frequência o caso com um adolescente desafiador. Faça um grande esforço para ficar fora disso. Quando estiver falando com o jovem, divida seus pontos de vista em diversas frases de até dez palavras, pedindo uma resposta entre as sentenças. Ele pode lhe perguntar o que você estava pensando e irá apreciar o fato de você ter esperado para ouvir que ele estava interessado, antes de "ficar insistindo". Ou pode ser que não. Pelo menos, você tentou não dar sermão. Com o tempo, isso pode tornar muito mais provável que ele se aproxime quando quiser conversar, porque não irá achar que você está sempre no controle de quando o encontro começa – e quando termina. Lembre-se, uma discussão é o oposto de um sermão, e discussão significa que você e seu adolescente estão se comunicando um com o outro.

meninos). É mais provável que os amigos sejam sua caixa de ressonância do que seus pais, como sem dúvida você já sabe. Mas isso não quer dizer que eles não precisem de seu apoio empático e conselhos experientes. Significa apenas que você terá de oferecê-los judiciosamente, e *sempre tente se lembrar de ouvir primeiro*. Como disse Steven Covey em seu *best-seller Os 7 hábitos das pessoas altamente eficazes,* "primeiro procure entender, depois ser entendido". Esse é um bom conselho para todos nós.

Seu adolescente desafiador pode ter uma probabilidade ainda maior do que outros jovens de ser circunspecto com você. A experiência o ensinou que as discussões entre vocês são carregadas de perigo (aí vêm aquelas expectativas negativas de novo; se acha que elas estão interferindo em toda a sua comunicação com seu adolescente, considere a possibilidade de pular para o Capítulo 16 ou combinar seu trabalho nos Passos 8 e 9 durante as próximas semanas), portanto, ele pode não falar com você, a menos que a necessidade seja muito premente. Essa é uma boa razão para que você esteja alerta aos sinais de que seu filho quer conversar – ou pelo menos ser ouvido. Diferentes adolescentes dão diferentes sinais de que precisam conversar e querem se abrir, por isso você terá que

ALERTA: O silêncio vale ouro. Você pode pensar nisso como o corolário para o "Siga a regra das dez palavras ou menos". Deve não só suprimir o impulso de dar sermão ou resmungar – ou explicar alguma coisa, realmente –, mas também deve considerar apenas não dizer coisa alguma nos momentos em que, via de regra, acharia que seu adolescente deveria estar disposto a ter uma conversa agradável. Talvez você esteja dando carona a seu filho até a escola e ache que, visto estar poupando-o de andar de ônibus, ele deveria estar disposto a conversar com você no caminho. Ou acha que um começo adequado para um bom dia inclui uma conversa agradável durante o café da manhã – ou que o dia deve ser coroado por uma agradável conversa familiar durante o jantar. Essas são expectativas razoáveis... desde que seu adolescente tenha 40 anos disfarçados. Os adultos completamente formados em geral têm mais controle sobre seus humores e suas ações do que os adolescentes, e podemos ter a sensatez de esperar por um parceiro para conversar nesses momentos. Mas sua filha pode não ser uma pessoa matinal ou pode, durante o café da manhã, estar fazendo um grande esforço mental para acalmar os nervos sobre um teste que fará a seguir. No carro, ela pode estar se perguntando se as meninas que a excluíram de sua fofoca no dia anterior irão afastá-la de novo. No jantar, seu filho pode estar exausto e apenas não está interessado no que você quer conversar. Dê uma colher de chá, contanto que ele não esteja sendo rude ou desafiador externamente, e deixe o silêncio reinar. Como sabe, os adolescentes podem ser mal-humorados e irritáveis. Eles também estão passando por tantas mudanças que precisam de muito tempo para digerir um milhão de diferentes aspectos de suas vidas; deixe que façam isso. Exigir que eles falem quase nunca compensa e pode apenas fazê-los evitar completamente estar perto de você, para que não sejam forçados a falar quando não querem (ou na verdade não podem) – o que irá significar que você não estará à disposição quando *realmente* surgir a disposição de confiar em você ou pedir seu conselho.

conhecer os preferidos de seu filho ou sua filha. Quando identificá-los, esteja disponível. Não force, mas persista e seja paciente. Seu adolescente poderá precisar de algum tempo para avançar.

- **Use a escuta ativa para encorajar o jovem a expressar opiniões e sentimentos e faça-o se sentir compreendido.** Vocês já estão fazendo isso na solução de problemas, quando repetem as definições um do outro do problema em questão. Mas isso é de igual importância quando não existe um problema a ser enfrentado. Uma das melhores maneiras de encorajar um adolescente taciturno a se abrir sem forçar é mostrar ativamente que você está ouvindo, escutando e compreendendo. Caso seu filho comece a se queixar daquelas tarefas domésticas que vocês trataram na solução de problemas, resista ao impulso de criticá-lo por choramingar sobre um conflito que já foi negociado e apenas demonstre que entende o que ele está dizendo: "Você está dizendo que odeia levar o lixo para a rua porque os sacos vazam e isso sempre estraga seus tênis?". Se ele responder "Sim", que é isso o que está dizendo, responda com "É, deve ser muita chato ter de limpá-los" ou algo parecido. Assim como a atenção positiva e os elogios que pareciam artificiais quando começou a expressá-los, essa técnica também pode parecer um pouco artificial inicialmente, mas procure oportunidades durante o dia para exercer a escuta ativa em todos os contextos e irá encontrar seu adolescente muito mais aberto a conversar sobre coisas que você quer ouvir, bem como aquelas que não quer escutar. Note que a escuta ativa envolve parafrasear ou refletir de volta o conteúdo ou perceber o tom da declaração de seu filho, *sem acrescentar qualquer de suas próprias opiniões*. Os pais com frequência caem na tentação de acrescentar alguma coisa à reflexão, o que anula sua eficácia. Tomemos o seguinte exemplo:

Adolescente: Por que eu tenho de estudar álgebra? Isso é totalmente inútil para o meu futuro.
Pai: Então você acha que a álgebra não vai ajudá-lo em *qualquer* futuro que você tenha?

Havia uma implicação sarcástica no comentário do pai de que pela forma como seu adolescente estava indo, incluindo não se sair bem em álgebra, o futuro parecia sombrio. Uma declaração que expressasse uma escuta ativa apropriada seria "Parece que a álgebra é uma perda de tempo porque não tem nada a ver com seu futuro".

- **Expresse honestamente como você se sente, bem ou mal, em uma linguagem que vá até o ponto sem magoar o adolescente.** Quando ficamos irritados ou frustrados, procurar alguma coisa ou alguém a quem acusar por nosso desconforto ou nossa insatisfação é uma reação instintiva lastimável. É bem fácil sucumbir a esse impulso quando nossa irritação ou frustração parece ser causada por outra pessoa. Assim, o pai de Kevin o chamava de irresponsável e exagerava a frequência com que seu filho fugia de suas tarefas. Naturalmente, Kevin relutava por ser rebaixado dessa maneira. Quando começou a seguir esse princípio, o pai de Kevin aprendeu melhor a dizer algo como "Eu fico furioso quando sua mãe e eu temos de levar o lixo para a rua ou cortar a grama porque você não faz suas tarefas quando pedimos". Porém, mais uma vez, não é apenas nas reuniões de solução de problemas que você deve aplicar este princípio. Procure usar frases com "eu" sempre que se sentir irritado por alguma coisa que seu adolescente faz ou deixa de fazer: "Eu preciso de tranquilidade quando chego do trabalho e fico muito incomodado quando seu aparelho de som está acima de um determinado volume". "Encontrar roupas e livros espalhados na sala de estar quando chego em casa me faz sentir como se não pudesse relaxar depois de um longo dia no escritório." "Uma linguagem como essa fere meus sentimentos e me faz sentir que você não respeita nem aos meus desejos." "Quando você não chega em casa em seu toque de recolher, eu fico preocupado com sua segurança e não consigo dormir." Além disso, não esqueça de aplicar a mesma regra básica a afirmações positivas: "Realmente aprecio que você pense em mim e limpe a cozinha para que eu não tenha que lidar com isso". "Eu me sinto tão orgulhoso de você quando trabalha com tanto afinco!" E ainda: "Ouvir você rir realmente faz eu me sentir bem".

ALERTA: *Caso seu adolescente tenha TDAH, aprenda a distinguir entre comunicação verdadeiramente negativa e comunicação do TDAH, lidando com a primeira e ignorando ou contornando a última. Para fazer a distinção será preciso alguma prática (e cabeça fria de sua parte). Se você tiver muita dificuldade com esse problema, deveria considerar buscar o auxílio de um terapeuta. Mas tudo se resume a isto: a comunicação verdadeiramente negativa é intencional, premeditada, proativa, crítica e degradante, visando manipular e provocar seus pontos fracos. A comunicação do TDAH pode igualmente machucar, porém é reativa, espontânea, impulsiva, infundada, de curta duração e raras vezes eficaz para que o adolescente obtenha o que deseja de você. Esta última pode ser prevista quando o medicamento de seu adolescente estiver perdendo o efeito. Não tome essa comunicação como algo pessoal; procure desviar a conversa ou vá dar uma volta.*

P. *A única hora em que minha filha parece querer conversar comigo é quando estou saindo apressada para o trabalho, quando estou ao telefone ou em meio ao pagamento de nossas contas. Quando tento falar depois, ela se fecha de novo. Como é que vamos encontrar o momento certo para conversar?*

R. Muitos adolescentes se queixam de que seus pais não ouvem quando eles querem conversar; seus pais se queixam de que os filhos sempre escolhem o pior momento para tagarelar. Mais uma vez, tudo depende de você. Pode não conseguir atrasar sua ida para o trabalho – ou pode? –, mas é importante parar e ter um tempo para ouvir sua filha sempre que puder. Pergunte à pessoa ao telefone se você pode ligar de volta; adie o pagamento das contas; peça a seu cônjuge (se disponível) que assuma o pagamento enquanto você conversa com ela. Mostrar que você está lá para ouvir quando seu adolescente precisa conversar expressa não só sua atenção, mas também seu respeito. No entanto, não há dúvida de que é frustrante sentir como se estivesse de prontidão o tempo todo e sempre fosse chamado na hora *errada*. Um antídoto pode ser criar situações que normalmente proporcionam outros contextos mais naturais para que o jovem se abra. Muitos adolescentes irão se abrir se perceberem que a mãe e o pai estão sempre por perto e desocupados por alguns minutos em uma hora e local previsíveis – na cozinha após a escola, à mesa no café da manhã, após o jantar. Essas não são oportunidades para questioná-lo; apenas esteja lá, receptivo, caso ele tenha vontade de conversar. Além disso, sempre há o método tradicional de aproveitar os momentos de transporte. Algumas das confidências mais importantes acabam sendo feitas no carro, talvez porque seja socialmente aceitável que seu adolescente olhe para fora pela janela do carro, quando não fazer contato visual em qualquer outro lugar pareceria rude, e porque seus olhos estão no trânsito em vez de fixados nele, como se o jovem estivesse depondo no banco das testemunhas.

2. *Apresente a seu adolescente os princípios da comunicação positiva e pratique--os em um diálogo em que vocês trocam os papéis.* Em uma de suas reuniões familiares, apresente os princípios ao jovem. Diga que quer começar a usá-los em suas interações porque é importante para você atingir seus objetivos (como a solução de problemas) e conversar um com o outro normalmente de uma maneira que reflita o amor e o respeito que sente por ele. Certifique-se de que seu filho compreenda os princípios, dando alguns dos exemplos de comunicação positiva que já foram apresentados. Se parecer uma boa ideia, estimule a discussão sobre essas habilidades perguntando a todos quais são os hábitos de boa comunicação na família. Depois conversem sobre a ideia de que a maioria das

conversas tem um objetivo ou outro e discutam como esses princípios podem facilitar alcançá-los. Esse seria um bom momento para introduzir uma interação que não ocorreu bem, caso vocês tenham tido alguma recentemente, estimulando os comentários de todos sobre como os princípios da comunicação positiva poderiam ter melhorado a situação e permitido que os objetivos tivessem sido atingidos.

Agora, experimente praticar um diálogo usando tais princípios. Uma vez que você e o outro genitor de seu adolescente (se houver um) já revisaram os princípios antes dessa reunião, podem começar exemplificando um diálogo positivo. Depois de apresentarem o diálogo, faça o adolescente praticar com um de vocês, depois com o outro.

Designe uma pessoa para começar como aquela que fala e uma como ouvinte. A primeira tarefa daquele que fala é expressar seus sentimentos e ideias para o ouvinte sem culpar, acusar ou criticar. A tarefa do ouvinte é prestar atenção, entender o que o outro está dizendo e depois parafrasear ou repetir o que foi dito sem acrescentar suas próprias opiniões.

Escolha um tema inócuo para discutir entre os pais – mesmo algo engraçado – para manter essa interação leve. Aqui está um exemplo:

Mãe: Eu estou muito cansada desse carro. Ele é entediante. Vi uma Ferrari vermelha outro dia e realmente acho que nós deveríamos comprar uma.
Pai: Você está cansada do Ford e quer alguma coisa mais vibrante?
Mãe: Sim, acho que é hora de mudar. Quero alguma coisa divertida de dirigir.
Pai: Então você acha que um carro esporte seria mais divertido do que a caminhonete?
Mãe: Sem dúvida. Vamos dar uma olhada agora.
Pai: Você está muito ansiosa por fazer uma mudança no que estamos dirigindo, eu acho.
Mãe: Sim, estou muito animada com isso.
Pai: Estou vendo, já faz algum tempo que não vejo um sorriso largo como este em seu rosto.

No seu modelo de diálogo, cuide para que aquele que está falando faça várias afirmações e o ouvinte as parafraseie. Depois troquem os papéis e façam a mesma coisa, como a seguir:

Pai: Eu tenho uma pergunta: onde vamos colocar os cinco filhos?
Mãe: Oh, você está preocupado sobre como vamos levar as crianças junto conosco em um carro de dois lugares?

Pai: Sim, e acho que não podemos manter a caminhonete *e* comprar uma Ferrari.
Mãe: Então você acha que essa compra seria um pouco extravagante também?
Pai: Provavelmente. Sobretudo porque ouvi falar que essas Ferraris estão sempre na oficina.
Mãe: Então nós ficaríamos totalmente sem transporte?
Pai: É, e a pequena Tina é muito nova para pegar o ônibus urbano para a pré-escola.
Mãe: Então você acha que as necessidades das crianças vêm em primeiro lugar?
Pai: Bem, provavelmente... ou nós poderíamos comprar a Ferrari, fugir para Malibu e deixar as crianças por conta própria...

Agora, experimente isso com cada um dos genitores e o adolescente.

Se você identificar pontos em que todos tendam a ignorar um princípio particular de comunicação positiva, essa é uma boa hora para assinalar isso, mas evite o impulso de se concentrar nas "falhas" de comunicação de algum membro da família, especialmente do adolescente. No entanto, se você ou o outro genitor de seu filho estiver disposto e for capaz de identificar seus próprios deslizes, vão em frente e os apontem para servir como modelo para a autoavaliação e o monitoramento que deseja que todos comecem a fazer para aumentar a consciência de seus padrões próprios de comunicação. Alguns pais acreditam que têm maior probabilidade de sucesso em uma discussão para solução de problemas que seja positiva se a discussão ocorrer em um ambiente público, como durante um café ou chocolate quente no Starbucks ou no restaurante favorito de *fast-food*. A presença de outras pessoas com frequência impele os indivíduos a serem mais positivos, mesmo que estejam aborrecidos pelo que alguém da família disse. Portanto, pensem em tentar ter as suas primeiras sessões de prática em comunicação positiva em algum local público. Outros descobriram que uma boa forma inicial de motivar os adolescentes a praticar a comunicação é que o genitor e o jovem troquem mensagens de texto, estando em quartos separados na casa; isso desacelera o processo de comunicação e faz o adolescente pensar antes de responder.

3. *Combinem de manter um acompanhamento e se recompensarem por seu uso dos princípios de comunicação positiva durante a próxima semana.* Não transformem isso em uma competição complicada, mas combinem que alguém em cada interação (entre os pais e também entre um deles e o

jovem) tentará perguntar depois que ela tiver terminado: "Nós usamos a comunicação positiva aqui?". Se dois de vocês concordarem que isso aconteceu, recompensem-se com um ponto. Para um número total de pontos depois de uma semana (digamos 15), presenteiem-se com uma recompensa que tenha sido designada no início da semana (como pedir uma *pizza* de seu restaurante predileto na sexta-feira à noite, alugar um filme favorito, comprar uma garrafa de vinho mais cara, ou ir a uma manicure/pedicure).

Considerem atribuir crédito não só pela adesão aos princípios supracitados, mas também pelas seguintes ações:

- Explicitar a opinião do outro
- Dar sugestões
- Perguntar o que o outro gostaria ou quer
- Elogiar, cumprimentar
- Fazer brincadeiras (com bom humor)
- Ouvir
- Comprometer-se

Reconhecendo estilos de comunicação negativos

Não é difícil identificar a maioria dos tipos de comunicação negativa: acusações, negações, ameaças, ordens, interrupções excessivas, sarcasmo, pouco contato visual e muitos outros hábitos que impedem a expressão efetiva dos sentimentos e de ouvir os outros. Os membros da família podem ficar tão furiosos pela comunicação negativa que todos se desviem da solução do problema e fiquem enredados na comunicação reciprocamente negativa: "Não, eu não fiz". "Sim, você fez." Até a exaustão. Como você sabe, esse tipo de comportamento tóxico pode contaminar mesmo as interações mais banais ("O que tem para o café?", "Por que *eu* deveria fazer o *seu* café?"), além das negociações mais formais.

Às vezes, a única maneira de eliminar essas formas enraizadas de falar uns com os outros é examinar detidamente os componentes negativos que compõem o padrão.

1. *Examine com seu adolescente sua lista de hábitos de comunicação negativos e identifique aqueles que se aplicam a sua família, depois combinem passar alguns dias no início da segunda semana deste passo monitorando os pontos negativos uns dos outros. Em uma reunião familiar no início da semana, apresente a lista a seguir de Hábitos de Comunicação Negativos, conversando*

sobre eles tanto quanto for necessário para garantir que todos compreendam como são esses comportamentos. Mantendo um humor leve, localize quais desses maus hábitos a família exibe (mantenha-se não acusatório, não citando nomes e dizendo "Nós" o mais possível) e identifique como isso causa impacto nas relações familiares.

Entregue uma cópia da lista a cada um (faça uma fotocópia do formulário ou o *download* no *link* deste livro www.grupoa.com.br) e mantenha uma afixada na geladeira, no painel de avisos ou em algum outro lugar onde todos a enxergarão com frequência. Para aumentar sua consciência da comunicação negativa, combine com seu adolescente que durante os próximos quatro dias qualquer um que notar uma ocorrência de comunicação negativa poderá apontá-la de uma maneira neutra, sem repercussões. Os membros da família poderão comentar sobre sua própria declaração ou sobre aquela de outro. Por exem-

Hábitos de comunicação negativos

Nome: _____

	Dia 1	Dia 2	Dia 3	Dia 4
Insulta				
Interrompe				
Critica				
Fica defensivo				
Dá sermão				
Ignora				
Tem má postura				
Usa sarcasmo				
Fica em silêncio				
Rejeita				
Comanda, dá ordens				
Grita				
Xinga				
Faz birra				
Insiste				
Busca coisas no passado				

De *Seu adolescente desafiador* (2ª ed.). Copyright 2014, The Guilford Press.

plo, "Isso é um sermão", "Esse é um comentário defensivo", "Eu estava só acusando", "Você está trazendo à tona coisas do passado", "Eu não estou fazendo contato visual" e semelhantes. Ainda não é esperado que vocês modifiquem sua comunicação, apenas escutem o *feedback* uns dos outros. Algumas famílias podem preferir verificar, ao escrever suas listas, quais dos hábitos de comunicação negativos se apanharam usando. Tanto a abordagem verbal quanto a escrita irão funcionar; façam o que se adequar melhor ao seu estilo. E, caso seu adolescente relute em participar, diga que você (e o outro genitor do jovem, se houver um) vai se monitorar de qualquer forma porque está convencido de que isso irá melhorar a comunicação familiar. Seu filho poderá embarcar no exercício depois de ver vocês se monitorando durante alguns dias. Porém, se não fizer isso e vocês realmente quiserem que ele esteja envolvido, pensem em oferecer um incentivo, nos moldes dos contratos de comportamento.

2. *Agora considere as alternativas positivas.* Se você fez um registro por escrito, ao final dos quatro dias (você pode usar um número diferente se achar que isso tem probabilidade de funcionar melhor para sua família) dê uma olhada em seu formulário e apenas faça uma anotação mental de quais hábitos parecem surgir com mais frequência. Se você e seu adolescente deram *feedback* verbal um ao outro sobre os hábitos de comunicação negativos, procurem se lembrar de quais surgiram mais frequentemente. Agora, examinem as alternativas na lista a seguir e considerem como poderiam adotá-las em vez disso.

Junto com seu adolescente ou seu cônjuge ou parceiro, escolha uma interação da última semana em que seus objetivos foram frustrados pelos maus hábitos de comunicação. Identifique os hábitos negativos que ocorreram. Discuta-os, falando sobre os hábitos de comunicação positivos que poderiam ter usado em lugar dos negativos. Assumam o compromisso de procurar trabalhar na implantação desses hábitos durante a semana seguinte. Se preferirem, reescrevam a interação negativa, substituindo pelos hábitos de comunicação positivos que vocês poderiam ter usado em lugar dos negativos. Se tiverem tempo, escrevam o diálogo integral, como em um roteiro. Agora, releiam seu texto e questionem se ele conduziu ao objetivo que tinham estabelecido originalmente. Em caso negativo, procurem revisar tudo até que seja positivo. Ou reexaminem o objetivo; talvez tenha sido algo que na realidade não se poderia esperar alcançar em uma única interação ou diante das circunstâncias particulares. Se isso parecer provável, o que vocês

Alternativas para hábitos de comunicação negativos

Negativas	Positivas
Insulta	Define o problema
Interrompe	Reveza
Critica	Nota o bom e o mau
Fica defensivo	Discorda calmamente
Dá sermão	É curto e direto
Ignora	Faz contato visual
Tem má postura	Senta-se direito
Usa sarcasmo	Fala em tom normal
Fica em silêncio	Diz o que sente
Rejeita	Aceita responsabilidade
Comanda, dá ordens	Pede com gentileza
Grita	Usa tom de voz normal
Xinga	Usa linguagem enfática, mas respeitosa
Faz birra, perde a paciência	Se acalma, conta até dez, dá uma volta
Insiste	Pede uma ou duas vezes
Busca coisas no passado	Foca no presente

fariam diferente da próxima vez? Dividir o objetivo em partes menores e tratar delas uma por vez? Esperar por um momento ou local diferente para abordar o assunto? Agora faça uma última revisão de todo o cenário e pergunte a si mesmo se poderia imaginar-se colocando-o em vigor. Isso é realista? Se for excessivamente ambicioso ou irrealista em algum aspecto, veja se consegue extrair algumas lições que sejam *realistas* e que vocês possam aplicar a interações futuras.

Integrando estilos de comunicação positivos a sessões de solução de problemas e interações diárias

Aqui está a recompensa: aplicar o que você aprendeu sobre padrões de comunicação positivos e negativos a interações reais com seu adolescente. Naturalmente, esse será um processo contínuo, e o que você irá fazer durante essa semana é apenas um começo. As sessões estruturadas para solução de problemas oferecem um bom lugar para testar seus novos métodos de comunicação; então você poderá tentar incorporar aspectos positivos às interações espontâneas. Primeiro, experimente este pequeno teste:

1. *Veja o quanto consegue identificar hábitos de comunicação positivos e negativos.* Junto com seu adolescente, examine as afirmações sublinhadas a seguir. Apenas as leia em voz alta e depois peça que todos identifiquem qual hábito de comunicação negativo ilustram. Finalmente, veja se todos conseguem sugerir uma forma positiva para cada afirmação. Os hábitos de comunicação negativos e uma afirmação positiva alternativa seguem cada afirmação sublinhada, mas não os leia em voz alta até que todos tenham tentado isso por conta própria.

Mãe: "O seu quarto está um chiqueiro." Essa mãe está fazendo um comentário acusador e crítico. Seria melhor dizer: "Eu fico muito incomodada com a bagunça em seu quarto".

Adolescente: "Você está sempre me dizendo 'Você não respeita seus pais'. Eu não aguento essa conversa estúpida." Esse adolescente está criticando sarcasticamente de uma forma exagerada. Seria melhor dizer: "Eu não gosto quando sou acusado falsamente de ser desrespeitoso".

Pai: "Nós já discutimos sobre seus amigos delinquentes uma centena de vezes. Eu lhe disse para não andar com essa turma. Eles são má influência para você. Você vai acabar abandonando a escola e indo para a cadeia." Isso é uma crítica e um sermão. Seria melhor dizer: "Eu estou preocupado com a possibilidade de seus amigos serem uma má influência para você".

Pai: "Já faz três anos agora que você não cumpre suas tarefas. Hoje foi seu quarto, no mês passado foi a grama, no ano passado o lixo – é sempre alguma coisa." Esse pai está buscando coisas no passado. Seria melhor se ater ao presente: "Estou decepcionado porque as tarefas não são feitas na hora".

Adolescente: "Que pai você é! Você não me entende." Esse jovem está se opondo ao pai. Seria melhor dizer: "Eu acho que você não entende o que estou dizendo; deixe-me explicar de novo".

Adolescente: "Eu não fiz isso; foi John que não guardou a louça." Esse adolescente está rejeitando a responsabilidade. Seria melhor dizer: "Eu honestamente não tenho certeza se não guardei a louça, mas vou guardá-la".

2. *Conduza uma sessão de solução de problemas habitual, prestando atenção aos hábitos de comunicação e a como eles o ajudam ou não a chegar a seu objetivo de um compromisso.* Neste ponto, você deve estar equipado para identificar vários hábitos de comunicação que interferem no processo de negociação. O truque será trazê-los à superfície sem transformar a sessão em uma discussão sobre quem disse o que de qual maneira, desviando-os do problema em questão e ainda criando outro. Não hesite em usar a estratégia do "Conte até dez ou vá dar uma volta" se a comunicação pegar fogo e você não conseguir pensar em uma forma não confrontativa de fazer a pessoa que está se comunicando de maneira inapropriada mudar de rumo. Contudo, primeiro tente simplesmente manter sua posição e servir de modelo para a alternativa apropriada. Se seu adolescente gritar, fale em seu tom de voz normal (não baixe a voz até um sussurro, o que poderá parecer condescendência). Caso seu parceiro seja muito sarcástico, interfira com algum humor benigno. Se alguém fizer uma exigência em um tom intimidador, em troca faça sua própria solicitação, muito gentilmente. Quando alguém fizer uma acusação ofensiva, tente reformulá-la para definir o problema de modo imparcial, como se a pessoa o tivesse expressado daquela forma desde o início. Quando uma pessoa interrompe repetidas vezes, continue perguntando à outra pessoa na sala se gostaria de dizer alguma coisa. Seja incansável em fazer contato visual, sente-se ereto e use toda sua linguagem corporal para expressar respeito, independentemente do quanto os outros ajam de forma desrespeitosa. Lembre-se: tome as rédeas, e seu adolescente poderá segui-lo.

3. *Acrescente seus novos hábitos de comunicação positivos às suas interações diárias.* Vocês vão se habituar a isso, em especial se começarem por si mesmos (não monitorando e corrigindo seu adolescente) e se concentrarem inicialmente nas interações inócuas da vida comum. Assuntos de baixo risco, em que não haja realmente uma negociação a ser feita, permitem que você se dê ao luxo de focar em como fazer seus pedidos e comentários. Procure identificar e evitar sarcasmo, aspereza, repreensões e outros aspectos negativos – mesmo do tipo menos agressivo – na maneira como fala com seu parceiro, sobretudo quando seu adolescente pode ouvir. Desculpe-se rapidamente quando escorregar nos velhos maus hábitos. A princípio, isso pode parecer artificial, até mesmo pitoresco, mas a boa vontade que resulta da comunicação respeitosa e empática parecerá tão benéfica que vocês

acabarão canalizando os conceitos para sua própria linguagem sem demora.

P. *Toda essa história de comunicação é muito boa, porém meu adolescente está continuamente dizendo palavrões. Ele usa mais dessas palavras em um minuto do que você ouviria em uma semana inteira em um bar. O que devo fazer a respeito?*

R. Treinamento em comunicação não é o que você precisa em primeiro lugar. Seu adolescente está violando uma regra básica para viver em um lar civilizado: tratar os outros com respeito. Lembre-se de suas regras inegociáveis. Você precisa encontrar consequências que façam valer a regra inegociável "sem palavrões". Trate cada explosão desses termos como um episódio, mesmo que perdure por vários minutos, e administre uma consequência para cada. As consequências irão variar de adolescente para adolescente, mas, em geral, envolvem castigo ou perda de privilégios significativos, como os eletrônicos, para um filho mais novo, e dirigir, para um mais velho. Depois de colocar em prática as consequências, você preparou as bases para o treinamento da comunicação. Convide seu filho a receber incentivos positivos por participar das sessões de prática, nas quais ele irá encenar o uso de linguagem apropriada para expressar sua raiva extrema. Você também pode definir com seu adolescente, por meio da solução de problemas, outras formas das quais ele pode lançar mão para liberar sua raiva quando sentir o impulso de usar palavrões, como o exercício físico. Se experimentar essas sugestões e elas fracassarem, consulte um terapeuta.

Enfrentando os problemas de comunicação: uma experiência familiar

Na família de Lauren, 14 anos, às vezes se passavam semanas em que não havia comunicação mãe-filha, apenas silêncio hostil e pequenas provocações. O pai da menina, Mac, já estava cansado de fazer o papel de intérprete em alguns momentos e de apaziguador em outros e mergulhou entusiasticamente no trabalho relacionado às habilidades de comunicação.

Talvez com entusiasmo demais; durante a segunda semana deste passo, Mac ficou tão envolvido em apontar quando sua esposa e sua filha recaíam nos hábitos de comunicação negativos que, em certo ponto, Lauren se voltou para ele e disse: "Pai, pare de ficar me seguindo por todo o lado para me apanhar dizendo alguma coisa de errado! Eu já *entendi*!". O genitor ficou surpreso. A família havia ficado tão dependente de sua mediação que ele presumia que seus comentários "imparciais" fossem úteis. Mac recuou, prometendo a si mesmo escolher suas batalhas de comunicação com maior cautela.

Enquanto isso, Lauren e Jan trabalhavam especialmente na escuta ativa e na expressão não acusatória de seus sentimentos. No início, Jan percebeu que estava invocando a regra do "Conte até dez ou vá dar uma volta" com tanta frequência que ficou se perguntando se ela e a filha algum dia conseguiriam finalizar uma conversa. Ela não havia percebido o quanto mesmo suas conversas mais curtas haviam se tornado vulneráveis à escalada do conflito acerca de assuntos aparentemente benignos, como o fato de estar na hora de entrar no carro para ir para a escola. É claro que esses assuntos assumiam um tom que não era tão inócuo quando a interação começava com "Você quer, *por favor*, se mexer para não nos atrasarmos *de novo*?!", por parte de Jan, ou "Vamos *lá*, mãe! Você demora *tanto* que estou aqui parada esperando por *você*", por parte de Lauren.

Quando Mac estava por perto para assinalar que o tom de Jan era acusatório e crítico de um "crime" que sua filha ainda não havia cometido ou que Lauren estava sendo sarcástica, desviar a atenção de ambas para o pai dava às duas um tempo suficiente para respirar e se acalmar. Elas nem sempre conseguiam achar graça de suas transgressões, mas a trégua que se seguia frequentemente durava todo o caminho até a escola.

Durante a semana, um padrão começou a emergir. Jan começou a notar sua tendência a ficar na defensiva quando a filha a encarava, saía andando ou lhe lançava ataques pessoais como uma tática de distração para evitar fazer alguma coisa que ela queria. Primeiro Jan observou mentalmente que estava acusando e sendo crítica demais. Depois, começou a fazer observações em voz alta – "Eu critiquei você de forma muito severa" – e reformulava o que queria dizer de maneira direta e não acusatória ou falando de seus sentimentos sobre a reação de Lauren: "Eu fico muito frustrada quando você simplesmente me ignora, como se o que eu digo não importasse".

Mais para o final da semana, Jan ficou surpresa quando Lauren lhe respondeu de forma sarcástica e, logo em seguida, assinalou: "Uau, isso foi muito sarcástico", com um sorriso amarelo, e disse: "O que eu estava querendo dizer era...". Na manhã seguinte, quando Mac começou a corrigi-las depois de ficar rodeando-as na cozinha, elas se olharam rapidamente, disseram "OK, nós entendemos!" e sorriram uma para a outra.

Quando chegou a hora da reunião familiar no fim da semana, Mac começou definindo o problema em questão: "Sua mãe e eu tentamos lhe dar bastante tempo ao telefone, mas você está começando a abusar do privilégio. Está mandando mensagens de texto constantemente e adiando suas tarefas e o dever de casa por causa disso. Eu nem mesmo estou certo se está fazendo a lição, já que muitas vezes ainda está ao telefone quando vou para a cama. E você também é muito desrespeitosa quando a lembro de que tem outras coisas para fazer. Bater a porta na minha cara simplesmente *não* é aceitável e eu..."

"Pai, lembre-se da regra das dez palavras!"

"Sim, Mac", interrompeu Jan. "Pare de dar sermão. Eu acho que precisamos simplificar isso..."

"É, pai, você não precisa ficar *repetindo*."

"Lauren, seu lembrete sobre a regra das dez palavras foi bom. Por favor, me deixem terminar", disse Jan, voltando-se para a filha e o marido. "Eu acho que precisamos pegar o problema com o telefone e tentar resolver isso. Mac, gostaria que você pudesse definir brevemente o problema do celular."

Mac: "Me incomoda o telefone, não fazer tarefas ou dever de casa – 11 palavras, que tal?"

Jan e Lauren juntas: "Uau!"

Jan e Mac concordaram que sua maior prioridade era encontrar uma forma de assegurar que o uso do telefone por Lauren não interferisse nas tarefas que ela precisava realizar naquele dia. A princípio, a garota definiu o problema assim: "Vocês só querem que eu pare com as mensagens de texto para poder me incomodar com a matemática, a limpeza do meu quarto, a arrumação da louça e todos os outros milhões de tarefas que têm para mim todas as noites".

Jan interveio com "Agora escute, mocinha", inclinando-se para olhar bem para a filha.

"Eu *estou* ouvindo", disse Lauren instantaneamente. "Como poderia *não* ouvir? Meu pai nunca *para* de falar, e você só fica gritando comigo!"

"Lauren, você tem de começar a falar conosco como um adulto, *então abaixe a sua voz!*", mandou a mãe.

"*Tudo bem*", disse Lauren, e desviou de sua mãe.

"Lauren", disse Mac em tom conciliatório, "por favor, defina esse problema com suas palavras e tente dizer isso com calma".

Lauren, com os braços cruzados sobre o peito, recusou-se a olhar para os pais. Jan apertou os lábios com força, pegou uma revista e começou a folheá-la raivosamente. Mac suspirou.

"Podemos, por favor, recomeçar?", o pai pediu. "Olhem vocês duas. Mesmo quando não estão dizendo coisa alguma, estão brigando. Eu encontrei este artigo", disse ele, pegando as cópias de umas páginas que estavam sobre a mesa ao lado, "e ele diz ...".

Lauren levantou os olhos e viu a mãe dando de ombros em silêncio.

Sorrindo calmamente, Jan olhou para o marido com afeição enquanto ele continuava a explicar que entre 60 e 90% de toda a comunicação é não verbal.

Aquela transformou-se em uma longa reunião. Os três precisaram recomeçar mais algumas vezes. Quando a mãe ou a filha deixavam escapar algum comentário incendiário, começava uma briga, e, depois, ambas se fechavam, tendo de ser persuadidas pelo pai a sair do silêncio. Mas, em última análise, a reunião foi proveitosa. Em certo momento, Lauren veio em defesa do pai quando as cutucadas gentis de Jan devido à tagarelice do marido assumiram um caráter mais brusco: "Mãe, papai só está tentando ajudar. Isso foi muito crítico". Jan evitou a resposta que lhe veio à boca e sugeriu que tentassem listar os pontos fortes na comunicação da família – e depois seus pontos fracos.

Todos concordaram que Mac costumava ser bom em se expressar de forma imparcial e sempre estava lá para ouvir. Jan ficou mais hábil na escuta ativa, em especial depois de fazer as pausas necessárias quando sentia a irritação aumentando e conseguia aliviar rapidamente uma discussão acalorada com humor. Lauren havia começado a usar muito mais afirmações com "eu" do que "você" e tinha a sagacidade de sua mãe.

Depois que eles concordaram quanto a esses pontos fortes, os aspectos positivos que estavam faltando eram bastante óbvios, e cada um deles tinha condições de listar seus próprios pontos fracos. Mac concordou que deveria prestar muito mais atenção à regra das "dez palavras ou menos" e se monitorar assiduamente em relação aos sermões, bem como parar de forçar todos a falar sobre tudo o tempo todo. Jan decidiu que precisava observar sua tendência a transformar os pedidos em críticas e prestar mais atenção a seu tom de voz. Lauren concordou em tentar tornar suas afirmações com "eu" sobre seus sentimentos menos ruidosas e mais objetivas, bem como parar de excluir sua mãe com um silêncio sombrio: "Mas só se você tentar me *escutar*, mãe".

A surpresa de Jan com esse comentário a colocou na defensiva, mas, depois de respirar profundamente, disse: "Você acha que não a escuto?" Lauren respondeu: "É, às vezes chego da escola e quero conversar sobre alguma coisa, mas você só tem essa longa lista de tarefas para mim". Aquele foi um momento sério para Jan. Em seu íntimo, resolveu convidar sua filha para conversar quando chegasse em casa antes de dar-lhe alguma "tarefa" e simplesmente ficar em silêncio em outros momentos em que estivessem sozinhas juntas, a fim de observar os sinais de que sua filha pudesse querer conversar.

Todos os três se sentiram bem pelo que haviam conseguido apenas com boa vontade, então procuraram incorporar a intenção de continuar refinando suas habilidades de comunicação à solução a que haviam chegado também para o telefone.

Depois de reservar um tempo para uma rápida conversa do tipo "Como foi seu dia?" quando Lauren chegava da escola, Jan lhe perguntaria sobre o dever de casa, e as duas planejariam quanto tempo provavelmente seria necessário. A garota, então, perguntaria à mãe sobre a ajuda que ela precisava na casa. Ambas negociariam quando tudo deveria estar pronto – o dever de casa teria de ser feito primeiro, mas talvez as tarefas domésticas pudessem esperar até mais tarde, à noite, depois que Lauren tivesse uma hora ao telefone. Todos os dias Jan diria à filha quanto tempo ela poderia ter ao telefone e em que momento, e a menina teria de se limitar a isso. Porém, antes de determinar o tempo, a mãe deveria perguntar se havia alguma coisa especial ou urgente sobre a qual a jovem precisasse conversar com seus amigos. Lauren poderia dizer que precisava de fato conversar com Fulano e Beltrano imediatamente, e a mãe a convidaria, mas não a pressionaria, a explicar; depois permitiria que ela negociasse ter parte de seu tempo ao telefone mais cedo.

Quando começasse a enviar mensagens de texto, Lauren diria ao pai que estava pegando o telefone; ele ajustaria um cronômetro, e, depois, ela lhe diria quando tivesse desligado. Se a garota ainda estivesse usando seu *smartphone* depois que o cronômetro desligasse, o pai esperaria cinco minutos e, então, a lembraria de desligar. Se ela pedisse um pouco mais de tempo, ele lhe concederia outros cinco minutos *caso*, segundo seu julgamento, Lauren tivesse pedido de maneira apropriada, mas depois teria de desligar. Se ela violasse essa regra, perderia o tempo ao telefone no dia seguinte.

A solução não era infalível. Mac cedeu inicialmente e acabava deixando Lauren estender o tempo ao telefone em uma série de cinco minutos a mais. Isso irritou Jan, e os dois discutiam sobre o assunto enquanto Lauren batia papo ao telefone e adiava suas responsabilidades. A mãe, então, tentou restringir essa situação e cortou o tempo da filha ao telefone, o que levou a um confronto com gritos, do qual as duas conseguiram recuar em tempo de conversarem de forma civilizada. Isso levou a uma conversa sincera em que Jan ficou sabendo que Lauren achava que ela (e até mesmo seu pai – embora fosse mais indulgente, Mac ainda era, bem, paternal) nunca lhe perguntava por que o tempo ao telefone era tão importante para a garota, não a deixava participar nas decisões de como passar seu tempo e demonstrava pouca empatia pelos problemas e atribuições de sua vida social. Ainda levaria algum tempo, mas, gradualmente, Lauren e Jan foram encontrando aquele meio-termo entre o silêncio hostil e as farpas ferozes.

Você e seu adolescente podem fazer o mesmo.

Passo 9. Lidando com crenças e expectativas irracionais

"Paus e pedras podem quebrar meus ossos, mas palavras nunca irão me machucar."

Quantas vezes você disse isso a seu filho quando ele era menor e corria até você perturbado pelo que outra criança tinha lhe dito? Agora é hora de acatar seu próprio conselho. No final deste passo, esse famoso provérbio se tornará seu mantra para lidar com suas crenças, expectativas e atribuições sobre o comportamento de seu adolescente.

Nós, pais, com muita frequência interpretamos as palavras de nossos filhos de forma extrema. Nossas interpretações, então, nos irritam até o ponto de perdermos o controle e agirmos precipitadamente. Agimos pela emoção e não pela razão. No entanto, o uso eficaz das habilidades que você está aprendendo neste programa requer agir pela razão, e não pela emoção. Esse pode ser um grande desafio, como a mais simples interação pode demonstrar:

Sra. Raphael: Hilary, limpe seu quarto.
Hilary: Você não pode me forçar. Eu já estou saindo.
Sra. Raphael: Você está de castigo, mocinha!

O que a sra. Raphael poderia estar pensando quando Hilary a desafiou? É bem possível que seus pensamentos devam ter sido do tipo: "Essa garota é terrivelmente desobediente! Ela deveria limpar seu quarto quando eu mandasse, e nunca deveria falar assim comigo. Eu nunca teria falado com *minha* mãe dessa maneira! Ela não vai conseguir nada quando crescer se continuar assim". E como a sra. Raphael poderia se sentir em consequência de ter esses pensamentos? É provável que muito brava e frustrada. Quanta facilidade ela teria para lidar com a situação com calma e objetividade? Não muita. A questão é que seus pensamentos negativos sobre o comportamento desafiador da filha despertaram raiva, o que dificultou que usasse com objetividade as habilidades aprendidas neste programa.

O que Hilary poderia estar pensando quando sua mãe lhe pediu para limpar o quarto? É bem possível que algo do tipo: "Aí vem ela de novo, me enchendo de tarefas. Se eu limpar meu quarto, ela terá mais dez coisas para eu fazer e nunca vou conseguir ir à festa com meus amigos. Minha mãe é tão injusta! Ela sempre estraga tudo para mim!". Como é provável que Hilary irá se sentir? Muito brava. E ela provavelmente irá sair de forma intempestiva do quarto e tentará escapar. Assim como sua mãe, as interpretações negativas ao extremo de Hilary sobre o pedido da mãe fazem-na se sentir furiosa, impedindo a resolução racional do problema.

Com o passar do tempo, à medida que Hilary e sua mãe mantêm milhares de interações como essa, elas começam a formar crenças e expectativas extremamente negativas e distorcidas em relação à outra e a seu relacionamento. Por fim, mesmo o que parece ser um comentário sem qualquer importância desencadeia essas crenças negativas, o que, por sua vez, leva a reações intensamente carregadas e estimula conflito e discussões. Essa mãe e a filha ilustraram o componente cognitivo de nosso modelo de conflito pais-adolescente. São nossas *interpretações dos eventos* em nossas interações com nossos adolescentes, tanto quanto os *eventos em si*, que fomentam nossos pensamentos e emoções extremos, impedindo o uso de habilidades racionais para resolver os problemas.

Evento → Pensamento extremo → Raiva → Conflito

Nós permitimos que as palavras, em vez dos paus e das pedras, quebrem nossos ossos.

O propósito deste passo é ajudá-lo a examinar crenças e expectativas extremas que frequentemente operam sob a superfície das relações pais-adolescente (e outras), manipulando os cordões de nossa comunicação e o comportamento de uma forma que dificulta que sejam feitas mudanças duradouras.

OBJETIVOS PARA O PASSO 9

- Tentar identificar as crenças e as expectativas negativas que você e seu adolescente têm.

- Colher evidências a favor e contra uma crença irracional fortemente mantida.
- Incorporar crenças e expectativas mais razoáveis, realistas e positivas a sua comunicação e solução de problemas com seu adolescente.

Crenças e expectativas irracionais podem tornar impossíveis comunicação e negociação proveitosas. Se você acreditar com firmeza que sua filha irá começar uma discussão toda vez que discordarem, provavelmente não chegarão a lugar algum na solução de problemas. Se esperar que seu filho se comporte de modo exato como fazia quando tinha 9 anos, vocês estarão em extremos opostos todos os dias. Adolescentes de 15 anos, que acham que têm o direito de tomar todas as suas decisões, terão muita dificuldade em se encontrar com você a meio caminho das questões negociáveis.

O problema é que é difícil conseguir ter controle dessas ideias irracionais porque com frequência não estamos conscientes do papel que elas desempenham nas escolhas que fazemos referentes a nossos adolescentes. Por isso, é importante assumir uma abordagem sistemática. O processo exposto neste capítulo está baseado na *reestruturação cognitiva*, um processo comprovadamente muito efetivo em terapia cognitivo-comportamental, que é uma forma contemporânea de psicoterapia cuja eficácia está apoiada por inúmeros dados de pesquisa. Na reestruturação cognitiva, você testa a validade de crenças irracionais (que os psicólogos chamam de *distorções cognitivas*) e depois substitui alguma que se revele frágil por outras que sejam mais razoáveis, da mesma maneira que reconstruiria uma chaminé que está ruindo, substituindo seus tijolos fracos. Os passos têm a seguinte configuração:

1. Identificar o pensamento extremo.
2. Apresentar um desafio lógico ao pensamento extremo.
3. Identificar um pensamento alternativo e mais realista.
4. Colher evidências para refutar o pensamento extremo e confirmar o pensamento mais racional.

Uma vez que todos gostaríamos de pensar que somos bastante racionais pelo menos a maior parte do tempo, admitir ter crenças irracionais pode ser uma constatação amarga. Essa série de passos nos faz agir como cientistas, estabelecendo uma pequena distância entre nós e o objeto de "estudo", nossas atitudes profundamente arraigadas.

Identificando nossas crenças e expectativas negativas

Feche os olhos e imagine que está abrindo a correspondência. Você encontra um relatório do progresso acadêmico de seu adolescente, o qual diz que ele está reprovando em inglês e matemática e tem 15 tarefas atrasadas em história. De repente, você pode sentir seu sangue começar a ferver e a tensão crescendo por todo seu corpo. Seu filho mentiu para você de novo! Ele disse que estava em dia com o dever de casa e passado em todas as matérias. Esse é mais um exemplo de comportamento irresponsável. Ele é *sempre* irresponsável. Você lhe disse para ter um caderno de registro das tarefas e para pedir ajuda aos professores. Ele *nunca* faz o que lhe é mandado. É *tão* desobediente. Se continuar assim, vai acabar sendo reprovado. Ele nunca vai se formar, nunca irá para a universidade, nunca vai conseguir um bom emprego. Você vai sustentá-lo até o dia de sua morte. E o pensamento de confrontá-lo não parece nem um pouco atraente. Ele vai negar tudo inicialmente, depois culpar todos os professores, demonstrando total desrespeito. Ele só está fazendo isso para deixá-lo furioso e perturbado. Ele não tem consideração pelos seus sentimentos.

Agora abra os olhos. Como se sente? Em que você está pensando?

A maioria das pessoas se sentiria repleta de raiva e indignação nessa situação. Suas cabeças em geral estariam cheias de acusações ressentidas.

Agora pense sobre isto: como você reagiria caso seu filho entrasse pela porta neste exato momento?

Gritaria? Colocaria-o instantaneamente de castigo (por toda vida)? Afastaria-se? Tiraria todos os privilégios que ele tem? Ameaçaria? Olharia em seus olhos e exigiria uma explicação?

Você teria de ser quase um super-humano para não ter alguma dessas reações – a menos que conseguisse evitar aqueles tipos de pensamento extremo que vimos desencadeados no incidente imaginário da leitura da correspondência e na interação simples entre Hilary e sua mãe. E esse é o objetivo deste passo.

O pensamento extremo evoca emoções extremas, o que torna difícil lidar com seu adolescente racionalmente. Expectativas e crenças negativas podem corroer sua boa vontade em relação a seu filho ou colocá-lo em uma emboscada como se fosse um pelotão saqueador. Você precisa se proteger delas.

Existem duas maneiras de fazer isso:

- Examiná-las agora, durante as próximas duas semanas, e fazer tudo o que estiver a seu alcance para substituir as crenças irracionais por ou-

tras, mais racionais, enquanto pelo menos se conscientiza de que aquelas das quais você parece não conseguir se livrar inteiramente estão esperando para se mostrar.
- Ter um plano de crise preparado para aquelas ocasiões em que essas crenças voltarem ruidosamente à vida para causar o caos em suas interações com seu adolescente. Iremos ajudá-lo a desenvolver tal plano no passo final deste programa.

1. *Comece resolvendo não personalizar o comportamento-problema de seu adolescente.* Isso significa apenas nem sempre tomar como pessoal tudo o que ele faz, como se estivesse querendo aborrecê-lo de modo intencional. Lembre-se, uma certa quantidade de conflito entre pais e adolescentes, sobretudo com aqueles mais jovens, é inevitável e até mesmo saudável. Revise o Capítulo 3 caso precise se lembrar de que todos os tipos de comportamento aparentemente maliciosos são muito normais em termos de desenvolvimento. Na verdade, um dos autores deste livro (Dr. Barkley) conduziu um estudo longitudinal no qual acompanhou várias centenas de crianças até que completassem as idades de 24 a 32 anos, tomando medidas de seu comportamento e suas interações familiares durante a adolescência. Ele constatou que, quando os pais relatavam comportamento opositor em seus adolescentes – desafio, questionamento e resistência aos genitores – sem comportamento antissocial ou delinquente, esses jovens tinham maior probabilidade de concluir o ensino médio, de receber educação adicional e de usar menos drogas do que aqueles que não eram opositores nessas formas comparativamente benignas. Isso nos diz, em essência, que um pouco de desafio e argumentação, contestação ou discussão por parte dos adolescentes, que em outros aspectos não são delinquentes ou antissociais, é saudável e está associado de forma positiva a vários bons resultados.

Se, apesar dessas evidências convincentes de que um pouco de oposição benigna é uma coisa boa, você ainda estiver esperando uma utopia em casa, imagine uma nação estabelecendo sua independência, saindo de uma ditadura para uma democracia. O que costuma acontecer? Pode haver uma revolução sangrenta; no mínimo existe muita retórica verbal e jogo de poder. Por que você deveria esperar que sua família passasse pela busca da independência de seu adolescente sem uma perturbação da paz?

Você já adquiriu muitas estratégias de manejo do comportamento para manter a busca da independência de seu adolescente principalmente construtiva durante sua maturação, mas não espere uma paz ininterrupta. Devemos nos preocupar mais com os jovens que nunca fazem nada rebelde do que com aqueles que se rebelam.

Ao mesmo tempo em que você está levando em conta o desenvolvimento, considere também as limitações que seu adolescente tem (veja o Cap. 4). Se ele tiver TDAH, transtorno bipolar, outro diagnóstico ou características de personalidade que você sabe que afetam sua capacidade de se comportar apropriadamente ou de ter sucesso, certifique-se de que suas expectativas não excedam as capacidades do jovem – uma receita certa para acusações de sua parte, um ressentimento por parte dele e um conflito entre vocês.

Lembra-se de Gina, a garota de 13 anos com TDAH apresentada no início deste livro? Os pais dela estavam completamente atrapalhados por sua recusa recente de tomar os medicamentos que haviam sido úteis no passado. Os adolescentes não deveriam *amadurecer* à medida que ficam mais velhos, em vez de *regredir*? Os pais de Gina – e você também, caso seu adolescente tenha TDAH – precisam ter em mente que esse é um transtorno *do desenvolvimento*; os jovens que o apresentam possuem um atraso na maturidade de três a cinco anos em relação a seus pares livres do transtorno. Portanto, esperar um comportamento apropriado para a idade de um adolescente com TDAH vai contra a biologia. Além disso, como precisam agir como se fossem infalíveis, os indivíduos nessa fase com frequência não conseguem admitir que possuem um transtorno ou uma incapacidade e podem rejeitar a doença e seu tratamento. Esse problema precisa ser atacado por meio de uma solução de problemas aberta e mutuamente respeitosa, e não pela imposição da lei – a qual na certa será transgredida. Os pais de Gina pensaram um pouco sobre privilégios adicionais – alguma mesada extra, mais tempo com os amigos e coisas similares – que poderiam oferecer em troca da aceitação da medicação de forma mais tranquila, e depois levaram as opções até sua filha para que escolhesse um incentivo, o qual então incorporaram a um contrato de comportamento muito eficaz.

Ao mesmo tempo, eles começaram a retirar gradualmente o sistema de recompensas que motivava Gina a fazer seu dever de casa, achando que não precisavam mais desses incentivos para estimulá-la a se lembrar de trazer seus livros para casa, entregar seu dever completo e estudar para os testes. Quando ela parou de fazer essas coisas, eles começaram a impor punições. E a guerra começou.

Os pais de Gina esqueceram-se da regra principal dos positivos primeiro. Nunca deveriam ter voltado às punições sem antes tentar reinstituir as recompensas. Mas eles também estão esquecendo de que Gina tem um transtorno que impõe limites ao que ela pode realizar e internalizar. Isso não significa dizer que deveriam reduzir as expectativas acadêmicas para sua filha. Ela é inteligente e capaz de realizações, mas puni-la com severidade por ocasionalmente esquecer um livro, não entregar o dever de casa ao professor ou não conseguir se concentrar por tempo suficiente para estudar depois de terminar as tarefas normais da escola é agir com expectativas irracionais e só irá alimentar o comportamento desafiador.

Para os adolescentes que têm algum tipo de limitação ou incapacidade, encorajamos os pais a memorizar e repetir este mantra para si mesmos com grande regularidade: *Iremos encorajar nosso filho a estabelecer objetivos ambiciosos e a dar o melhor de si, porém aceitaremos que não é uma catástrofe quando ele não consegue atingir a perfeição, e isso não significa que esteja destinado à ruína ou que esteja tentando nos aborrecer de propósito.*

Na verdade, esse não é um lema ruim de se adotar para *qualquer* adolescente.

P. *Não acredito que criei um garoto tão insensível. Acho que John está tentando me ferir. Como ele pode se comportar desse jeito?*

R. Seu filho é de fato insensível? Você tem evidências de que ele está tentando feri-lo de propósito? Essa é a única razão que ele possivelmente teria para fazer o que faz? Será que pode haver um atraso no desenvolvimento de sua capacidade cognitiva de se colocar no lugar do outro, o que é essencial para a empatia? Iremos ajudá-lo a examinar com mais atenção essas questões ao longo deste capítulo. Por enquanto, porém, considere a possibilidade de John realmente querer agradá-lo, apenas não saber como fazê-lo. Não estamos pedindo que você acredite nisso de imediato; apenas leve em consideração. E lembre-se de que, às vezes, o que parece ser um "não vou" expresso por um adolescente é, na verdade, um "não consigo".

2. *Identifique quais crenças irracionais você tem em relação a seu adolescente.* Conforme mencionado no Capítulo 6, tanto os pais quanto os jovens são propensos a crenças irracionais. De fato, observamos que os pais em geral estão sujeitos a um conjunto de crenças e expectativas irracionais, e os adolescentes, a outro.

As crenças extremas e distorcidas frequentemente mantidas pelos pais se enquadram nestas categorias:

Ruína: Conceder muita liberdade aos adolescentes acabará em desastre.

Perfeccionismo: Os adolescentes devem se comportar de maneira impecável o tempo todo.
Má intenção: Os adolescentes se comportam de modo mal-intencionado para irritar os pais ou se vingar.
Obediência cega: Os adolescentes devem fazer tudo o que os pais lhes disserem para fazer.
Reconhecimento constante: Os adolescentes devem expressar gratidão por tudo o que seus pais fazem por eles.

As crenças extremas e distorcidas frequentemente mantidas pelos adolescentes se enquadram nestas categorias:

Ruína: As restrições parentais à liberdade irão arruinar suas vidas.
Injustiça: As restrições dos pais são injustas, em especial aquelas que são mais rigorosas do que as impostas a seus pares ou irmãos ou que aquelas que os pais exigem de si mesmos.
Autonomia: Os adolescentes devem ter toda a liberdade que quiserem e puderem efetivamente administrar.
Obediência cega: Os pais devem fazer tudo o que os adolescentes lhes pedirem – é para isso que eles servem, não é?
Reconhecimento constante: Os pais devem ser abertamente gratos por cada migalha de obediência que os adolescentes manifestam ou por algum trabalho que façam em casa – e se eles de fato amassem seus filhos, dariam-lhes mais liberdade.

Todos os pais e adolescentes acreditam nessas coisas até certo ponto, porém, é a adesão rígida e cega diante de evidências claramente conflitantes que impede a eficácia da solução de problemas e a resolução dos conflitos. *Pesquisas identificaram que famílias com adolescentes opositores aderem a essas crenças mais do que as outras.*

Portanto, no início das duas semanas, você passará um tempo neste passo, examinará o quadro nas páginas a seguir e verá se consegue identificar suas crenças e expectativas, em particular nas categorias de ruína, perfeccionismo e má intenção. Esses são apenas exemplos nas categorias que listamos; você pode provavelmente identificar outros a serem acrescentados (p. ex., sob o título "Dirigir", talvez ache que seu adolescente deva sempre deixar o carro da família lavado e com o tanque de gasolina cheio). Marque as crenças irracionais que você acha que tem.

Crenças e expectativas irracionais mantidas pelos pais

Crenças irracionais	Crenças racionais
☐ I. **Perfeccionismo/obediência:** Adolescentes com TDAH devem se comportar perfeitamente e obedecer a seus pais o tempo todo sem questionar.	É irrealista esperar que qualquer adolescente se comporte perfeitamente ou obedeça o tempo todo; nós buscamos altos padrões, mas aceitamos imperfeições e nos lembramos da necessidade do jovem de lutar pela independência dos pais.
☐ A. *Escola* ☐ 1. Ele deve sempre concluir o dever de casa na hora. ☐ 2. Ela deve estudar por duas horas todas as noites, mesmo quando não tiver dever de casa. ☐ 3. Ele deve sempre tirar A e B. ☐ 4. Ela deve fazer os trabalhos pelo gosto de aprender.	1. Vou encorajá-lo o tempo todo a concluir o dever de casa, mas reconheço que isso nem sempre irá acontecer. 2. Muitos adolescentes precisam atualmente de uma pausa em suas inúmeras obrigações e podem ser encorajados a estudar, mas não se deve esperar que dediquem muito tempo a isso todas as noites. 3. Se meu adolescente sempre foi um bom aluno, talvez seja razoável esperar por isso a *maior* parte do tempo. Mas preciso me assegurar do que ele é realmente capaz. 4. Muitos adolescentes ainda precisam de reforçadores externos evidentes para persistir no trabalho que precisam realizar no ensino médio. Eles estão amadurecendo, mas ainda não são adultos.
☐ B. *Dirigir* ☐ 1. Ela nunca deve ser multada por velocidade. ☐ 2. Os adolescentes não devem sintonizar o rádio, trocar CDs ou conversar ou mandar mensagens de texto em seu celular enquanto dirigem. ☐ 3. Ela sempre irá parar completamente diante dos sinais de pare.	1. Muitos adolescentes são multados por velocidade. Eles devem ser responsáveis pelo pagamento da multa e aceitar as consequências legais (tais como a suspensão da licença). 2. Os adolescentes devem entender os riscos de se distrair ao volante, mas a maioria vai se permitir isso algumas vezes. Eu poderia dar a meu adolescente a responsabilidade de pagar por um equipamento com viva-voz incluso. 3. Devo sempre parar completamente diante dos sinais de pare para servir como modelo de bom comportamento quando meu adolescente estiver em meu carro e simplesmente esperar que ele faça assim como eu.
☐ C. *Conduta* ☐ 1. Ele nunca deve nos tratar de forma desrespeitosa.	1. Os adolescentes não podem se tornar uma pessoa única sem alguma rebelião. Ser um pouco insolente é natural. Ele não deve ofender ou ridicularizar em excesso, e se pode esperar que se desculpe ocasionalmente.

Crenças e expectativas irracionais mantidas pelos pais (continuação)

☐ 2. Ela irá impressionar todos os parentes com seu amor pelas reuniões familiares.

☐ 3. Ele deve melhorar o mau humor quando lhe dizemos para mudar sua atitude.

2. Eu lhe darei espaço. Os adolescentes simplesmente não querem tanto assim estar com seus parentes. Isso é normal. Ela deve participar de algumas festas da família, mas isso é tudo o que razoavelmente posso esperar.

3. Os adolescentes são mal-humorados e nem sempre conseguem evitar. Ele deve nos dizer quando está de mau humor e ficar sozinho. Não devemos lhe fazer muitas demandas em momentos assim.

☐ D. *Tarefas domésticas*
☐ 1. Ela deve guardar a louça a primeira vez que eu pedir.

☐ 2. Ele deve sempre deixar seu quarto impecável.

1. Isso nem sempre irá acontecer na primeira vez, mas depois de vários lembretes eu devo agir, não tagarelar (p. ex., aplicar consequências).

2. Ele deve deixá-lo limpo de um modo geral. "Impecável" não é realista.

☐ II. **Ruína:** Se eu der muita liberdade a meu adolescente, ele vai causar confusão, se envolver em problemas e arruinar sua vida.

Ele irá às vezes causar confusão com liberdade demais, mas é assim que os adolescentes aprendem a ter responsabilidade – um pouco de liberdade e um pouco de responsabilidade. Se ele retroceder, não tem problema. Eu só vou retirar a liberdade por algum tempo e depois dar-lhe outra chance.

☐ A. Arrumação do quarto incompleta: quando crescer, ele será um desleixado, desempregado, um caso errante para a assistência social.

☐ B. Chegar em casa tarde: ela vai fazer sexo sem proteção, vai ficar grávida, largar o bebê para nós, usar drogas e beber álcool.

☐ C. Brigar com os irmãos: ele nunca vai aprender a se relacionar bem com os outros, ter amigos, ter relacionamentos íntimos ou se casar. Ele vai acabar como um perdedor e será gravemente deprimido ou cometerá suicídio.

A. O estado de seu quarto não tem nada a ver com o que ele será quando crescer.

B. Não tenho evidências de que ela faria todas essas coisas. Só está autocentrada e focada em se divertir. Então será punida conforme combinamos por chegar em casa tarde.

C. Não existem evidências científicas de que não brigar com os irmãos prediz satisfação posterior nos relacionamentos. Irmãos sempre brigam. Eles provavelmente ficarão mais próximos quando crescerem.

Crenças e expectativas irracionais mantidas pelos pais (*continuação*)

- [ ] **III. Má intenção:** Meu adolescente comporta-se mal de propósito para me incomodar, me ferir ou se vingar por restringi-lo.

  - [ ] A. Falar de forma desrespeitosa: ela está me respondendo de propósito para se vingar de mim por _____.

  - [ ] B. Não segue as orientações: ele não termina de cortar a grama só para me incomodar.

  - [ ] C. Gastar dinheiro impulsivamente: ela gastou $100 em CDs só para "torrar" nosso dinheiro.

A maioria dos adolescentes é movida mais pelo caráter autocentrado e pela busca da independência.

A. Adolescentes impulsivos respondem quando estão frustrados. Vou tentar não levar a sério.

B. Os adolescentes são frequentemente alérgicos ao esforço. Eles não perdem seu tempo planejando perturbar você ao não fazer as coisas; apenas têm uma programação que é mais urgente para eles.

C. Ela provavelmente apenas viu os CDs e precisava tê-los. Os adolescentes em geral não pensam antes e, portanto, não administram bem o orçamento. Ela não vai ganhar dinheiro extra para o almoço ou a gasolina.

- [ ] **IV. Amor/reconhecimento:** Meu adolescente deve demonstrar amor e reconhecimento por todos os sacrifícios que faço. Se ele realmente me amasse, confiaria mais em mim.

  - [ ] A. Dinheiro: o que pretende quando diz que quer aumento de mesada? Deveria ser grato por todo o dinheiro que gasto com você agora. Alguns garotos não têm essa sorte!

  - [ ] B. Comunicação: ela não me conta mais nada; ela não deve me amar.

  - [ ] C. Passando o tempo: se ele realmente nos amasse, não passaria tanto tempo sozinho no seu quarto.

Adolescentes às vezes assumem que o amor dos pais é garantido. *C'est la vie.*

A. Meu adolescente terá de merecer um aumento na mesada. Eu entendo que ele realmente não pense sobre o que faço por ele.

B. É natural, à medida que os adolescentes passam pela individuação, que fiquem mais reservados. Desde que eu esteja disponível quando ela quiser conversar, isso é tudo o que posso esperar.

C. Passar um tempo sozinho não tem nada a ver com amor. Tem a ver com querer privacidade à medida que ele se torna mais independente.

De *Seu adolescente desafiador* (2ª ed.). Copyright 2014, The Guilford Press.

Você pode começar a examinar suas próprias crenças irracionais marcando as categorias em que acredita que se encaixe, incluindo exemplos específicos que lhe soam verdadeiros. Porém, se achar que de fato não mantém tais crenças negativas, examine como seu treinamento em solução de problemas e comunicação se desenvolveu nas últimas semanas. Procure relembrar as vezes em que disse alguma coisa impulsivamente e gostaria de voltar atrás ou as ocasiões em que uma sessão para solução de problemas desandou. Ao examinar esses incidentes com a maior honestidade possível, você poderia dizer que eles foram alimentados por alguma crença negativa ou extrema, em particular acerca de seu adolescente? Talvez o tenha atacado verbalmente para impedir uma investida que você tem certeza que ele fará em sua direção, aproveitando cada oportunidade? Ou estava começando a reagir diante do contra-argumento lógico de seu adolescente com uma resposta do tipo "Porque eu disse que é assim!", demonstrando que acredita apenas que ele ainda deve ser visto e não ouvido ou deve fazer sempre o que você diz sem questionamento? Faça o melhor possível para anotar uma crença que *poderia* fortalecer o que você disse ou fez durante essas interações.

Agora, pense em outras vezes em que teve conflitos com seu adolescente durante as duas últimas semanas. Você poderá anotar uma breve descrição desses incidentes, de modo que possa olhar para eles coletivamente. Fazer isso poderia provocar o reconhecimento de um tema. Um fio condutor que poderá conduzi-lo a uma crença que esteja subjacente a sua parte nos conflitos.

Se houver outro genitor na residência, vocês podem tentar compartilhar suas descobertas e fazer algumas perguntas entre si para checar a realidade: "Você acha que estas são crenças extremas que eu demonstro especialmente quando falo com o nosso filho? Você acha que existem outras que eu não percebi?". Tente não ficar na defensiva ao ter essa conversa; o humor os fará chegar longe.

Tenha em mente o que aprendeu. Se achar útil, registre as crenças ou as expectativas extremas ou irracionais que acha que pode ter demonstrado nas semanas recentes. Você irá usar a lista novamente, portanto, esse não será tempo (ou papel) desperdiçado.

3. *Ajude seu adolescente a identificar quais crenças irracionais ele possui em relação a você.* Essa é uma investigação mais complicada de realizar. Não é preciso lembrá-lo de que os jovens não gostam que lhes digam o que pensam e no que acreditam. Mas você poderá precisar ajudá-los aqui porque nessa fase do desenvolvimento eles simplesmente não têm habilidade para muita introspecção. E já sabemos onde eles se encontram

em termos de humildade. Experimente algumas de nossas sugestões, mas, se tudo o que vocês acabarem obtendo for raiva e ressentimento, recuem e foquem agora em suas próprias crenças. Lembre-se de nosso modelo dos quatro fatores do Capítulo 2; às vezes, você só pode mudar seu próprio estilo parental e suas crenças.

Então, você poderá querer lidar com essa exploração a partir de dois ângulos. Primeiro, examine a lista a seguir (com o outro genitor de seu adolescente, se houver um) e tire suas próprias conclusões sobre quais expectativas e crenças seu filho possui. Esteja preparado para apoiar suas conclusões com evidências do comportamento recente do jovem. Então, assumindo uma abordagem bem-humorada, trabalhe as crenças extremas que achar relevantes para seu adolescente em um exercício imaginado. Em uma reunião familiar ou em algum momento livre, diga-lhe:

> "Feche os olhos e imagine que você acabou de chegar da escola. Eu começo a falar imediatamente: 'Me mostre a sua agenda! Você tem dever de casa? Eu preciso ver agora mesmo! Seu professor de matemática mandou um *e-mail* dizendo que faltam três tarefas. E seu quarto é um verdadeiro chiqueiro – roupas e jogos por todos os lados, pratos sujos, comida velha e muito mais! Você não o arrumou! Isso é totalmente irresponsável. Então, eu o reorganizei todo enquanto você estava na escola. Enquanto limpava, encontrei sua senha e chequei seu *blog* em seu computador. O que você estava pensando quando disse aquelas coisas horríveis sobre mim e seu pai? E quem é esse [a] menino [menina] que você acha tão atraente que quer beijar e fazer mais coisas? Você está de castigo indefinidamente. E também sem computador ou celular!"
>
> "Agora abra os olhos e me diga como você se sentiria se isso acontecesse de fato."

Seu adolescente provavelmente lhe dirá que estaria a ponto de matá-lo. Pergunte-lhe o que estava pensando durante seu sermão. É provável que traga temas de injustiça, ruína e autonomia. Ajude-o a ver a conexão entre seus pensamentos e sentimentos e como seus sentimentos poderiam ser diferentes se seus pensamentos fossem diferentes. Faça isso de um modo informal, sem muito alarme.

Não deixe de enfatizar que crenças extremas levam a emoções e comportamento extremos. Na verdade, é assim que você sabe que uma crença irracional ou extrema pode estar operando: você se vê tomado por uma emoção muito intensa. É nesse momento que deve assumir o domínio de si mesmo e perguntar o que você pensa que está conduzindo a esse sentimento extremo. Convide seu adolescente a examinar a lista de crenças irracionais na tabela das páginas a seguir e considere formas mais razoáveis de pensar sobre tais situações. Existe alguma que o jovem marcaria como dele neste momento? Peça-lhe para tentar observar informalmente eventuais crenças extremas que ele experimente nos próximos dias. Compartilhe sua lista de crenças extremas com ele.

Caso seu adolescente não concorde com o fato de possuir alguma das crenças na tabela, você pode tentar fazer perguntas dirigidas como: "Então acha que nossas regras são imparciais e justas o tempo todo e, para você, está bem que elas continuem como estão?". Diga isso com um sorriso e mantenha a conversa leve. Se puder trazer exemplos de afirmações feitas por ele que ilustrem uma crença em particular sem que soe como uma acusação, faça isso. O objetivo é simplesmente descobrir quais tipos de crenças seu adolescente tem que façam parte do maior número de conflitos entre vocês.

Muitas vezes, o que surge a partir disso conduzirá a alguns *insights* interessantes. Mark começou tentando mudar o foco de si para seus pais: "Vocês acham que podem me controlar, mas não podem. Eu tenho 17 anos e estou muito perto de ir embora daqui de qualquer forma". Seus pais estavam a ponto de morder a isca e responder com algo como "Pois esteja certo que nós podemos controlá-lo!". Mas fizeram uma pausa quando perceberam a rapidez com que essa discussão poderia pegar fogo e reformularam a afirmação de Mark como "Então você acredita que definitivamente não podemos controlá-lo?". Disseram isso sem qualquer emoção, dando uma impressão convincente de que só estavam querendo esclarecer e se certificar de que haviam entendido (escuta ativa). Eles não trataram da validade da crença, mas apenas a anotaram.

Crenças e expectativas irracionais mantidas pelos adolescentes

Crenças irracionais	Crenças racionais
☐ I. **Injustiça/ruína:** As regras de meus pais são totalmente injustas. Eu nunca vou me divertir ou ter amigos. Meus pais estão arruinando minha vida com suas regras injustas. Eles simplesmente não me entendem.	Sim, eu não gosto das regras de meus pais e talvez, às vezes, eles sejam injustos. Mas quem disse que a vida tem de ser justa? E quantos outros adolescentes passaram pela mesma coisa? E eles ficaram bem. Eu também vou ficar. Só terei de aguentar isso da melhor maneira que puder.
☐ A. Toque de recolher: por que tenho de voltar para casa antes dos meus amigos? Eles vão achar que sou um bebê. Vou perder todo o meu círculo de amizades.	A. Meus amigos são leais. Eles vão entender que meus pais são muito ansiosos com o toque de recolher. Não vou perder amigo algum.

Crenças e expectativas irracionais mantidas pelos adolescentes (continuação)

☐ B. Tarefas domésticas: por que fico preso fazendo todo o trabalho? Sam [irmão] não tem de fazer coisa alguma. Isso é injusto!

B. Sam também tem algumas tarefas. Vou contá-las e, se eu tiver mais, vou conversar calmamente com meus pais sobre isso.

☐ C. Escola: minha professora é injusta. Ela pega no meu pé o tempo todo. Eu sempre fico preso fazendo dever de casa extra. Nunca vou ter tempo para diversão. A vida é uma grande obrigação com o dever de casa.

C. Talvez ela pegue no meu pé. Deve haver uma razão. Nunca acompanho a turma ou sei a resposta quando ela me chama. Talvez, se eu acompanhasse mais o trabalho, ela não pegasse tanto no meu pé.

☐ II. **Autonomia:** Preciso ter liberdade completa e total. Meus pais não deveriam mandar em mim ou me dizer o que fazer. Tenho idade suficiente para ter liberdade agora.

Nenhum adolescente tem completa liberdade. Na verdade nenhum adulto, também. Às vezes, preciso de meus pais, para ter dinheiro ou, Deus me perdoe, até para conversar quando estou com problemas. Quero ter muita liberdade, mas não liberdade total.

☐ A. Tarefas domésticas: eu não preciso de lembrete algum. Posso fazer as coisas totalmente por minha conta.

A. Eu não tenho feito as tarefas por minha conta. Preciso parar de ser ignorante e aceitar um pouco de ajuda.

☐ B. Fumar: o corpo é meu. Posso fazer o que quiser com ele. Vocês não têm o direito de me dizer para não fumar.

B. O corpo é meu. Mas realmente quero estragar tudo? Meus amigos ficaram dependentes de tabaco. Isso custa muito. E o gosto é terrível quando você beija alguém.

☐ III. **Reconhecimento e direito:** Meus pais deveriam ser muito gratos por qualquer coisa que eu faça em casa. Se eles realmente me amassem, me dariam todas as coisas que quero.

Meus pais ficam satisfeitos quando faço coisas, mas o que for razoável. Além disso, coisas materiais não lhe dizem se alguém se importa mesmo com você. Como você é por dentro é que faz a diferença.

☐ A. Tarefas domésticas: meus pais deveriam ficar exultantes e felizes porque limpei o banheiro e deveriam beijar meus pés.

A. Tarefas domésticas: eles deveriam ficar felizes porque limpei o banheiro, mas de forma razoável.

☐ B. *Show*: se realmente me amassem, meus pais me deixariam ir ao *show* de *rock* com meus amigos.

B. Se eles de fato me amam e acham que é perigoso ir ao *show*, devem tentar me impedir. Não vou usar isso para julgar como eles se sentem.

☐ C. Roupas: se realmente se importassem comigo, meus pais me comprariam essas roupas de marca.

C. Roupas: gostaria de ter roupas de marca, mas não é assim que vou identificar se meus pais me amam. Posso constatar isso pela forma como agem comigo e pela afeição que demonstram.

___ **Crenças e expectativas irracionais mantidas pelos adolescentes** (*continuação*) ___

☐ D. Eletrônicos: todos os meus amigos têm os *smartphones* e *laptops* mais recentes, assim como meus pais. Eu também mereço ter.

☐ E. Espaço pessoal: eu deveria poder usar o quarto da família no subsolo como meu quarto para que pudesse ter mais privacidade e mais espaço para receber meus amigos.

D. Eletrônicos: minha mãe e meu pai precisam de computadores atualizados para trabalhar. Eu posso esperar pelo próximo modelo desde que os que tenho atualmente estejam funcionando.

E. Espaço pessoal: eu deveria poder usar o quarto da família quando os amigos vêm me visitar desde que não seja uma imposição aos outros. Mas é justo que meus pais queiram que eu durma em meu quarto para que saibam quando meus amigos foram embora e eu fui para a cama.

De *Seu adolescente desafiador* (2ª ed.). Copyright 2014, The Guilford Press.

P. *Tentamos fazer uma lista de nossas crenças, mas nenhum de nós achou que essas fossem realmente ideias em que nós operamos. O que isso significa?*

R. Isso pode significar que vocês possuem alguma versão de uma ou mais dessas crenças e sabem que elas são exageradas, muito generalizadas ou ilógicas. Nesse caso, seu embaraço em admiti-las indica que já estão preparados para substituí-las por ideias mais razoáveis. Descobrimos que os indivíduos que conseguem articular com clareza as suas ideias irrealistas podem ter maior dificuldade em modificá-las porque não as encaram como algo que têm de errado. Se você está hesitando, seja complacente consigo mesmo (e os membros de sua família) e trate todo o assunto com humor.

Porém, se você realmente se sente atrapalhado, existem duas maneiras de identificar a provável presença de uma crença extrema subjacente:

1. Qualquer um que decididamente não esteja disposto a se comprometer com uma questão pode estar abrigando crenças irracionais a respeito dela. Aprofunde-se um pouco mais.
2. Conforme já foi dito, onde quer que surja uma reação emocional extrema, ela provavelmente está sendo alimentada por uma crença extrema.

Começando a substituir crenças irracionais por alternativas racionais

Durante a primeira semana deste passo, veja se cada um de vocês consegue pinçar uma crença irracional para testar no mundo real e substituí-la por alguma coisa mais realista.

1. *Você (e o outro genitor de seu adolescente, se houver um) deve escolher uma crença que faça parte de muitos conflitos e testá-la.* Examine sua lista de crenças irracionais, se as anotou; caso contrário, apenas escolha uma que pareça estar entrando nas interações problemáticas com seu adolescente. Se ela se parecer ou combinar com uma da tabela nas páginas 299 a 301, olhe para a alternativa racional. Ela faz sentido para você? Mesmo que não tenha certeza se é mais válida do que sua crença original, você pode considerar a possibilidade de que seja? Em caso afirmativo, essa crença é boa para ser testada.

   Existem muitas maneiras de testar a racionalidade de uma crença, dependendo de seu conteúdo. Primeiro, cheque as normas para o comportamento de seu filho conversando com pais de outros adolescentes em sua comunidade. Também pode ser de utilidade você se questionar como se sentia quando tinha a idade dele. Digamos que ache que seu adolescente nunca deva ser multado por excesso de velocidade e, portanto, impôs-lhe uma penalidade severa quando isso ocorreu, com a ameaça de uma consequência ainda pior, até mesmo por uma pequena infração de trânsito no futuro. Você pode testar a racionalidade de sua crença perguntando se outros jovens são multados por excesso de velocidade. Você foi? Em caso negativo, e quanto a seus amigos e irmãos quando eram adolescentes? Você também pode checar na internet as estatísticas sobre excesso de velocidade entre essa população. Tudo isso vai pelo menos lhe mostrar que esperar que um adolescente *nunca* receba uma multa é irrealista. Isso pode ser desejável, mas é uma expectativa que provavelmente não será correspondida. Antes de mais nada, você também deve lembrar por que os adolescentes são multados: primeiro, eles são menos experientes atrás de um volante e, às vezes, apenas não percebem o quanto estão andando rápido. Depois, eles adoram emoções e são propensos a testar esses limites, assim como todos os outros limites em suas vidas. Ainda, podem estar se exibindo para os amigos. E, por fim, eles acham que não serão pegos. Você pode considerar que nenhuma dessas é uma "boa" razão, mas elas lhe mostram quantos fatores diferentes podem levar seu adolescente ao excesso de velocidade – ou então, ele está no caminho para uma vida de crime, está tentando arruinar a *sua* vida ou não tem absolutamente nem um pouco de bom senso.

E quanto às crenças acerca da liberdade que os jovens devem ter? Como é óbvio que saiba, esse é um poço sem fundo de conflito potencial com adolescentes que estão buscando a independência. Digamos que você acredite que, se deixar sua filha de 16 anos ficar na rua até a 1h da manhã, ela vai se meter em todo tipo de problemas e arruinar sua vida. Você também pode testar essa crença olhando para outros jovens que ficam na rua até esse mesmo horário. Mas esses são dados complicados de reunir. Obviamente, você não tem como saber com certeza se os amigos de seu adolescente ou outros jovens conhecidos de 16 anos estão se metendo em problemas quando ficam na rua até tarde. Mas, se tiver amigos íntimos ou parentes com filhos adolescentes, poderá pelo menos perguntar sobre suas histórias com toques de recolher tardios. Ou consulte jovens adultos normalmente responsáveis e veja se consegue encontrar alguém que teve toques de recolher mais tarde.

Em segundo lugar, teste de fato sua crença concedendo alguma liberdade adicional a seu adolescente e observando o que acontece. Se ele administrar com responsabilidade sua nova liberdade, talvez sua crença fosse exagerada; caso não lide com ela de forma responsável, talvez sua crença fosse realista e você deva reduzir um pouco essa liberdade por enquanto. Não estamos sugerindo, é claro, que você ceda ao desejo dele por uma autonomia absoluta e o jogue na água na esperança de que aprenda a nadar. Mas você pode negociar um aumento gradual na liberdade, tornando o próximo passo em direção à independência contingente a que ele administre bem cada incremento de responsabilidade. Levará algum tempo para que comprove que sua crença era irracional, porém muitas crenças centrais profundamente arraigadas levaram muito tempo para se desenvolver e levarão muito tempo para mudar.

Em terceiro lugar, pergunte a si mesmo se sua crença está servindo a alguma função ou propósito importante para ajudar sua família a funcionar e manter todos unidos. Em caso afirmativo, seu adolescente deve ser envolvido nessa função ou existe uma forma melhor de lidar com isso, permitindo que ele realize a tarefa desenvolvimental normal de se tornar mais independente? Maria e Joe, apresentados no Capítulo 6, foram criados de forma a acreditar que o filho mais velho na família precisa estar disponível para cuidar dos mais novos. Para eles, o fato de Mike, de 14 anos, ter de cuidar de seus irmãos de 7 e 8 anos era inegociável. Devido a essa crença, Mike estava desempenhando uma função de babá para seus irmãos. Mas é razoável a crença deles de que Mike deva desistir da recreação e da socialização após a escola todos os dias para fazer seu trabalho? Talvez não. Isso interfere em sua tarefa desenvolvimental de se tornar mais independente, passando mais tempo com seus pares? O filho deles tem 14 anos. Ele não é um adulto, e seus irmãos não são seus filhos. Nenhum de seus amigos precisa ser babá todo santo dia durante a tarde inteira. Mike está no auge do crescimento em direção à independência e biologicamente *precisa* passar um tempo com seus amigos e longe de seus pais. Então talvez o que seja inegociável – e uma expectativa razoável – é que Mike ajude o máximo possível enquanto seus pais procuram outras formas de supervisionar os filhos, pelo menos parte do tempo, para que Mike receba a liberdade de que precisa – e que mereceu por seu comportamento principalmente responsável ao cuidar de Tina e Tommy. Maria e Joe precisam de uma babá, uma vez que ambos trabalham, e eles não podem pagar uma profissional particular durante toda a semana. Eles encontraram outras soluções: os filhos pequenos vão para seu programa extraclasse gratuito da igreja dois dias por semana e, em mais outro dia, vão para a casa de vizinhos, que mandam seus filhos para a casa de Maria e Joe nas manhãs de sábado enquanto fazem compras. Mike cuida dos irmãos nos outros dois dias. Se acontecer alguma coisa importante com ele que interfira nessa programação, pode pedir aos pais que contratem uma babá em troca de fazer tarefas extras em casa pelas quais seria pago naquela semana.

    Você também conheceu Cal e Jackson no Capítulo 6. A crença de ruína que Cal tinha acerca de seu filho Jackson era mais difícil de refutar. Ele tinha visto muitos garotos "darem errado", os quais, a seus olhos, claramente ficavam à toa e agiam como completos preguiçosos. A única forma de testar sua crença era tentar dar o melhor de si para responder com honestidade a perguntas como estas:

    Sua visão de seu adolescente é absoluta, preto ou branco, tudo ou nada?
    É possível que ela seja exagerada?
    Qual é a base lógica para essa crença?
    Você consegue encontrar exemplos de outras pessoas que refutam sua crença?
    Qual é a pior coisa que poderia acontecer se Jackson não fizesse suas tarefas domésticas no horário?

Cal teve de admitir, quando pressionado a considerar o desempenho de seu filho em todas as áreas de sua vida, que Jackson era um membro modelo do time – sempre no horário para as práticas e os jogos e disposto a desempenhar qualquer papel designado pelo treinador – um aluno que entregava a maioria dos deveres de casa e uma pessoa muito benquista pelos colegas. Isso não se parecia muito com um garoto destinado à indigência. Então, ele se lembrou de uma história que havia lido em um trabalho sobre adultos muito bem-sucedidos que haviam tido uma infância com muitos altos e baixos, repleta de infrações e até mesmo violência. É lógico que, se essas pessoas conseguiram se erguer superando delitos até mais sérios, Jackson não estava necessariamente condenado por não ser excelente na realização de suas tarefas domésticas.

2. *Agora é a vez de seu adolescente testar uma crença.* Depois que você testou uma crença ou expectativa problemática e a substituiu por uma alternativa mais racional, reúna-se com seu adolescente e compartilhe sua experiência. Mostrar-lhe que você possui humildade para identificar e corrigir seus pensamentos extremos contribuirá muito para motivá-lo a fazer o mesmo. Você tem duas opções aqui: fazê-lo escolher uma crença a ser testada ou escolher uma por ele. Tome o primeiro caminho se o orgulho dele realmente parecia estar em jogo quando vocês tentaram identificar crenças irracionais juntos. Dessa maneira, ele poderá escolher uma que não lhe seja tão importante e evitar a humilhação que talvez preveja por ter de admitir ser "irracional". A última abordagem pode ser preferível se você achar que seu adolescente seja incapaz de escolher uma crença que não vá dar início a uma briga neste momento. Os pais de Kevin escolheram sua crença sobre fumar, imaginando que o filho competitivo poderia gostar do desafio intelectual de tentar confirmar a crença de que "Vocês não têm o direito de me dizer para não fumar". De fato, eles decidiram transformar o teste da crença em uma competição amigável. Cada um (pais e Kevin) pesquisaria a afirmação e retornaria em uma semana com alguns pontos bem fundamentados para defender seus argumentos, como em um debate. Pediram a ajuda da tia de Kevin, uma professora universitária a quem ele respeitava e com quem gostava muito de debater, como juíza. No final, o rapaz concordou com a conclusão dela de que os pais tinham prevalecido – de fato, tinham o direito de lhe dizer para não fumar –, embora ele não concordasse que necessariamente obedeceria a uma ordem ditatorial de nunca fumar. O mais importante na opinião de seus pais era que eles tinham mostrado a Kevin que respeitavam sua inteligência

e que as discussões entre eles seriam baseadas em um esforço sincero de serem lógicos e evitar o exagero. Em consequência, ele se mostrou mais disponível para continuar a discussão das crenças e expectativas no futuro.

Algumas famílias, como a de Kevin, se saem melhor quando examinam suas crenças através das lentes da lógica. Outras se saem melhor examinando as normas locais. Não estamos sugerindo que você comprometa seus valores individuais e de sua família se adaptando à média, mas não faz mal algum se perguntar: "O que a maioria das pessoas pensaria nessa situação?". Francamente, você poderá ser forçado a responder a essa pergunta, porque ela com muita frequência forma a essência da briga de um adolescente pela própria posição.

Digamos que sua filha adolescente queira um toque de recolher à 1h da manhã, mas você começou partindo do princípio de que, se ela ficar na rua até tarde, vai se envolver em problemas e sua vida será arruinada. A jovem alega que ninguém mais em sua idade tem hora para voltar para casa. Para testar essa alegação, cheque a norma local – ou, melhor ainda, delegue a ela a responsabilidade de testar essa crença, apresentando-lhe dados sobre quem entre seus amigos tem hora para chegar em casa (com a combinação de que você pode e irá ligar para os pais para confirmar). Poderá verificar facilmente que quase todos os garotos da idade dela têm um toque de recolher. Você poderia ficar por aqui e se considerar o vencedor, já que refutou o argumento principal de sua adolescente. Mas, assim, a questão permaneceria não resolvida e levaria a disputas crescentes no futuro.

Então vamos supor que o toque de recolher de sua filha seja às 22h (afinal de contas, você estava determinado a protegê-la), e essa pesquisa tenha revelado que ela realmente tem um horário para chegar em casa muito mais cedo do que a maioria dos jovens de sua idade. Talvez, de fato, quase todos os outros garotos tenham um toque de recolher à 1h – e nenhum deles está na cadeia, foi expulso da escola ou está tendo algum outro grande problema que você possa descobrir. Porém, você ainda acha que 1h é muito tarde e tem razões concretas, como o fato de que sua filha não terá horas de sono suficientes – e, uma vez que pretende esperá-la chegar para garantir sua segurança, nem você. Como podem chegar a um meio-termo? Você pode estender o toque de recolher para uma hora entre o horário antigo e 1h? Pode permitir um toque de recolher à 1h com certas restrições, como quando sua filha está na casa de uma família que você conhece e confia e pode averiguar se os pais estão em casa? A questão é que, se começou a ver que sua crença original era exagerada, e se sua adolescente puder ver que os argumentos dela eram extremos, vocês podem começar a se encontrar a meio caminho. Na verdade, é importante que se façam esta pergunta: "Qual é a posição intermediária nesta questão?".

P. *Minha filha é ridiculamente teimosa e não cede um milímetro da sua posição original em qualquer discussão. Como podemos fazê-la admitir que suas crenças não são racionais e que existem alternativas a serem consideradas?*

R. Mais uma vez, para um adolescente, recuar da sua posição original é uma derrota e significa demonstração de fraqueza. Com sua filha – e muitos outros adolescentes –, provavelmente será melhor ficar afastado de qualquer abordagem que pareça "Você está errada". Em vez disso, para conseguir que ela considere crenças mais racionais, sempre enfatize contingências tangíveis: que se ela tentar atingir uma posição intermediária, poderá acabar tendo um toque de recolher mais tarde, poderá fazer você parar de resmungar sobre seu dever de casa, poderá vestir o que quiser para ir à escola, etc. É claro que isso significa que *você* precisa entrar na discussão preparado para chegar a um meio-termo. Se entrar procurando um nocaute técnico, é possível que vocês dois simplesmente permaneçam em seus cantos.

Incorporando mais crenças e expectativas racionais à comunicação e à solução de problemas com seu adolescente

Sempre que você questionar ou substituir pensamentos extremos, abre-se a porta para a negociação de um acordo sobre um problema que foi prejudicial ou levou a explosões no passado.

1. *Durante a segunda semana deste passo, reúna-se com seu adolescente e negocie (ou renegocie) um acordo que não conseguiram concretizar antes.* Você já teve um vislumbre nas ilustrações anteriores de como isso pode funcionar. Então, não iremos entrar em muito mais detalhes aqui, exceto para lhe dar um exemplo mais completo dos esforços de uma família no final deste capítulo. Para qualquer crença, ou crenças, que você questionou e substituiu até agora durante este passo, sente-se com seu adolescente e veja se conseguem encontrar um final mais feliz agora que já eliminaram o pensamento extremo que interferiu no passado.

2. *Comece tentando se apanhar em crenças e expectativas irrealistas à medida que vai passando o dia.* Uma bandeira vermelha para deixá-lo alerta, é claro, é o impulso de responder "Porque eu disse que vai ser assim!" quando seu adolescente pede uma explicação para uma restrição ou outra ordem que você impôs. Se não conseguir pensar em pelo menos uma boa razão para sua ordem, existe uma chance de que ela esteja baseada em uma crença que não se sustente. Quando isso acontecer, faça o melhor possível para recuar e reconsiderar. Não há vergonha em se dar conta de que está errado e recuar um pouco. Ver que você é capaz de fazer isso – e até mesmo que pode se desculpar – irá fortalecer, e não minar, sua autoridade com seu adolescente.

Se achar, como muitos de nós, que uma determinada crença continua pipocando para causar problemas, mesmo quando você já determinou que ela não é inteiramente racional, experimente um tipo de ensaio que chamamos de *reestruturação racional*. Digamos que seu filho tenha uma história de mentiras, sobretudo relacionadas a ter feito o que deveria, seja seu dever de casa, tarefas domésticas ou mesmo a higiene pessoal. Você já tomou várias medidas de manejo do comportamento para desencorajar esse comportamento e sabe que ele já não faz mais isso com tanta frequência. Mas você não consegue deixar de suspeitar que ele está mentindo se hesitar quando lhe pergunta se fez o que deveria. Às vezes, você imediatamente o pressiona a lhe mostrar o trabalho concluído; em outras, se contém, mas então permite que sua suspeita invada interações posteriores ("Bem, se você *tem certeza* de que terminou o dever de matemática, *acho* que pode sair..."). De qualquer maneira, o resultado é uma discussão em algum momento.

Para evitar deixar-se levar por suas antigas expectativas, faça uma lista de sinais que em geral desencadeiam sua suspeita de que seu filho está mentindo. Depois, imagine-se em cada uma dessas situações e considere seus piores medos acerca dela ("Ele não está respondendo a minha pergunta sobre seu dever de matemática...", "Oh, não, ele não fez *nada* do seu dever de casa e vai rodar!"). Observe exatamente como você se sente quando está tendo pensamentos extremos. Agora, questione a validade desse pensamento ("Ele ficou em sua mesa sem música ou computador por mais de uma hora...", "Ele deve ter feito *alguma* coisa") e ensaie uma reação alternativa ("Eu vou lhe dar um minuto para organizar sua resposta – ele nem sempre é tão articulado – e, se não me parecer seguro, lhe direi que não me parece muito seguro de sua resposta e que, portanto, gostaria de ver o dever de casa"). Observe como você se sente quando substitui uma reação racional por uma crença extrema. Repita esse exercício imaginário diariamente para transformá-lo em sua nova reação de recuo na situação real. Enquanto se engaja em exercícios de reestruturação racional, lembre-se de seu mantra: "Paus e pedras podem quebrar meus ossos, mas palavras nunca poderão me ferir".

Enfrentando crenças e expectativas irracionais: a experiência de uma família

Falemos de uma paz muito instável! Mark e seus pais levaram meses para estabelecer um relacionamento que não fosse conduzido 100% das vezes a plenos pulmões. Com a ajuda de um terapeuta, Sandy e Doug gradualmente foram assumindo o controle de sua família, usando pontos mais contratos de comportamento para fazer seu filho de 17 anos aderir a uma lista curta, porém essencial, de aspectos inegociáveis: ir para a escola, não xingar os pais, realizar a cada semana um conjunto de tarefas determinadas, dizer quando voltará para casa ao sair e ligar para avisar caso vá se atrasar.

Devido à idade de Mark e ao fato de que havia circulado livremente por muito tempo, eles minimizaram as limitações sobre sua liberdade. Na verdade, como o que ele mais parecia querer era se afastar de casa, eles utilizaram dinheiro e o uso de seus carros como incentivos primários por seguir as regras. As maiores recompensas foram dadas para a frequência e o desempenho escolar. Afinal de contas, a prioridade principal neste momento era garantir que o filho se formasse no ensino médio e tivesse uma chance de frequentar a faculdade.

As coisas estavam muito mais calmas em casa. Porém, Mark quase nunca estava lá, e uma frieza distante e desconfortável parecia ter substituído o drama. Sandy começou a se questionar se não deveria ter sido mais cuidadosa em relação ao que queria quando imaginou a cena de seu filho único deixando sua casa, talvez sem olhar para trás. Não era assim que tinha imaginado as coisas quando o casal encorajava seu garotinho determinado a explorar o mundo com certa renúncia. Sandy e Doug começaram a tentar ter conversas amigáveis com Mark quando ele estava em casa, mas em geral acabavam em um silêncio embaraçoso que fazia todos terem vontade de fugir da sala. E quanto mais insistiam para o filho conversar com eles, mais ele começava a retrucar novamente. Algumas vezes, bradava obscenidades e depois saía de casa de maneira intempestiva. Sandy começou a se questionar se não tinham voltado ao ponto de partida.

Sandy e Doug levaram sua preocupação para seu terapeuta em um encontro sem Mark. O terapeuta os ajudou a reconhecer que o medo estava impedindo que dessem aquele passo extra em direção a uma relação adulta mutuamente respeitosa com seu filho. Eles tinham medo de que relaxar sua vigilância com Mark fosse desfazer todo o controle que haviam recuperado. Ainda temiam um pouco seu filho de mais de 1,80 m de altura. O terapeuta sugeriu que provavelmente estavam transmitindo essa atitude reticente para Mark e lhes perguntou se sabiam como ele estava interpretando isso. Eles não tinham a mínima ideia.

Durante mais duas sessões, Sandy e Doug compreenderam que seu principal temor era que seu filho nunca tivesse sucesso por conta própria e sabiam que ele sairia de casa assim que se formasse, independentemente de ir ou não para a universidade. Seu terapeuta lhes assinalou com delicadeza, depois de investigar um pouco e de se reunir com Mark em separado, que os pais estavam transmitindo de modo sutil sua falta de confiança para o filho. Este, por sua vez, estava convencido de que os pais não se importavam nem um pouco com ele – que eles só o estavam tratando como algum tipo de mal necessário. Também se ressentia de que agora eles o estavam fazendo "pagar" por aquilo que, no passado, o levaram a crer que fossem seus direitos como membro da família.

Acontece que um dos problemas era que Sandy e Doug há meses não mudavam o "acordo" entre eles e seu filho. Conforme dissemos, temiam que, se lhe dessem a mão, ele logo iria querer o braço, como diz o provérbio. Mas precisavam demonstrar ao jovem seu reconhecimento e sua confiança de que ele poderia ter sucesso, concedendo-lhe privilégios adicionais e especialmente independência ao longo do tempo. Eles não deveriam esperar até que surgisse um problema que os forçasse a mudar o sistema; a alteração precisa estar integrada ao sistema, para refletir as mudanças desenvolvimentais naturais pelas quais os adolescentes, mesmo os mais velhos, estão passando.

Mark não conseguiu responder com simpatia à abertura que seus pais lhe deram porque não acreditava que estivessem sendo sinceros. Doug e Sandy procuraram intensificar a atenção positiva e os elogios antes de esperar que o filho demonstrasse reciprocidade. Enquanto isso, conversaram com os professores de Mark e o consultor universitário sobre suas perspectivas e ficaram agradavelmente surpresos ao ouvir que ele tinha ido por conta própria até o gabinete do consultor para perguntar sobre os programas de engenharia e os padrões para admissão, e que seu professor de matemática achava que ele tinha uma verdadeira afinidade pelo assunto. Sandy e Doug usaram essas notícias para oferecer a Mark outro passo em direção à independência que ele tanto desejava: ter seu próprio carro, caso preparasse todas as suas fichas de inscrição para a faculdade até 1º de dezembro do seu último ano. Eles criaram uma linha do tempo para ser preenchida a cada passo, incluindo visitas aos *campi* em que ele estivesse realmente interessado, e marcavam com ele à medida que cada uma era realizada. Sandy fez uma pequena reestruturação racional para ensaiar como resistir ao impulso de resmungar sobre as revisões das redações e as ligações para agendar as entrevistas.

Sandy e Doug perceberam que vinham agindo de acordo com duas crenças extremas: (1) ruína – se relaxassem sua vigilância com Mark, ele iria agir mal, nunca se formaria e não conseguiria ir para a faculdade; e (2) perfeccionismo – Mark deveria ter conversas "agradáveis" com eles porque, afinal de contas, são seus pais. Com a ajuda do terapeuta, questionaram essas crenças e usaram criativamente seu novo contrato de comportamento para estimular o filho a se candidatar para a faculdade no prazo. Conforme demonstraram, a reestruturação cognitiva pode ser combinada com alguma das outras técnicas ensinadas neste programa.

Quando dezembro chegou, com um gracejo dramático, Mark mostrou aos pais seus formulários de inscrição, todos prontos para serem enviados. Uma semana depois, Sandy e Doug deixaram um molho de chaves e um manual do proprietário sobre a cama do jovem. Quando ele desceu as escadas gritando, Sandy começou a dizer: "Ei, divirta-se – e dirija com cuidado!", mas seu filho a interrompeu: "Qual é o problema? Medo de andar comigo? Vamos lá, vamos sair para um teste de direção".

Passo 10.
Mantendo a união

Vocês passaram por uma longa jornada. Antes de dar a partida, é provável que se sentissem frustrados e impotentes, sem ideia de para onde se voltar a fim de resolver o comportamento desafiador que estava governando suas vidas. Esperamos que se sintam de forma diferente agora que passaram alguns meses trabalhando arduamente para forjar novos caminhos em torno daquele beco sem saída. Agora compreendem a natureza do comportamento desafiador e como quatro fatores – as características de seu adolescente, as suas características, a situação ambiental em que se encontram e as suas práticas parentais – interagiram e contribuíram para o desenvolvimento desse comportamento em seu filho. Refizeram seus passos para ver como as repetições infindáveis do ciclo de coerção resultaram em um padrão de comportamento desafiador e negatividade entre vocês e seu adolescente. Esses *insights* abriram uma janela para a mudança, ajudando-os a entender a grande diferença que poderiam conseguir apenas alterando o que *vocês* fazem em seus papéis como pais.

Seu primeiro passo para a reconstrução de um relacionamento positivo com seu adolescente envolveu a adoção de princípios para exercer a parentalidade do jovem desafiador. Vocês, então, transformaram a mudança de atitude dele em uma tarefa manejável, dividindo os inúmeros problemas que tinham em regras básicas inegociáveis, para que seja possível viver em um lar civilizado, e questões negociáveis – todo o resto. Aprenderam a usar as consequências sabiamente para fazer valer as regras invioláveis. Quanto ao resto, vocês se tornaram negociadores bastante hábeis, oferecendo os incentivos certos para guiar seu adolescente na direção de um comportamento que será útil para ele – e para vocês – e treinando-o em habilidades para a solução de problemas que serão úteis no mundo adulto em que está disposto a ingressar. Ao longo do caminho, todos aprenderam a se comunicar de uma maneira mais positiva e a substituir crenças negativas e expectativas irrealistas ou irracionais. Vocês já estão no caminho do destino desejado de menos conflito, maior respeito mútuo e um futuro positivo para seu filho ou sua filha.

Subdividindo dessa forma, podem ver que já conseguiram muito desenvolvendo o programa deste livro. Agora, queremos que deem um passo atrás, olhem para o panorama geral, considerem essas ferramentas técnicas em sua caixa de ferramentas e pensem em quando irão usar cada uma no futuro. Também queremos que façam um balanço de onde começaram até onde chegaram nessa jornada e do que precisam fazer a seguir.

OBJETIVOS PARA O PASSO 10

- Saber quando usar quais ferramentas, habilidades e estratégias.
- Combinar um plano para desativar crises.
- Examinar os resultados de seus esforços e decidir o que fazer a seguir.

Sabendo quando usar quais ferramentas e habilidades

Seu objetivo é ser capaz de saber quando escolher e implantar com naturalidade as habilidades e as ferramentas que aprendeu. Uma forma de enraizá-las é certificar-se de que você mentalmente consegue passar em revista a lista de habilidades, para que possam ser requisitadas quando necessário. Pode parecer uma bobagem, mas memorizar a lista pode tornar mais fácil acessar as habilidades quando o calor de uma crise perturbar sua mente.

1. *Considere escrever a seguinte lista em uma ficha que possa guardar em sua carteira ou em algum outro lugar acessível ou colar em algum outro local privado em que possa enxergá-la com frequência, como na parte interna da porta de seu armário de remédios.* Ou então a programe em seu *smartphone* ou computador. Revise-a regularmente – quando surgir uma crise, caso você precise de uma distração mental; caso se pegue cismando com seu adolescente e com o que ele está – ou poderia estar – tramando; quando se preocupar com o futuro dele ou com a incerteza a respeito de se fizeram algum progresso real:

    - Um tempo só com seu adolescente

- Respeito, aprovação, reconhecimento e elogio
- Ignorar as tentativas de chamar atenção de seu adolescente
- Comandos eficazes
- Sistemas de pontos
- Contratos de comportamento
- Custo das respostas (penalidades)
- Castigo
- Solução de problemas
- Treinamento da comunicação
- Substituição das crenças negativas e das expectativas irrealistas

2. *Analise uma situação problemática e escolha a ferramenta ou as habilidades para resolvê-la.* Sempre que houver a ameaça de um conflito ou de eclodir um problema, revise sua lista de ferramentas e se questione sobre o que é mais adequado. Digamos que sua filha de 15 anos chegue em casa desesperada porque sua melhor amiga está tentando lhe roubar o namorado; ela insiste em ter um toque de recolher à 1h da manhã no sábado, para que possa ficar até o final da festa e ter certeza de que o garoto fique com ela. Embora reconheça que está se formando um conflito potencial sobre o horário, o abalo de sua filha acerca do namorado é de grande importância. Você poderia escolher a escuta ativa, uma ferramenta de comunicação, e deixar que ela lhe conte exatamente como está se sentindo. Depois disso, pode tratar da questão do toque de recolher usando a solução de problemas.

E se a escola de seu filho de 16 anos ligar para lhe dizer que ele faltou três vezes às suas aulas da tarde na semana passada? A frequência escolar é uma questão inegociável. Essa infração requer a implantação de consequências pela violação de uma regra inegociável. Você o coloca de castigo pelos dois próximos fins de semana e exige que faça o dever de casa durante a punição.

Imagine que seu cônjuge está "surtando" porque você matriculou na autoescola seu filho de 17 anos, que tem TDAH. Seu cônjuge acha que isso configura uma catástrofe – afinal de contas, seu filho não consegue fazer o dever de casa, não consegue manter seu quarto arrumado e é muito desorganizado. A metade do tempo ele não tem a cabeça no lugar. Como vai dirigir um carro? Você analisou a situação com cuidado e acha que ele melhorou suas notas responsavelmente e merece essa oportunidade. É provável que devesse ter consultado seu cônjuge antes de matriculá-lo; agora, precisa voltar e discutir com ele e desenvolver uma abordagem consistente. Você poderá ter de ajudá-lo com as crenças irracionais sobre ruína, usando a reestruturação cognitiva conforme descrita no Passo 9.

Com o tempo e a prática, você se tornará apto a reconhecer quando um novo problema exige, por exemplo, que se focalize imediatamente em dar comandos efetivos e depois, caso seu adolescente não responda de maneira apropriada, redigir um contrato de comportamento. Essa pode ser a forma de agir se algum velho hábito de seu filho que você esperava extinguir – como, por exemplo, dizer palavrões – acaba ressurgindo. Você será capaz de saber quando é mais inteligente ir direto para a solução de problemas – como quando eventos inesperados levantam a questão de se uma regra pode ser dispensada, flexibilizada ou alterada de modo permanente. Às vezes, uma crise pode requerer um castigo, mas logo deve ser seguida pela solução de problemas. Pode haver um motivo, por exemplo, para seu filho ter pegado seu carro sem pedir; portanto, mesmo que isso seja estritamente contra as regras e o castigo seja justificado por sua experiência prévia com comportamento similar, você reconhece os sinais de que o jovem precisa mesmo de mais liberdade e vê a importância de evoluir diretamente para a busca de um acordo.

Existem milhões de maneiras de combinar essas ferramentas e técnicas para permitir que seu adolescente continue avançando em direção à autonomia da qual precisa. À medida que usar suas ferramentas e habilidades, você terá uma percepção cada vez melhor sobre qual aplicar primeiro em vários tipos de situações. Pode, ainda, rever o inventário de problemas no Capítulo 14 e se perguntar como irá lidar com conflitos típicos de cada problema, criando um tipo informal de "cartilha" ou "roteiro" para seguir em diferentes circunstâncias. Seja criativo ao usar as ferramentas que lhe apresentamos. Se estiver irritado e perturbado e realmente não conseguir imaginar o que fazer, olhe para a lista e pondere sobre as consequências da aplicação de cada estratégia à situação presente. Mesmo que você não tenha uma boa ideia, o tempo que levará para examinar a lista irá acalmar suas emoções para que consiga abordar a situação de forma racional.

3. *Saiba se certas condições em sua família exigem que favoreça determinadas habilidades em detrimento de outras.* Além dos tipos de situações individuais que acabaram de ser discutidas, existem certas condições inerentes às famílias que podem exigir uma ordem diferente por via de regra:

- As famílias que têm muitos problemas com crenças negativas e expectativas irrealistas, descobertas durante o Passo 9, devem ir diretamente do tempo personalizado, do elogio/ignorar e dos comandos efetivos para o questionamento e a substituição desses pensamentos (as habilidades no Passo 9). Conforme aprendeu no Capítulo

16, essas crenças e expectativas podem causar problemas tão resistentes que vocês não chegarão a lugar algum até que as enfrentem. Quando sugiam problemas entre Lauren e sua mãe, elas começavam a discutir sarcasticamente com tanta rapidez que é como se um sino tivesse dado o sinal de início do primeiro *round*. Na verdade, quando Mac certa vez usou essa metáfora para descrever as interações de sua esposa e sua filha, Lauren e Jan acharam isso tão pertinente que, na vez seguinte em que se iniciou uma briga, Lauren exclamou "Ding!". Isso fez a mãe parar, sem ir adiante na discussão. Depois que Lauren explicou que se dera conta de que elas haviam começado a "boxear", mãe e filha combinaram que, dali em diante, quando uma delas notasse que estavam partindo para briga, diria "Ding!", e então tentaria descobrir as crenças negativas que estavam por trás da explosão repentina.

No Passo 9, você teve a oportunidade de identificar as distorções cognitivas que operam por trás da cena com seu adolescente, mas pode não estar bem ciente do quanto elas representam um grande problema para você. O pensamento distorcido pode ser um grande problema para sua família se houver muita raiva desencadeada rapidamente (como para Lauren e Jan), se você se apanhar com frequência cismando com o comportamento de seu adolescente, se ele interromper de imediato o cumprimento de sua parte nos acordos comportamentais diante do mero sinal de um deslize seu em sua parte do acordo, se um de vocês tende para o pensamento muito rígido ou obstinado e, em geral, se o comportamento desafiador vem ocorrendo há um longo tempo, significando que vocês tiveram muito tempo para formar expectativas negativas.

- Certas características de seu filho (Fator 1 no modelo dos quatro fatores) ditam o uso de algumas ferramentas mais do que outras. Por exemplo, famílias com adolescentes que têm TDAH e que são muito imaturos precisam se apoiar mais no manejo de contingências do que na solução de problemas. Esta e o treinamento da comunicação não vão funcionar bem. Gina, que tem apenas 13 anos, precisa da urgência dos pontos e contratos para se manter no caminho certo. Seus pais sabem que ela precisa da atenção positiva do elogio, que as infrações menores sejam ignoradas e ter mais tempo só com seu filho do que a maioria dos jovens e de um grau de doação generoso. Nesse ponto, eles servem de modelo para Gina quanto à solução de problemas, fazendo isso entre si enquanto discutem um problema comportamental e como encaixá-lo em seus planos de manejo de contingências já existente. Gradualmente, pretendem incluir a filha nessas discussões, mas não farão dela uma participante igual até que demonstre as capacidades de dar uma contribuição significativa às negociações e de chegar a um acordo.

As famílias com adolescentes mais velhos e mais maduros podem ter de saltar o manejo de contingências depois de aplicar o básico, indo diretamente para a solução de problemas e o treinamento da comunicação. Se seu filho for bastante independente e vier ganhando autonomia crescente ao demonstrar que consegue lidar com a responsabilidade, o controle unilateral pelo sistema de pontos e os contratos serão cada vez menos motivadores. Aos 15 anos, Kevin ainda é imprevisível – por natureza e estágio do desenvolvimento –, porém é muito inteligente e fica muito mais motivado exercendo suas habilidades de debate do que ganhando pontos, dos quais ele ri. Portanto, seus pais trabalham com ele praticamente tudo por meio da solução de problemas. Mark, de 17 anos, está perto de deixar o ninho. Seus pais não acharam os contratos de comportamento muito eficazes com ele quando começaram este programa – exceto para alguns contratos específicos que trabalharam com seu terapeuta. Conforme já mencionado neste livro, eles trabalharam juntos um sistema de pontos (dinheiro), em que o jovem seria pago por frequentar e ter um bom desempenho na escola, o que ganhou força devido ao desejo de Mark de dirigir – um privilégio caro.

Combinando um plano para debelar as crises

Às vezes, você será emboscado pela vida e descobrirá que alguma situação ou problema que não previu cria um desentendimento importante com seu adolescente. De repente, sem aviso, eclodiu um tumulto emocional. O que você pode fazer para minimizar essas emboscadas e como pode sufocar o tumulto depois que ele foi incitado?

1. *Revise os tipos de situações de crise que você encontrou durante este programa.* Que tipos de situações o pegaram desprevenido? Quais problemas permanecem graves apesar de seus melhores esforços para manter as coisas calmas? Pense sobre onde você tende a ser sabotado apesar de seus melhores esforços e depois examine como as emoções avançaram durante essas interações. O que desencadeou a perda do controle para você, para o outro genitor do jovem (se houver um) e para o adolescente?

Se você tiver problemas em encontrar um fio condutor comum entre as crises que surgiram durante os últimos meses, procure reler seu inventário de problemas. É mais provável que as crises ocorram em torno das questões mais intensas e conflitantes de sua lista, as quais podem ser difíceis de resolver inteiramente. (Observe, a propósito, que ao falar "resolver" não queremos dizer "fazer seu adolescente ver a questão como você vê", mas chegar a um meio-termo com o qual todos possam conviver para lidar com a questão.) Se você achar, de fato, que as crises passadas e as questões de maior intensidade em seu inventário não coincidem, alguma coisa precisa ser mudada. Veja o Passo de Ação 4 a seguir.

2. *Trabalhe com a solução de problemas, buscando respostas alternativas para evitar a perda do controle.* Depois que você identificou os tipos de situações ou os problemas que frequentemente conduzem a uma discussão ou a uma explosão do comportamento desafiador por parte de seu adolescente, trabalhem juntos na solução de problemas para ver o que poderia ser feito de forma diferente a fim de evitar a perda do controle de cada pessoa. A maior parte do tempo você precisará se acalmar primeiro e depois resolver o problema no centro da crise. Existem dois grupos de respostas que pode considerar como formas de evitar a perda do controle:

- **Respostas de "interrupção"** – Você já fez isso toda vez que fazia uma pausa para as emoções que estavam em escalada. Existem todos os tipos de variações sobre esse tema: contar até dez, sair de cena, usar uma linguagem tranquilizadora, etc. Durante uma reunião familiar, conversem sobre essas possibilidades, e faça cada membro da família se comprometer a usar pelo menos uma dessas respostas de "interrupção" quando surgir uma crise.
- **Respostas que acalmem as emoções** – Também existem maneiras de atenuar a raiva durante uma crise: treinamento de relaxamento, meditação, distração mental, exercício físico, socar um travesseiro, etc. Você irá encontrar fontes de informação sobre métodos, tais como treinamento de relaxamento, meditação e distração mental, na seção Recursos, no fim do livro, mas precisa saber que esses métodos levam tempo e demandam prática para serem aprendidos. Poderá descobrir que eles trazem benefícios que se estendem por toda a vida e representam, portanto, um bom uso de seu tempo, mas, enquanto está aprendendo, você pode simplesmente usar a abordagem física – dar uns passos pela sala, atirar uma bola de uma mão para outra, dar a si mesmo uma pausa, indo para outro

quarto de forma a interromper o conflito, e dar-se (bem como a seu adolescente) um tempo para pensar e recuperar seu comportamento emocional normal. Cada membro da família deve concordar em usar um desses métodos, assim como as respostas de "interrupção".

3. *Dramatize uma situação fictícia do tipo que você identificou e use essas novas respostas alternativas para ver se elas provavelmente ajudariam.* Em caso negativo, retorne à solução de problemas.

4. *Faça o papel de detetive para analisar novos problemas que possam surgir.* Caso seu exame de crises recentes revele que podem surgir novas questões entre você e seu adolescente, procure preencher de novo o inventário. A evolução das prioridades de seu filho raras vezes é anunciada, e a sua resposta pode ser inconsciente e visceral (com frequência graças às crenças profundamente enraizadas e às expectativas que começou a tratar no Passo 9). Porém, se você não trouxer à luz novas questões, elas continuarão a apanhá-lo desprevenido.

Algumas vezes você pode ser surpreendido: talvez um desenvolvimento inteiramente novo na vida de seu filho crie um novo problema – ele está com sua primeira namorada e começa a violar o toque de recolher em uma tentativa de parecer "legal", ou sua filha recebe a carteira de motorista e logo começa a receber multas de estacionamento. Ou o adolescente reluta em seguir uma regra que costumava aceitar. Talvez uma questão que você achasse que tinha aprendido a abordar de repente comece a causar problemas inesperadamente. Nesse caso, considere a possibilidade de manter um diário sobre o problema, anotando o que provoca conflitos em torno dele e quais consequências impôs para o comportamento desafiador de seu adolescente. Retorne à Parte I deste livro para ver se consegue encontrar uma explicação para a ocorrência do problema em primeiro lugar, se ele está relacionado à personalidade de seu adolescente, a uma transição do desenvolvimento, a um problema como TDAH ou a estresses que ocorrem em *sua* vida e poderiam estar mudando seu comportamento sem que perceba (p. ex., você está se tornando inconsistente ou deixando que crenças negativas sobre seu filho assumam o controle de suas interações). Se você não encontrar respostas aqui, experimente fazer uma rápida revisão dos passos do programa e das habilidades listadas com o seguinte objetivo: seu estilo parental e o uso dessas habilidades acabaram sendo postos de lado? Finalmente, seria possível fazer algum manejo de contingências ou agendar uma reunião de família para uma solução de problemas conjunta, de modo que esse problema não crie mais explosões espontâneas?

Analisando seus esforços e decidindo o que fazer a seguir

Trabalhar com adolescentes desafiadores é um grande desafio – não estamos querendo dizer que vá ser fácil agora que você tem todas as ferramentas e técnicas do programa de 10 passos. No entanto, gostaríamos que fizesse um balanço de sua experiência com as várias ferramentas e habilidades que compartilhamos neste livro.

Usando o inventário a seguir, avalie se implantou cada habilidade e, em caso afirmativo, o quanto ela se revelou efetiva. Iremos ajudá-lo a usar suas respostas a essas questões para planejar seu próximo passo no trabalho com seu adolescente.

Inventário de resultados da intervenção no comportamento desafiador do adolescente

Por favor, examine cada uma das intervenções na lista apresentada. Circule sim ou não, dependendo de você ter implantado cada intervenção. Para aquelas que implantou, avalie a eficácia do resultado. "Eficácia" significa "Isso melhorou as coisas para você e seu adolescente?". Avalie-a em uma escala de 1 a 5, conforme a seguir:

1 = nada efetiva; 2 = pouco efetiva; 3 = moderadamente efetiva;
4 = efetiva; 5 = muito efetiva

Intervenção	Você a usou?		Em caso afirmativo, o quanto ela foi efetiva?				
Tempo com seu filho	Sim	Não	1	2	3	4	5
Elogio, etc.	Sim	Não	1	2	3	4	5
Ignorar tentativas de atrair atenção	Sim	Não	1	2	3	4	5
Comandos efetivos	Sim	Não	1	2	3	4	5
Sistemas de pontos	Sim	Não	1	2	3	4	5
Contratos de comportamento	Sim	Não	1	2	3	4	5
Custo da resposta	Sim	Não	1	2	3	4	5
Castigo	Sim	Não	1	2	3	4	5
Solução de problemas	Sim	Não	1	2	3	4	5
Treinamento da comunicação	Sim	Não	1	2	3	4	5
Substituição de crenças negativas e expectativas irrealistas	Sim	Não	1	2	3	4	5

De *Seu adolescente desafiador* (2ª ed.). Copyright 2014, The Guilford Press.

Se respondeu sim a cinco ou mais (50% ou mais) das ferramentas, então você realmente fez um grande esforço para usar intervenções baseadas em evidências a fim de melhorar seu relacionamento com seu adolescente, sejam quais forem suas avaliações da eficácia. Parabéns pelo grande esforço! Examine suas avaliações de eficácia com cuidado. Dependendo do nível de desafio de seu filho, de suas características pessoais e sua situação de vida (lembre-se do modelo de quatro fatores), seus esforços podem ter sido mais ou menos efetivos. Se você avaliou as ferramentas aplicáveis como 3 ou mais em eficácia, continue a usá-las, refine seus esforços e poderá muito bem descobrir que uma abordagem de autoajuda é suficiente para lidar com o comportamento desafiador de seu adolescente no momento atual. Se avaliou as ferramentas aplicadas como 1 (nada efetivas) ou 2 (pouco efetivas), você deve considerar a busca da ajuda de um profissional da saúde mental para ver se consegue obter melhores resultados.

Se respondeu sim a menos de cinco (50%) das ferramentas, questione-se sobre o que interferiu ao experimentá-las. Você ficou tão desanimado com o comportamento extremamente desafiador de seu adolescente que nem mesmo tentou mudar seu estilo parental? Estava muito ocupado com outras coisas para se comprometer com o tempo necessário ao trabalho dessas habilidades? Elas parecem irrelevantes para sua situação? Um cônjuge não apoiador o sabotou? Você está passando por problemas de saúde mental, como depressão, ansiedade ou abuso de substância, que tenham interferido? Enquanto procura as respostas a essas perguntas, estimulamos que considere a procura de assistência em saúde mental, de modo que possa tratar desses fatores e obter ajuda na parentagem de seu adolescente desafiador.

Mesmo que não consiga detectar mudanças usando nosso inventário e não ache que tenha conseguido muito com o programa, você precisa considerar se essa é uma crença racional. Pode dizer com honestidade que não fez progressos, que seu relacionamento é exatamente tão difícil quanto era antes de começar este programa? Reserve um momento para examinar as pequenas melhoras que observou durante os últimos meses. Talvez seu filho seja tão genioso como sempre foi; você ainda está constantemente se preparando para receber uma resposta questionadora a cada coisa que disser. Mas ele parou de dizer palavrões em casa. Ou sua filha ainda o trata como um mal necessário e tenta passar cada minuto possível com seus amigos em vez da família – mas ela pelo menos pergunta se alguém precisa usar o iPad da família antes de monopolizá-lo e informa voluntariamente acerca do seu horário estimado de chegada para voltar para casa quando sai.

Esses podem ser pequenos sucessos, mas, de qualquer forma, são sucessos, e você pode se apoiar neles. Continue expressando reconhecimento pela comunicação respeitosa por parte de seu filho e pela consideração de sua filha. Demonstre sua atitude compassiva e razoável, ignorando recaídas menores nessas áreas, quando ocorrerem. Seu adolescente receberá a mensagem, embora ela seja sutil, de que você é o(a) pai(mãe) empático(a) de um indivíduo em maturação que merece respeito por agir cada vez mais como adulto.

Além disso, enquanto estiver examinando sua crença quanto à racionalidade, pergunte-se há quanto tempo estava tendo problemas com seu adolescente antes de procurar por este livro. Se fizer uma retrospectiva de quando o comportamento desafiador iniciou, provavelmente se lembrará de que as sementes foram semeadas muito antes de você começar a abordar o problema com este programa – talvez anos atrás. Nesse caso, não é muito realista esperar que os problemas maiores desapareçam em poucos meses, não é?

Portanto, continue assim. Existem três formas de continuar o bom trabalho que já começou e fazer os benefícios crescerem: pode criar um "plano emergencial" de técnicas para atenuar as emoções que você e seu adolescente concordem em usar quando as discussões se tornarem acaloradas. Pode descobrir qual a melhor ordem para usar suas habilidades em diferentes situações e praticar sua aplicação dessa forma até conseguir fazer isso de maneira automática. Finalmente, pode praticar a solução de problemas com seu adolescente, de forma que essa habilidade tão essencial para o sucesso na administração da vida adulta crie raízes antes que você passe o bastão.

Este é um treinamento que você não "termina"; são técnicas para aplicar pelo resto das suas vidas juntos. Se está desanimado pela mudança mínima, essas estratégias o farão prosseguir pelo tempo que for necessário para ver melhoras perceptíveis nos níveis de conflito. Se já estiver vendo um melhora significativa, elas impedirão que se torne confiante demais e "reincida" nos padrões coercivos que o colocaram em apuros inicialmente. Acima de tudo, pense nessas estratégias como uma maneira de mantê-lo "honesto" – isto é, consistente em seu papel reivindicado de um genitor autoritativo, compassivo e proativo de um adolescente de quem pode ter orgulho. E, se alguma vez considerar sua determinação hesitante e perceber que estilos parentais antigos e inconsistentes estão voltando à atividade, lembre-se de que sempre pode chamar um terapeuta e obter alguma ajuda extra.

Por fim, o objetivo deste livro foi ajudá-lo a desenvolver um melhor relacionamento com seu adolescente. Essa é uma relação que irá continuar pelo resto de sua vida. Continue a se perguntar como é a relação que deseja. Daqui a alguns anos, o que gostaria que seu filho ou sua filha dissessem sobre você e sobre como os criou, especialmente durante a adolescência? Ter em mente essa imagem poderá ajudá-lo a fazer melhores escolhas quando tentar manejar o mau comportamento de seu adolescente, envolvê-lo na solução de problemas, trabalhar para melhorar sua comunicação e reavaliar suas próprias crenças acerca do que pais e jovens devem fazer quando interagem entre si, sobretudo em torno de questões problemáticas.

De certo modo, tentamos aqui encorajá-lo a se lembrar – sempre – de que você é o adulto e, portanto, cabe a você manter sua maturidade, compostura e noção do que importa a longo prazo sempre que estiver lidando com seu adolescente, em vez de reagir na lógica do "olho por olho" a qualquer crítica emocional que ele possa estar descarregando em você no momento. Você pode ser um(a) pai(mãe) emocionalmente reativo(a), exigente e ditatorial que seu adolescente, de modo inconsciente, parece estar pressionando-o(a) a ser, ou pode ser o(a) melhor pai(mãe) possível, aquele(a) que você sabe que pode ser, independentemente de como seu filho possa se comportar. No fim das contas, a escolha é sempre sua.

Apêndice A

Folhas de trabalho para solução de problemas

**Folha de trabalho para solução de problemas
para Tony Santo e Pais (Cenário A)**

Data: <u>08/08/13</u>
Problema: <u>Pais (ambos estavam de acordo na definição do problema): "Eu não quero que você dê uma festa sem um adulto presente porque me preocupo com o fato de seus amigos poderem fazer escolhas erradas e criar problemas para si próprios ou para você ou bagunçar a casa". Tony: "Eu fico constrangido quando vocês estão por perto durante uma festa, então não quero que estejam presentes".</u>

	Avaliações		
Soluções propostas	Adolescente + −	Mãe + −	Pai + −
1. <u>Os pais de Tony "aguentam firme" e deixam que ele faça a festa a sua maneira.</u>	+	−	−
2. <u>Tony não dará festa alguma até fazer 18 anos.</u>	−	+	−

[Observe que as duas primeiras soluções são as posições extremas originais para essa família. Você descobrirá que esse é frequentemente o caso em sua própria solução de problemas.]

3. <u>Tony faz uma festa para dez amigos que seus pais aprovam, e eles saem de casa durante a festa.</u>	−	+	+
4. <u>Tony faz uma festa pequena num lugar público onde existe a supervisão de outros além dos pais (como um clube esportivo).</u>	−	−	−
5. <u>Tony faz uma festa para cem garotos, mas seu tio jovem supervisiona em vez de seus pais.</u>	+	−	+
6. <u>Tony faz a festa com seus pais em casa, mas eles ficam no terceiro andar da casa a noite inteira, descendo somente se Tony os chamar.</u>	−	+	−
7. <u>A mãe e o pai espionam a festa retransmitida por satélite para outro local por meio de câmeras de circuito fechado instaladas em todas as peças.</u>	−	−	−

Folha de trabalho para solução de problemas para Tony Santo e Pais (Cenário A) *(continuação)*

Soluções propostas	Avaliações		
	Adolescente +−	Mãe +−	Pai +−
8. *Tony contrata os volantes do time de futebol de sua escola para servirem como leões-de-chácara para o caso de alguém sair da linha.*	+	−	−
9. *Tony faz uma festa para cem garotos e seus pais ficam longe, mas é uma festa na piscina à tarde e todos devem ir embora até as 17h.*	−	−	−
10. *Os pais de Tony concordam em ir para a casa de um vizinho na mesma rua à noite, mas vão "aparecer" sem avisar algumas vezes, fingindo que precisam pegar alguma coisa, e, se algo não parecer OK, eles irão ficar.*	−	+	+

Acordo: *Tony faz uma festa para não mais de 40 amigos; seu tio de 25 anos está disponível, mas "não age como se fosse um acompanhante" e concorda em chamar os pais do jovem se houver algum sinal de bebida ou drogas ou se o barulho estiver muito alto ou houver arruaça. Se for descoberto álcool na festa, ela será encerrada em seguida, com envolvimento da polícia se os participantes desafiarem a ordem de encerrá-la. Tony concorda em deixar que seus pais examinem a lista de convidados antecipadamente e discutam com ele sobre alguém com quem tenham preocupações.*

Plano de implementação

A. O adolescente irá fazer: *Tony dará a lista de convidados para a mãe e o pai antes da festa e dirá a todos os convidados que, se o barulho não for mantido em um volume baixo, a festa será imediatamente encerrada.*
B. A mãe irá fazer: *A mãe fará contato com o tio, seu irmão, e pedirá sua cooperação e assistência.*
C. O pai irá fazer: *O pai irá examinar a lista de convidados e conversar com Tony a respeito dela.*
D. Plano para monitorar se isso acontece: *O tio de Tony, Dan, irá até a rua periodicamente durante a festa. Se o som estiver muito alto para quem estiver na rua, ele dirá de forma discreta para Tony baixar a música. Se Tony não obedecer em cinco minutos, o tio lhe dará outro aviso. Se ele ainda assim não obedecer, Dan concorda em ligar para os pais do jovem, os quais virão para casa e expulsarão todos.*
E. Lembretes que serão dados. Por quem? Quando? *Veja D, sobre os avisos do tio Dan em relação ao volume.*
F. Consequências para o cumprimento e não cumprimento: *Se a mãe e o pai resistirem ao impulso de interferir e não vierem para casa durante a festa, Tony irá agradecer e garantir que a casa esteja impecável até o meio-dia do dia seguinte. Caso interfiram, Tony poderá fazer outra festa uma semana depois, durante a qual não poderão interferir. Caso o rapaz mantenha o acordo, seus pais concordam em deixá-lo fazer uma festa de duas horas para seis pessoas no mês seguinte sem qualquer supervisão adulta. Se ele não cumprir o combinado, receberá castigo no fim de semana seguinte, durante o qual terá de limpar toda a casa, e não poderá dar festa alguma, supervisionada ou não, por três meses.*

Folha de trabalho para solução de problemas para Bettina James e pais (Cenário C)

Data: _10/11/13_
Problema: _Mãe: "Eu não quero que você tenha um toque de recolher tão tarde quanto o de seus amigos porque fico preocupada em relação a sua segurança ficando na rua tão tarde quanto os garotos dois anos mais velhos do que você". Pai: "Eu não acho que você deva ter um toque de recolher mais tarde porque você não demonstrou que consegue obedecer o horário que já tem, portanto, não mereceu qualquer liberdade adicional". Bettina: "Se eu tivesse um toque de recolher mais tarde, não precisaria desrespeitá-lo. Quando tenho de ir para casa antes de todos os meus amigos, eu me sinto envergonhada"._

Soluções propostas	Adolescente +−	Mãe +−	Pai +−
1. _Bettina não tem qualquer toque de recolher e volta para casa quando quiser._	+	−	−
2. _O toque de recolher de Bettina é mudado para meia hora MAIS CEDO até que ela o obedeça por duas semanas direto, depois retorna ao horário atual e é mantido assim durante um futuro próximo._	−	+	+
3. _Bettina mantém esse toque de recolher, mas PODE receber permissão de ficar fora até mais tarde SE ligar para os pais meia hora antes do horário e pedir permissão._	−	+	−
4. _O toque de recolher de Bettina permanece o mesmo, porém agora ela fica de castigo pelo resto da semana, com tarefas de manutenção, se chegar até mesmo cinco minutos atrasada._	−	+	−
5. _A mãe e o pai contratam uma pessoa para acompanhar Bettina aonde quer que ela vá._	−	−	−
6. _Bettina não tem qualquer toque de recolher, mas precisa ligar para os pais a cada meia hora._	+	−	−
7. _O toque de recolher de Bettina permanece o mesmo, mas ela pode pedir que seja estendido ANTES de sair, o que seus pais podem ou não conceder._	−	+	+
8. _O toque de recolher de Bettina permanece o mesmo até que ela o tenha obedecido por três semanas. Depois será ampliado em meia hora._	+	+	+
9. _Bettina ganha $25 para cada fim de semana em que chegar em casa no horário._	+	+	+
10. _Bettina perde 15 minutos no toque de recolher para cada fim de semana em que chegar em casa atrasada._	+	+	+

Acordo: _Todos concordaram com as soluções 8, 9 e 10. Portanto, combinaram essas três._

Folha de trabalho para solução de problemas para Bettina James e pais (Cenário C) *(continuação)*

Plano de implementação

A. O adolescente irá fazer: *Bettina estará em casa até as 22h30min, sem prorrogação nem ampliação do tempo, durante três semanas. Depois, retornará até as 23h, sem prorrogação, por três semanas. Se chegar em casa na hora, poderá escolher uma loja onde seus pais irão lhe comprar um vale-presente. Do contrário, irá perder 15 minutos da hora do toque de recolher a começar no dia seguinte. Se ela, então, cumprir o toque de recolher por três semanas, receberá de volta os 15 minutos.*
B. A mãe irá fazer: *A mãe irá lembrar Bettina do toque de recolher antes que ela saia, irá lembrar que não haverá prorrogação e irá elogiá-la se chegar no horário. Ela irá comprar um vale-presente à escolha de Bettina se esta merecer e a levará até a loja quando pedir (com um dia de antecedência).*
C. O pai irá fazer: *O pai, que começa seu dia de trabalho mais tarde do que a mãe, será quem vai ficar acordado esperando Bettina chegar. Quando ela chegar na hora, ele irá elogiá-la. Do contrário, ele lhe falará sobre a mudança no toque de recolher de uma forma objetiva, sem sermões.*
D. Plano para monitorar se isso acontece: *O pai irá esperá-la acordado para ter certeza da hora em que Bettina chega em casa. Eles terão um quadro e marcarão os dias para acompanhar quando o período de três semanas tiver terminado, junto com as mudanças no toque de recolher.*
E. Lembretes que serão dados. Por quem? Quando? *Veja "A mãe irá fazer".*
F. Consequências para o cumprimento e não cumprimento: *Para Bettina, conforme foi antes observado. Se a mãe não lembrá-la do toque de recolher ou não elogiá-la no dia seguinte por obedecê-lo, será acrescentado $1 ao total que ela pode ganhar por três semanas de obediência ao novo toque de recolher. Se o pai der sermão, outro $1 será acrescentado.*

Apêndice B
Como encontrar um terapeuta

Um profissional treinado em terapia comportamental de família, treinamento comportamental de pais ou terapia cognitivo-comportamental (TCC) será capaz de ajudá-lo a trabalhar com o seu adolescente desafiador usando as técnicas descritas neste livro.

Existem várias maneiras de localizar tal terapeuta. Primeiro, contate o departamento de psicologia de uma universidade importante, escola médica ou de um hospital-escola em sua cidade ou região. Pergunte se existe algum membro do corpo docente nesses locais que esteja familiarizado com a abordagem de *adolescentes desafiadores* para intervenção familiar; com frequência, em tais ambientes, os professores são treinados nas mais recentes abordagens baseadas em evidências para intervenção familiar e também podem ter consultório particular. Se eles não praticarem essa abordagem, é provável que conheçam profissionais da saúde mental em sua comunidade que a utilizem.

Segundo, acesse os *sites* de uma das principais organizações nacionais de terapeutas cognitivo-comportamentais, como a Associação Brasileira do Déficit de Atenção (*www.tdah.org.br*). Acesse também *sites* de organizações de apoio para pais de crianças com TDAH e condições relacionadas e consulte suas listagens de profissionais.

Terceiro, entre em contato com as associações psiquiátricas e psicológicas do seu Estado ou acesse o *site* da Associação Brasileira de Psiquiatria (*www.abp.org.br*) e o da Associação Brasileira de Neurologia, Psiquiatria Infantil e Profissões Afins (*www.abenepi.com.br*).

Depois que você localizou um ou mais profissionais da saúde mental, telefone ou lhes mande um *e-mail* para verificar se trabalham com famílias com adolescentes desafiadores usando a abordagem descrita neste livro. Apresentamos aqui a sugestão de um *e-mail* ou contato telefônico:

Caro Dr. [nome do terapeuta],

Sou pai de um adolescente com um grande problema de comportamento desafiador e estou procurando um terapeuta para trabalhar com meu cônjuge, meu adolescente e eu. Li recentemente o livro Seu adolescente desafiador, *dos Drs. Russell Barkley, Arthur Robin e Christine Benton, e desejo encontrar um profissional que use essa abordagem. Localizei seu nome no [site ou organização]. Se estiver disponível, gostaria de marcar uma consulta inicial para discutir minha situação. O número de meu telefone é [insira o número].*

Obrigado,
[seu nome]

Não espere que a maioria dos terapeutas discuta assuntos em detalhes ao telefone. Em vez disso, é recomendável ir a uma consulta inicial para ver se o profissional é compatível com suas necessidades. Encare essa consulta como um "ensaio" para determinar se ele usa a abordagem de que você precisa e se você tem um "clique" interpessoal com ele. Não leve seu adolescente junto a essa consulta, mas leve uma lista de perguntas, como:

1. Que experiências você teve no trabalho com pais e adolescentes usando a abordagem de *Seu adolescente desafiador* ou outros métodos cognitivo-comportamentais?
2. Como você aborda o conflito pais-adolescente e o comportamento desafiador em adolescentes?
3. Quantas sessões e quanto tempo costuma durar a terapia?
4. Quais são seus honorários, e você aceita o nosso plano de saúde?

Você quer ter a confiança de que o terapeuta seja adequado para sua família. Vale a pena pagar por várias entrevistas iniciais com diferentes profissionais a fim de encontrar o mais adequado. Depois de uma dessas entrevistas, faça a si mesmo as seguintes perguntas: você se sentiu confortável com esse terapeuta? Como você acha que seu adolescente irá reagir a ele? O terapeuta pareceu ter a experiência e os antecedentes necessários para ajudar sua família?

Se você não conseguir encontrar um profissional treinado na abordagem de *Seu adolescente desafiador*, tente encontrar um com quem se sinta confortável e pergunte se está disposto a aprender a usar esse método. Os terapeutas podem aprender a usar a abordagem participando de *workshops* das principais organizações mencionadas anteriormente neste apêndice.

Recursos

Site

Os seguintes *sites* oferecem uma variedade de informações e recursos, alguns específicos para comportamento desafiador, e algumas fontes de informação mais abrangentes sobre uma ampla gama de problemas comportamentais, emocionais e cognitivos em adolescentes.

No Brasil

Associação Brasileira de Déficit de Atenção (ABDA)
www.tdah.org.br
 Informações sobre o transtorno, depoimentos, questões frequentes, indicação de profissionais, dicas de leitura e muito mais.

Associação Brasileira de Psiquiatria (ABP)
www.abp.org.br
 Para localizar profissionais próximos a você.

Associação Brasileira de Neurologia, Psiquiatria Infantil e Profissões Afins (Abenepi) (ABP)
www.abenepi.com.br
 Para localizar profissionais próximos a você.

Organizações norte-americanas (*sites* em inglês)

Academia Americana de Psiquiatria da Criança e do Adolescente (AACAP)
www.aacap.org
 Uma riqueza de informações, recursos e referências sobre problemas psiquiátricos na adolescência. Cheque a página da *web* de Fatos para Famílias sobre TOD (transtorno de oposição desafiante); consulte também a seção de Livros a seguir.

Academia Americana de Pediatria (AAP)
www.aap.org
Muito material educacional disponível sobre uma variedade de transtornos na infância e na adolescência.

Associação do Transtorno de Déficit de Atenção (ADDA)
www.add.org
Indicações de profissionais e grupos de apoio, uma *newsletter* eletrônica e muitos artigos sobre assuntos específicos relacionados ao TDAH e outros recursos.

Crianças e Adultos com Transtorno de Déficit de Atenção/Hiperatividade (CHADD)
www.chadd.org
Indicações de médicos e grupos de apoio locais, além de amplas informações sobre TDAH em todas as faixas etárias.

ConductDisorders.com
www.conductdisorders.com
Um fórum/quadro de mensagens para pais que também oferece recursos e *links* úteis sobre TOD, TDAH, transtorno da conduta e outros problemas relacionados ao comportamento desafiador.

emedicine (WebMD)
www.emedicine.medscape.com/article/918095-overview para informações sobre TOD.

Serviços com Foco no Adolescente
www.focusas.org
Uma riqueza de recursos, *links* e indicações de organizações, livros, programas residenciais para adolescentes e mais. Muita informação sobre estilo e métodos parentais, problemas de comportamento adolescente e outras questões sobre jovens e desenvolvimento adolescente.

Recursos Educacionais Especiais na Internet (ISER)
www.iser.com
Recursos para pais de filhos com dificuldades de aprendizagem, autismo e avaliação de TDAH e educação.

Saúde Mental na América (anteriormente Associação Nacional de Saúde Mental)
www.mentalhealthamerica.net
Indicações de profissionais que tratam transtornos específicos e grupos de apoio locais. Oferece uma riqueza de informações e recursos sobre temas psicológicos e psiquiátricos em várias faixas etárias.

Aliança Nacional sobre Saúde Mental (NAMI)
www.nami.org
   Grupos de apoio e de defesa. Em particular, verifique o Centro de Ação da Criança e do Adolescente.

Instituto Nacional de Saúde Mental (NIMH)
www.nimh.nih.gov
   Parte do Serviço de Saúde Pública Americana, envolvido em pesquisa de transtornos emocionais, cognitivos e comportamentais juvenis.

Sociedade para Medicina Adolescente (SAHM)
www.adolescenthealth.org
   Serviço de indicações de profissionais da saúde adolescente por disciplina (incluindo psicólogos) tanto nos Estados Unidos quanto no exterior.

Estudantes Contra Decisões Destrutivas (SADD)
www.sadd.org
   Fundada para lutar contra embriaguez ao volante na adolescência, essa organização de base se expandiu para incluir em sua missão drogas, violência, depressão e suicídio. Suporte e informações úteis para adolescentes e pais em dificuldades, incluindo um artigo mensal, *Adolescentes hoje*, relatando pesquisas em desenvolvimento adolescente e questões relacionadas e *links* para outros artigos.

Departamento Americano de Educação
www.ed.gov
   Em "pais", você irá encontrar informações detalhadas sobre os direitos de seu adolescente caso ele tenha uma deficiência, bem como o processo do programa de educação individualizada (IEP).

Organizações em outros países

Centro Australiano de Informações para Estudos Relativos à Juventude (ACYS)
www.acys.info
   Um centro de informações custeado pelo governo australiano que oferece *links* para uma variedade de recursos sobre temas adolescentes.

Associação Canadense de Saúde Mental (CMHA)
www.cmha.ca
   Uma organização nacional beneficente que promove educação e oferece recursos sobre temas de saúde mental.

Associação Psiquiátrica Canadense
www.cpa-apc.org
Boa fonte de informações sobre temas psiquiátricos da Academia Canadense de Psiquiatria da Criança e do Adolescente.

Associação Psicológica Canadense
www.cpa.ca
Principalmente para profissionais, mas inclui informações sobre muitos problemas psicológicos e psiquiátricos.

Headspace
www.headspace.org.au
Nova fundação nacional de saúde mental para a juventude da Austrália, a qual promove tratamento precoce e efetivo para jovens afetados por doença mental. Possui *links* para fontes de ajuda, incluindo linhas diretas.

MIND
www.mind.org.uk
Uma importante entidade beneficente em saúde mental na Inglaterra, cuja missão é principalmente defesa e educação; oferece *links* para artigos sobre saúde mental dos jovens no Reino Unido.

Richmond Services Ltd.
www.richmondnz.org
Encaminha para serviços de saúde mental na Nova Zelândia e Austrália (e também em parte para Inglaterra e Escócia).

Colégio Real de Psiquiatras
www.rcpsych.ac.uk
Com sede em Londres e filiais na Irlanda, na Irlanda do Norte, na Escócia e no País de Gales, essa organização possui informações sobre uma ampla gama de temas psicológicos, problemas e faixas etárias.

SANE
www.sane.org
Uma organização beneficente com sede em Melbourne (Austrália) dedicada a defesa, pesquisa e educação para e sobre saúde mental.

SANE
www.sane.org.uk
Uma organização beneficente com sede em Londres com os objetivos de aumentar a consciência e o respeito por aqueles indivíduos com problemas de saúde mental, realizar pesquisas sobre as causas desses pro-

blemas e oferecer apoio a indivíduos e famílias que enfrentam essas dificuldades.

Young Minds
www.youngminds.org.uk
   Organização beneficente dedicada à melhoria da saúde mental de crianças e adolescentes. Além de um Serviço de Informações aos Pais, fornece leituras e recursos, informações para jovens e *links* para amplas informações sobre problemas comportamentais (entre outras questões da saúde mental).

Livros

Em português

Barkley, R. A. (2002). *Transtorno de déficit de atenção/hiperatividade: TDAH – guia completo para pais, professores e profissionais da saúde*. Porto Alegre: Artmed.

Barkley, R. A., & Murphy, K. R. (2008). *Transtorno de déficit de atenção/hiperatividade* (2.ed.). Porto Alegre: Artmed.

Barkley, R. A., & Murphy, K. R. (2008). *Transtorno de déficit de atenção/hiperatividade: Exercícios clínicos* (3.ed.). Porto Alegre: Artmed.

Brown, T. E. (2007). *Transtorno de déficit de atenção: A mente desfocada em crianças e adultos*. Porto Alegre: Artmed.

Louzã Neto, M. R., et al. (2010). *TDAH ao longo da vida*. Porto Alegre: Artmed.

Mattos, P. (2015). *No mundo da Lua: perguntas e respostas sobre transtorno de déficit de atenção com hiperatividade*. Rio de Janeiro: ABDA.

Em inglês

American Academy of Child and Adolescent Psychiatry & Pruitt, D.(2000). *Your adolescent: Emotional, behavioral, and cognitive development from early adolescence through the teen years*. New York: Harper-Collins.

Andrews, L. A. (2004). *Meditation*. London: Franklin Watts. – Este volume fino, parte integrante da série Scholastic Books LifeBalance, oferece uma boa introdução à meditação e a outras formas de relaxamento para adolescentes.

Bradley, M. J. (2002). *Yes, your teen is crazy: Loving your kid without losing your mind*. Gig Harbor, WA: Harbor Press.

Cohen, C. (2000). *Raise your child's social IQ*. Silver Spring, MD: Advantage Press. – Este é um livro excelente para pais sobre o ensino de habilidades sociais.

Covey, S. (1998). *The 7 habits of highly effective teens*. New York: Fireside. – Este livro é escrito pelo filho de Steven Covey, autor de *The 7 Habits of Highly Effective People*. Inclui uma seção denominada "The 7 Habits of Highly Defective Teens" que de forma bem-humorada alerta os adolescentes contra práticas contraproducentes, como a não cooperação.

Cox, A. J. (2006). *Boys of few words: Raising our sons to communicate and connect.* New York: Guilford Press.
Dendy, C. A. (2006). *Teenagers with ADD and ADHD: A guide for parents and professionals* (2nd ed.). Bethesda, MD: Woodbine House. – Este é o melhor guia para pais sobre a educação de um adolescente com TDAH.
Edwards, C. D. (1999). *How to handle a hard-to-handle kid: A parent's guide to understanding and changing problem behaviors.* Minneapolis, MN: Free Spirit.
Faraone, S. (2003). *Straight talk about your child's mental health: What to do when something seems wrong.* New York: Guilford Press.
Forgatch, M., & Patterson, G. (2005). *Parents and adolescents living together: Part 2. Family problem solving* (2nd ed.). Champaign, IL: Research Press.
Glasser, H., & Easley, J. (1999). *Transforming the difficult child: The nurtured heart approach.* Tucson, AZ: Nurtured Heart. – Este é um livro excepcional para pais de filhos com TOD. Também disponível em DVD, VHS e CD. Veja também o *site* de Glasser: *www.difficultchild.com*.
Goldstein, S., Brooks, R., & Weiss, S. (2004). *Angry children, worried parents: Seven steps to help families manage anger.* Chicago: Specialty Press/A.D.D. Warehouse.
Greene, R. (2005). *The explosive child* (3rd ed.). New York: HarperCollins. – Veja também o *website* de Greene: *www.explosivechild.com*.
Kindlon, D., & Thompson, M. (1999). *Raising Cain: Protecting the emotional life of boys.* New York: Ballantine.
Last, C. G. (2006). *Help for worried kids: How your child can conquer anxiety and fear.* New York: Guilford Press. – Last descreve uma variedade de métodos de relaxamento para jovens.
Miklowitz, D. J., & George, E. L. (2008). *The bipolar teen: What you can do to help your child and your family.* New York: Guilford Press.
Murphy, T., & Oberlin, L. H. (2002). *The angry child: Regaining control when your child is out of control.* New York: Three Rivers Press.
Papalos, D., & Papalos, J. (2006). *The bipolar child: The definitive and reassuring guide to childhood's most misunderstood disorder* (3rd ed.). New York: Broadway Books.
Parrott, L., III. (2000). *Helping your struggling teenager: A parenting handbook on thirty-six common problems.* Grand Rapids, MI: Zondervan. – Este livro inclui treinamento de relaxamento para adolescentes.
Patterson, G. R., & Forgatch, M. (2005). *Parents and adolescent living together: Part 1. The basics* (2nd ed.). Champaign, IL: Research Press.
Phelan, T. W. (1996). *Self-esteem revolutions in children: Understanding and managing the critical transitions in your child's life.* Glen Ellyn, IL: ParentMagic.
Phelan, T. W. (1998). *Surviving your adolescents: How to manage and let go of your 13–18 year olds* (2nd ed.). Glen Ellyn, IL: ParentMagic. – Também está disponível em vídeo e DVD. Veja também o *site* de Phelan: *www.parentmagic.com*.
Pipher, M. (1994). *Reviving Ophelia: Saving the selves of adolescent girls.* New York: Ballantine.

Vídeos

Robin, A. L., & Weiss, S. (1997). *Managing oppositional youth.* Plantation, FL: Specialty Press. Veja também a listagem de livros supracitados.

Índice

A

Abertura a experiência, 73-74
Adaptabilidade, temperamento e, 73-74
Adequação, 46-48, 93-95
Adequação pai-adolescente. *Veja* Adequação
Agressão, 28-30, 43-44*n*, 79-81
Ajuda profissional. *Veja também* Ajudando seu adolescente
  encontrando um terapeuta, 333-335
  estabelecendo contratos e sistemas de pontos e, 183-185
  excluindo causas clínicas ou traumáticas para o comportamento, 42-43*n*
  quando procurar, 34-36, 38-39
  recursos, 337-342
  transtorno da conduta e, 79-81
  violência e, 32*n*
  visão geral, 124-126
Ajudando seu adolescente, 15-17, 27-29, 37-39. *Veja também* Ajuda profissional
Amabilidade, 73-74
Ambiente familiar, 81. *Veja também* Estrutura familiar
Ambiguidade, 170-172
Amizades. *Veja* Relações com os pares
Ansiedade
  mudança e, 80-81
  nos pais, 92
  sinais de alerta de outro problema, 77-78
Antecedente no modelo ABC, 151-152, 161. *Veja também* Modelo ABC
Antecipar no modelo ABC, 151-152, 161. *Veja também* Modelo ABC
Apanhá-los sendo bons, 68-69, 137-139, 141-142. *Veja também* Elogio: Recompensando o comportamento
Aprovação, 317-323. *Veja também* Elogio

Aspectos positivos, 109-111
Atenção, 73-74
Atenção negativa, 133-137
Autoconfiança, 106
Autoridade, 106-107, 118-120, 149-150

B

Barkley, Russell A., 17-18
Birras, 278-282
Brainstorm em solução de problemas, 248, 261-263. *Veja também* Solução de problemas
Brigas, 79-81, 300-301
Bullying, 79-81, 81
Busca da independência
  fatores desenvolvimentais e, 58-63
  revertendo ou prevenindo o comportamento desafiador adolescente e, 111-112
  visão geral, 121-123

C

Caraterísticas do adolescente. *Veja também* Fatores que contribuem para o comportamento desafiador; Traços de personalidade
  adequação e, 93-95
  crenças irracionais e, 302-307
  desenvolvimento do comportamento desafiador e, 55-59
  fatores desenvolvimentais e, 58-67
  sabendo quando usar quais ferramentas e habilidades, 321-323
  visão geral, 46-47, 73-77, 112-113
Características do(s) pai(s). *Veja também* Fatores que contribuem para o

comportamento desafiador; Estilo
   parental; Traços de personalidade
adequação e, 93-95
como você pode estar contribuindo para o
   comportamento desafiador, 85-89
crenças irracionais e, 293-302
estresse e, 94-97
trabalhando com o outro genitor e,
   211-215, 216-218, 220-221
visão geral, 46-48, 88-95, 99-100, 112-113
Castigo. *Veja também* Consequências; Punição
formulário do inventário de resultados
   da intervenção no comportamento
   desafiador do adolescente, 325-327
função do, 204-207
sabendo quando usar, 318-319
visão geral, 196-198
Chantagem emocional, 195-196
Comandos. *Veja também* Comunicação;
   Interagindo com seu adolescente; Regras
estabelecendo contratos e sistemas de
   pontos, 176-192
formulário do inventário de resultados
   da intervenção no comportamento
   desafiador do adolescente, 325-327
manejo do comportamento e, 149-150,
   152-163
reconhecendo estilos de comunicação
   negativos, 278-282
sabendo quando usar, 318-319
usando o elogio e, 141-144
Comportamento. *Veja também* Manejo do
   comportamento
adolescente normal, 26-27
categorias de comportamento desafiador,
   28-30
criminoso, 79-81
desafiador verbal, 28-30
destrutivo, 79-81
determinando se o desafio é um comportamento ou um traço, 25-29
estilo parental e, 98-99
fatores desenvolvimentais e, 55-59
físico desafiador, 28-30
ignorando, 138-141
ilegal, 79-81
modelo ABC e, 151-152
mudanças em seu adolescente ao alterar
   seu, 150-158
que define a identidade, 60-63
Comportamento na sala de aula, 227-236.
   Veja também Escola, comportamento na;

Passo 6: Abordando o comportamento
   desafiador na escola e os conflitos quanto
   ao dever de casa
Comunicação. *Veja também* Comandos;
   Conflito; Interação com seu adolescente;
   Relacionamento com seu adolescente;
   Passo 8: Aprendendo e praticando
   habilidades de comunicação
coerção e, 43-46
comandos e, 158-159
crenças irracionais e, 318-319
desafio como reações e como ações, 27-29
entre a casa e a escola, 230-233
exemplo de benefícios na conclusão deste
   programa e, 126-130
exemplo de seus efeitos no desenvolvimento
   do comportamento desafiador, 101-106
formulário do inventário de resultados
   da intervenção no comportamento
   desafiador do adolescente, 325-327
incorporando crenças e expectativas mais
   razoáveis à, 312-316
integrando a comunicação positiva à
   solução de problemas e às interações
   diárias, 280-289
plano para resolver crises e, 322-325
princípios gerais da boa comunicação,
   270-278
reconhecendo estilos de comunicação
   negativos, 278-282
revertendo ou prevenindo o
   comportamento desafiador adolescente,
   110-111
sabendo quando usar, 318-319
tempo com seu filho e, 141
treinamento da comunicação para solução
   de problemas, 242-244
visão geral, 17-18, 108-110, 123
Comunicação negativa. *Veja também*
   Comunicação
alternativas à, 280-282
integrando a comunicação positiva à
   solução de problemas e às interações
   diárias, 280-289
reconhecendo, 278-282
visão geral, 267-268
Comunicação positiva, 270-278, 280-289. *Veja
   também* Comunicação
Conflito. *Veja também* Comunicação;
   Interação com seu adolescente
adequação e, 93-95
coerção e, 43-46

como você pode estar contribuindo para o comportamento desafiador, 85-89
contratos e, 223-225
escolhendo suas batalhas, 67-68
estilo parental e, 48-50, 97-100
estrutura familiar e, 105-107
exemplo dos benefícios na conclusão deste programa e, 126-130
independência dos adolescentes e, 58-63
inegociáveis e, 68-71
mães comparadas aos pais e, 65-67
plano para resolver crises, 322-325
revertendo ou prevenindo o comportamento desafiador adolescente e, 109-113
sabendo quando usar quais ferramentas e habilidades, 317-323
sinais de alerta de outro problema, 77-78
técnicas de gerenciamento da raiva e, 214-215
Conflitos acerca do dever de casa. *Veja também* Passo 6: Abordando o comportamento desafiador na escola e os conflitos quanto ao dever de casa
comandos e, 159-161, 162
contratos e, 235-239
solução de problemas e, 249
visão geral, 120-121, 227-228
Consciência, 73-74
Consequências. *Veja também* Consequências negativas; Consequências positivas; Estilo parental; Manejo do comportamento; Passo 4: Fazendo a punição *realmente* se adequar ao delito; Passo 5: Enfrentando questões adicionais com recompensas e penalidades; Punição
aderindo ao acordo, 194-198
comandos e, 159-161
Folha de trabalho para solução de problemas, 247, 254
inegociáveis e, 70-71
manejo do comportamento e, 152-158
modelo ABC e, 151-152
privilégios e, 170-172
revertendo ou prevenindo o comportamento desafiador adolescente, 110-111
sabendo quando usar quais ferramentas e habilidades, 317-323
sistemas de relatório casa-escola e, 232-235
visão geral, 118-120, 150-158
Consequências imediatas, 154-155
Consequências negativas, 110-111, 154-155, 157-158. *Veja também* Consequências; Punição

Consequências positivas. *Veja também* Consequências; Recompensando o comportamento
manejo do comportamento e, 157-158
penalidades e, 201
revertendo ou prevenindo o comportamento desafiador adolescente e, 110-111
visão geral, 119-120
Consistência na parentalidade. *Veja também* Estilo parental
aderindo ao acordo, 194-198
consequências e, 193
manejo do comportamento e, 151-152, 155-156
resolvendo problemas com o manejo das contingências e, 210-211
visão geral, 97-98
Contingências, 166-167. *Veja também* Manejo das contingências
Contratos. *Veja também* Passo 3: Contratos e sistemas de pontos
acrescentando penalidades aos, 198-205
aderindo aos, 192, 194-198
apresentando uma frente unida entre os pais e, 211-215
avaliando a eficácia dos, 194
dever de casa e, 227-228, 235-239
estendendo o manejo das contingências a outros problemas de comportamento, 215-226
exemplo dos benefícios na conclusão deste programa e, 128
formulário do inventário de resultados da intervenção no comportamento desafiador do adolescente, 325-327
resolvendo problemas com o manejo das contingências e, 210-216
revisando, 223-225
sabendo quando usar, 318-319
sistemas de relato casa-escola e, 232-235
visão geral, 120-121, 176-192
Contratos de comportamento. *Veja* Contratos
Controle
como você pode estar contribuindo para o comportamento desafiador, 85-86
estilo parental e, 88-89, 98-100
estrutura familiar e, 105-107
recuperando, 18
visão geral, 17-18

Cooperação, 67-69
Coparentalidade
  apresentando uma frente unida e, 211-215, 220-221
  manejo das contingências e, 216-218
  substituindo crenças irracionais por alternativas racionais, 306-307
Crenças. *Veja também* Passo 9: Lidando com crenças e expectativas irracionais
  características parentais e, 47-48
  de autonomia, 298, 304-305
  de injustiça, 298, 304-305
  de má intenção, 297-298, 300-301
  de obediência cega, 298
  de perfeccionismo, 297-300, 314-316
  de reconhecimento constante, 298, 301, 305-306
  formulário do inventário de resultados da intervenção no comportamento desafiador do adolescente, 325-327
  habilidades de comunicação e solução de problemas e, 312-316
  identificando crenças e expectativas negativas, 293-307
  revertendo ou prevenindo o comportamento desafiador adolescente e, 111-113
  sabendo quando substituir, 318-319
  sabendo quando usar quais ferramentas e habilidades, 320-322
  substituindo crenças irracionais por alternativas racionais, 306-312
  visão geral, 50, 107-109, 132, 291-294
Crenças de amor. *Veja* Crenças de reconhecimento constante
Crenças de direito, 168-171. *Veja também* Crenças de reconhecimento constante; Direitos do adolescente
Crenças de reconhecimento. *Veja* Crenças de reconhecimento constante
Crenças de ruína. *Veja também* Crenças
  formulário de crenças e expectativas irracionais mantidas pelos adolescentes, 304-305
  formulário de crenças e expectativas irracionais mantidas pelos pais, 300-301
  habilidades de comunicação e solução de problemas e, 314-316
  substituindo crenças irracionais por alternativas racionais, 309-311
  visão geral, 297-298

Crenças distorcidas, 297-298, 306-312, 320-322. *Veja também* Crenças; Distorções cognitivas
Crenças irracionais. *Veja* Crenças; Crenças distorcidas
Crises, 322-325
Crítica, 136-137, 278-282
Culpa, 274-275
Custo da resposta. *Veja* Penalidades

D

Defensiva, 278-282
Deficiências físicas, 46-47
Deficiências psicológicas. *Veja* Transtornos psiquiátricos
Definição do problema na solução de problemas, 245-249. *Veja também* Solução de problemas
Depressão
  mudança e, 80-81
  nos pais, 91-92
  sinais de alerta de outro problema, 77-78
  visão geral, 46-47
Desatenção, 78-80
Desempenho acadêmico. *Veja* Passo 6: Abordando o comportamento desafiador na escola e os conflitos quanto ao dever de casa
Desgaste emocional, 33-34
Detalhes do trabalho/das tarefas domésticas, 203-204, 207. *Veja também* Tarefas domésticas
Diagnóstico. *Veja* Transtornos psiquiátricos
Direitos do adolescente
  estabelecendo contratos e sistemas de pontos e, 182-183
  manejo das contingências e, 167-177
Disciplina, 81. *Veja também* Consequências; Punição
Discutindo, 43-46. *Veja também* Comunicação; Conflito; Interação com seu adolescente
Distorções cognitivas. *Veja também* Crenças; Crenças distorcidas
  características parentais e, 47-48
  sabendo quando usar quais ferramentas e habilidades, 320-322
  visão geral, 50
Distração, 73-74, 159
Divórcio, 211-215, 220-221
Doença, 81, 96-97
Doença crônica, 81, 96-97

Doença mental. *Veja* Transtornos psiquiátricos

E

Elogio. *Veja também* tempo positivo somente com seu filho
aprendendo e praticando o modelo de solução de problemas e, 244-248
comandos e, 162-163
formulário do inventário de resultados da intervenção no comportamento desafiador do adolescente, 325-327
manejo do comportamento e, 153-155, 157
sabendo quando usar, 317-323
tempo positivo somente com seu filho, 141-147
visão geral, 133-134, 136-137
Emoções extremas, 303-304
Escola, comportamento na, 120-121, 227-236. *Veja também* Comportamento na sala de aula; Passo 6: Abordando o comportamento desafiador na escola e os conflitos quanto ao dever de casa
Escolha, 67-69, 162-163
Escolha da solução na solução de problemas, 259. *Veja também* Solução de problemas
Escuta, 141, 270-278. *Veja também* Comunicação
 ativa, 273
 reflexiva, 141, 273
Espiral da punição, 203
Esquecimento, 189-192
Esquiva, 77-78
Estágio de manutenção da mudança, 38-39. *Veja também* Mudança
Estágio de mudança da ação, 38-39. *Veja também* Mudança
Estágio de preparação da mudança, 38-39. *Veja também* Mudança
Estágios de mudança, 38-39. *Veja também* Mudança
Estilo de manejo, 134-136, 213-215
Estilo parental. *Veja também* Fatores que contribuem para o comportamento desafiador; Características do(s) pai(s); Respondendo ao comportamento
 autoritário, 98-100, 149-150
 autoritativo, 98-100, 149-150, 204-205
 comunicação e, 272-273
 crenças e expectativas, 107-109
 estilo e manejo, 134-136

exemplo de seus efeitos no desenvolvimento do comportamento desafiador, 101-106
habilidades de comunicação e solução de problemas e, 108-110
hierarquia familiar e, 105-107
indulgente, 98-100
negligente, 98-100
poder e, 149-150
visão geral, 48-50, 96-100, 112-113
Estresse. *Veja também* Fatores que contribuem para o comportamento desafiador
 financeiro, 94-96
 nos pais, 94-97, 97-99
 papel no comportamento desafiador de seu adolescente, 80-81
 tempo positivo com seu filho e, 135-136
Estrutura, 111-112, 121-122
Estrutura familiar
 crenças e expectativas, 107-109
 desenvolvimento do comportamento desafiador e, 51-54
 exemplo de seus efeitos no desenvolvimento do comportamento desafiador, 101-106
 habilidades de comunicação e solução de problemas e, 108-110
 revertendo ou prevenindo o comportamento desafiador adolescente e, 112-113
 sabendo quando usar quais ferramentas e habilidades, 320-322
 visão geral, 50-51, 105-107, 113
Expectativas. *Veja também* Passo 9: Lidando com crenças e expectativas irracionais
 formulário do inventário de resultados da intervenção no comportamento desafiador do adolescente, 325-327
 habilidades de comunicação e solução de problemas e, 271-273, 312-316
 identificando crenças e expectativas negativas, 293-307
 revertendo ou prevenindo o comportamento desafiador adolescente, 111-113
 sabendo quando substituir, 318-319
 substituindo crenças irracionais por alternativas racionais, 306-312
 visão geral, 67-69, 107-109, 123, 291-294
Experiências na vida, 73-74
Extroversão, 73-74

F

Faltando à escola, 79-81
Fatores
 escolares, 81
 genéticos, 89-92
 neurobiológicos, 46-47
Fatores desenvolvimentais. *Veja também* Características do adolescente
 adequação e, 93
 características parentais e, 88-89
 comparando adolescentes com crianças, 66-69
 crenças e expectativas e, 296-297
 desenvolvimento do comportamento desafiador, 41-44, 55-59
 estrutura e padrões familiares e, 101-106
 visão geral, 46-47, 55-59, 58-67
Fatores que contribuem para o comportamento desafiador, 45-50. *Veja também* Características do adolescente; Características do(s) pais; Estilo parental; Estresse
Felicidade, 77-78
Folhas de trabalho/formulários
 folha de trabalho para solução de problemas, 245-248, 254, 329-333
 folha de trabalho para tomada de decisões, 28-31, 34-35
 formulário de avaliação do desgaste emocional, 33-34
 formulário de avaliação dos prejuízos, 30-31, 33
 formulário de crenças e expectativas irracionais mantidas pelos adolescentes, 303-307
 formulário de crenças e expectativas irracionais mantidas pelos pais, 299-301
 formulário de direitos, presentes e privilégios, 174-177
 formulário de exercícios para solução de problemas, 259-261
 formulário de pedidos rotineiros, 177-180
 formulário de privilégios diários, 180-182
 formulário do inventário de problemas para pais e adolescentes, 255-257, 391-321
 formulário do inventário de resultados da intervenção no comportamento desafiador do adolescente, 325-327
 formulário do relatório semanal casa-escola, 229-232
 formulário dos hábitos de comunicação negativos, 278-281
 formulário dos privilégios diários, 180-182
 formulário para contrato, 188-189, 191
 formulário para o relatório semanal casa-escola, 229-232
 formulário para pedidos rotineiros, 177-180
 questionário de comportamento de conflito para pais, 30-32, 37-39
Fraqueza, 61-63
Frustração, 274-275
Fugir de casa, 79-81
Função educativa, 136-137
Futuro, pensamentos referentes ao, 62-64

G

Ganhos, 170-177
Gerenciamento da raiva, 214-215
Gritar, 278-282

H

Habilidades de comunicação, 50
Hanf, Constance, 17-18
Hierarquia familiar em ordem, 98-100, 105-107. *Veja também* Estilo parental
Hierarquia familiar *invertida*, 98-100, 105-107. *Veja também* Estilo parental
Hiperatividade, 78-80
Humor, 73-74

I

Implementação da solução na solução de problemas, 249-252. *Veja também* Solução de problemas
Impotência aprendida, 44-46
Impulsividade, 78-80
Incapacidade, 268-270
Incentivos. *Veja também* Manejo do comportamento
 acrescentando penalidades a, 198-205
 avaliando a eficácia dos, 194
 comandos e, 159-161
 usando o elogio e, 141-147
Inconsistência na parentalidade, 97-98. *Veja também* Estilo parental
Insistência, 272-273, 278-282
Intensidade, 73-74
Interações familiares. *Veja* Interagindo com seu adolescente
Interações proativas, 117-119, 133-135, 152-153. *Veja também* Interagindo com seu adolescente

Interações reativas, 117-119, 152-153, 153-155.
  Veja também Interagindo com seu adolescente
Interagindo com seu adolescente. *Veja também* Comandos; Comunicação; Conflito; Relação com seu adolescente; Tempo com seu filho
  aspectos positivos primeiro, 193
  comportamento desafiador como reações e como ações, 27-29
  crenças e expectativas e, 291-293
  desenvolvimento do comportamento desafiador e, 55-59
  exemplo dos benefícios na conclusão deste programa e, 126-130
  inegociáveis e, 68-71
  integrando a comunicação positiva à solução de problemas e às interações diárias, 280-289
  mães comparadas aos pais e, 65-67
  manejo do comportamento e, 149-150, 157
  mudando, 117-120
  negociações e, 68-71
  programando um tempo com seu filho, 136-141
Interrupções, 278-282
Intervalos
  castigo e, 204-205
  comunicação e, 268-269
  penalidades e, 203
  plano para resolver crises e, 323-324
Irmãos, 300-301
Irritabilidade, 77-78
Irritabilidade na parentalidade, 97-99. *Veja também* Estilo parental

J

Julgamento, 136-137
Justiça, 182-183

L

Lembretes, 189-192, 247, 254
Liberdade, 307-310

M

Mães, conflito e, 65-67. *Veja também* Estilo parental
Manejo das contingências. *Veja também* Contratos; Sistemas de pontos
  apresentando uma frente unida entre os pais e, 211-215

  avaliando a eficácia do, 194
  estabelecendo contratos e sistemas de pontos, 176-192
  estendendo a outros problemas de comportamento, 215-226
  formulário de direitos, presentes e privilégios, 174-177
  penalidades e, 201
  plano para resolver crises e, 322-325
  resolvendo problemas com no passo 16-17, 210-216
  sabendo quando usar quais ferramentas e habilidades, 317-323
  trabalhando com o outro genitor e, 211-215, 220-221
  visão geral, 166-177
Manejo do comportamento. *Veja também* Comportamento; Passo 2: Uma nova maneira de manejar o comportamento
  adolescentes e, 50-51
  avaliando a eficácia do, 194
  comandos e, 157-163
  conversando com seu adolescente sobre este programa, 123-125
  crenças e expectativas e, 295-297
  exemplo dos benefícios no, 126-130
  mudando o comportamento de seu adolescente ao alterar o seu, 150-158
  o que esperar em cada passo deste programa, 125-127
  sistemas de relatório casa-escola e, 232-233
  tempo envolvido na conclusão deste programa e, 123-124
  visão geral, 49-50, 119-123, 149-151
Mania, 77-78
Medicação, 46-47
Medo, 46-47
Mentalidade do cartão de crédito, 188
Mentir, 204-205
Modelo ABC, 151-152. *Veja também* Manejo do comportamento
Monitorando adolescentes
  comandos e, 159-161
  dever de casa e, 236
  Folha de trabalho para solução de problemas, 247, 254
  integrando a comunicação positiva à solução de problemas e às interações diárias, 283-284
  solução de problemas e, 249-251

trabalhando com o outro genitor e, 213-215
Motivação, 168-169
Mudança
　conversando com seu adolescente sobre este programa, 123-125
　exemplo dos benefícios na, 126-130
　fatores desenvolvimentais e, 55-59
　preparando-se para, 37-39
　tempo envolvido na conclusão deste programa e, 123-124

N

Não cumprimento. *Veja também* Visão geral do comportamento desafiador; Resistência
　aderindo ao acordo, 194-198
　coerção e, 43-46
　consequências e, 193
　determinando se o desafio é um comportamento ou um traço, 25-29
　ignorando, 138-141
　independência dos adolescentes e, 58-63
　passivo, 28-30, 159-161
　visão geral, 23-25
Negociações
　aprendendo e praticando o modelo de solução de problemas e, 244-256
　exemplo dos benefícios na conclusão deste programa e, 128
　integrando a comunicação positiva à solução de problemas e às interações diárias, 280-289
　revertendo ou prevenindo o comportamento desafiador adolescente e, 111-112
　solução de problemas e, 241-242
　substituindo crenças irracionais por alternativas racionais, 306-316
　visão geral, 17-18, 67-71
Neuroticismo, 73-74
Neutralizando o comportamento desafiador. *Veja* Prevenindo o comportamento desafiador adolescente; Revertendo o comportamento desafiador adolescente
Nível de atividade, 73-74
Notas, 81, 234-236. *Veja também* Passo 6: Abordando o comportamento desafiador na escola e os conflitos quanto ao dever de casa

O

Objetivos, 125-127, 129-131

Obsessões, 77-78
Tempo com seu filho. *Veja* Tempo positivo com seu filho
Opções, 67-69
Opções de avaliação na solução de problemas, 249-250, 259. *Veja também* Solução de problemas
Ordens, 278-282. *Veja também* Comandos
Orgulho, 61-63
Os 7 hábitos das pessoas altamente eficazes (Covey), 270-272
Oscilações do humor, 92, 97-99

P

Padrão de comportamento coercivo, 43-46, 152-155
Pais, 65-67
Palavrões, 278-282, 284
Parafraseando, 273. *Veja também* Escuta
Passo 1: Tempo positivo somente com seu filho
　objetivos para, 133-134
　programando um tempo somente com seu filho, 136-141
　substituindo a atenção negativa pela positiva, 133-137
　usando elogio e, 141-147
　visão geral, 133-134
Passo 2: Uma nova maneira de manejar o comportamento. *Veja também* Manejo do comportamento
　comandos e, 157-163
　mudando o comportamento de seu adolescente ao alterar o seu, 150-158
　objetivos para, 149-151
　visão geral, 149-151
Passo 3: Contratos e sistemas de pontos. *Veja também* Contratos; Sistemas de pontos
　aderindo ao, 192
　estabelecendo contratos e sistemas de pontos, 176-192
　manejo das contingências, 166-177
　objetivos para, 165-166
　visão geral, 165-167, 192
Passo 4: Fazendo a punição *realmente* se adequar ao delito. *Veja também* Consequências; Punição
　acrescentando penalidades a recompensas, 198-205
　aderindo ao acordo, 194-198
　função do castigo, 204-207
　objetivos para, 195-196
　visão geral, 193-194

Passo 5: Enfrentando questões adicionais com recompensas e penalidades. *Veja também* Consequências; Penalidades; Punição; Recompensando o comportamento
 estendendo o manejo das contingências para outros problemas de comportamento, 215-226
 objetivos para, 210
 resolvendo problemas com o manejo das contingências, 210-216
 visão geral, 209-210
Passo 6: Abordando o comportamento desafiador na escola e os conflitos quanto ao dever de casa. *Veja também* Conflitos quanto ao dever de casa; Escola, comportamento na
 contratos sobre o dever de casa, 235-239
 objetivos para, 227-228
 sistemas de relatório casa-escola, 228-236
 visão geral, 227-228
Passo 7: Usando habilidades para solução de problemas. *Veja também* Solução de problemas
 aprendendo e praticando o modelo da solução de problemas, 244-256
 avaliando questões que causam conflito e, 255-259
 escolhendo um ou dois problemas de baixa prioridade com os quais trabalhar, 259-265
 objetivos para, 243-244
 treinamento da comunicação na solução de problemas, 242-244
 visão geral, 241-252
Passo 8: Aprendendo e praticando habilidades de comunicação. *Veja também* Comunicação
 integrando a comunicação positiva à solução de problemas e às interações diárias, 280-289
 objetivos para, 269-270
 princípios gerais da boa comunicação, 270-278
 reconhecendo estilos de comunicação negativa, 278-282
 visão geral, 267-272
Passo 9: Lidando com crenças e expectativas irracionais. *Veja também* Crenças; Expectativas
 habilidades de comunicação e solução de problemas e, 312-316
 identificando crenças e expectativas negativas, 293-307
 objetivos para, 292-293
 substituindo crenças irracionais por alternativas racionais, 306-312
 visão geral, 291-294
Passo 10: Mantendo a união
 objetivos para, 317-318
 plano para resolver crises e, 322-325
 revisando seus esforços e decidindo o que fazer a seguir, 324-328
 sabendo quando usar quais ferramentas e habilidades, 317-323
 visão geral, 317-318
Paternizando nossos adolescentes, 85-87, 101-106
Patologia. *Veja* Transtornos psiquiátricos
Penalidades. *Veja também* Consequências; Passo 4: Fazendo a punição *realmente* se adequar ao delito; Passo 5: Enfrentando questões adicionais com recompensas e penalidades
 acrescentando às recompensas, 198-205
 castigo, 204-207
 formulário do inventário de resultados da intervenção no comportamento desafiador do adolescente, 325-327
 sabendo quando usar, 318-319
 visão geral, 120-121, 196-198
Pensamentos, 294-295. *Veja também* Crenças; Expectativas
Perdão, 119-120, 268-270
Perguntar em vez de dizer, 162-163. *Veja também* Comandos
Persistência, 73-74
Personalizando o comportamento, 294-296. *Veja também* Crenças; Expectativas
Perspectiva de tempo, 62-64
Plano da seção 405, 238
Poder
 estilo parental e, 98-100
 estrutura familiar e, 105-107
 mães comparadas aos pais e, 65-67
 manejo do comportamento e, 149-150
Preocupações, 77-78, 85-86
Preparação motivacional, 167-168
Presentes, 168-177
Prestando atenção. *Veja* Tempo positivo só com seu filho
Prevenindo o comportamento desafiador adolescente, 109-113
Previsibilidade, 165-167
Princípio de Premark, 180-181

Privilégios. *Veja também* Remoção
de privilégios; Sistemas de pontos
acrescentando penalidades a, 198-205
apresentando uma frente unida entre os
pais e, 211-215
avaliando a eficácia dos, 194
castigo e, 204-207
comparados a presentes, 168-171
estabelecendo contratos e sistemas de
pontos, 176-192
estendendo o manejo das contingências a
outros problemas de comportamento,
215-226
formulário de direitos, presentes e
privilégios, 174-177
manejo das contingências e, 168-177
resolvendo problemas com o manejo das
contingências e, 210-216
sabendo quando usar quais ferramentas e
habilidades, 317-323
sistemas de relatório casa-escola e,
232-235
visão geral, 120-121, 165-167, 186-187
Problemas
conjugais, 94-96
de saúde, 81, 96-97
sociais, 77-78, 94-96
Problemas médicos. *Veja* problemas de saúde
Professores, 228-236. *Veja também* Escola,
comportamento na; Passo 6: Abordando
o comportamento desafiador na escola e
os conflitos quanto ao dever de casa
Programa educacional individualizado (IEP),
227-228, 238
Propósitos do comportamento desafiador,
42-43. *Veja também* Fatores
desenvolvimentais
Punição. *Veja também* Consequências;
Consequências negativas; Estilo
parental; Manejo do comportamento;
Passo 4: Fazendo a punição *realmente* se
adequar ao delito; Passo 5: Enfrentando
questões adicionais com
recompensas e penalidades
aderindo ao acordo, 194-198
apresentando uma frente unida entre os
pais e, 211-215
comandos e, 159-161
crenças e expectativas e, 296-297
estendendo o manejo das contingências a
outros problemas de comportamento,
215-226

recompensando o comportamento antes
da, 119-120
resolvendo problemas com o manejo das
contingências e, 210-216
revertendo ou prevenindo o
comportamento desafiador adolescente
e, 110-111
sistemas de relatório casa-escola e, 232-235
tempo personalizado positivo e, 137-138
visão geral, 97-100, 120-121

Q

Qualidade do ajustamento. *Veja* Adequação
Questionário de comportamentos de conflito
para pais, 30-32, 37-39
Questões ambientais, 88-89. *Veja também*
Estresse
Questões inegociáveis. *Veja também*
Negociações
busca da independência e, 122
exemplo dos benefícios na conclusão deste
programa e, 128
manejo das contingências e, 168-177
revertendo ou prevenindo o
comportamento desafiador adolescente
e, 111-112
tempo com seu filho e, 139-140
visão geral, 68-71

R

Raiva, 274-275, 322-325
Razões pelas quais os adolescentes se tornam
desafiadores, 15-16
Reações, 27-29
Rebelião, 25-29
Recompensando o comportamento.
Veja também Consequências positivas;
Manejo do comportamento; Passo 5:
Enfrentando questões adicionais com
recompensas e penalidades
acrescentando penalidades,
198-205
apanhá-los sendo bons, 68-69
apresentando uma frente unida entre os
pais e, 211-215
avaliando a eficácia, 194
comandos e, 161-162
comunicação positiva e, 277-278
desenvolvimento do comportamento
desafiador e, 42-43

desenvolvimento familiar e, 52-54
estendendo o manejo das contingências a outros problemas de comportamento, 215-226
estilo parental e, 98-99
manejo das contingências e, 171-172
manejo do comportamento e, 156-157
resolvendo problemas com o manejo das contingências e, 210-216
revertendo ou prevenindo o comportamento desafiador adolescente e, 110-111
sistemas de relatório casa-escola e, 232-235
tempo positivo somente com seu filho e, 137-138
visão geral, 119-121, 150-158
Reconhecimento, 317-323. *Veja também* Elogio
Recursos, 337-342
Recusas, 278-282
Reestruturação cognitiva, 292-294. *Veja também* Passo 9: Lidando com crenças e expectativas irracionais
Reforço na parentalidade, 98-99, 110-111, 232-235. *Veja também* Estilo parental; Recompensando o comportamento
Reforço positivo, 157. *Veja também* Reforço na parentalidade
Regras. *Veja também* Comandos
  busca da independência e, 122-123
  como você pode estar contribuindo para o comportamento desafiador, 87-88
  comportamento desafiador como reações e como ações, 27-29
  estabelecendo contratos e sistemas de pontos, 176-192
  exemplo dos benefícios na conclusão deste programa e, 128
  independência dos adolescentes e, 59-60
  manejo das contingências e, 168-177
  negociações e, 68-71
  penalidades e, 198-205
  revertendo ou prevenindo o comportamento desafiador adolescente e, 110-112
  tempo positivo somente com seu filho e, 138-141
  visão geral, 17-18
Regulação das emoções, 46-47
Regularidade, 73-74
Rejeição, 81
Relacionamento com seu adolescente, 27-29, 106. *Veja também* Comunicação; Interagindo com seu adolescente

Relações com os pares, 61-63, 66-67, 81
Remoção de privilégios, 196-198, 204-207. *Veja também* Consequências; Privilégios; Punição
Resistência. *Veja também* Visão geral do comportamento desafiador; Não cumprimento
  estabelecendo contratos e sistemas de pontos, 183-185, 187-189
  física, 24-25, 43-44n, 196
  penalidades e, 200-203
  solução de problemas e, 258
  tempo personalizado positivo e, 139-141
  verbal, 24-25
  visão geral, 24-25
Respeito
  manejo das contingências e, 167-169
  presentes e, 169-171
  sabendo quando usar, 317-323
Respondendo ao comportamento, 48-50. *Veja também* Estilo parental
Respostas
  de "interrupção", 323-324
  que acalmem as emoções, 323-324
Resultados, 295-296, 325-327
Reuniões familiares, 264
Revertendo o comportamento desafiador adolescente, 109-113
Ritmo do programa, 18-19
Robin, Arthur L., 17-18
Rotulando o comportamento, 56-57, 202-203
Roubar, 79-81

S

Sarcasmo, 143-147, 278-282
Sensibilidade a entrada sensorial, 73-74
Serenidade na parentalidade, 97-99. *Veja também* Estilo parental
Sermão, 272-273, 278-282. *Veja também* Comunicação
Silêncio, 278-282
Síndrome de Asperger, 77-78
Sistema de registro casa-escola, 227-228, 228-236. *Veja também* Escola, comportamento na; Passo 6: Abordando o comportamento desafiador na escola e os conflitos quanto ao dever de casa
Sistemas de pontos. *Veja também* Passo 3: Contratos e sistemas de pontos
  acrescentando penalidades aos, 198-205
  aderindo aos, 192

apresentando uma frente unida entre os pais e, 211-215
avaliando a eficácia dos, 194
estendendo o manejo das contingências a outros problemas de comportamento, 215-226
formulário do inventário de resultados da intervenção no comportamento desafiador do adolescente, 325-327
resolvendo problemas com o manejo das contingências e, 210-216
sabendo quando usar, 318-319
visão geral, 120-121, 176-192
Solicitações a seus adolescentes. *Veja* Comandos
Solução de problemas. *Veja também* Passo 7: Usando habilidades para a solução de problemas; Treinamento da comunicação na solução de problemas (PSCT)
aprendendo e praticando, 244-256
avaliando a eficácia da implantação da solução, 250-252
avaliando as opções, 249-250, 259
busca da independência e, 121-122
classificando questões que causam conflito e, 255-259
crenças irracionais e, 302
definindo o problema, 245-249, 259-261
desenvolvimento do comportamento desafiador e, 57-59
escolhendo 1 ou 2 problemas de baixa prioridade nos quais trabalhar, 259-265
escolhendo soluções a serem experimentadas, 249-251
exemplo dos benefícios na conclusão deste programa e, 128-130
experimentando soluções, 249-251
fazendo *brainstorm*, 248, 261-263
Folha de trabalho para solução de problemas, 245-248, 254, 329-333
formulário do inventário de resultados da intervenção no comportamento desafiador do adolescente, 325-327
incorporando crenças e expectativas mais racionais à, 312-316
inegociáveis e, 68-71
integrando a comunicação positiva à solução de problemas e às interações diárias, 280-289
negociações e, 68-71

planos para resolver crises e, 322-325
revertendo ou prevenindo o comportamento desafiador adolescente e, 111-112
sabendo quando usar, 318-319
treinamento da comunicação na solução de problemas, 242-244
visão geral, 17-18, 50, 68-69, 108-110, 123, 241-243
Suborno, 156
Supervisão. *Veja também* Monitorando os adolescentes
busca da independência e, 169-122
revertendo ou prevenindo o comportamento desafiador adolescente e, 111-112
tempo positivo somente com seu filho e, 133-137

T

Tarefas domésticas
acrescentando penalidades a recompensas e, 198-205
castigo e, 207
como penalidade, 203-204
estabelecendo contratos e sistemas de pontos, 176-192
exemplo dos benefícios na conclusão deste programa e, 128
formulário de crenças e expectativas irracionais mantidas pelos adolescentes, 304-306
formulário de crenças e expectativas irracionais mantidas pelos pais, 299-300
manejo das contingências e, 216-218
solução de problemas e, 248
tempo com seu filho e, 135-136
Técnica de ignorar, 274, 318-319, 320-322, 325, 327
Técnica de registro no talão, 213-216. *Veja também* Sistemas de pontos
Temperamento. *Veja também* Características do adolescente; Características do(s) pai(s); Traços de personalidade
adequação e, 93-95
difícil, 73-75
fácil, 73-75
lento para aquecer, 73-75
manejo do comportamento e, 156
penalidades e, 203
visão geral, 46-48, 73-77

Tempo positivo somente com seu filho.
   Veja também Interagindo com seu adolescente
   formulário do inventário de resultados da intervenção no comportamento desafiador do adolescente, 325-327
   programando, 136-141
   sabendo quando usar, 317-323
   substituindo atenção negativa por, 133-137
   usando o elogio e, 141-147
   visão geral, 133-134
Tentativas de chamar atenção, ignorando, 274, 318-322, 325, 327
Terapia. *Veja* Ajuda profissional
Terapia cognitivo-comportamental (TCC), 333-335. *Veja também* Ajuda profissional
Tomada de decisão, 62-64, 244-256
Toque de recolher. *Veja também* Regras
   exemplo dos benefícios na conclusão deste programa e, 128
   formulário de crenças e expectativas irracionais mantidas pelos pais, 300-301
   solução de problemas e, 249
   substituindo crenças irracionais por alternativas racionais, 307-310
Traços, 25-29. *Veja também* Traços de personalidade
Traços de personalidade. *Veja também* Características do(s) pai(s); Características do adolescente; Temperamento
   "*Big Five*", 73-75
   crenças e expectativas e, 295-297
   determinando se o desafio é um comportamento ou um traço, 25-29
   mudança e, 80-81
   visão geral, 46-48, 73-77
Transtorno bipolar
   crenças e expectativas e, 295-297
   mudança e, 80-81
   sinais de alerta de outro problema, 77-78
   visão geral, 46-49, 76-77
Transtorno da conduta, 79-81
Transtorno de déficit de atenção/hiperatividade (TDAH)
   castigo e, 206-207
   comandos e, 159-161
   comunicação e, 274
   crenças e expectativas e, 295-298
   encontrando um terapeuta, 333-335
   estabelecendo contratos e sistemas de pontos, 184-185, 189-192
   estendendo o manejo das contingências para outros problemas de comportamento, 222-224
   independência dos adolescentes e, 61-63
   manejo do comportamento e, 154-157
   mudança e, 80-81
   mudando o comportamento de seu adolescente ao alterar o seu, 150-151
   nos pais, 89-92
   recursos, 337-342
   sabendo quando usar quais ferramentas e habilidades, 321-323
   solução de problemas e, 263-264
   visão geral, 46-49, 76-80, 78-80
Transtorno desenvolvimental disseminado, 77-78
Transtornos psiquiátricos, 46-47, 76-81, 91-92.
   Veja também Transtorno de déficit de atenção/hiperatividade (TDAH)
Treinamento da comunicação na solução de problemas (PSCT), 242-256. *Veja também* Passo 7: Usando habilidades para a solução de problemas; Solução de problemas
Tristeza, 77-78. *Veja também* Depressão

U

Ultimatos, 67-69

V

Vandalismo, 79-81
Violência, 32n, 79-81
Visão geral do comportamento desafiador.
   Veja também Não cumprimento; Prevenindo o comportamento desafiador adolescente; Resistência; Revertendo o comportamento desafiador adolescente
   categorias de comportamento desafiador, 28-30
   coerção e, 43-46
   comparando com outros adolescentes, 29-31, 31-32
   definindo desafio, 23-25, 55-58
   desenvolvimento do comportamento desafiador e, 42-43, 55-59
   desenvolvimento familiar e, 51-54
   desgaste emocional e, 33-34
   determinando se o desafio é um comportamento ou um traço, 25-29

fatores que contribuem para o
  comportamento desafiador, 45-50
formulário do inventário de resultados
  da intervenção no comportamento
  desafiador do adolescente, 325-327
prejuízo criado pelo comportamento
  desafiador, 30-31, 33
recursos, 337-342

X

Xingamentos, 278-282, 284